從蒙古到大清

モンゴル帝国から大清帝国へ

遊牧帝國的崛起與承續

岡田英弘——著
陳心慧　羅盛吉　譯

目次

第五部　書評

前言

從蒙古帝國到元朝、北元時代，接著進入大清帝國

現在中華人民共和國所有的領土都是繼承了大清帝國的領土。大清帝國於一六三六年在長城之北的瀋陽建國。一九一一年在中國南部發生了辛亥革命，大清帝國於一九一二年崩壞。而大清帝國的領土則繼承自蒙古帝國的領土。

蒙古帝國從一二〇六年成吉思・汗即位開始，東從日本海、西至俄羅斯草原皆為蒙古帝國的版圖。後來由於大位繼承權的爭奪，到了成吉思・汗[1]的孫子輩，蒙古帝國分裂成四大政權。當中，位置最靠東的宗主國大汗政權在中國歷史上被稱為元朝。

建立元朝的是成吉思・汗幼子拖雷的兒子忽必烈。一二五九年，蒙古帝國第四代君主蒙哥・汗在攻打南宋的戰役中陣亡，他的弟弟們開始爭起繼承權。翌年的一二六〇年，蒙哥・汗的第二個弟弟忽必烈在現在的內蒙古集合自己的黨派召開了大會，即位大汗。同年，蒙哥・汗的么弟阿里・不哥也在蒙古帝國的首都哈剌和林召開大會，登上大汗之位。忽必烈與阿里・不哥相互爭鬥四年，最後忽必烈獲勝，成為統治故鄉蒙古和中國的大汗。然而，在這一段內戰期間，成吉思・汗的長子朮赤（J̌oči）一族在俄羅斯至哈薩克斯坦、次子察合台（Čayatai）一族在中亞、忽必烈的二弟旭烈兀則在波斯各自建立了獨立政權，蒙古帝國分裂成了四大繼承國。

最終，忽必烈將根據地移到了大都（現在的北京），於一二七一年將國號定為大元。也就是說，元朝是蒙古帝國的一部分，同時也是中國的王朝。之後，中國南方發生了白蓮教徒的紅巾之亂，首領之一的朱元璋成了明朝的太祖，於一三六八年包圍大都，元朝皇帝退回了北方的蒙古高原。對於蒙古的遊牧

1 譯註（後文如未另外標註，則皆為譯註）：成吉思・汗姓名中間加間隔號不符合常見中文表達模式，然而作者岡田英弘教授在此有其譯例（參看後文凡例三），此書又是岡田教授之論文精粹，故依原書模式呈現。

民族而言，大都不過是冬天避寒的營地，真正的根據地原本就是北方的草原。

在中國歷史上，當作元朝於此滅亡，但對於蒙古遊牧民族而言，他們不過是失去了中國這個殖民地，並不認為元朝滅亡了。證據在於，十五世紀末蒙古人再度整合，當時的君主就被稱作達延・汗（即大元皇帝）。我們這些蒙古研究學者稱這個時代為北元時代。

創建大清帝國前身後金國的努爾哈齊[2]是住在滿洲的女直人[3]。被蒙古帝國所滅的金國原本由女直人統治，他們並非遊牧民族，而是出身東北亞的狩獵民族。女直人在蒙古帝國時代原本是蒙古人的家臣，但進入北元時代之後，在明朝的懷柔政策之下，從明朝獲得稱號和俸祿，與明朝進行貿易交易，累積財富。

於一六三六年建國的清朝，其正統性來自於：努爾哈齊的兒子皇太極從達延・汗直系的林丹・汗手中接下了元朝的玉璽。大清帝國在建國之初便繼承了北元，之後越過萬里長城，繼承了明朝的領土。因此，在論述中國歷史的時候，除了南方所謂的中國本土之外，也不可缺少北方正統性的理論和從蒙古史和滿洲史看中國的觀點。

從我其他的著作中讀者可以看出，我主張大清帝國繼承了蒙古帝國，而本書便是以我的這個中國史觀為基礎的學術論文集。至於我為什麼持有這樣的歷史觀，在此首先回顧我至今為止的學術人生。

我的學術之路

我於一九三一（昭和六）年一月生於當時仍屬東京市的本鄉曙町，是岡田正弘與岡田梅子的長子。我的父親岡田正弘是德島市醫生的三男，神戶一中、一高、東京帝國大學醫學系畢業後，當上了剛成立

2 原文為片假名，俗作「努爾哈赤」。較佳之譯用漢字為「努爾哈齊」，亦岡田教授本人所用。本書皆採「努爾哈齊」。

3 原文用漢字「女直」，並加註假名じょちょく。該族族名初稱「女真」，後因避遼興宗（耶律宗真）諱，改稱「女直」。《遼史》、《金史》用字多為「女直」；然而《宋史》用字多作「女真」，其自稱或亦為jušen。本書原文概用「女直」二字，此從原文。參第四章作者註二。

的東京高等齒科醫學校（現在的東京醫科齒科大學）教授，之後當上校長和日本學士院會員，一九九三年以九十三歲高齡辭世。他是一位藥理學者。據說我的曾祖父曾是阿波國德島藩的蜂須賀侯座下的儒學家，因此，雖然我的父親讀的是醫學系，但他十分喜愛閱讀漢籍。父親的書齋收藏了《漢文大系》、《國譯漢文大成》以及有朋堂文庫的古典書籍。我是從小閱讀這些書籍長大的。母親梅子是父親的恩師、東京帝國大學藥理學教授林春雄的姪女。

我從小就堅信自己將來會跟隨父親的腳步，成為一位自然科學家，就讀舊制的成蹊高等學校時，我選擇的也是理科乙類。成蹊高中的圖書館內剛好收藏了南條文英收集的漢籍和中國文學與東洋史的研究文獻集。於是，我在學習理科之餘，每天都會從圖書館借閱三本有關東洋史的書籍，在放學途中的電車上看一本，晚上在家裡看一本，隔天上學的電車上再看一本，把看完的書還給圖書館，又再借三本，這樣的生活持續了一段時間。

在大學聯考之前我突然驚覺，如果我和父親一樣進入了醫學部，那麼周遭全部都是父親認識的人。如此一來，無論我的成績如何優秀，周遭的人還是會說「真不愧是他父親的兒子。他的父親真是一個了不起的人。」而且這樣的聲音恐怕會伴隨我一生。這一點值得我三思。於是，我決定將志願改成文學部，在朝鮮戰爭前夕的一九五〇年四月，趕在大學改新制之前，在舊制大學的最後一年進入了東京大學文學部東洋史學科。

當時，進入文學部等於是搭上了失業列車，再加上當時是日本從亞洲大陸全面撤退的年代，東洋史被認為是最沒用的學科。我做好了心理準備，刻意選擇不受歡迎的領域，上了朝鮮史末松保和教授的課。我在大學一年級時寫的第一篇學術論文便被刊登在剛成立的朝鮮學會學報上，這是開啟我學者人生的第一步。我的畢業論文寫的也是與朝鮮史相關的內容。

既然如此，我決定進攻更冷門的領域，那就是滿洲史。我受邀參加《滿文老檔》的讀書會，這是一本十七世紀清朝建國時的滿文編年體史書，我們將其翻譯成日文。這項工作在恩師和田清教授的斡旋之下，五人共同研究，於一九五七年榮獲日本學士院賞。當時我年僅二十六歲，是史上最年輕的得獎者。

在學習清朝支配者的語言滿洲語的過程中，我深感與中國文化不同的滿洲文化，其實是源自於蒙古文化。當時，從蘇聯逃往美國的世界知名蒙古學者尼古拉斯．鮑培（Nicholas N. Poppe）剛好在東京駒込的東洋文庫以蒙古的英雄敘事詩為主題進行演講。聽完之後我深受感動，立刻請求尼古拉斯教授收我為徒，於一九五九年至六一年領取傅爾布萊特（Fulbright）獎學金，留學西雅圖市的華盛頓大學，在鮑培教授的指導之下學習中期蒙古語。

一九五九年，中國共產黨入侵西藏，達賴．喇嘛十四世亡命印度。在洛克菲勒財團的支持下，世界各地成立了西藏研究中心，薩迦派的代表者一家也獲邀來到西雅圖，與之前逃往紐約的、達賴喇嘛十四世的長兄，曾是青海塔爾寺住持的土登晉美諾布會合，與我成為五十年來的摯友。拜他所賜，我學習了西藏語和西藏學。他之後在美國印地安那大學教授西藏語，並在位於印地安那州布魯明頓（Bloomington）的自宅中成立了西藏研究中心，於二〇〇八年九月結束了奉獻給西藏的八十六年人生。

雖然知道的人不多，但西藏學是研究蒙古帝國之後的蒙古時不可或缺的重要學問。這是因為，十六世紀之後，所有的蒙古人都成了藏傳佛教徒。當然，在研究將西藏列入保護的大清帝國時，西藏學也是不可缺少的重要領域。就像這樣，我開始從滿洲人或蒙古人等統治中國的人的角度重新審視中國歷史。只要懂得滿洲語、蒙古語以及西藏語，就可以清楚發現漢文的史料是如何扭曲了史實。

然而，統稱「蒙古編年史」的蒙古史料與世界上被廣為研究的中國史料不同，由於著作的筆法獨特，不是一下子就可以輕易投入研究。自我回國的一九六二年起，我便盡力用日文和英文發表以蒙古語和滿洲語史料為基礎寫成的論文，但尚未有一本著作整合我這些論文。就這樣經過四十年以上的時間，最近愈來愈難找到曾經刊登我的論文的學術雜誌或會議紀錄，因此，有許多年輕一輩的學者，強烈希望我可以將過去的著作集結成冊。

因此，這次我希望可以從我的著作當中選出特別重要的論文，經過校正並統一體裁後提供給世人。

本書並非單純集合過去的論文，而是根據內容決定章節順序，重新編排。其中一個例子就是，我將過去引用漢文的部分改寫為白話文[4]，且將用拉丁字母轉寫的蒙古語或西藏語專有名詞改以片假名書寫，並將原文寫進括弧內[5]。史料以外的專有名詞我也盡量統一用片假名書寫。另外，關於元朝最後的皇帝，我使用的也不是明朝所稱的順帝，而改用元所上廟號惠宗，等等。

隨著研究的發展，關於文章內明顯的錯誤我加以修正，其他部分盡量遵照原文，當中也包含了遵照日本東洋史傳統寫成的艱澀文章。收錄的論文從一九五八年發表（刊登）的文章開始，一直到最近一九九四年發表（刊登）的文章為止。想要找到當時刊登的原文已經非常困難，因此我認為保留原文的氛圍亦有其特殊的意義。

第一章論說的是九至十八世紀的歷史概論，這裡收錄的是《北亞史（新版）》（山川出版社）中我負責的部分。這本書現在已經絕版。以下介紹本書各章的內容。

本書的構成和概要

第一章〈概說：從蒙古帝國到大清帝國〉論述歷史概觀，讓讀者可以知道第二章之後各個學術論文的主題具有什麼樣的意義。同時，這也是利用各個論文論證結果而成的新蒙古史概說。

本章起自九世紀，回鶻帝國崩壞後的北亞，之後成為蒙古人的韃靼人興起；也說明了蒙古諸部在沙陀突厥和契丹的統治之下儲蓄實力，說明了一二〇六年，成吉思．汗所建立的蒙古帝國成為東從日本海、西至俄羅斯草原的大帝國的過程，及帝國的構造。

4　岡田教授為便利日本讀者，將過去他發表論文時直接引用而未譯出之漢文史料皆改寫成當代日本白話。惟考慮到譯本篇幅問題，後面舉凡引用此類史料時譯本仍逕引原文，不另作翻譯。

5　此處譯本處理為：盡量挑選恰當的漢文音譯，並將拉丁字母轉寫附於括弧內。詳見凡例後附譯例。

接下來以《元史》為基礎，論述蒙古人統治中國所建立的元朝，繼承了濃厚的遊牧帝國的體系。元朝由於宮廷的繼位之爭而逐漸衰弱，最終失去了中國這塊殖民地，蒙古遊牧民族退回了草原。之後，直到一六三六年大清帝國繼承蒙古帝國為止的北元時代，我是世界上首位重新建構這段蒙古史的人，此處即利用本書所考證的蒙古編年史史料為之作一概說。

繼承蒙古帝國的大清帝國在建國之初僅是南蒙古各部族的家臣，一六九一年征服北蒙古・喀爾喀部，一七五五年消滅準噶爾帝國，一七七一年又讓從伏爾加河畔回到新疆北部的土爾扈特人俯首稱臣。就這樣，支配所有蒙古遊牧民的清朝將版圖拓展至極限，與蒙古關係匪淺的西藏也在大清帝國的保護之下。

第一部〈蒙古帝國時代的蒙古〉，由五篇論文組成。

第二章〈《元朝秘史》之撰成〉主要在考證最早以蒙古文書寫的文獻《元朝秘史》的成書年分。蒙古國認為《元朝秘史》撰成於一二四〇年，但事實上，〈本集〉是在一二九二年之後，而〈續集〉正如其名是在一三二四年之後完成。

第三章〈蒙古史料中的早期蒙藏關係〉論述從一二三九年蒙古軍入侵西藏開始，直到一二六〇年忽必烈即位為止的歷史。從西藏語史料、漢籍紀錄，一直到十七世紀後撰寫的各種蒙古編年史，看這些史料如何記載這段歷史，與史實又有什麼出入。

第四章〈元之瀋王與遼陽行省〉以《元史》和《高麗史》為基礎，論述高麗人在元朝的榮景，遼陽和瀋陽同為高麗人的天下。

第五章〈元惠宗與濟州島〉從元朝末期的一三六六年，浙江省永嘉縣的李至剛以濟州使的身分撰寫《耽羅志略》三卷開始論說，接著又利用《隋書》、《日本書紀》、《三國史記》、《舊唐書》、《元史》，論述位於朝鮮半島南端的濟州島獨特的歷史。被稱作耽羅的濟州島原本是高麗的屬國，但不久之後成為元朝的直轄地，放牧蒙古馬，直到明朝為止。

第六章〈惠宗悲歌的源流〉論述一三六八年元朝最後的皇帝惠宗在大都失陷後所唱的悲歌，原本是蒙古語的韻文，但卻有許多不同的傳說。

第二部〈《蒙古編年史》所記載的元朝滅亡後的蒙古〉，由五篇論文組成。

第七章〈達延．汗之年代〉。一、介紹日本過去的相關研究；二、論述各種蒙古的編年史；三、指出蒙古編年史中紀年的問題點；四、提出明朝史料相關問題的解決方案；五、闡明蒙古編年史最高峰《蒙古源流》的干支性質，由此論得北元中興英主達延．汗生於一四六四年、一四八七年即位、一五二四年過世。

第八章〈達延．汗之先世〉比較檢討前述論文所闡明的三系統的蒙古編年史，充分利用包含韻文在內的英雄敘事詩，講述達延．汗登場之前的北元歷史。

第九章〈達延．汗六萬戶之起源〉闡明十六世紀初重新集結於達延．汗之下的蒙古諸部源自蒙古帝國的哪一些集團。

第十章〈兀良罕．蒙古族之滅亡〉論述曾是達延．汗六萬人隊之一的兀良罕部在達延．汗死後解體，喀爾喀部在其故地發展勢力的過程。

第十一章〈關於綽克圖皇太子〉論述的是喀爾喀的土蒙肯．綽克圖皇太子[6]的一生。出生於一五八一年的綽克圖皇太子是西藏噶瑪派的熱忱信者，響應北元宗主林丹．汗，計畫從青海進入西藏，但卻在一六三七年敗給了衛拉特的和碩特部長固始．汗而死。他在蒙古是一位相當有名的人物，他歌頌遠方伯母的韻文至今仍刻在草原的摩崖上。

6 史料用字作「綽克圖洪台吉」。舉凡此類 qong tayiji、jinong 等，岡田教授本書內皆改用考證後本字「皇太子」、「晉王」等，而不用明清史料內常見漢字「紅／黃台吉」、「吉能／吉囊／濟農」等。詳見凡例。以下同，不另說明。

第三部〈蒙古之敵手－西蒙古衛拉特〉，由二篇論文組成。

第十二章〈四衛拉特之起源〉前半記述這個種族自一二〇二年初登場於歷史上，直到一三八八年參與阿里．不哥家簒奪北元可汗之位，連帶敘及在蒙古高原建立衛拉特帝國的也先．汗（一四五三至五四年在位）。後半則記述對抗集結在達延．汗之下的蒙古諸部，十六世紀後半出現的四衛拉特聯合，論證其為舊斡亦剌惕系、巴兒渾系、乃蠻系、克烈系四種，並加入三衛系和碩特之事。

第十三章〈《烏巴什皇太子傳》考釋〉翻譯瓦剌著名的文學作品《烏巴什皇太子傳》，並解說自一五六七年喀爾喀的碩壘．塞音．烏巴什出生直到一六二三年敗給瓦剌戰死為止二種族之關係史。

第四部〈繼承蒙古文化的滿洲〉，由三篇論文組成。

第十四章〈清太宗繼立考實〉根據《滿文老檔》之原文《舊滿洲檔》，闡明一六二〇年大變動的全貌，以及為何非次子代善，反而是第八子皇太極繼嗣努爾哈齊的原委。

第十五章〈清初滿洲文化中的蒙古元素〉以清太宗皇太極於一六二三年引用蒙古故事為引，敘述滿洲宮廷生活中浸潤著蒙古文化的情況。

第十六章〈征服王朝與被征服文化：八旗、北京官話、子弟書〉與一六四四年清朝征服中國同時而南下，移居北京城內被稱為胡同的官舍街的滿洲八旗子弟，透過他們的演藝表演，揭開十八世紀當時的北京官話文化。

第五部由二篇書評組成。

第十七章〈善巴撰（不凌列〔Paringlai〕編）《阿薩喇克齊史》〉。一六七七年北蒙古．喀爾喀族的善巴撰著的蒙古編年史《阿薩喇克齊史》，在一九六〇年才終於由當時的蒙古人民共和國將其正式發行而得以利用。本章介紹書中內容並論述該史料屬於蒙古編年史的哪一個系統，同時論述該史料正確的題名。

第十八章〈瓦爾特・海西希（Walther Heissig）著《佛典蒙古譯史之研究》〉介紹我的恩師之一，當時在西德波昂大學任教的瓦爾特・海西希教授，他用德文所寫的著作。書中收錄有從西藏文翻譯成蒙古文的佛典，我將其翻譯成日文，考證蒙古對西藏佛教的接納。

我衷心感謝藤原良雄社長不計成本，爽快答應出版這樣的專業書籍。我與藤原社長認識的時間不算長。二〇〇七年十二月二十日，社長拿著《什麼是清朝》的企劃案造訪我位於駒込的研究室，開啟了我們的緣分。從翌年二〇〇八年一月起，每個月固定在藤原書店催合庵舉辦一次清朝史研究會，其成果則為二〇〇九年五月所出版的《什麼是清朝》（別冊《環》一六）。據藤原社長所說，他是在讀了拙著《世界史的誕生》（一九九二年，筑摩書房。中文版由廣場出版社於二〇一三年、八旗出版社於二〇一六年出版）後，萌起了想和我一同工作的念頭。清朝史研究會現在依舊持續進行，由我監修的《清朝史叢書》，也預計花費十年的時間出版。

二位年輕的東洋史學者楠木賢道和杉山清彥是清朝史研究會的主要成員，他們為《什麼是清朝》的出版做出了重大的貢獻，這次也幫我校正論文集，在此獻上由衷的感激。

我的妻子宮脇淳子同時是我三十年以來的學生，她是最了解我學問的人，也是我的繼承者。對於這次學術書籍的出版，她比任何人都開心。除了幫我校正之外，為了方便讀者閱讀，她整理了許多的地圖與關係圖，在各個論文的開頭追加了摘要，並擔任最後的解說。於公於私，對於她給予我後半生的支持這件事，都衷心地感謝她。

最後，誠心感謝藤原書店的山崎優子。她熱心地為艱澀的專有名詞製作了關係圖和地圖，編製索引，擔任起這些扎實的編輯工作。

二〇一〇年十月
岡田英弘

凡例

一、將直向書寫的蒙古文改以拉丁字母拼出，此處依鮑培—田清波氏轉寫，因此在轉寫蒙古文時會出現ΓγÖöÜüŠšČčǰ等特殊文字。

二、拉丁字母拼音之前標有＊的詞彙是原本未殘存於蒙古文獻中的詞彙。作者從漢字推斷蒙古文後再轉寫成拉丁字母。

三、關於蒙古文專有名詞的片假名標示，元朝蒙古人名「也孫・鐵木兒」、「燕・鐵木兒」、「擴廓・帖木兒」、「普顏・怯里迷失」在部分論文中標示為「也孫鐵木兒」、「燕鐵木兒」、「擴廓帖木兒」、「普顏怯里迷失」，指的是同一人物。刻意不統一標示的原因在於，直向書寫的蒙古文獻中，一個人的名字在有些文獻會以空格區分成幾個有意義的單字，但在有些文獻中則連續書寫，無法判斷哪一種才是正確的標示法。「也孫」在蒙古文中代表「九」，「鐵木兒」代表「鐵」，「也孫・鐵木兒」是含有「九鐵」之意的名字。同樣地，「燕・鐵木兒」代表「國鐵」，而「擴廓・帖木兒」則有「青鐵」之意。

四、根據相同的理由，「準・噶爾（左手／左翼）」與「準噶爾」也不刻意區分。

五、為了讓讀者更容易記住蒙古人的名字，原文來自漢字的名字全部改為漢字。例如，第十一章和第十三章中的「皇太子」指的是「qong tayiǰi」，「太子」指的是「tayiǰi」，皆為蒙古的稱號。除此之外，「晉王／ǰinong」、「丞相／čingsang/čingseng」、「太師／tayiši」、「公主／güngǰü／günǰi」、「妃子／biiǰi/beyiǰi」等皆為稱號。但對於不使用漢字的蒙古人而言，稱號代表的意思與漢文原本的意思相距甚遠。[7]

[7] 凡此類稱號，最初大抵借自漢語，然其後北元已不解漢字，而明人音譯多不依原意。故史料可見者有諸如「台吉tayiǰi」、「吉囊／吉能ǰinong」、「比妓／孌只biiǰi」等等用字，清譯或改字或不改。此處悉依岡田原書所用漢字處理。

六、如同凡例三，「・」在一般日文的文章當中代表並列的意思，但由於蒙古人的人名冗長，為了方便閱讀，在以片假名表示的時候，會在有意義的單字間或稱號前使用「・」區隔。

譯例

一、因本書體例故，盡量依原書處置，除少數例外，多在人名地名中加入「・」號。

二、人名地名之翻譯，若時代有別則意義不同者，不強求劃一。例如原文同一「ウイグル」，依時代別而有諸如「回紇」、「回鶻」、「畏兀兒」等，意義不盡相同；又如同一「チベット」，史料可見初譯作「吐蕃」，其後有清以來以衛藏（དབུས་གཙང，元稱烏思藏）地區作代稱而總之曰「西藏」，唐迄元明無此用法，反為今人所較熟悉。本書翻譯盡量依不同意義挑選相應譯名，並於索引附上對照。又「オイラト」等，考慮明史「瓦剌」用語或已為讀者所熟，故依時代別各作「斡亦剌惕」、「瓦剌」、「衛拉特」。

三、部分人地名、稱號等從俗簡便，不再區隔。如qaγan舊譯「可汗」已廣為讀者所悉，則不再依元時譯作「合罕」等。又，蒙語qan（カン／ハン）與qaγan（カーン／ハーン）有別，而岡田教授不再區分，本書翻譯亦從俗，如「チンギス・ハーン」、「ダヤン・ハーン」譯「成吉思・汗」、「達延・汗」而不再作「成吉思・可汗」、「達延・可汗」，請讀者再依索引所附原文查照。

四、元朝蒙古人地部族名等之翻譯，以從俗簡便為原則，不細追原始史料。例如若同一人名在《元朝秘史》之譯稱較廣為讀者所知，則不再揀選如《聖武親征錄》等之譯法，又若《元史》用字較廣為人知，則不用《元朝秘史》之譯字。除非該翻譯具特殊意義而為原書兩附者，則亦兩附之，如「弘吉剌／翁吉剌」。若《元史》中亦一名多譯，譯者自行擇一而從之。部分地名譯法從今，如「鄂嫩」、「色楞格河」等，而不再用「斡難」、「薛涼格」。必要時另添小註。又，地圖上之翻譯，山川等盡量從今，行政區名、部族名等盡量從古（皆有少數例外）。

五、北元蒙古主要人地部族名等之翻譯，盡量從清譯或當代人較熟之用法。故用如「達延・汗」而不作「答言・汗」、「阿勒坦・汗」而不作「俺答・汗」等。除非僅存明譯，或因涉及語音轉變而需有所注意者，例如地名「Šira tala」作「失喇・塔刺」而不依清譯作「沙喇・塔拉」。又如「チャハル」等部名亦依清譯作「察哈爾」等，不作「插漢」。必要時另添小註。同理，清代人地部族名若有一名多譯，亦不細追原始史料。例如喀爾喀超勇親王作「策棱」（《清史稿》等）而不作「策凌」（早期《實錄》等），部族「土爾扈特」不作「圖爾古特」。

六、部分人地名難檢於前此史料者，譯者逕依音感音譯之。

七、藏語人地名之翻譯，盡量以史料可見者優先選擇。若史料難覓，再揀《欽定西域同文志》之譯法。若今人俗譯太過流行，不得已亦從今，例如用「薩迦・班智達」而不用「薩思迦・板的達」。今人俗譯常混淆團音（此指ki-、kʰi-、xi-類音）與尖音（此指tɕi-、tɕʰi-、ɕi-類音），[8]且史料譯字亦或帶有歷史語音意義。故譯者在此盡量優先挑選史料用字。

八、原書在部分人地名漢字旁附上假名音讀（振り仮名），部分則係就漢字官話音對原語作推測，對譯本讀者用處不大。因此一般而言不再標出。有必要者再以括號後附上拉丁字母轉寫。

九、原書或者於正文中逕用後世地名，例如「北滿洲」；或者先用古地名而於括號後附上並非當時地名的今地名，例如「ウルグイ河（烏拉根果勒）」、「集慶（南京）」。翻譯時盡量保持其原貌，除將片假名改作史料用字或拉丁字母拼音外，一般不另作說明。若原書該處僅屬先以片假名音譯出地名，再於後括號附上漢語名，例如「ローハ・ムレン河（老哈河）」，譯文則改以漢文名置前，將拉丁字母轉寫置於括號內，如「老哈河（Looq-a mören）」。必要時加註。

8 此處「尖團」區別，採音值相去較遠之傳統所謂牙喉音與齒音之對立。此為《圓音正考》用此術語之本意。讀者可參考馮蒸〈尖團字與滿漢對音〉，見《馮蒸音韻論集》（北京，學苑，二〇〇六）頁四六一－四七三，初發於一九八四年。

十、滿文之轉寫姑且仍採穆麟德（von Möllendorff）氏轉寫法。甘德星教授有一套更佳之改良轉寫，對應明確，值得推廣，仍請有興趣之讀者參照。

十一、阿拉伯文之轉寫依ALA-LC式，波斯文則盡量求與之一致。突厥諸語則盡量提供可查到之轉寫。俄文轉寫以方便直覺為主，不採較有體系之學術系統。疏漏處仍請讀者指教。再，蒙古人名之源自梵語者，從日文原書模式，逕以梵語轉寫之。

十二、原書誤植處，譯者逕改而不另作說明。唯原書所依之史料版本或與一般讀者常見者異，卷次等之差別皆依原書而不改。

十三、因原書片假名表現亦與作者擬構相關，譯者對之再構則用＊＊符號。

十四、譯稿過程中承岡田教授、宮脇教授夫婦熱心解答問題，親自校正部分譯注補充，謹此致上謝意。又譯文大量參酌諸前輩學人之成果，並諸位為譯者所打擾之師友等，亦於此致謝。當然，若譯文有誤，皆譯者自己淺學疏失所致。仍請讀者不吝指教。

十五、本書雖為岡田教授論文之精粹，但岡田教授日文原書似乎力求使之平易近人。因之日文原書多將其他語言盡量以片假名表達，必要時方附上拉丁字母轉寫。然而對日本讀者平易近人在翻譯上卻時或造成難題。譯者不得已而添加譯註，只希望能使「內行人看門道」，讓有心進一步求索之讀者有初步線索。至於只欲如諸葛亮般「觀其大略」之讀者，自可忽略譯註。但願頁緣稍多幾行小註不致影響閱讀之興致。

譯附　蒙、滿、藏等轉寫音讀對照表

一、由於岡田原書於諸人地部族名等多以片假名標出，譯本不便擅作音譯，故附此表。

二、此對照表僅供未學過之一般讀者方便參考讀音用，並非嚴格學術意義之對應。

三、藏語由於書面與口語差異較大，而口語俗寫又較任意，所列俗寫僅供參考。

蒙語轉寫與注音對照

轉寫符	對照注音	備註
a	ㄚ	
e	ㄝ	
i	ㄧ	
o／ö	ㄛ／ㄡ	
u／ü	ㄨ	二者有別，不論
b	ㄅ	
č	ㄑ或ㄔ	當代方言或作ㄘ
d	ㄉ	
f	ㄈ	罕用
γ／g	ㄍ	母音間或不發音
h	ㄏ	罕用
ǰ	ㄐ或ㄓ	當代方言或作ㄗ
q／k	ㄎ或ㄏ	似ㄏ但與h異
l	ㄌ	當代與ㄌ略異
m	ㄇ	
n／ng	ㄢㄣ／ㄤㄥ	
r	ㄌ／ㄦ	彈舌
s／š	ㄙ／ㄒ	š較似英語sh
t	ㄊ	
w	ㄨ	
y	ㄧ	

滿語轉寫與注音對照

轉寫符	對照注音	備註
a	ㄚ	
e	ㄜ	注意滿蒙差別
i／ioi	ㄧ／ㄩ	ioi或ioy是ㄩ
o／oo	ㄛ／ㄠ	兩個o後來讀ㄠ
u／ū	ㄨ	二者有別，不論
b	ㄅ	
c	ㄑ或ㄔ	小心他不是ㄘ
d	ㄉ	
f	ㄈ	
g	ㄍ	
h	ㄏ	
j	ㄐ或ㄓ	
k	ㄎ	
l	ㄌ	
m	ㄇ	
n／ng	ㄢㄣ／ㄤㄥ	
r	ㄌ／ㄦ	彈舌
s／š／ž	ㄙ／ㄕ／ㄖ	s＋i會變ㄕ
t	ㄊ	
w	ㄨ	
y	ㄧ	

例：蒙古語qosiγu（盟旗之「旗」），查表可知q似ㄏ，si本來該讀ㄙㄧ不過這裡類似ㄒㄧ或ㄕㄧ，γu類似ㄍㄨ，所以文語音近「和什孤」。然而口語裡γ消失，讀似「和書」。

例：蒙古語naγur，因為γ在母音間近似無音，所以讀似「腦兒」。口語更近一步簡音似「諾爾」。

例：滿洲語「兵」cooha，查表可知c讀似ㄔ，oo後來讀ㄠ，所以合起來就是「超哈」。

藏語轉寫與注音對照

書面轉寫	俗寫	對應注音	備註
a、i、u、e、o（ä、ü、ö）		略	後三個是變音
k、kw、***k（k前有子音）、***g（g前有子音）	k或g	ㄍ	和kh、ky不同
kh、***kh（kh前有子音）、g（g前無子音）	k或g	ㄎ	此處不論聲調
ng	ng	ㄤ或ㄥ	可在字頭
ky、***ky（ky前有子音）、***gy（gy前有子音）	ky、gy	ㄍㄧ~ㄐ	實際在二者間
khy、***khy（khy前有子音）、gy（gy前無子音）	ky、gy	ㄎㄧ~ㄑ	實際在二者間
c、cw、***c（c前有子音）、***j（j前有子音）	ch	ㄐ	
py、dpy、dby	ch或j	ㄐ	注意不是ㄆㄧ
ch、***ch（ch前有子音）、j（j前無子音）	ch	ㄑ	
phy、'phy、by（by前無子音）	ch	ㄑ	注意不是ㄆㄧ
t、***t（t前有子音）、***d（d前有子音）、zl	t或d	ㄉ	zl要注意是ㄉ
th、***th（th前有子音）、d（d前無子音）、dw	t或d	ㄊ	
n、ny、my	n、ny	ㄋ與ㄋㄧ	其實有分別
p、***p（p前有子音）、***b（b前有子音）	p或b	ㄅ	
ph、b	ph、b	ㄆ	
m……	m	ㄇ	但my例外

書面轉寫	俗寫	對應注音	備註
ts、***ts（ts前有子音）、***dz（dz前有子音）	ts或dz	ㄗ	
tsh、***tsh（tsh前有子音）、dz（dz前無子音）	ts或dz	ㄘ	
kr、pr、tr、***kr／pr／tr（前有子音+kr／pr／tr／gr／br）	t／dtr／dr	ㄓ	捲舌音
khr、phr、thr、gr、dr、br、	t／dtr／dr	ㄔ	捲舌音
s、z系列	s	ㄙ	
sh、zh系列	sh	ㄒ	
hr		ㄕ	
l系列、lh	l與lh	ㄌ	lh難用注音表
r	r	ㄌ	彈舌音
db~	（w）		子音消失
h、hw	h	ㄏ	
尾音l和r			l音沒那麼重
尾音g			很輕地卡一下
尾音s和d			當代不發音

例：藏名bkra-shis，俗寫作Tashi，對照上表可知***kr+a對音ㄓㄚ，所以翻譯作「扎什」（札西）。要小心俗寫Tashi別把他當成「塔西」（雖說部分蒙古人可能真的這麼讀）。

例：藏名byams-pa，俗作Jampa，對照上表，by對音ㄑ而p對音ㄅ，尾音s不發音（但古代要發音），所以他讀似「薔巴」，而不是「扁斯趴」。ㄑ在蒙古又或變ㄒ，所以是「善巴」。

第一章 概說：從蒙古帝國到大清帝國

一、蒙古的興起

現在，以蒙古高原為中心，分布於北亞、中亞一帶名為「蒙古」的種族，於八世紀中首度現身在歷史的舞臺。蒙古原本只是一個部族的名稱，總稱「Tatar」，漢字寫作「韃靼」。韃靼人原本住在今天蒙古國的肯特山脈及其以東的地區。九世紀中，回鶻帝國瓦解後，韃靼人向西擴張，占據了杭愛山脈一帶，同時向南進入南蒙古，取代突厥裔的遊牧民族，成為了蒙古高原的統治者。然而，韃靼人並非是團結一致的國家組織，只是由幾個部族聯合所形成。

這時在東方，契丹人於大興安嶺東斜面興起，與以南蒙古的大同盆地至山西省臺地一帶為根據地的突厥裔沙陀人展開爭鬥。沙陀人進入華北建立後唐，之後雖然歷經後晉、後漢、北漢名義上的改朝換代，但沙陀人的政權維持了很長的一段時間。然而，十世紀中之後，沙陀人再也無力與契丹人對抗，契丹人成為北亞的中心勢力。

契丹人所建立的遼帝國是一個統合了狩獵民族女直人、農耕民族渤海人和漢人、遊牧民族契丹人和奚人等多個民族的國家。遼帝國發揮了強大的力量，自南方收取宋朝的歲幣，並自東方高麗王國、西方西夏王國獲得朝貢。對於北境的北蒙古，遼帝國也致力於征服行動，以呼倫．貝爾地方為根據地，試圖支配韃靼諸部。到了十世紀末，勢力更發展到了北蒙古中央部。

當時，北蒙古中央部的韃靼人之中，勢力最大的部族是克烈部。克烈王室於十一世紀掙脫了遼帝國的支配，之後有很長一段時間，克烈部族都是這個地方的領導勢力。

十二世紀初，女直人的金帝國取代遼帝國，對於北邊的政策，則依樣延續遼帝國的做法。然而韃靼人的實力日益增強，不斷地從北方侵擾威脅金帝國。這時，作為克烈部之部屬而成長的便是蒙古部族。

當時克烈部的領袖王．汗[1]採取了與金同盟，統合其他部族的政策，一步步地實現統一；然而，與臣下蒙古部族的乞顏氏族長鐵木真反目，最終倒臺。取代了克烈王族的成吉思．汗[2]的蒙古王族就此出現。

蒙古部族成長為不僅統整了其他韃靼人，甚至整合了幾乎所有突厥系遊牧民的大勢力。蒙古人的集團除了北亞、中亞之外，更移居西亞、東歐等地，在各處設據點。而在十三世紀中葉過後，他們整合為大元、察合台家、伊兒．汗朝、朮赤家四大繼承國。然而到了十四世紀中，各國皆進入汗權喪失的分裂時代。

以下追溯自九世紀以來對蒙古史的概觀綜覽。

遊牧民族的分布

回鶻帝國統治北亞的遊牧民族長達一世紀。八三九年因黠戛斯人[3]的入侵而崩壞，回鶻人四散各處。僅僅七年後，八四六年，統治中亞遊牧民族和綠洲城市的吐蕃帝國的達磨王[4]遭到暗殺、國內發生內亂，吐蕃分裂成多個地方政權。於是，亞洲的兩大政治中心同時消滅，剩下的唐帝國也苦於慢性財政困難，已經沒有餘力介入北亞。在這個權力真空期中，迄今受到三大帝國抑壓的諸多遊牧民族，都一齊

---

1 此處岡田教授用字為「オン．ハーン」，《元史》、《秘史》等皆作「汪罕」，《聖武親征錄》作「汪可汗」（該書亦未區別 qan 與 qaγan），《蒙古源流》亦作 Öng qaγan（III, 36r）。本譯從俗。

2 此處岡田教授用字為「チンギス．ハーン」，意思似是採取「成吉思可汗／Činggis qaγan」說而非採「成吉思汗／Činggis qan」說。唯譯者為簡便從俗，以下仍譯作「成吉思．汗」。二說學界猶有爭議，仍請讀者留意。

3 此從《舊唐書》。《元史》或作「吉利吉思」，或作「乞兒吉思」，今名「Кыргыз/Kyrgyz」，譯作「吉爾吉斯」。

4 此從《新唐書．吐蕃傳下》。此王俗稱「朗達瑪 གླང་དར་མ」（書面：glang dar-ma，口語俗寫：Langdarma），帶輕蔑意。岡田教授此處用「ダルマ王」，或指「ཁྲི་དར་མ」（書面：khri dar-ma，口語俗寫：Tri darma）。

開始活動了。

讓我們綜觀當時蒙古高原和周邊的情勢。首先，原本一直都是回鶻人根據地的北蒙古，韃靼人此時開始展露頭角。至此，西從貝加爾湖東岸和肯特山脈，東至額爾古納河流域和呼倫・貝爾之地域，都成為韃靼人此一種族之遊牧地。打倒回鶻帝國的黠戛斯人試圖占領過去回鶻人大本營的杭愛山脈一帶，但遭到韃靼人的抵抗，八六〇年於阿爾泰山脈北麓被擊退。韃靼人取而代之，統治杭愛山脈一帶。自此以後，長久以來突厥系種族的活躍時代告終，北蒙古完全成了韃靼人的世界。現在的蒙古人就是這些韃靼人的直系子孫。

從北蒙古東部韃靼人的居住地往東越過大興安嶺山脈，在嫩江流域遊牧的是室韋。當中最強大的是被稱作黃頭室韋的部族。與室韋南邊相接的沙拉木倫河（Šira mören）[5]流域是契丹人的遊牧地，而契丹南方的老哈河（Looq-a mören）[6]上游流域則是奚人的遊牧地，與唐朝的北邊接壤。

從契丹人和奚人的遊牧地再度越大興安嶺而西、進入南蒙古東部，黑車子室韋在此遊牧。黑車子室韋牧地南方的大同盆地是突厥系沙陀人的遊牧地。突厥裔沙陀人是西突厥的分支。大同盆地西南方的河套地區是党項人的遊牧地。党項人是與吐蕃人相近的種族，之後建立了西夏王國。從與河套北方相接的陰山山脈起，至西方的阿拉善地方、甘肅、天山山脈一帶，以及北方的阿爾泰山山脈南麓，則分布著失去故鄉而移居的回鶻人。

最後，阿爾泰山山脈北麓則遊牧著從西伯利亞沿著葉尼塞河入侵而來的黠戛斯人，與東鄰占據杭愛山脈的韃靼人對立。

---

5 此處岡田教授用「シラ・ムレン河（沙拉木倫河）」表示。其假名拼寫顯指古典蒙語之Šira mören，所揀選漢字卻是當代蒙古口語Шар мөрөн之對音。此河又或依古典蒙語譯作「西喇木倫河」。

6 疑當為Looq-a-yin γool。

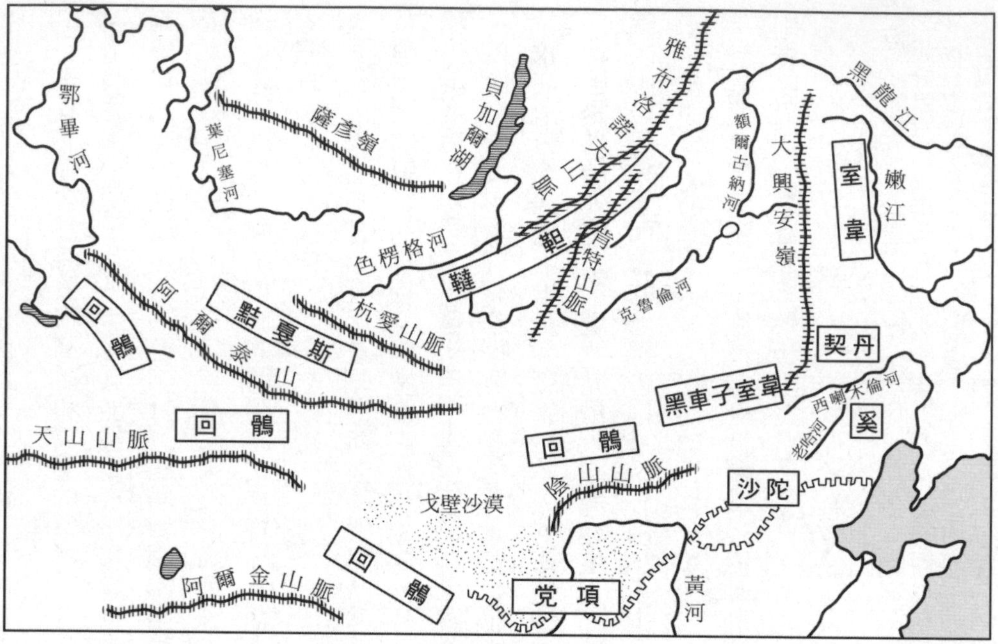

地圖一　九世紀遊牧民族之分布

沙陀

在這些眾多遊牧民族當中，最先展露頭角的是沙陀人。繼而契丹人打倒沙陀，征服北蒙古，與興起於南蒙古西部的党項人對立。

沙陀首領朱邪赤心由於討伐徐州的叛軍有功，八六九年獲唐朝賜名李國昌，並被任命為在大同新設的雲州大同軍節度使。以此機緣，沙陀開始急速地發展為獨立的政治勢力。

未幾，南方發生黃巢之亂，唐朝為了平亂而忙得不可開交。李國昌之子李克用趁勢於八七八年占據大同，從唐朝獨立，與當時擔任河套地區振武軍節度使的父親李國昌聯手，南下入侵山西，進攻太原。然而由於受到唐軍抵抗而無法達成目的，八八〇年戰敗而不得不逃入南蒙古。當時，陰山是韃靼人二部族的遊牧地，李國昌父子於是暫時棲身此處。

然而黃巢軍於同年末占領洛陽和長安（西安），唐朝從此一蹶不振。走投無路的唐朝於是召回李克用，希望可以得到他的援助。李克用雖然率領沙陀和韃靼的大軍二度進入山西，卻不馬上前往援救唐朝，反而占領代州

（代縣）為根據地，於八八二年逼迫唐朝正式承認其鴈門節度使的地位。李克用這才終於動身，於翌年八八三年克復長安，因功受封河東節度使，其領有太原獲認可。太原從此成了沙陀的中心地。

當時可與李克用比肩的大軍閥朱全忠原是黃巢部將，後叛投入唐、任開封宣武節度使。八八四年，黃巢軍進攻開封之際，李克用赴救朱全忠，卻中了計謀差一點為朱全忠所暗殺。從此，李克用與朱全忠勢不兩立。

二十多年後的九〇七年，梁王朱全忠取代唐朝，在開封建立後梁，翌年九〇八年，晉王李克用病死。繼承晉王之位，成為沙陀領袖的是李克用之子李存勗。李存勗的軍事才能一點也不輸給父親，九一三年消滅了幽州（北京）的燕王劉守光，九一六年平定了河北各州。就這樣，正當沙陀逐漸取得優勢的時候，北方的契丹也開始加入爭鬥。

契丹與沙陀的抗爭

契丹人是早在四世紀開始就在大興安嶺東斜面遊牧的種族。九世紀的契丹王欽德屢屢與幽州的劉守光發生衝突，九〇七年，欽德被部下耶律阿保機取代。阿保機計畫向南蒙古擴張，同年進攻大同，與晉王李克用議和。然而，阿保機的政策是與後梁聯手威脅沙陀北方。九一三年，晉合併幽州之後，契丹軍頻頻在幽州與晉軍反覆發生攻防戰。

九一六年，阿保機即大契丹國皇帝之位，建元神冊。然而向南蒙古擴張的計畫終遭晉阻撓而不順，九一七年包圍幽州長達二百日，終究以失敗收場。於是阿保機轉移目標，將矛頭指向北蒙古。契丹人稱北蒙古東部的韃靼人為烏古，中部的韃靼人為阻卜。九一九年，阿保機親征烏古大獲全勝，俘獲一萬四千二百人。繼而阿保機又於九二四年親征阻卜而擊破之，將勢力推進到鄂爾渾河畔回鶻人的故鄉卜古罕城[7]。由此南向橫斷戈壁沙漠，進攻甘州（張掖）的回鶻王國。然而韃靼人的勢力尚強，契丹人之統

7 此處岡田教授用字為「オルドゥ・バリク」，當指其異名「窩魯朵城 Ordu baliq」。

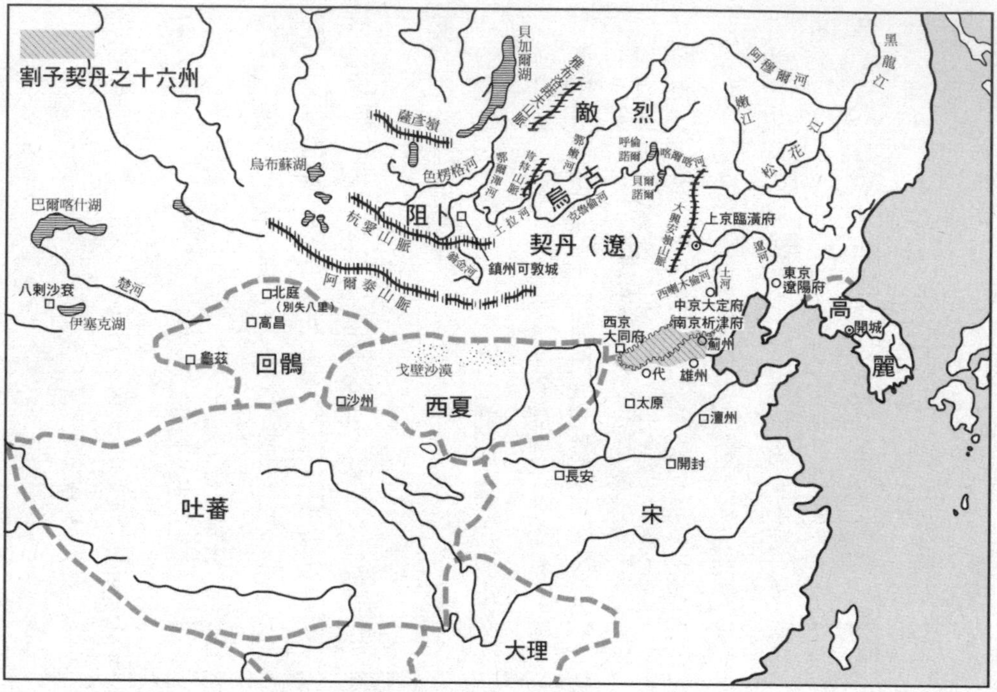

地圖二　十一世紀 契丹（遼）時代

治北蒙古，仍須幾許歲月。

在此稍前，晉王李存勗於九二三年攻破後梁的首都開封，滅了後梁，由太原遷都至洛陽而開創後唐朝。至此沙陀人終於成為統一華北的勢力。此後，北亞的霸權遂為沙陀和契丹兩個遊牧民族所角逐。

契丹的阿保機（太祖）於九二六年成功征服渤海國，死於歸途。其子德光（太宗）繼承父業。太宗繼受太祖的政策，圖謀向北蒙古發展，九二八年遣耶律突呂不征伐烏古，讓烏古徹底臣服於契丹。太宗將三石烈的契丹人移住到烏古的土地，加強該地區之統治。故而此後三十餘年保持著平穩狀態。

另一方面，後唐發生內亂，率領太原沙陀人的河東節度使石敬瑭於九三六年背叛洛陽的朝廷，與契丹結盟。契丹太宗親自率軍赴援石敬瑭，以要求割讓幽、薊等十六州（河北、山西北部）並每年繳帛三十萬匹為條件，讓石敬瑭做大晉皇帝。在契丹支援下，石敬瑭攻陷洛陽，滅後唐朝，建立後晉朝。然而，較之更具重大意義的，則是燕雲十六州之割讓。以此，契丹首度於確保從大同盆地至河曲為止的南蒙古之外，更掌握了經由幽州進入華北平原的出口。

契丹在蒙古的支配

在割讓燕雲十六州的同時，後晉將重心從山西太原和其門戶洛陽移往河南平原，石敬瑭於翌年九三七年遷都開封。此舉造成了太原的沙陀勢力與開封的漢人勢力間分裂。九四二年石敬瑭死後，其姪石重貴即位，太原以河東節度使劉知遠為中心而獨立的形勢日增。九四六年，契丹太宗親征，攻破開封，滅後晉。劉知遠隨即在太原即位稱帝，契丹撤退後立刻進入開封，建立後漢朝。

後漢僅維持四年，就被劉知遠身旁被認為是鮮卑人後裔的郭威所取代，於九五〇年滅亡。中原的沙陀勢力雖亦隨之消滅，但劉知遠之弟，河東節度使劉崇於太原即位，開創北漢，沙陀政權得以苟延殘喘。然而，北漢實際上不過是契丹的朝貢國，已無力爭奪北亞的霸權。

郭威所建的後周朝，以及九六〇年趙匡胤取而代之所建立的宋朝，在長期與遼（契丹，九四七年改名）和北漢對立的同時，一邊向南方發展。另一方面，在遼國，北滿洲的黃頭室韋部族於九六四年破壞了西北邊境的和平，背叛契丹。北蒙古的烏古趁機一齊起事，擊破遼的討伐軍，甚至還一度攻到上京臨潢府附近。這場大叛亂於兩年後的九六六年遭鎮壓，烏古再度受到遼的統治，歸屬於西北路招討使。威脅契丹人向北蒙古發展的阻卜，與遼的敵國宋取得聯絡，同樣在九六六年，韃靼的朝貢使到了宋土。

宋太宗在合併了吳越國，統一漢地之後，於九七九年攻滅北漢。自李克用以來持續近百年的太原沙陀政權就此滅亡。宋軍繼續前進，與遼發生衝突，但於高梁河之戰中大敗。宋太宗有鑑於此，深感有必要與遼背後的勢力聯手，遂於九八一年遣王延德往高昌。王延德一行經過北蒙古阻卜諸部之地，到達了高昌回鶻王國，於九八四年歸國。

對於這樣的動作，遼當然不可能坐視不理。九八二年，在契丹（遼，九八三年改名）聖宗即位的同時，皇太后命耶律速撒征討阻卜，至九八五年殺了阻卜酋長撻剌干。然而，阻卜依舊頑強抵抗，自九九四年契丹再度派遣蕭撻凜征討阻卜開始，於一〇〇〇年，阻卜族長鶻展勢窮而降，為契丹軍所殺，契丹軍的征戰才大致告一段落。鶻展之弟鐵剌里代替其兄，率領阻卜人眾臣服契丹，故契丹制定了該地區長久統治之策，於一〇〇三年修復位於鄂爾渾河與土拉河之間的回鶻故城可敦城，並於翌年一〇〇四年在此設置名為鎮州建安軍的軍事基地，作為統治阻卜的中心。同年，契丹與宋締結澶淵之盟，接受宋朝的歲幣，南方的局勢因而安定。

就這樣，北蒙古中部的韃靼也在契丹西北路招討使的統治之下，當中勢力最大的是克烈部族。克烈王受到從中亞來訪的商人所感化，皈依聶思托里派基督教，於一〇〇七年派使者要求梅爾夫的主教派遣司祭前來。這個克烈王被認為是鐵剌里，而該插曲代表了由契丹人帶進北蒙古的都市文明刺激了經由中亞的商業交通，促進了該地方的開發。

遼的國制

遼的國號，在契丹的第二代皇帝於九三七年改為大遼後約半世紀，九八三年又由聖宗改回大契丹，一〇六六年再度復號大遼，持續到一一二五年滅亡為止。在這段期間，完成遼國大部分國制的是在遼聖宗統治時期（九八二至一〇三一年）。

遼的制度，將全國分為五道，在各自之中心都市共置有五京。上京臨潢府（遼寧省赤峰市）是契丹人的根據地，東京遼陽府（遼寧省遼陽市）是渤海人的中心地，中京大定府（遼寧省凌源縣）是奚人的中心地。南京析津府（北京市）是過去燕王國的首都，而西京大同府（山西省大同市）是沙陀人的故地。如是，遼將性質相異的各地方，編制成不同的行政單位。

比京小的地方都市設置州和縣，並將不構成都市的遊牧民族編成部族。部族下的單位為石烈、彌里。百官有北面和南面之別，北面官統治遊牧民，南面官則統治農耕民。

皇帝、皇太后、皇太妃、皇太子、親王、皇族、建國以前的王族（遙輦氏）、帝室的外戚（國舅）等，各自有各自專屬的領民，設有官吏方便統治。皇帝和皇太后的領民組織稱作斡魯朵（ordo），由遊牧民族和農耕民族雙方共同組成。皇帝並非固定居住在首都的宮殿中，而是在春、夏、秋、冬分別前往被稱作捺鉢（naba）[8]的營地，時時移動。

契丹人的文化方面，最顯眼的就是擁有特殊的文字。文字分為大字和小字，契丹大字是增減漢字筆畫而來的表意文字，契丹小字則可能是由排列組合幾個基本單位而成的表音文字。至今尚未能完整解讀兩種文字，但推論契丹語應該是與蒙古語相近的語言。

克烈部族的發展

契丹在北蒙古的統治此後愈發強化，一〇一一年向阻卜諸部任命節度使，進行分割統治。阻卜抵抗之，於翌年一〇一二年發動叛亂，於可敦城包圍了西北路招討使蕭圖玉，烏古等也起而響應。這個叛亂於兩年後的一〇一三年遭鎮壓，蒙古高原恢復了表面上的平靜，但從這個事件當中也可以看出契丹統治之途的多舛。

終於，一〇二六年，趁著西北路招使蕭惠征討甘州回鶻失敗，阻卜諸部群起叛變。從此之後，契丹的統治力大幅削弱，代之以阻卜大王屯禿古斯之出現，將阻卜諸部置於統治下。繼屯禿古斯之後出現的領導者是磨古斯，即克烈部族的馬兒忽思·不亦魯黑·汗[9]。

磨古斯統一阻卜各部族，確立克烈王權。一〇八九年，獲遼正式承認其地位。然而，一〇九二年，

8 此處岡田教授旁加片假名標註「ナバ」（振り仮名），疑蓋用滿語「ba」解「鉢」。其他學者或擬音作「*nabo」。

9 「磨古斯」為元《遼史》用字，「馬兒忽思」為明《元朝秘史》裡的譯音用字，二者指涉相同，或為景教洗禮名。參見伯希和〈唐元時代中亞及東亞之基督教徒〉（漢譯見《西域南海史地考證譯叢》（上海，商務，一九三四））。

磨古斯與西北路招使耶律何魯掃古發生衝突，與遼開戰，大舉入侵南蒙古。磨古斯殺了取代耶律何魯掃古的招討使耶律撻不也，遼的邊境陷入大混亂。但在招討使耶律斡特剌的努力之下，漸趨平靜，終於在一一〇〇年捕獲磨古斯而磔之於市，長達九年的大叛亂終告結束。

磨古斯敗死後，其子忽兒察忽思．不亦魯黑．汗繼為克烈王。克烈的勢力此時雖然遭受打擊，但一一一四年，女直人的族長完顏阿骨打在東方叛變，遼忙於應對，再也無力介入蒙古高原。就在此時，在克烈部族的指導下開始發展的正是名為蒙古的部族。

蒙古部族在此之前，於七世紀中葉首度出現在額爾古納河流域。一〇一五年，遼的北院樞密使耶律世良擊敗鄂嫩河畔[10]的住民敵烈，即札剌亦兒部族，大肆殺戮。一部分札剌亦兒族人為了避難而侵入蒙古部族的牧地。受其壓迫的蒙古部族族長海都西逃而移居至貝加爾湖東岸的巴兒忽真河溪谷。到了海都之孫敦必乃的時代，蒙古部族再度南下，進入了鄂嫩河流域。敦必乃之子合不勒時代的一〇八四年，蒙古部族首度遣使前往遼通好。合不勒屬於乞顏氏族。合不勒死後，其再從兄弟、泰赤烏氏族的俺巴孩，成為蒙古部族的族長。

金的北方政策

此刻的遼，受到新興女直人金的威脅，病入膏肓。遼皇族耶律大石逃到北蒙古避難。一一二四年，耶律大石在可敦城召集蒙古高原七州的契丹人和烏古、阻卜等十八個部族的遊牧民，獲選為皇帝，與金對抗了一段時間。然而，耶律大石終究還是向西遷徙，只能以中亞楚河畔[11]的八剌沙袞附近為中心建立了西遼，南蒙古的契丹人以及北蒙古東部的各部族便皆臣服於金。金繼承遼的政策，將統治北族和西北

---

10 鄂嫩，《元史》用字為「斡難」，蒙語 Onon。
11 楚河，《元朝秘史》用字為「垂河」，古稱「碎葉河」。

境防衛交由前此之契丹人部隊擔當。

然而克烈在北蒙古中部保持獨立，積極地圖謀向東方發展。此時，蒙古部族作為克烈王的先鋒而活躍，一邊與臣服於遼、金的塔塔兒部族[12]持續交戰，一邊擴張至克魯倫河流域。然而蒙古部族長俺巴孩遭塔塔兒人拘捕，引渡給金後遭到殺害。已故合不勒之子忽圖剌繼承族長，對塔塔兒族展開激烈復仇戰，並反覆入侵金邊境進行掠奪。

面對這樣動盪不安的局面，金從一一五二年以來頻頻派遣大軍討伐，但終因腳下的南蒙古發生叛亂，再無餘力干涉北蒙古。事情的開端發生在一一六〇年，金帝完顏亮（海陵王）為了征討南宋而打算動員南蒙古的契丹兵。契丹人憎惡而群起反抗，情況一度發展至從南蒙古到滿洲一帶地區悉數落入契丹人的手裡。這場叛亂在一一六二年為次任皇帝金世宗所鎮壓，但契丹人反抗的氣勢未減，從根本威脅了金北邊的防衛。金於是不得不將對北蒙古的積極態度予以放棄，於一一六五年在東邊築起長城，專採守勢。

此刻，在克烈發生內亂。忽兒察忽思死後，繼克烈王位者為其子脫斡鄰勒，但忽兒察忽思之弟古兒・汗借助其西鄰之力，以阿爾泰山脈突厥裔基督教徒乃蠻部族的亦難赤・必勒格・汗[13]之兵驅逐脫斡鄰勒而奪下克烈王位。脫斡鄰勒避難至蒙古部族，託忽圖剌之姪也速該・把阿禿兒之助，將古兒・汗趕到西夏，再度取回王位。也速該自此成為克烈王的忠誠部下。

也速該雖是乞顏氏族的首領，卻在不久後就死了。也速該的長子鐵木真尚幼，蒙古部族的指導權於是再度移入泰赤烏氏族之手。鐵木真雖因泰赤烏氏族的迫害而飽嘗艱辛，卻隨著成長，逐漸構築了自己的勢力。

此刻，在東方呼倫・貝爾地方有一個名為弘吉剌的大部族，蒙古部族的合塔斤氏族和撒勒只兀惕氏

12 先前「韃靼」與此處「塔塔兒」雖皆為Tatar之音譯，意義則廣狹有別。
13 此處「亦難赤」從《聖武親征錄》，《元朝秘史》用字為「亦難察」。

族等皆臣服於弘吉剌之下，不僅與克烈王國對立，一一九〇年起更是反覆入侵金之邊境，進行掠奪。金於一一九四年著手準備進行大規模討伐作戰，一方面又與克烈聯手，夾擊弘吉剌。翌年一一九五年夏，金以尚書左丞相夾谷清臣為司令官，大軍進向北蒙古，從喀爾喀河[14]一直到呼倫池（Kölön nayur）[15]，擊破敵軍。

這時，蒙古禹兒勤氏[16]族長薛扯・別乞[17]帶領的部隊加入了克烈陣營，在戰利品的分配上與金軍發生衝突。金軍改以右丞相完顏襄為全軍指揮，於一一九六年春，從克魯倫河[18]向斡里札河畔[19]前進，再度擊破弘吉剌。

雖然如此，合塔斤與撒勒只兀惕之入侵仍不曾停止。故一一九八年，金軍與弘吉剌聯手，擊敗了合塔斤與撒勒只兀惕。

就算有此成功，但不僅未能給予敵人決定性的打擊，更因連年龐大的軍費而極度消耗金的國力。坐收漁翁之利的毋寧是克烈部族的脫斡鄰勒・汗、蒙古部族的鐵木真。

王・汗的統一事業

正當金國奔命於國境防衛時，克烈王國又發生了內亂。這次是脫斡鄰勒・汗之弟額兒客・合剌又在

---

14 喀爾喀，《元朝秘史》用字為「合勒合」，蒙語 Qalq-a。

15 呼倫，《元朝秘史》用字為「濶漣」。

16 禹兒勤，岡田教授此處作「ユルキン」，蓋從《史集》作「禹兒勤」。此族名亦作「主兒勤（主兒乞）」，參見札奇斯欽《蒙古秘史新譯並註釋》（臺北，聯經，一九七九）第四九節註一。

17 薛扯，《元史》作「薛徹」，《元朝秘史》前作「薛扯」後「撒察」。參見札奇斯欽《蒙古秘史新譯並註釋》第四九節註二。岡田教授此處亦採「セチェ」而非「サチャ」。

18 克魯倫，《元史》或作「怯綠連」，蒙語 Kerülen。

19 「斡里札」為《金史》用字，《元朝秘史》作「浯勒札」，蒙語 Ulja。

乃蠻族的幫助下驅逐其兄。脫斡鄰勒・汗逃至西遼求援未果，回到東方，於一一九六年與鐵木真會合。鐵木真發誓效忠這個父親也速該的舊主人，二者同心協力再造克烈王國。

鐵木真已於一一九四年呼應金之號召，攻殺塔塔兒人族長蔑兀真・笑里徒，因功獲授札兀惕・忽里（百夫長）之位。脫斡鄰勒・汗亦採與金聯手對抗周圍敵人之戰略，因而獲金冊封為王，遂以「王・汗」之名為世所知。

王・汗與鐵木真之聯軍首先征討位於克魯倫河的禹兒勤氏族。禹兒勤氏族是乞顏氏族的分支，於一一九七年春滅亡。繼而於同年秋和翌年一一九八年，王・汗和鐵木真擊敗了位於色楞格河流域的篾兒乞部（Merkid），部族長脫黑脫阿・別乞逃往巴兒忽真河的溪谷。

聯軍改向西進，一一九九年擊破乃蠻部族的不亦魯黑・汗。在此稍前，乃蠻部族長亦難赤・汗死後，其子台不花・太陽・汗與不亦魯黑・汗兄弟間起衝突，不亦魯黑・汗移至乞赤泐巴石湖（布倫托海）畔[20]而獨立。

在巴兒忽真河的篾兒乞部脫黑脫阿，與泰赤烏氏族聯合，欲對抗克烈。一二〇〇年，王・汗和鐵木真征討並消滅了泰赤烏，鄂嫩河流域亦置於克烈之統治下。原本臣屬於克烈王國的諸部族，紛紛拜服於王・汗之王權下。

位於東方呼倫・諾爾湖一帶的弘吉剌部族、合塔斤氏族，以及撒勒只兀惕氏族等，因克烈王國的蓬勃發展而備感威脅，組成了共同戰線，卻被鐵木真擊敗，於一二〇一年投降。

接著，鐵木真於一二〇二年春征討位於貝爾・諾爾畔[21]的塔塔兒部族，征服了六氏族中的二氏族。

另一方面，巴兒忽真河的篾兒乞部族長脫黑脫阿，這次與乃蠻部族的不亦魯黑・汗聯手對抗克烈。

20 Kičil baš，《元朝秘史》作「乞赤泐巴石」。此詞當即突厥語 qızıl-bāsh，意為「紅頭」。

21 貝爾，《元朝秘史》用字為「捕魚兒」，蒙語 Büyir。「貝爾・諾爾／ブイル・ノール」即史料之「捕魚兒海」，蒙語 Büyir nayur。

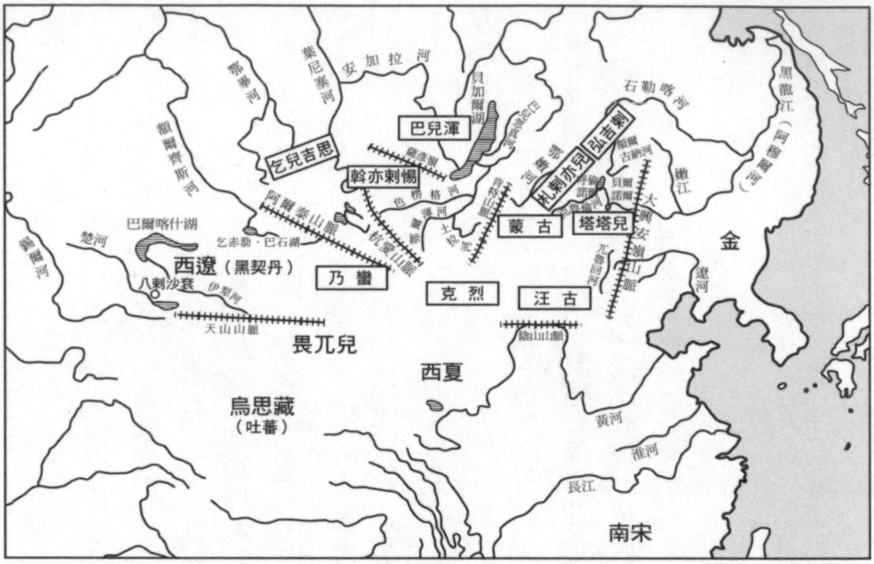

地圖三　蒙古王國之出現

同年秋，乃蠻大軍聯合其他部族深入入侵克烈。王·汗和鐵木真由克魯倫河畔退卻，逃往金長城邊外大興安嶺西側的兀魯回河（烏拉根果勒）[22]避難。乃蠻軍為恐與金軍起衝突而未繼續追殺，到了冬天只好無奈撤軍。

蒙古王國的出現

王·汗和鐵木真至今為止雖常密切合作，但伴隨成功而來的是利害關係的對立。終於，一二〇三年春，王·汗軍出其不意地在合剌合勒只惕沙磧[23]襲擊了鐵木真。鐵木真向北逃，棲於鄂嫩河北的班朱尼湖畔[24]，其年秋，奇襲了折額兒·溫都兒山的王·汗本營而擊破之。王·汗企圖投奔乃蠻部族的太陽·汗，卻被乃蠻的邊境守軍殺死。就這樣，擁有二百年傳統榮耀的克烈王家滅亡，取而代之的是鐵木真的蒙古王國之誕生。

至今為止，王·汗為與乃蠻的不亦魯黑·汗

22 此從《元史》。《元朝秘史》或作「浯泐灰」，蒙語 Ulqui，今名 Örgen γool。
23 Qara-qaljid eled，此依《元朝秘史》用字。
24 「班朱尼」為《元史》用字。《元朝秘史》或作「巴勒渚納」，蒙語 Baljuna。

對抗，而與同為乃蠻的太陽·汗結盟，但因王·汗滅亡，太陽·汗被迫必須對鐵木真採取行動。為此，太陽·汗試圖拉攏住在南蒙古陰山一帶的汪古部族，組成共同戰線。汪古與乃蠻同為突厥裔基督教徒，臣服於金的統治之下，擔任邊境防衛。汪古拒絕了乃蠻的要求，反倒與鐵木真通好。

一二〇四年，太陽·汗的大軍東進越過杭愛山脈[25]，在鄂爾渾河畔[26]與蒙古軍決戰。結果乃蠻軍大敗，太陽·汗戰死。太陽·汗之子屈出律逃往叔父不亦魯黑·汗處。繼而篾兒乞部族也被征服，族長脫黑脫阿亦與不亦魯黑·汗會合。

鐵木真再將矛頭東指，攻破金境外的塔塔兒部族，進行徹底的大屠殺，將塔塔兒部族完全殲滅。

此後，蒙古高原上的遊牧民族皆統一於鐵木真的軍旗之下。一二〇六年春，鐵木真於鄂嫩河源之地集合了各部族、氏族的代表，召開忽里勒台（大會），正式登上王位，採用成吉思·汗的稱號。

二、蒙古帝國

北亞的統一

一二〇六年成吉思·汗即位當時，就只剩下乃蠻的不亦魯黑·汗與之為敵。於是成吉思·汗立刻派兵討伐乃蠻，在兀魯塔山殺了不亦魯黑·汗。屈出律和篾兒乞的脫黑脫阿逃到了額爾齊斯河[27]流域。

25 杭愛，《元朝秘史》或作「康孩」，《元史》或作「沆海」、「杭海」，蒙語 Qangγai。
26 鄂爾渾，《元史》或作「斡魯歡」，《元朝秘史》用字為「斡兒洹」，蒙語 Orqon。
27 額爾齊斯，《元史》作「也兒的石」，《元朝秘史》作「額兒的失」，蒙語 Erčis。

成吉思・汗為了斷敵後路，一二〇七年派使者前往謙謙州部族[28]和乞兒吉思部族[29]，締結同盟。謙謙州住在薩彥嶺南方的葉尼塞河上游，乞兒吉思則居於其北之葉尼塞河、鄂畢河流域草原，二者皆屬突厥系。

一二〇八年，成吉思・汗軍最後一次征討乃蠻。途中，斡亦剌惕部族[30]投降成吉思・汗，加入蒙古軍的行列。斡亦剌惕部族屬於韃靼系，當時住在謙謙州部族東方、葉尼塞河水源地的達爾哈特盆地[31]，是活躍在西伯利亞森林的狩獵民。脫黑脫阿戰死、屈出律逃往西遼，受西遼末帝直魯古的保護。乃蠻部族自此徹底被征服。

現在，蒙古王國已經成為東與金帝國、南與西夏王國、西與西遼帝國接壤的大國。接著進行的就是對上述各國的征服戰爭以及對蒙古帝國的建設。

成吉思・汗首先著手的是對西夏的征服。從即位前一年的一二〇五年已開始，再加上一二〇七年與一二〇九年的三次反覆入侵，使西夏王李安全屈服，納女請和，成了蒙古的朝貢國。

在西方，以今天新疆烏魯木齊附近的別失・八里為都的畏兀兒王國[32]，此前居西遼支配下，駐有稱作少監的佛僧以監國。一二〇九年，畏兀兒王殺少監而叛西遼，投向成吉思・汗的懷抱。接著，西遼國內發生了政變。

亡命西遼的乃蠻王子屈出律於一二一一年發動叛亂，廢直魯古，自己當上了皇帝。住在伊犁河流域、原本臣服於西遼的突厥系遊牧民族哈剌魯部族[33]，趁亂轉歸成吉思・汗。

---

28 此處原文為「ケムケムジウト」，當指謙謙州，似非部族名。意當為「森林兀良罕」，即包含禿巴思（圖瓦）之諸部。
29 即第一節提及之黠戛斯。
30 此從元譯。即後文之「瓦剌」、「衛拉特」，蒙語 Oyirad。
31 達爾哈特，蒙語 darqad，若依元時風格此詞當譯作「答剌合惕」。此盆地英語或作 Darkhad basin。
32 別失八里，Besh-baliq，突厥語「五城」。「畏兀兒」，元時對高昌回鶻之譯字。即第一節所述西遷回鶻之一支。
33 哈剌魯，Qarluq，即唐譯「葛邏祿」。

征服農耕地帶

至今為止成吉思・汗延續王・汗以來的政策，與金維持友好的關係，持續朝貢。然而，西滅乃蠻、南平西夏之後，成吉思・汗再也沒有後顧之憂。於是，在西夏投降的翌年，即一二一〇年，成吉思・汗終於與金斷交。翌年一二一一年親自率領全軍開始對金的北方邊境侵入掠奪。三年間，不斷地受攻擊而遭消耗的金，於一二一四年獻上大量的財物乞和。成吉思・汗應允，與金的公主結婚，暫時退兵。蒙古軍退兵後，金放棄了首都中都（北京），遷都黃河南岸的南京（開封）。

聽到這個消息的成吉思・汗立刻派軍再度入侵，於一二一五年占領中都，要求金帝割讓黃河以北的土地，並廢除皇帝稱號改稱河南王。金帝雖不同意，但黃河以北已全部落入蒙古支配之下。

另一方面，對於滿洲，成吉思・汗任命札剌亦兒部族的木華黎為指揮官，一二一四年開始著手征服。迄一二一七年，征服工作幾乎完成，木華黎凱旋而歸，回到了成吉思・汗位於土拉河畔[34]的斡耳朵（ordo，本營）。成吉思・汗論功行賞，賜予木華黎「國王」的稱號和自己的軍旗，命他率領由札剌亦兒、弘吉剌、亦乞列思、兀魯兀惕、忙忽惕等部族、氏族所組成的蒙古精銳軍，負責征服黃河以南地區。

如此處置後，成吉思・汗自己則轉而從事西方征服戰爭。一二一一年以來君臨西遼的乃蠻王子屈出律，面對一二一八年進攻而來的蒙古軍，毫無招架之力，未幾而亡。如此一來，天山山脈南北兩側都成了蒙古的領土，成吉思・汗的勢力已經到達了今天哈薩克斯坦東部。

當時哈薩克斯坦錫爾河流域以南，也就是現在的阿富汗和伊朗地區，是突厥系伊斯蘭教徒所建立的花剌子模帝國的領土。征服西遼之後的成吉思・汗，馬不停蹄地開始征服花剌子模帝國，自一二一九年起七年間，在成吉思・汗親征下，徹底滅了花剌子模帝國，蒙古的勢力到達了北印度平原。成吉思・汗

34 土拉，《元朝秘史》作「土兀剌」或「土屼剌」，蒙語Tu'ula。

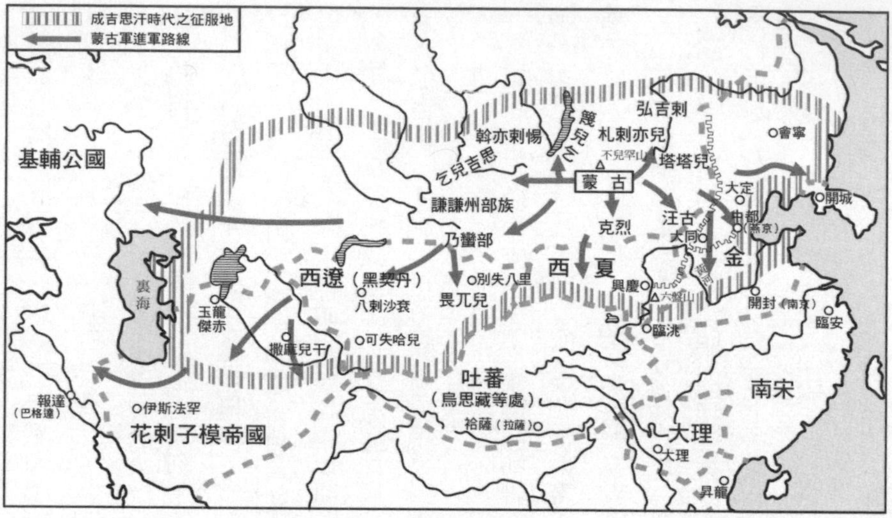

地圖四　蒙古帝國之成立

本人於一二二五年回到北蒙古的斡耳朵，但其他的蒙古軍支隊則經由伊朗、高加索[35]，遠征至南俄羅斯[36]。

成吉思・汗時代的國制

蒙古的征服戰爭之所以如此成功有幾個原因。第一、蒙古人戰前收集大量資訊，調查地理，並擬定綿密的作戰計畫，根據計畫而行動。第二、作戰中軍規嚴謹，所有人都必須嚴守指揮官的命令。第三、士兵們除了騎乘的馬匹外還備有替換的馬匹，機動性強。第四、蒙古的弓屬於複合弓，射出的箭速度快且射程遠。第五、進軍沿途不斷有遊牧民族投軍，到達目的地時的軍力比出發前還要強大，就好像滾雪球一般。第六、蒙古的敵軍多半是封建社會，不習慣統一行動，一有什麼事就形成分裂，很容易各個擊破。第七、蒙古人對於抵抗者絕不寬容，就算有幾萬人也會殺光最後一人。相反地，對於那些不抵抗而投降的人，只要支付人頭稅就可以活命，允許自治，原則十分簡單明瞭。

構成蒙古如此龐大遊牧帝國的基本單位是千戶。

35 元朝或稱高加索作「太和嶺」。
36 元朝或譯俄羅斯作「斡羅思」。

這是擁有提供千人兵力義務和獲得對等報酬權利的集團，成吉思・汗自己也擁有一支千戶，由養子唐兀（Tangγud，即党項、西夏）人察罕指揮。北蒙古東部的鄂嫩河和克魯倫河流域是蒙古部族舊地，在此遊牧的領民被稱作四大斡耳朵，由四個皇后分別掌管。四大斡耳朵不斷地在草原移動，沒有固定的場所，但史料留有記載，四大斡耳朵曾在克魯倫河中游的闊迭額・阿剌勒[37]。大斡耳朵由弘吉剌部的孛兒帖・旭真[38]掌管。第二斡耳朵由篾兒乞部的忽蘭・可敦掌管。第三斡耳朵由塔塔兒部的也遂・可敦掌管。第四斡耳朵則由也遂・可敦的妹妹也速干・可敦掌管。以上四大斡耳朵是成吉思・汗的直轄地。

在四大斡耳朵外圍，東方大興安嶺地區有六十二支千戶，札剌亦兒氏木華黎國王指揮左翼萬戶（ǰegün γar-un tümen）。西方阿爾泰山地區則有三十八支千戶，阿兒剌氏博爾朮指揮右翼萬戶（baraγun γar-un tümen）。[39]無論是千戶長或萬戶長皆為世襲。成吉思・汗的弟弟們、叔父們，以及他們的後裔，皆被賜與左翼萬戶中的封地。

成吉思・汗的大皇后孛兒帖・旭真生下了四個皇子，皆被封在右翼。長子朮赤的封地在錫爾河以北的哈薩克斯坦草原，次子察合台被封在流入巴爾喀什湖的亦列河（伊犁河）[40]流域，三子窩闊台被封在流入阿拉湖的葉密立河（額敏河）流域[41]。幼子拖雷則與父親成吉思・汗同住。

從遠征花剌子模歸來的成吉思・汗，在翌年的一二二六年馬上再度展開對西夏的攻擊。在一二二七年滅了西夏沒多久，八月十八日於出征地六盤山（清水河和涇河的分水嶺）的陣營死去。遺體被運到了

---

37 Ködege aral，此處「闊迭額阿剌勒」從《元朝秘史》第二六九、二八二節用字。《元史》作「曲雕阿蘭」、「闊帖兀阿蘭」。

38 Börte fuzin，此稱呼參看烏蘭《蒙古源流研究》（瀋陽，遼寧民族出版社，二〇〇〇）頁一九〇，第三卷註四九。

39 左翼萬戶與右翼萬戶，他書或作 ǰegün tümen、baraγun tümen。

40 Ili，「亦列」見耶律楚材《西遊錄》。Ili balıq，建於伊犁河谷的城名，於《元史》中作「亦剌八里」，在《明史》中則稱「亦力把里」。

41 Emil，《元史》或作「葉密里」、「也迷里」。

故鄉的肯特山，葬於起輦谷。

窩闊台・汗的統治時期

成吉思・汗死後，由繼承其斡耳朵的拖雷暫時擔任監國（攝政），繼續讓左翼萬戶軍與金軍作戰。在右翼方面，朮赤早在一二二五年死去，其子斡兒答、拔都繼承了錫爾河北的領民，右翼萬戶自然聽令於察合台。

拖雷派和察合台派兩派人馬反覆進行交涉，到了一二二九年終於在克魯倫河的闊疊額・阿剌勒之地集合諸王、萬戶長、千戶長召開忽里勒台，折衷之下，選出了窩闊台為可汗。窩闊台雖然隸屬右翼，但與左翼代表拖雷的感情也很好，甚至認拖雷的長子蒙哥為養子。在成吉思・汗死後，為保蒙古帝國的統一，窩闊台是最佳人選。

窩闊台・汗首先著手整頓帝國的組織，整理文書紀錄、公布成文法令、改善交通通信設備、固定徵收租稅的手續，實行了一連串的政策。當中最重要的政策就是設置中書省。中書省是統轄都市和農耕地帶的行政機關，窩闊台任命契丹人耶律楚材擔任中書省長官中書令。次官左丞相由女直人粘合重山、右丞相則由克烈人鎮海擔任。

至於在漢地，成吉思・汗死後一直擔任對金作戰中心的拖雷，他的勢力比窩闊台更大。拖雷於一二三二年死去，留下了與克烈人正妻唆魯禾帖尼・別乞（王・汗的姪女）所生的蒙哥、忽必烈、旭烈兀、阿里・不哥四子。窩闊台・汗讓蒙哥回到拖雷家繼承家業。拖雷死後，窩闊台・汗在兄長察合台的強力支持之下，地位更加穩固。

另一方面，不斷與金作戰的結果，一二三三年夏，金的南京（開封市）陷落，金帝逃往蔡州（河南省汝南縣），為蒙古、南宋同盟軍所包圍。一二三四年正月，蔡州陷落，金滅亡。窩闊台・汗在鄂爾渾河畔、回鶻的故都卜古罕城附近重新建了新都哈剌和林，一二三五年春召開忽里勒台。會議的結果決議

世系圖一　蒙古帝國眾可汗

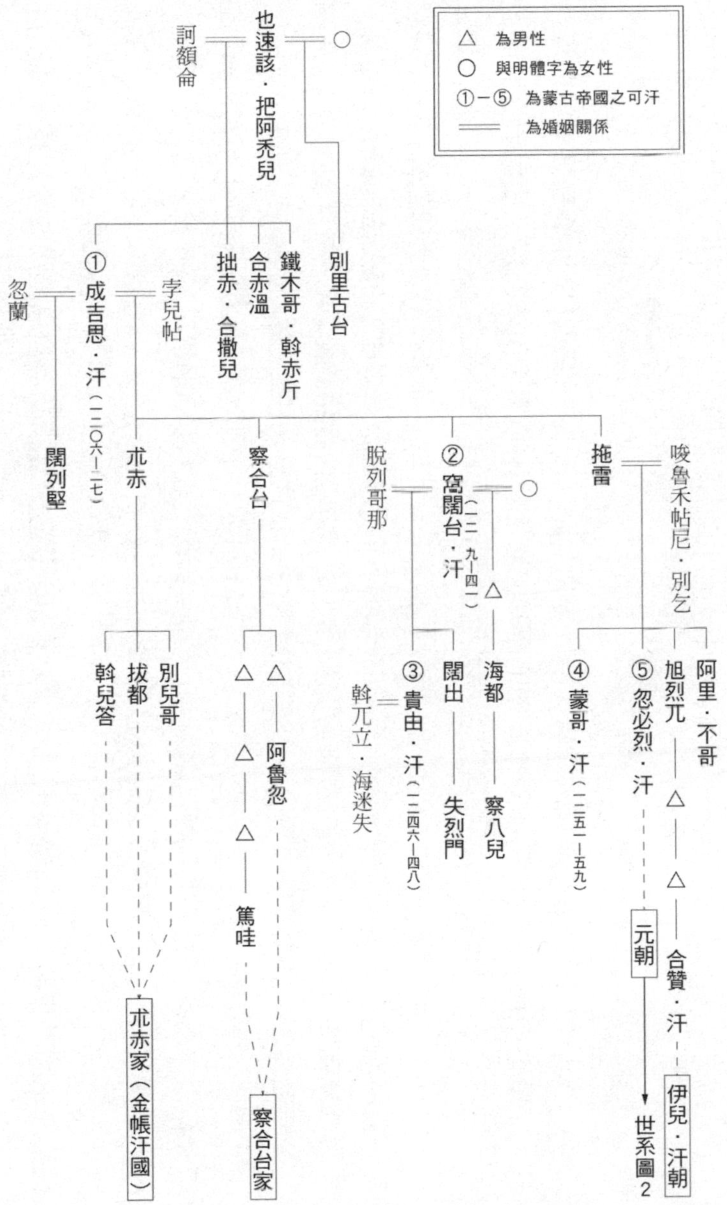

重新展開對西方、甘肅南部、南宋以及高麗的征服戰爭，並立刻加以執行。其中，拔都奉命擔任遠征西方伏爾加河一帶的總司令官，皇子貴由和蒙哥也從軍。遠征軍於一二三六年春天征服伏爾加河畔的保加爾人後，隨後又蹂躪欽察人、俄羅斯人、波蘭人、匈牙利人等各國，直到一二四一年獲知窩闊台・汗的死訊才開始撤軍，於一二四五年回到蒙古高原。

拖雷家的勝利

這段期間由出身乃蠻部族的窩闊台之六皇后脫列哥那監國。然而，由於窩闊台．汗最大的後盾察合台在數月後便追隨弟弟的腳步死去，現在左右翼地位最高的皇族就屬朮赤家的拔都了。

歐洲遠征軍回國後翌年的一二四六年春，終於在達蘭．達葩召開了忽里勒台。然而，與脫列哥那不睦的拔都拒絕出席，專心經營自己在伏爾加河畔的新領地。就像這樣，拔都所建設的國家俗稱欽察汗國，又名「黃金斡耳朵」（金帳汗國），自此之後統治俄羅斯人的諸侯國長達五世紀。

拔都雖然缺席，但脫列哥那在拖雷的遺孀唆魯禾帖尼．別乞的支持之下，推舉自己所生的窩闊台長子貴由即位，並在忽里勒台上成功獲得承認。

然而，貴由．汗有病在身，一二四八年從葉密立河的領土往西方移動的途中，死在天山之北的別失．八里，在位僅二年。貴由的皇后斡兀立．海迷失（出身於篾兒乞部族）成為監國，打算讓貴由的弟弟闊出之子失烈門即位。失烈門是窩闊台．汗生前最疼愛的孫子。

為了與貴由．汗會面而往東方出發的拔都，在聽到貴由的死訊後，停留在察合台家領地內的阿刺．豁馬黑山[42]，一二四九年，在這裡召開了忽里勒台。但出席忽里勒台的只有朮赤家和拖雷家的諸王，察合台、窩闊台兩家拒絕出席。拖雷家表明了反窩闊台家的立場，與朮赤家聯手。拔都與唆魯禾帖尼．別乞在商議後，推舉拖雷的長子蒙哥成為新任可汗。

然而，察合台、窩闊台兩家未出席的忽里勒台，在慣例上並不合法。因此，一二五〇年，改於鄂嫩、克魯倫兩河源頭、成吉思汗的斡耳朵，召開忽里勒台。但察合台家、窩闊台家依舊缺席。朮赤、拖雷兩家終於放棄說服察合台、窩闊台兩家，而憑藉實力強行選出蒙哥為可汗。一二五一年，於成吉思汗

42 阿刺豁馬黑，《元史．憲宗紀》作「阿刺脫忽刺兀」。

斡耳朵的闊迭額．阿剌勒召開的忽里勒台上，舉行了蒙哥的即位儀式。

成為可汗的蒙哥立即與拔都聯手，徹底鎮壓反對派的勢力。斡兀立．海迷失被殺，窩闊台家諸王的領土被奪。繼承察合台的也速．蒙哥被殺，領土封給了他的姪子合剌．旭烈兀。就這樣，察合台家和窩闊台家喪失勢力，朮赤家和拖雷家事實上將帝國二分。一二五五年，拔都死後由其弟別兒哥繼承朮赤家，皇族中最年長的蒙哥．汗的地位自此屹立不搖。

蒙哥．汗的統治時期

拖雷在父親成吉思．汗死後擔任監國，憑藉指導對金作戰的實績，而在自南蒙古至華北一帶擁有廣泛的權益。其兄窩闊台．汗即位時，拖雷將父親的四大斡耳朵讓出，換取在這些地方的領土、領民的安堵。拖雷的長子蒙哥．汗一二五一年即位時，即委二弟忽必烈以全權掌管南蒙古和華北。一二五二年，蒙哥命忽必烈征服雲南，將京兆（西安）賜給了他。忽必烈的軍隊從甘肅省的臨洮出發，南下四川省西部，從大渡河經金沙江占領大理城，滅段氏大理王國，命兀良合台駐留，自己於一二五四年凱旋。兀良合台從事平定雲南各地，一二五七年亦入侵安南。

蒙哥．汗三弟旭烈兀被派往征服阿姆河以南的地方。旭烈兀於一二五五年至五七年間平定伊朗高原，一二五八年占領巴格達，滅阿拔斯朝哈里發。一二五九年，旭烈兀入侵敘利亞，與馬木留克朝發生衝突。

同一時期，蒙哥．汗也繼續對高麗作戰。這是窩闊台．汗於一二三一年開啟的戰爭，當時掌握高麗王國實權的武臣崔瑀不願屈服於蒙古軍，將首都從開城遷到江華島，全面抗戰。之後近三十年間，幾乎連年不斷抵抗蒙古軍的入侵。然而，一二五八年，江華島內發生政變，崔氏政權倒臺，俄而與蒙古進行和議，翌年一二五九年夏，高麗王高宗的太子倎（元宗）前往謁見蒙哥．汗。但蒙哥．汗在該年秋病死於四川的戰地，太子倎終究未能見到蒙哥．汗。

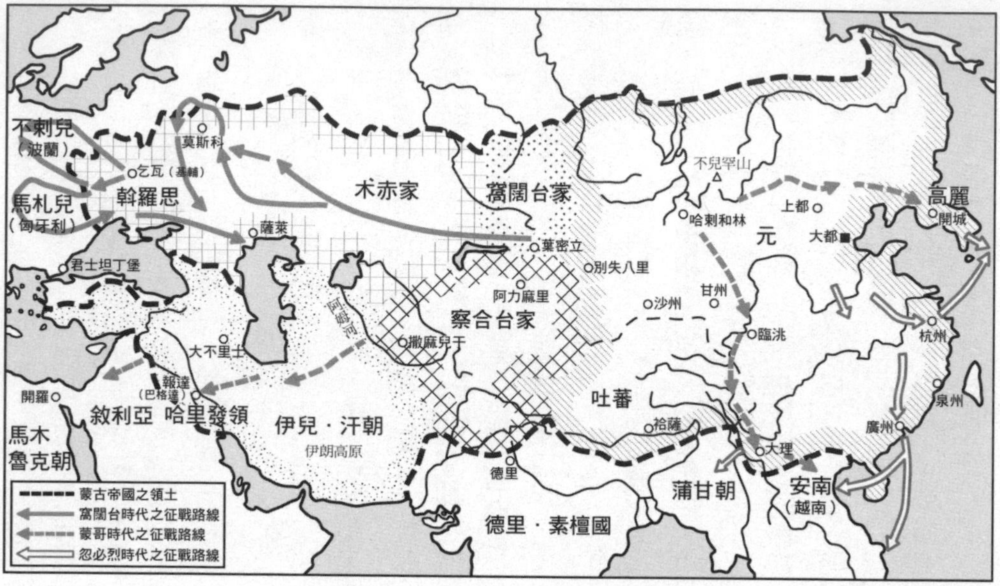

地圖五　蒙古帝國之發展與分裂

時間稍稍往前回溯。被委以統治漢地的忽必烈將漢人中的有力者悉數收為一己之下屬，穩妥地樹植在漢地的勢力。漢地自以前即為拖雷家的地盤。拖雷家之勝過窩闊台家，也正因掌握了漢地豐富的財力。從而，允許忽必烈在此擁有獨占的支配，對蒙哥・汗而言無異於太阿倒持。

為此，蒙哥・汗於一二五七年在漢地實施大規模的會計檢查，毫不留情地殺掉了忽必烈手下犯錯的官吏。蒙哥・汗一方面藉此削弱忽必烈的勢力，另一方面計畫征服長江以南的南宋領土，將這裡設為直轄地。翌年一二五八年，留末弟阿里・不哥於哈剌和林，蒙哥・汗親自指揮本軍從陝西經散關入侵四川。

忽必烈奉命率領別軍從河南於大勝關入湖北，攻擊長江與漢江交會處的鄂州（武漢市）。雲南的兀良合台軍則向東北前進，欲於鄂州與忽必烈會師。

蒙哥・汗轉戰四川各地，於一二五九年春包圍了嘉陵江畔的要衝合州（合川縣）。持續攻擊了五個月而未能攻陷。軍中發生疫病，蒙哥・汗自己也染病了，於該秋病死在合州城外的釣魚山。

收到這個消息的忽必烈，向前到達鄂州並包圍之，為的是與兀良合台軍會師。兀良合台從廣西桂林下湘江經湖南長沙，一二六〇年春終於到達鄂州而歸入忽必烈軍。

阿里・不哥之亂

忽必烈自己於一二五九年冬急忙北上，回到了位於燕京（北京）近郊的根據地。這是為了對抗於哈剌和林動員自家派系的阿里・不哥。忽必烈於翌年一二六〇年春，於南蒙古灤水畔、自己所建的都市開平府（Doloyan nayur，多倫縣）動員自家派系召開忽里勒台，會上被選為可汗。阿里・不哥於該夏在哈剌和林另行召開忽里勒台，會上也被選為可汗。二汗對立，蒙古帝國一分為二。

故蒙哥・汗家和察合台家諸王幾皆加入阿里・不哥陣營，而忽必烈則得到左翼萬戶札剌亦兒部族等蒙古軍精銳的支持。為此，同年秋起，兩可汗間之戰鬥，最終由忽必烈方獲勝。對阿里・不哥而言，在一二六一年於昔木土湖畔戰敗是重傷的一擊。

由於從漢地而來的物資供給中斷，哈剌和林陷入非常窮乏的窘境。為此，阿里・不哥退回阿爾泰山那的根據地，派遣部下察合台家的阿魯忽前往西突厥斯坦[43]徵收物資，並允諾賜予從伊犁河流域到阿姆河北岸為止的中亞領土。在此之前，錫爾河和阿姆河之間是蒙古可汗的直轄地。

然而，阿魯忽一旦將西突厥斯坦收入手中，立刻背叛阿里・不哥，與忽必烈通好。不得已之下，阿里・不哥只好放棄哈剌和林，轉而討伐阿魯忽，將之擊敗。但撤退至撒麻兒干[44]的阿魯忽依舊遮斷了阿里・不哥食糧的供給線。

43 Turkistān，俗作「土耳其斯坦」。此處譯「突厥斯坦」，理由參考張錫彤、張廣達譯B. B. Бартольд（巴托爾德）著之《蒙古入侵時期的突厥斯坦》（上海，上海古籍，二〇一一）之〈中文版譯者序言〉頁一六。

44 撒麻兒干，元時或作「尋思干」、「撏思干」，今作「撒馬爾罕」。

受饑饉之苦的阿里．不哥軍隊瓦解了，陷入窮途末路的阿里．不哥於一二六四年秋向哥哥忽必烈請降，並在兩年後死去。

就這樣，忽必烈成為蒙古帝國唯一的大汗。然而，這只是表象，實際上蒙古帝國分裂為四。首先是朮赤家。如前所述，拔都在擁立蒙哥．汗即位時，得到了錫爾河以北的獨裁權，使用賽因．汗的稱號。這就是俗稱的欽察．汗國（黃金斡耳朵、金帳汗國）。

其次是察合台家。阿魯忽用自己的實力併吞了西突厥斯坦，忽必烈無力干涉。

最後，被蒙哥．汗派往征服伊朗的旭烈兀，由於阿里．不哥之亂而無法回國，於是在阿姆河以南獨立，建立了伊兒．汗朝。

忽必烈與阿里．不哥的爭鬥不只使帝國二分，而是割為四塊，之後窩闊台家也出現了英雄海都，在此後四十年間以中亞為根據地，威脅著忽必烈．汗。

三、大元帝國

建立國制

忽必烈的正宮皇后察必．可敦出身自左翼有力氏族弘吉剌氏。而左翼的領導者，札剌亦兒氏木華黎國王之孫霸突魯，其夫人帖木倫剛好是察必皇后的同母姊。此故，霸突魯與忽必烈是連襟關係。在忽必烈即位前霸突魯就是他最忠誠的部下，將札剌亦兒、弘吉剌部族等蒙古軍精銳與忽必烈牢固地結合，霸突魯是重要角色。然而就在忽必烈即位翌年的一二六一年，霸突魯死去，忽必烈．汗將霸突魯年僅十七歲的長子安童接到宮裡扶養，給予群臣之中最上位的禮遇。

當時鋒頭最健的漢人是王文統。忽必烈．汗在開平府即位之後，立即設置了中書省。這與窩闊台．汗在哈剌和林設置的中書省不同，是為了新政權而將漢人組織起來的機關。其中，擔任中書平章政事的王文統是當時最大的漢人軍閥李璮的代理人。也就是說，王文統是繫聯漢人軍人們不可或缺的重要人物。

然而，漢人的知識份子們反對軍閥而集結於皇子真金周圍。忽必烈・汗與察必皇后之間生有朵兒只、真金、忙哥剌、那木罕四子，而長子朵兒只早逝。忽必烈・汗於一二六一年底冊封真金為燕王，並以燕王守中書令（譯按：似即以燕王身分（名義為高位階）兼任中書令），讓真金負責監督中書省。這是知識份子集團對上軍人集團的勝利（參照世系圖二）。

眼見情勢對自己不利，李璮於翌年一二六二年勾結南宋而叛變，但很快就遭到鎮壓。王文統倒臺被殺，中書省的實權落入以燕王真金為中心的漢人知識份子手裡。

然而，漢人軍隊的統帥對忽必烈・汗政權而言是一個重要的問題。於是，一二六三年，將中書省改為僅掌握民政的機關，將軍政獨立出來，成立樞密院，由真金守中書令兼判樞密院事，負責監督。一二六五年，等到真金的表弟、札剌亦兒氏的安童二十一歲時，命他擔任中書右丞相，輔佐真金。

另一方面，阿合馬的權力日漸茁壯。阿合馬出身於西突厥斯坦，原本是察必皇后家的家臣，由於財政手腕了得，受到忽必烈・汗的信任。一開始負責礦工業相關的帝室直營事業，逐漸獲得勢力。到了一二七〇年，忽必烈・汗為阿合馬特設尚書省，任阿合馬為平章政事，從中書省中獨立，直屬忽必烈・汗。

此外，一二六八年還設置了監察機關御史臺。如此一來，中書省、樞密院、御史臺以及尚書省，政府機關完備。一二七一年，新制定「大元」這個漢式國號，大元帝國就此出現。

這樣所建的元朝乍看之下好像是一個漢式國家，但其實與歷代漢人的王朝有著根本性的不同。元朝的皇帝不像北宋的皇帝一般，並非駕馭在龐大的官僚組織之上、絕對主義的獨裁君主。元朝政治組織的特徵在於，各自的官署、軍隊以及州縣沒有表面上的統屬關係，而是與某一特定的個人連結。

就算是元朝政府的最高機關，皇帝忽必烈・汗與中書省、樞密院、尚書省等並不具有直接的連結關係。掌握中書省的右丞相安童是察必皇后的外甥。樞密院則是屬於察必皇后所生的燕王真金的。尚書省的平章政事阿合馬是皇后的家臣。也就是說，皇帝與帝國政治機構的接點其實是察必皇后這號人物。換句話說，元朝實際上是弘吉剌政權。

具這種性質的元朝內部，阿合馬的勢力不斷地顯著成長。一二七二年，阿合馬的尚書省藉由合併中書省的形式，讓他除了財政外，也變得可以參與民政了。

一二七三年，察必與真金分別獲賜確立皇后與皇太子地位的玉冊和玉寶，公布真金為次任可汗。

元的國制

就這樣，元朝大多數的政治制度幾乎都漸次在忽必烈・汗這一代（一二六〇－一二九四年）完成。如前所述，中央政府最高的行政機關是中書省，有時也會與主管財政的尚書省並立。上都、大都周圍的地區被稱作腹裏，在中書省的直轄之下。為了統治更遠的地方，另外在各個重要的都市設置中書省的臨時機關「行中書省」，除了民政外，同時也掌管軍政。有些地方也會設置行尚書省。

中書省、行中書省管轄區域內的都市依照大小分為路、府、州、縣。農耕地帶的居民大部分被分為民戶和軍戶，民戶世代為農民，而軍戶世代為軍人。遊牧地帶的居民全部都是軍人。

軍事的統帥權掌握在樞密院手裡。御史臺是監察機關，征服南宋之後，為了監督江南新占領地的行政，新設江南諸道行御史臺。

帝國邊境高麗、畏兀兒等舊獨立國被認可部分程度的自治，其王家與蒙古人的諸王享有相同的待遇。吐蕃分為十三個萬戶和許多的土司，列入宣政院的管轄。宣政院是管轄佛教教團的機關，其長官藏傳佛教薩迦派教主代代擔任帝師[45]。其餘雲南少數民族許多小王國，也被歸為土司。

包括遊牧地帶和農耕地帶，帝國的人民並不全隸屬於皇帝的政府，許多人反而僅對宗室、異姓諸

45 為方便，原文「チベット仏教」翻譯作「藏傳佛教」，以下同。又，「薩迦／サキャ／Sakya」為當代藏語拉薩腔之音譯。藏語原文「ས་སྐྱ／sa-skya」在元朝實際翻譯作「薩思迦」，似因當時第二音節上加之s音猶未退化。惟岡田教授一概以當代拉薩音音譯，抑且為方便讀者，譯者以下亦全作「薩迦」，不再依原始史料原文。

地圖六　元朝行政地圖（以第二代鐵穆耳．汗時代為準）。
引自：宮脇淳子，《蒙古的歷史》，刀水書房，二〇〇二年，一二七頁。

王、大臣等負有納貢、勞役等義務，這些人被稱作位下或投下。也就是說，帝國實際由皇帝的直轄地和無數的私領地鑲嵌而成，而皇帝無權干涉其他領主內部的事情。

皇帝的直轄地由多個斡耳朵（行宮）所組織，是擁有直屬的領民（位下）的獨立經濟單位。首都在漢地有大都（北京市）、南蒙古有上都（多倫縣）二大城市，皇帝不固定住在這二者之一，而是根據四季移居至固定的營地。

皇帝身邊的的護衛軍稱作怯薛丹（宿衛），分成四怯薛（班次），三日換班一次，各設有世襲的官職。中央政府的高官和地方行政官、將軍等，很多都是出身自怯薛丹。

文化方面，最顯著的成就

是蒙古語成為可以用文字書寫的語言。最初使用的是回鶻文字[46]，之後正式採用了初代帝師八思巴構思的新文字。這種文字改良自西藏文字，直式書寫，不只是蒙古語，也可以標記其他諸種語言。不過這種文字終未普及，在蒙古語反倒是回鶻文字到後來還有人使用。帝國的公用語言當然是蒙古語，根據地方不同，也併用漢語、波斯語、畏兀語、吐蕃語等。

皇太子真金

海都是窩闊台・汗之孫。蒙哥・汗即位後，窩闊台家的領地遭到解體，海都被遷到伊犁河畔的海押力。意圖再興家業的海都，在一二六〇至一二六四年間的內亂期，加入了阿里・不哥的陣營。阿里・不哥投降忽必烈・汗後，海都據其祖父在葉密立河的舊領，拒絕服從忽必烈・汗。在欽察・汗國的君主別兒哥的幫助之下，逐漸發展勢力。

至今為止，朮赤家的欽察・汗國和伊兒・汗朝為了亞塞拜然[47]的領土爭鬥不休。一二六三年，別兒哥・汗的軍隊與旭烈兀軍在庫拉河畔[48]進行大會戰獲勝。由於旭烈兀是忽必烈・汗的同母弟，元朝無論如何都站在伊兒・汗朝那一邊，因此別兒哥才會援助海都。海都於一二六八年，終於與元朝開戰。

察合台的八剌・汗被海都和欽察・汗國軍擊敗，臣服於海都之下。八剌之子為篤哇。就這樣，海都除統合了窩闊台家和察合台家的勢力外，更獲得朮赤家為後援，對元朝形成嚴重的威脅。元朝在北方集結大軍，不停努力防衛。這支北邊防衛軍之後成為左右元朝內政的勢力。

元朝皇太子真金之弟那木罕被封為北平王，負責統治蒙古的土地。一二七五年，海都與篤哇的聯軍

46 回鶻文字，元朝史料用字為「畏兀字」。

47 「Azərbaycan」，或譯作「阿塞拜疆」，但尾字「疆」字正音為「kiang」，與之聲母韻尾皆不似，本書從臺灣譯例作「亞塞拜然」。

48 庫拉，突厥語「Kūrā」，由於本書主要論述對象為北亞民族，徵引亦盡量以突厥、蒙古、滿洲等語為準。

入侵帝國西境，攻擊畏兀王國。那木罕與右丞相安童一同率領元軍應戰。隨軍出征的蒙哥・汗之子昔里吉，於一二七七年拘捕了駐紮在伊犁河畔阿力麻里的那木罕和安童，交給海都軍，背叛了忽必烈・汗。危難迫在眉睫，只得緊集派遣出身巴阿鄰氏的中書右丞相伯顏到北蒙古。此前一二七六年，曾指揮元軍占領南宋首都臨安（杭州），成功征服蒙古人多年來夢寐以求的江南的，就是伯顏。昔里吉軍雖然深入北蒙古，但伯顏在鄂爾渾河畔擊破昔里吉，使之敗走。之後，昔里吉被元朝捕獲，受流刑而終其一生。被送至海都處作囚俘的那木罕和安童亦於一二八四年獲釋回國。

另一方面，皇太子真金的地位日益穩固，一二七九年，開始代替六十五歲的老父忽必烈・汗，參決一切國政。但在一二八一年，母親察必皇后死後，皇太子與阿合馬的關係急轉直下，終於在翌年一二八二年，阿合馬遭到皇太子的家臣王著暗殺，再也沒有任何權臣可以與皇太子抗衡。蒙古軍最精銳部隊的札剌亦兒、兀魯兀惕、忙忽惕等五投下，也在一二八四年成了皇太子的親衛軍。

這確立了皇太子的獨裁體制，甚至有人公然提出讓位說。翌年一二八五年，皇太子真金猝死，與弘吉剌氏王妃闊闊真・可敦間留下甘麻剌、答剌麻八剌、鐵穆耳三子。

祖父忽必烈・汗原本最疼愛答剌麻八剌，但答剌麻八剌在一二九二年，以二十九歲英年早逝。忽必烈・汗接下來封甘麻剌為晉王，命他鎮守北邊，並將成吉思・汗的四大斡耳朵和蒙古本土封給了他。

窩闊台家的終局

另一方面，在北邊，海都繼續對元朝採敵對行動。一二八七年，乃顏、哈丹叛變，他們是成吉思・汗諸弟的後裔，領地位於滿洲北部，與海都東西呼應，為打倒忽必烈政權而起。忽必烈即刻親征，滅了乃顏，翌年又派遣皇孫鐵穆耳、阿兒剌氏博爾朮之孫玉昔・帖木兒、欽察部族的土土哈等大將，擊敗哈丹，鎮壓叛亂。

東方才平靜了，西部戰線卻由海都占優勢。一二八九年，海都越過杭愛山入侵，在色楞格河畔擊敗

世系圖二　元朝皇帝世系圖

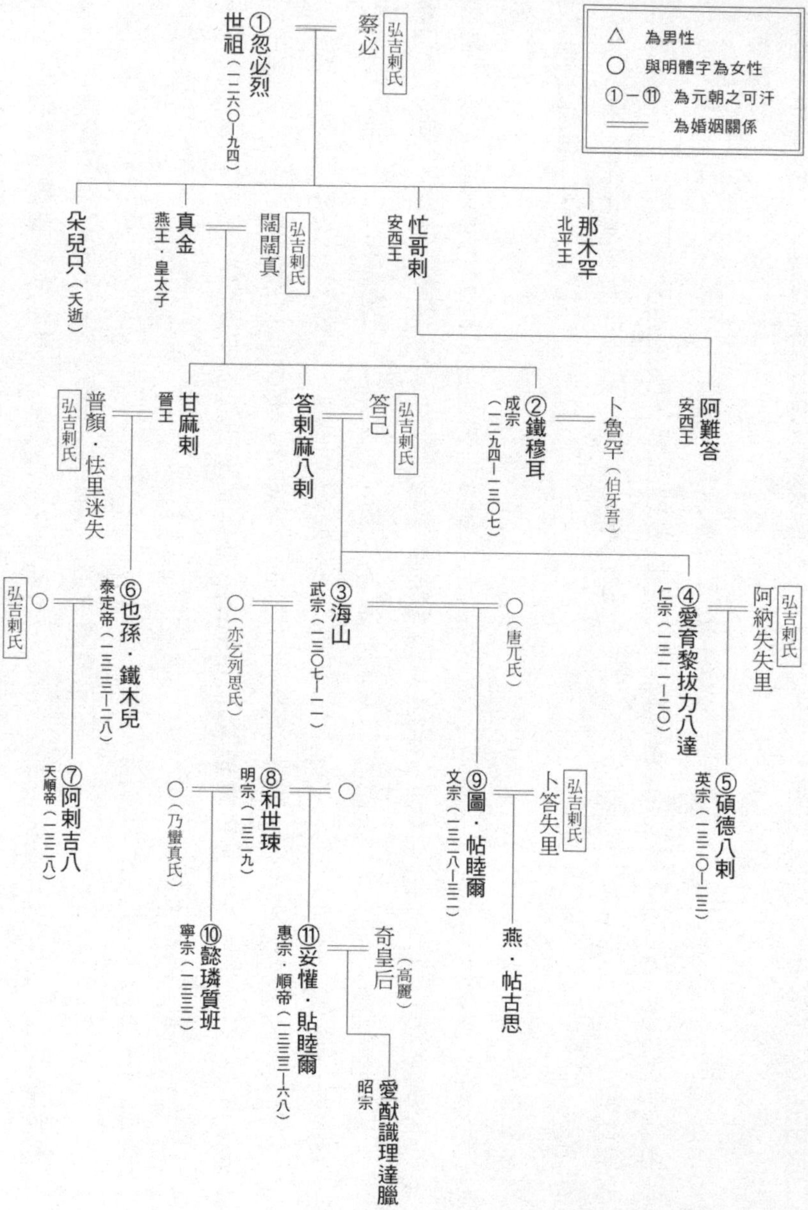

了由皇孫甘麻剌所率領的元軍。靠著土土哈率領的欽察人部隊奮戰，甘麻剌才逃過一劫。從此之後，與海都連年交戰，元軍大多處於不利的地位。

忽必烈．汗於一二九三年召回了統帥伯顏，將已故皇太子真金的玉寶授予皇孫鐵穆耳，派遣他擔任北邊防衛軍的總司令。然而，一二九四年正月，伯顏回到大都時，忽必烈．汗重病在臥，十日後以八十歲的高齡死去。

真金的遺孀闊闊真．可敦擔任監國，在上都召開忽里勒台。這時擁有皇位繼承權的是晉王甘麻剌和皇太子鐵穆耳，而鐵穆耳為代表北邊軍勢力的伯顏所支持。晉王以蒙古的統治權作為交換條件，將帝位讓給了弟弟，鐵穆耳即位（成宗）。

鐵穆耳當上皇帝，也不曾中止與海都的交戰。一三〇一年，海都和篤哇的聯軍動員了窩闊台家與察合台家所有兵力進攻北蒙古。在阿爾泰山東方迎戰的元軍指揮官是已故答剌麻八剌的次子海山[49]和土土哈的兒子床兀兒。戰爭最後雖然由海都獲勝，但海都在歸途中病死。

海都死後，繼承窩闊台家汗位的是他的兒子察八兒（參照世系圖一）。失去天才型戰術家海都後，篤哇和察八兒等商議，於一三〇五年向元帝鐵穆耳請和。鐵穆耳接受了這項和議，自己的宗主權首度獲得全蒙古的承認。

不久之後，篤哇和察八兒鬧翻。受到篤哇的察合台軍與元軍夾擊的察八兒，於翌年一三〇六年，勢窮而向篤哇投降，領土被察合台．汗國合併。就這樣，窩闊台家於焉滅亡。

弘吉剌時代

到了十四世紀中葉，蒙古帝國的繼承國到處陷入一片混亂，可汗完全喪失實權。首先在察合台家，一三三四年答兒麻失里．汗被殺，陷入內亂狀態。到了一三四七年，名為合咱罕的首領[50]殺了合贊．

49 答剌麻八剌之嫡長子為海山（其後之元武宗），海山之上另有庶長子阿木哥，故此云次子。

50 「Amīr Qazaghān」，巴魯剌思氏。此譯改自羅賢佑譯《突厥世系》（北京，中華書局，二〇〇五），原作「合札罕」。

汗[51]，統治西部的的馬維蘭納赫爾[52]；翌年，東部擁護皇子禿忽魯．帖木兒為汗，統治蒙兀兒斯坦[53]，察合台．汗國東西分裂。

同樣地，在伊兒．汗朝，答兒麻失里橫死後的翌年一三三五年，就在不．賽因．汗死亡同時，伊朗高原也陷入了激烈的內戰。

至於在欽察．汗國，一三五九年，別兒迪別．汗被殺，國內也同時陷入四分五裂的狀態。

元朝的狀況也相同。從成宗皇帝鐵穆耳死後的一三〇七年起，至惠宗（順帝）妥懽．貼睦爾即位後的三三年為止，短短的二十六年間，總共換了八位皇帝（武宗、仁宗、英宗、泰定帝、天順帝、明宗、文宗、寧宗），其中一三二八年還發生了讓帝國一分為二的內戰。以此內戰為分水嶺，政治體制有了大幅度的變動，至此為止以弘吉剌氏族為中心支撐皇帝權力的舊貴族勢力崩壞，之後，皇帝只不過是新興軍閥手中的傀儡。

皇太子真金生前從父親忽必烈．汗處分得莫大的財產，在真金死後仍由太子府持有，由真金的遺孀闊闊真．可敦管理。成宗鐵穆耳．汗即位後，尊闊闊真．可敦為皇太后，將太子府改名為隆福宮。隆福宮富可敵國，為了統治其領地領民，甚至設有名為徽政院的獨立政府。這個隆福宮皇太后死於一三〇〇年。

成宗一三〇七年去世時，沒有留下皇子，伯牙吾氏出身的卜魯罕皇后用她監國的權限，準備立真金次弟忙哥剌之子，安西王阿難答為帝。若此舉成功，弘吉剌氏族就將失去外戚的地位，隆福宮的財富也將落入新勢力的手裡。因此，弘吉剌派以成宗次兄答剌麻八剌的次子愛育黎拔力八達為首，發動政變，殺了安西王，流放了卜魯罕皇后。愛育黎拔力八達的兄長海山當時是懷寧王，駐紮阿爾泰山一帶，擔任

51 「Ghāzān khān」，其人名諱與伊兒汗名君合贊相同，而非同一人。
52 河中地區，主要指錫爾河與阿姆河間及附近之區域。此採阿拉伯語「Mā-warā’ an-nahr」之音譯，意為「河之彼岸」。西方慣稱為「烏滸河外地（Transoxiana）」。
53 「Moghulistān」，波斯語，意思是蒙古人之地方，是波斯人稱呼東察合台汗國時使用的術語。

北邊的防衛。愛育黎拔力八達將海山迎回上都，擁立為帝（武宗）。海山和愛育黎拔力八達的生母答己是弘吉剌氏族出身。武宗尊答己為皇太后，讓她住進隆福宮，又於一三〇八年為她興建了興聖宮。

武宗為了感謝弟弟的功勞，冊封愛育黎拔力八達為皇太子，但前提是愛育黎拔力八達得答應死後讓武宗的兒子繼承帝位。一三一一年武宗死後，依照諾言，由愛育黎拔力八達當上了皇帝（仁宗）。

然而，武宗和仁宗兩朝，掌握實權的其實是興聖宮皇太后。依照武宗和仁宗的約定，仁宗即位後原本應該立武宗的兒子為皇太子，但武宗長子和世㻋的母親出身亦乞列思氏族，次子圖．帖睦爾的母親則是唐兀（西夏）人。對此怏怏的皇太后於是打破約定，於一三一六年立仁宗的長子碩德八剌為皇太子。這是因為碩德八剌的母親是出身弘吉剌氏族的阿納失失里。

和世㻋被封為周王，派到遙遠的雲南。心存不滿的周王一行人在赴任途中於延安發動叛亂，向北逃至阿爾泰山西北，與察合台家的諸王同盟。

一三二〇年，仁宗死亡，皇太子碩德八剌登基（英宗）。這個時候，帝室的財政狀況已經非常吃緊。深感改革必要性的英宗，在一三二二年，興聖宮的太皇太后一死，再也沒有顧忌，便任命拜住為中書右丞相，進行政治體制的改革。拜住是札剌亦兒氏安童的孫子。

英宗的改革遭到太皇太后身邊舊勢力的猛烈反抗，翌年一三二三年，英宗和拜住遭到御史大夫鐵失一黨暗殺。

弘吉剌派的沒落

弘吉剌派的鐵失等人同樣不願意立武宗的皇子為帝，於是派使者前往在杭愛山遊牧的晉王也孫．鐵木兒處，請求他即位。也孫．鐵木兒是晉王甘麻剌的長子，母親是出身弘吉剌氏族的普顏．怯里迷失。也孫．鐵木兒隨即在克魯倫河畔登基（泰定帝），同時派軍趕回大都，殺了鐵失一黨。

在這樣的變動當中，弘吉剌派的舊貴族勢力遭受到嚴重的打擊，改由晉王家世臣坐上權力的寶座。

雖說是晉王家，也不過是弘吉剌勢力的一部分，舊貴族的沒落，終究會影響帝室的安定。

一三二八年，泰定帝一死，即發生內亂。這時的晉王家在上都擁立泰定帝和弘吉剌氏皇后間所生的皇太子阿剌吉八登基（天順帝）。另一方面，在大都掌握兵權的是欽察人牀兀兒之子燕．鐵木兒。燕．鐵木兒所率領的欽察人軍團是從祖父土土哈時代開始就活躍於北邊邊防最前線的精銳部隊。發動政變掌控大都的燕．鐵木兒找回了被流放在江陵的武宗次子懷王圖．帖睦爾，擁他為皇帝，與上都的天順帝開戰。

戰爭延續數月，燕．鐵木兒終於擊垮了上都的勢力。另一方面，身在阿爾泰山西的周王和世㻋接受弟弟圖．帖睦爾所提的讓位請求而步向歸國之途，於翌年一三二九年，在哈剌和林的北邊舉行了即位儀式（明宗）。但當明宗進入南蒙古，到了王忽察都之地，接見了降為皇太子的圖．帖睦爾不過四天後，就離奇死亡。燕．鐵木兒隨即再度立圖．帖睦爾為皇帝（文宗）。

會造成帝位如此不安定的原因來自遊牧國家的兩個特性。第一、皇帝採取選舉制。選舉母體忽里勒台的構成成分是皇族和貴族，每一個人都是獨立的領主，皇帝對於他們並不具有絕對權威。帝國的經濟和軍事僅由皇帝的直轄領民負擔，與其他領主的領民沒有關係。第二、根據遊牧民族的傳統，財產的繼承採取均分原則。為此，帝室的直轄領每經一代就被被細分一次，皇帝的權力也跟著愈來愈小。世祖忽必烈時，由於征服了南宋，一舉擴大了皇帝的領土，他的餘威讓成宗這一代尚且可以鞏固皇權。但到了武宗和仁宗時，已經沒有鄰國可以征服，財政困難也快速浮現。從此之後，元朝的命運便慢慢開始走下坡。

四、元朝的衰亡

帝位的爭奪

伴隨著一三二八年的內亂，忽必烈家的元朝政權結束了前半六十八年的安定期，進入了後半六十年的衰退期。內亂中拱出文宗打倒天順帝的是兩個軍閥的聯合。欽察人燕．鐵木兒，其家族自祖父以來一直在北邊防衛第一線活躍，而在蒙古本土根基穩固；與他聯手的篾兒乞人伯顏，是河南行省平章政事，一手掌握以河南為中心的華北兵力。

一時擁立文宗的燕．鐵木兒，在滅了天順帝之後，對於文宗的哥哥明宗，以讓位為名誘騙來暗殺之，再度擁立文宗，但至此元朝的實權就成了燕．鐵木兒的掌中物，皇帝不過是個傀儡。文宗於一三三二年死去，年僅二十九歲。弘吉剌氏的卜答失里皇后遵照文宗的遺言，主張立明宗的兒子為皇帝。明宗留有兩個兒子，長子妥懽．貼睦爾十三歲，次子懿璘質班七歲。妥懽．貼睦爾早已被燕．鐵木兒流放至廣西，於是，受到文宗疼愛的懿璘質班即位（寧宗），但即位後僅四十三日便死去。

為此，妥懽．貼睦爾從廣西被召回，但對明宗一家不懷好意的燕．鐵木兒，遲遲不肯立皇帝，讓卜答失里皇太后監國達六個月之久。一三三三年，燕．鐵木兒病死，接掌政權的伯顏立妥懽．貼睦爾為帝（惠宗，明朝稱順帝），自己擔任中書右丞相。一三三五年，伯顏殺了燕．鐵木兒的兒子唐其勢，將欽察軍納入自己的掌控之下。

現在再也沒有任何勢力可以與伯顏抗衡。伯顏排場之大，出入時前後左右都有帝國的精銳軍護衛，相反地，皇帝妥懽．貼睦爾的親衛兵卻少得可憐。年滿二十歲以後的皇帝終於忍無可忍。手中沒有可以信賴的兵力的皇帝，便煽動伯顏的弟弟馬札兒台之子脫脫排擠他的伯父。一三四〇年，脫脫發動政變流放伯顏，伯顏死後，馬札兒台和脫脫父子代之掌政。

剷除伯顏後的皇帝，接下來準備對付馬札兒台父子。這次，他利用的是之前擁護泰定帝的別而怯．不花、太平（賀惟一）等人。他的策略奏效，一三四四年，脫脫辭去中書右丞相之職，皇帝終於可以掌控大部分的政府機關。一三四七年，馬札兒台父子被流放甘肅。

然而，皇帝看不慣別而怯．不花坐大，於該年馬札兒台死於配所後，召回了脫脫，此事皇帝的親信康里人哈麻有所出力。一三四九年，泰定帝一派的群臣總辭，脫脫再度當上了中書右丞相。

內戰與軍閥

當中央不斷上演政爭之時，華南開始出現對蒙古人統治的反抗。早在一三四八年，台州的鹽商方國珍就起而叛亂，成了海賊，開始擾亂從江蘇到福建的沿岸一帶。一三五一年，在河北、山東、河南、安徽、江西、湖北等地，宗教秘密結社白蓮教徒所組成的紅巾軍之亂爆發，江淮的穀倉地帶一一落入他們的手裡。翌年一三五二年，脫脫親率大軍前往平亂，奪回徐州，紅巾軍遭受到嚴重打擊。

脫脫的權勢無人可與之匹敵，於是皇帝再度盤算著用計除掉他，想用哈麻下手。一三五三年，與方國珍同為鹽商出身的張士誠造反，以高郵為根據地建立政權，一三五四年，脫脫再度率大軍出征。留守的哈麻趁機掌權，送詔書給在營中的脫脫，解除了他的職位，收回兵權，將他流放。脫脫於一三五五年，在流放地雲南被哈麻的手下毒殺。

妥懽．貼睦爾．汗有一個與高麗人奇皇后所生的長子愛猷識理達臘，此時已經成年，於一三五三年被立為皇太子，兼任中書令和樞密使。哈麻為了鞏固自己的地位，圖謀逼可汗退位，拱皇太子上位，但計謀曝光，哈麻於一三五六年遭到杖殺。

脫脫的沒落，當然解除了軍閥的威脅，但也造成了元軍指揮系統的分裂，減弱了其戰鬥力。一三五五年，以白蓮教主韓林兒為大宋皇帝的紅巾軍趁勢在亳州（安徽省亳州市）建立了中央政府。紅巾軍雖然一開始被元軍擊敗而退到安豐（安徽省鳳陽縣），但隨即扭轉情勢，於一三五八年發展到汴梁（開封），分三路對山東、山西、陝西展開攻擊。當中進攻山西的一軍從山西經大同盆地入南蒙古，攻陷上都，焚毀宮殿，並東向於一三五九年占領遼陽，更渡鴨綠江攻陷平壤，銳不可擋。雖曾一度被擊退到鴨綠江外，但一三六一年再度入侵，攻陷了高麗的王都開城。

面對這樣的危機，元朝所倚賴的是河南察罕．帖木兒的軍隊。察罕．帖木兒雖是畏兀人，從曾祖父時代開始就定居河南，家門已在地化。一三五二年紅巾軍進入河南時，察罕．帖木兒為了保衛鄉土而結成義勇軍，與同是河南人的李思齊攜手起兵。就那樣將山東、山西、河南、陝西的紅巾軍陸續擊滅，確保華北地帶，更在一三五九年收復敵軍首都汴梁，使紅巾政權覆滅。

察罕・帖木兒於一三六二年在掃除山東殘敵時於益都被殺，其養子擴廓・帖木兒率領河南軍閥。這時在元朝的宮廷內，皇太子愛猷識理達臘一派和反對派勢力彼此持續抗爭。皇太子雖有擴廓・帖木兒為後盾，但反皇太子派則握有當時在大同盆地與擴廓・帖木兒對立的另一個軍閥孛羅・帖木兒的勢力。大同軍閥和河南軍閥間為了山西的歸屬而爭戰不斷，皇帝的調停也起不了任何作用。事情終究發展到最壞的情況：一三六四年，孛羅・帖木兒的軍隊占領大都，皇太子出奔至太原請求擴廓・帖木兒的保護。翌年一三六五年，擴廓・帖木兒滅了孛羅・帖木兒，皇太子得以回到大都，但從這個事件可以看出，情勢已經到了元朝無法掌控的地步。

喪失漢地

就這樣，當河南軍閥的實力因內戰而持續削弱的同時，占據江南集慶（南京）的一股紅巾軍朱元璋的勢力在長江流域一帶建立起來，一三六八年，朱元璋即大明皇帝之位，總算開始向北方發動總攻擊。於是，大都遭攻陷，元朝的勢力在華北被一掃而空。

到南蒙古應昌府避難的皇帝和皇太子於一三七〇年在該地遭明軍追擊，妥懽・貼睦爾・汗病死，皇太子愛猷識理達臘好不容易才與十數騎脫身逃走。

登上帝位的愛猷識理達臘（昭宗）與從太原經甘肅逃脫的擴廓・帖木兒聯手，以哈剌和林為根據地，對明朝進行防衛戰。一三七二年，擴廓・帖木兒迎擊分三路向北蒙古入侵而來的十五萬明軍，於土拉河一帶擊敗敵軍本軍，殺了數萬人，大獲全勝。

擴廓・帖木兒於一三七五年死亡，愛猷識理達臘・汗也在不久之後的一三七八年死亡。繼承帝位的是愛猷識理達臘・汗的弟弟脫古思・帖木兒（天元帝）。一三八七年，明軍進入北滿洲，招降了由木華黎國王子孫納哈出所率領的二十餘萬元軍。為了拯救因此造成的東部戰線的危機，脫古思・帖木兒・汗親自往駐於呼倫・貝爾，聯絡高麗，打算夾擊明軍，卻反而於翌年一三八八年遭到明軍奇襲，於貝爾・諾爾湖畔慘敗，在與數十騎逃往哈剌和林的途中，於土拉河畔遭皇族也速迭兒軍所殺。就這樣，在忽必烈即位後的一百二十八年後，忽必烈家一時斷絕了。

黑暗時代

於一三八八年打倒脫古思・帖木兒・汗的也速迭兒是阿里・不哥的子孫。他在登上元朝帝位不久後的一三九一年死去，由他的兒子恩克・汗[54]即位。從這裡開始蒙古史進入黑暗時代，帝室的世系也變得讓人困惑。政治實權落入瓦剌部族[55]手裡，幫助也速迭兒打倒脫古思・帖木兒的也是瓦剌部族。此時期皇帝力量之薄弱，從傳聞中恩克・汗（一三九一至一三九四年在位）次代的額勒伯克・汗於一三九九年被瓦剌部族所殺，也可以看得出來。

額勒伯克・汗橫死的前年，皇子完者・帖木兒從北蒙古的元朝宮廷出走，投奔當時人在阿富汗喀布爾的帖木兒（蒙：Temür、波斯：Tīmūr）[56]陣營。據說這是因為皇子完者・帖木兒與額勒伯克・汗起衝突，為逃離瓦剌掌控的緣故。而在蒙古方面，由可能是完者・帖木兒兄弟的坤・帖木兒即帝位（一三九九至一四〇二年在位）。

坤・帖木兒・汗死後，窩闊台・汗的後裔兀魯克・帖木兒（鬼力赤）[57]襲立。他於一四〇四年派使

54 Engke qaγan，此從四庫本《蒙古源流》。以下名物或從四庫本（如選「喀喇沁」不選「哈剌嗔」），或從明譯（如選「馬兒可兒吉思」不選「蒙古勒克埒青吉斯」），或承襲前輩，或逕自音譯不一。時代相異致音韻不叶處仍請讀者諒解。

55 「瓦剌」即前文所見元朝史料所稱之「斡亦剌惕」，後文清朝稱之作「衛拉特」。考慮到一般通史著作中「瓦剌」一稱已太過為人所熟，此處翻譯不得不依時代分別用字而不求強行劃一。仍請讀者諒解。

56 本書提及之蒙古人名多有「〇〇・帖木兒」或「帖木兒・〇〇」者，惟除元成宗鐵穆耳及十四世紀末至十五世紀初之中亞霸主帖木兒（一四〇五年薨）外，其餘並無單名Temür者，故本書所見「帖木兒」即為中亞霸主帖木兒，仍請讀者留意。

57 Uruk tīmūr，Uruk見於波斯史料。茲依明《華夷譯語》譯音例對作「兀魯克」。

者前往撒馬爾罕要求帖木兒歸順。帖木兒拒絕，並率領大軍遠征東方(1)。帖木兒的意圖，是讓完者·帖木兒當上元朝的皇帝，自己挾天子以令諸侯，向全蒙古世界發號施令。但在翌年一四〇五年，帖木兒於錫爾河東的訛答剌猝死，東征的大業也就此中止。

然而完者·帖木兒自力繼續東行，從東察合台·汗國的別失·八里開始動作，一四〇八年，進入北蒙古登基，號本雅失里·汗。兀魯克·帖木兒為部下所廢，之後被殺。

支持本雅失里·汗登基的是名為阿魯台的首領，他代表的是蒙古高原東部的勢力。至於西部的瓦剌則對本雅失里·汗懷有敵意。於是，明朝永樂帝（太宗、成祖）打算與瓦剌聯手討伐本雅失里·汗。

這時的瓦剌已經不只是元代時住在葉尼塞河上游的部族，他們吸收了阿爾泰山一帶的乃蠻部族、杭愛山一帶的克烈部族，以及貝加爾湖一帶的巴兒渾部族[58]，成長為一大種族。而其首領則有馬哈木、太平、把禿·孛羅三人並立，當中的馬哈木是乃蠻後裔綽羅斯部族的族長。

永樂帝的北征

一四〇九年，十餘萬明軍為征討本雅失里·汗而向北蒙古進擊，但反而在克魯倫河因元軍而全軍覆沒。永樂帝立刻召集全帝國的兵力準備御駕親征。翌年一四一〇年，親率大軍橫越戈壁沙漠，擊滅了從克魯倫河到鄂嫩河畔一帶的本雅失里·汗軍。本雅失里·汗僅帶著七騎逃亡。永樂帝繼續向東前進，越過呼倫·諾爾，擊敗了在喀爾喀河上游的阿魯台軍。

永樂帝親征的結果，顛覆了元朝的勢力，走投無路的本雅失里·汗投奔瓦剌，但在一四一二年被馬哈木等人所殺。馬哈木改立阿里·不哥家的答里巴·汗，瓦剌的勢力控制了北蒙古中央部，壓力甚至及於南蒙古北部。永樂帝於是改與阿魯台聯手，計畫討伐瓦剌。一四一四年，永樂帝第二次御駕親征，在土拉河

58 Baryun，《元朝秘史》作「巴兒渾」，《元史·太祖紀》作「八剌忽」，清譯「巴爾虎」。

源頭附近的肯特山中與侍奉答里巴．汗的瓦剌軍決戰。這場戰役重挫了瓦剌，但明軍自己也損失慘重。阿魯台趁機進攻瓦剌，於一四一六年將之擊敗，兵敗後的馬哈木不久便死去。馬哈木之子脫歡繼任部族長。

重振旗鼓的阿魯台對明朝而言是不容小覷的威脅。於是永樂帝於一四二二年第三次御駕親征，進入到阿魯台根據地的呼倫．貝爾地區，但無法成功抓住脫走的阿魯台。永樂帝不滿意這樣的結果，於一四二三和一四二四年展開了第四、五次的御駕親征，卻都以失敗收場，永樂帝在回朝途中病死於南蒙古。因連年外征而疲敝的明朝，之後再也不打算以軍事介入蒙古。

瓦剌的霸權

在此之前，答里巴．汗之後繼位的據說是同樣出身阿里．不哥家的斡亦剌歹．汗（一四一五－一四二五年在位）。而阿魯台據說立了別的可汗，但又在一四二三年殺了他，另立已故兀魯克．帖木兒．汗的遺子阿岱（一四二五－一四三八年在位）為汗。對此，瓦剌的脫歡則立脫脫．不花這位皇子與之抗衡。

脫脫．不花是忽必烈家的後裔，一四〇九年以來，在明朝的保護之下，於甘肅邊外遊牧，但在脫歡的勸誘之下離開明朝邊境，於一四三三年登基。翌年一四三四年，脫歡與脫脫．不花．汗的軍隊聯手滅了阿魯台，一四三八年也滅了阿岱．汗。在此同時，脫歡則在內部滅了太平和把禿．孛羅，成了全蒙古實質上的獨裁者。

脫歡於一四三九年死去，其子也先繼位。到了也先一代，瓦剌部族更加壯大，向東越過大興安嶺使滿洲的女直人屈服，更送國書至朝鮮促其通好。向西則壓制了東察合台．汗國，甚至出兵到西突厥斯坦，擊敗烏茲別克人[59]，氣勢如虹，幾乎讓人想起成吉思．汗的蒙古帝國之再現。

59 「烏茲別克」，《元史》用字為「月祖伯」、「月即別」。英語俗慣作Uzbek。當代官方拼法作O'zbek。

對於明朝，由於貿易上的需要，瓦剌一直以來與明朝維持傳統上的和平關係，但明正統帝（英宗）嚴格限制瓦剌朝貢使節的人數，壓迫貿易，一四四九年，瓦剌兵分四路，東從滿洲，西至甘肅，進攻明朝北方邊境。正統帝發兵親征進至大同，卻因為離也先本軍太近，感到危險而回師。途中，在宣府（河北省宣化縣）東方的土木堡被瓦剌軍擊滅，正統帝身為俘囚。這被稱為土木堡之變。也先進軍包圍北京，以皇帝作為威脅，企圖換取更有利的條件，但卻未能如願。翌年一四五〇年，送還正統帝。明朝在北邊築起長城，全面轉為守勢正是從這個時候開始。

戰勝明朝的也先與脫脫・不花・汗發生衝突。脫脫・不花・汗的第一皇后是也先的姊姊，但可汗不立與她生的兒子為皇太子，反立其他皇后生的兒子。為此掀起了內戰，被也先擊敗的脫脫・不花・汗在敗走途中被殺。也先殺了所有元朝的皇族，只留下母親出身瓦剌部族的人。終於，一四五三年，也先登上大元天聖大汗之位，建元天元。然而，他的政權為期很短，翌年一四五四年，阿剌・知院（知樞密院事）叛變，擊敗了也先。也先在逃亡的途中被殺，瓦剌帝國隨後瓦解。

也先的政權雖然很短暫，但在蒙古人的歷史上卻是一大變革期。蒙古人重視家系，但無論哪一個部族，現存的世系都無法向上追溯，所有人的始祖都是與也先同時代的人。這暗示了在這個時代，蒙古社會進行了大規模的改組。

五、蒙古的復興

元朝裔的諸集團

也先・汗死亡、瓦剌帝國解體之後，從北蒙古東部到南蒙古一代，還殘存一些元朝裔的集團，主要集團如下。

（一）兀良罕萬戶[60]

在肯特山中遊牧。前身為鎮守成吉思・汗陵的兀良罕千戶。

（二）鄂爾多斯萬戶[61]

前身為成吉思・汗的四大斡耳朵，首領稱號為晉王（ǰinong）。原本應該在克魯倫河一帶，後來到了河套地區遊牧。供奉祭祀成吉思・汗之靈的八白室（Naiman čaγan ger）。

（三）喀爾喀萬戶[62]

前身為札剌亦兒國王所領。原本該在喀爾喀河一帶，後來也在克魯倫河一帶遊牧。

（四）察哈爾萬戶[63]

前身為忽必烈的哥哥蒙哥・汗的封地京兆（西安）所領。忽必烈・汗即位後，由其子安西王忙哥剌、其孫安西王阿難答繼承。阿難答被殺後，泰定帝將這裡冊封給阿難答之子安西王兀魯克・帖木兒，但一三三二年遭到文宗破壞。察哈爾祭祀的是也失・可敦，也就是忽必烈的母親唆魯禾帖尼・別乞之靈。他們在戈壁沙漠東邊遊牧。

（五）土默特萬戶[64]

又名蒙郭勒津。前身是在陰山遊牧的瓦剌王國。

（六）永謝布萬戶[65]

60 Uriyangqan，《元史》或作「兀良罕」。因尾音n易失，明譯慣作「兀良哈」。原書概作「ウリャーンハン」，依之。
61 Ordos，字源即「宮帳／ordo」。明譯或作「阿兒禿斯」。
62 Qalq-a，明譯或作「罕哈」。
63 Čaqar，明譯或作「察罕兒」、「插漢」等。
64 Tümed，明譯或作「土蠻」。其異稱Mongγolǰin明譯或作「滿官嗔」、「猛古振」等。
65 Yüngšiyebü，明譯或作「應紹卜」、「永邵卜」等。

前身是貴由・汗的弟弟闊端的領地。闊端在涼州（甘肅省武威縣）一帶遊牧，奉命征服吐蕃。忽必烈被封於京兆之後，闊端之子只必・帖木兒臣屬於忽必烈。只必・帖木兒建造了名為永昌府的新城，萬戶便是取自其名，之後在甘肅邊外一帶遊牧。

（七）翁牛特[66]

前身是大興安嶺北部、成吉思・汗諸弟的領地總稱，包括清代科爾沁（掐赤・合撒兒裔）、翁牛特（合赤溫裔）、阿巴嘎和阿巴哈納爾（別里古台裔）。

（八）阿速特

前身是高加索裔阿蘭人軍隊。

（九）喀喇沁[67]

前身是突厥裔欽察人軍團。

（十）三衛

之後會介紹。

這些元朝裔的諸集團聯合起來，於也先死後翌年一四五五年，選出已故脫脫・不花・汗的幼子馬兒可兒吉思為汗。但馬兒可兒吉思不具有任何實權，只不過是受有力部族長擺布的人偶。在位十年後的一四六五年，被部下孛來太師所殺。太師是軍隊的最高指揮官，是次於可汗的權力者之稱號。實力與孛來比肩的毛里孩王反擊，殺了孛來，立已故馬兒可兒吉思・汗的異母兄弟莫蘭・汗[68]為帝，自己掌握

66 Ongliyud，明譯或作「汪流」。
67 Qaračin，明譯或作「哈喇嗔」、「哈剌陳」等。
68 Molan，四庫本《蒙古源流》作「摩倫」。此譯從烏蘭《蒙古源流研究》。

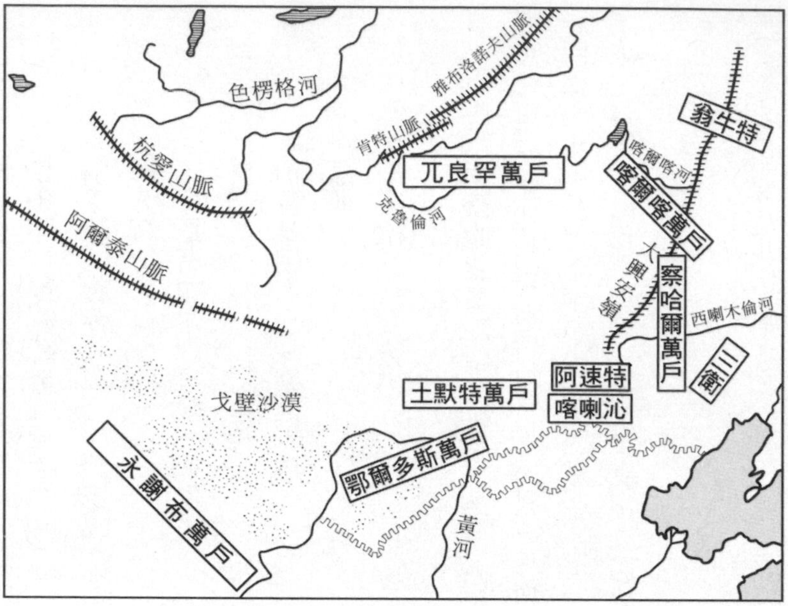

地圖七　元朝裔諸集團的分布

實權。然而，二者間關係不睦，翌年一四六六年，發生武力衝突，新汗被毛里孩王所殺。此後將近十年間，北元的帝位一直懸空。毛里孩王是成吉思．汗異母弟別里古台的子孫。很快地在一四六八年左右，他的勢力也被滅了。消滅他的是據說是成吉思．汗同母弟拙赤．合撒兒的子孫，叫作兀捏孛羅王。

邁向再統一

就這樣，蒙古的混亂持續了很長一段時間，到了一四七五年，蒙古有了再次統一的契機。會這麼說是因為，就在該年，察哈爾部族長滿都魯登上了懸空已久的北元帝位。滿都魯據說是脫脫．不花．汗的異母弟，當時的年紀應該已經很大了。擁立滿都魯為汗的第一號實力人物是東突厥斯坦出身的乩加思蘭[69]。

然而，滿都魯並非當時新可汗的唯一候選人。乩加思蘭最初屬意的是博勒呼太子[70]，計畫

69 Begersen，清譯《蒙古源流》作「伯格埒遜」，伯希和認為此名或為突厥語 Bäg-arslan。
70 Bolqu，明譯作「孛羅忽」。

把自己的女兒嫁給博勒呼太子，再扶持他登帝位。但博勒呼太子辭退了，乩加思蘭才轉而立滿都魯為汗。滿都魯・汗娶了乩加思蘭的女兒為第二夫人，再將自己與第一夫人滿都海・可敦生的二個女兒中的一人嫁給乩加思蘭，另一人嫁給蒙郭勒津部族首領脫羅干的兒子火篩。滿都海・可敦已出身於蒙郭勒津部族，因此，滿都魯・汗的政權可說是構築在由自己的察哈爾部、姻親的蒙郭勒津部，以及新任太師乩加思蘭的勢力上的三角同盟。

這裡出現的博勒呼太子到底是誰呢？他是擁有當時北蒙古東部兀良罕部族勢力背景而活躍的首領，他的父親出自已故脫脫・不花・汗之弟阿噶巴爾濟晉王[71]一族，母親則擁有瓦剌也先・汗的血統。一四五二年，脫脫・不花・汗和也先之間發生武力衝突時，阿噶巴爾濟晉王背叛兄長，轉向也先陣營，但戰後反而卻與其他北元的皇族一起被也先殺害。阿噶巴爾濟晉王的兒子哈爾固楚克與也先的女兒結婚，生下名為巴延・蒙克・博勒呼晉王[72]的兒子，這時為躲避殺戮而往西方逃走，亡命至中亞的托克馬克，即朮赤家諸王處[73]。哈爾固楚克在逃亡地被殺，遺兒博勒呼晉王與母親一起留在了瓦剌。恐怕是也先・汗死後，博勒呼晉王才在四名勇士的護送下移往兀良罕部族，接受部族長呼圖克少師的保護。博勒呼晉王之後與呼圖克少師的女兒錫吉爾・可敦結婚，生下一子，也就是巴圖・蒙克・達延・汗。

達延・汗

巴圖・蒙克生於一四六四年，正好是馬兒可兒吉思・汗被殺的前一年。巴圖・蒙克出生沒多久，就

71 Aybarji，或即明代漢籍中之「阿八丁王」，故岡田教授作「アクバルッディン」，即視此名為阿拉伯語 Akbar ad-dīn，詳第二部相關專節。亦參考烏蘭《蒙古源流研究》第五卷註四五。
72 **Bayan möngke**，明譯作「伯顏猛可」。
73 **Toymay**，作「脫黑馬黑」或較合明《譯語》譯例：γ對應「黑」而**k**對應「克」。亦參考烏蘭《蒙古源流研究》第三卷註九八。

被巴勒噶沁部的巴海收養。然而，巴海對巴圖・蒙克不好，於是唐古特部族[74]的帖木兒・哈達克奪走了巴圖・蒙克自己扶養。

另一方面，向中央政界邁步的父親博勒呼晉王發展卻不順利。滿都魯・汗即位後不久，博勒呼晉王就被可汗和乩加思蘭太師流放，活動範圍移到了南蒙古西邊的河套地方。然而，滿都魯・汗和乩加思蘭太師的同盟關係並不持久，二者終於發生衝突，太師攻殺可汗。這是發生在一四七九年的事。蒙郭勒津部族的脫羅干不服，與乩加思蘭的遠支從弟亦思馬因[75]聯手，打倒了乩加思蘭。然而，由於滿都魯・汗沒有兒子，一度遭流放的博勒呼晉王於是被推舉為新的可汗，亦思馬因則當上了太師。

帝位的問題雖然獲得解決，但已故滿都魯・汗所領的察哈爾部族卻少了領袖。對於滿都魯・汗的遺孀滿都海・可敦而言，再婚成了當務之急。這時候登場的是之前提到滅了毛里孩王的兀捏孛羅王，他向滿都海・可敦提求婚。在此同時，唐拉噶爾部族的帖木兒・哈達克將巴圖・蒙克送回可敦身邊。可敦認為，與其選擇成吉思・汗弟弟子孫的兀捏孛羅王，不如選擇成吉思・汗本身直系子孫的巴圖・蒙克，於是在一四七九年與巴圖・蒙克舉行了婚禮。當時新郎僅十六歲，新娘則是四十二歲，大了新郎二十六歲。就像這樣，年輕的皇子獲得了察哈爾部族長的地位。

另一方面，巴圖・蒙克的父親博勒呼晉王汗最初雖與亦思馬因聯手，但不久後二者間照樣發生了衝突，亦思馬因擊敗可汗，搶奪了他的夫人錫吉爾・可敦，與之結婚並育有二子。深受打擊的博勒呼晉王汗之後雖繼續活躍於河套地方，但在一四八七年被永謝布部所殺。

巴圖・蒙克在此前一年，派遣察哈爾和蒙郭勒津的聯軍征討亦思馬因太師，奪回了母親錫吉爾・可

74 岡田教授此處用字為「タングト」，惟後文提及此人則作「唐拉噶／Tanglayar」。岡田教授譯註之《蒙古源流》（東京，刀水書房，二〇〇四）第五章第六九節亦作「タンラハル」。

75 イスマイル為其伊斯蘭教名：Ismāʿīl。《黃金史》等或作Ismal，明人譯作「亦思馬因」。《蒙古源流》作Isman，四庫本作「伊斯滿」。參考烏蘭《蒙古源流研究》第五卷註七五、七七。

世系圖三　蒙古中興之祖達延・汗

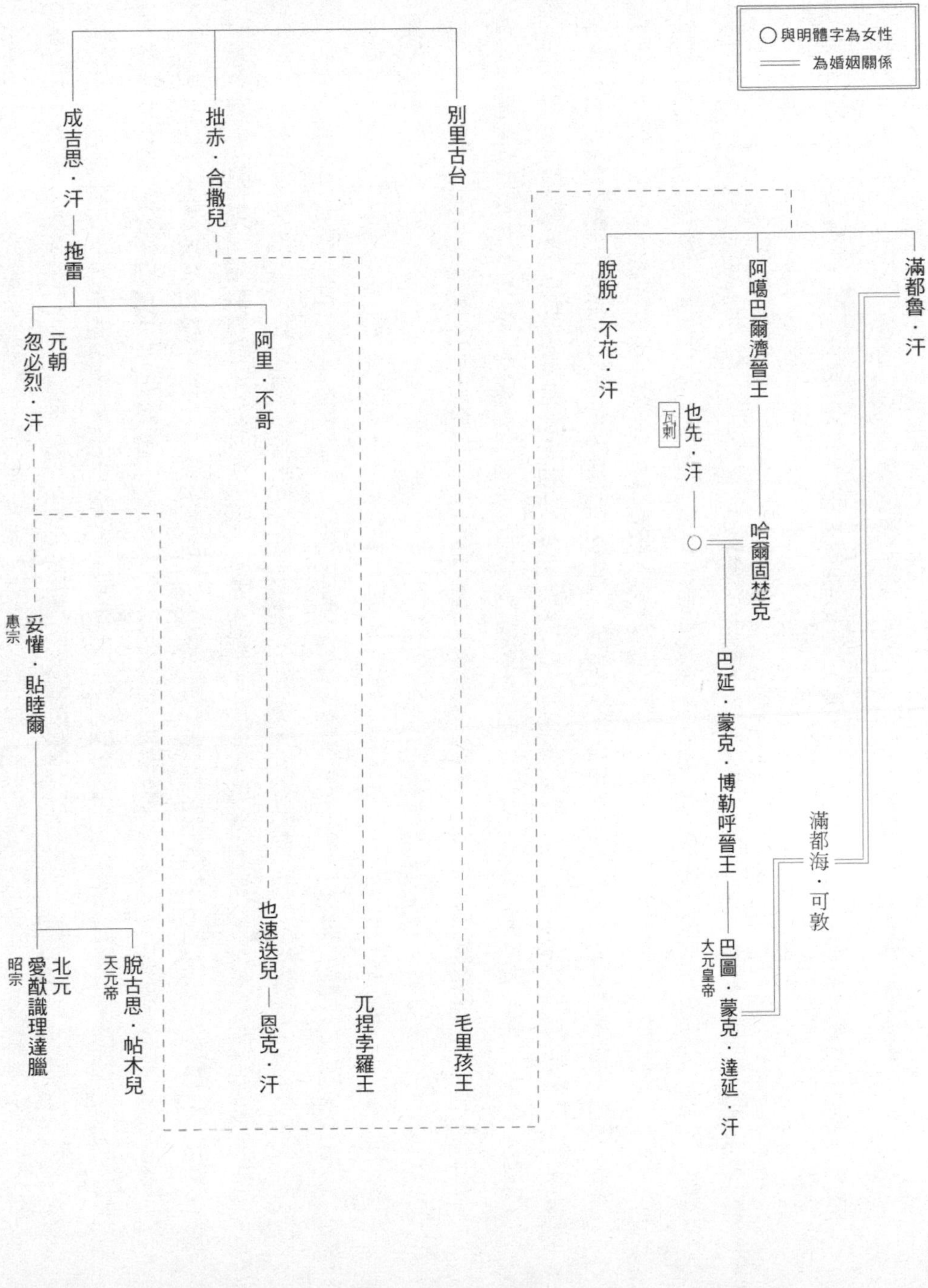

敦，父親死後隨即即位，稱作達延・汗。達延是「大元」在蒙古語的訛音，換言之，「達延・汗」是代表大元皇帝的稱號，顯示了二十四歲的青年可汗希望再興北元的雄心壯志。

達延・汗在之後三十八年的統治當中，逐漸完成蒙古再統一的偉業。首先，他征服了蒙郭勒津部，將領土封給了自己的第三子巴爾斯・博羅特[76]。接著，他又封次子烏魯斯・博羅特為晉王，派往統治河套的大部族鄂爾多斯。烏魯斯・博羅特被出身東突厥斯坦、反對可汗權力擴張的亦不剌因王[77]所殺，蒙郭勒津部也呼應叛亂。巴爾斯・博羅特好不容易才逃過一劫，達延・汗即派遣大軍討伐，終於征服了鄂爾多斯、蒙郭勒津、永謝布三大部族。從此建立起達延・汗的國家組織中，東方的察哈爾、喀爾喀、兀良罕地三大部族為左翼，歸可汗直轄；西方的鄂爾多斯等三大部族為右翼，聽令於晉王。這就是達延・汗的六萬戶。

左右翼的勢力

達延・汗於一五二四年死去，由於原本應該繼承帝位的長子圖魯・博羅特比父親早一年死去，照理應由圖魯・博羅特的長子、二十一歲的博迪・阿拉克即位。然而，達延・汗活著的諸子中，最年長的巴爾斯・博羅特（四十一歲）仗著身為晉王的勢力登上帝位，自稱賽因・阿拉克・汗[78]。博迪・阿拉克也不示弱，糾合左翼眾勢力逼迫叔父退位，奪回了帝位。就這樣，達延・汗死後馬上公開發生內鬥，雖然沒有演變成內戰，但左右翼相互懷有敵意，持續相抗。

正好這時兀良罕部族叛亂，博迪・阿拉克・汗也命令右翼前往平亂，但由巴爾斯・博羅特率領的右翼諸部卻不聽令，結果這場叛亂直到一五三一年巴爾斯・博羅特死後才被鎮壓。第二代晉王袞・必里克和巴

76 此處從四庫本《蒙古源流》。「博羅特／Bolod」即前述向滿都海求婚之兀捏孛羅之「孛羅」。滿都海拒其求婚而禱祝生七子皆名Bolod。

77 蒙文史料作Ibarai，明人亦作「亦卜剌」等，岡田教授此處作「イブラヒム」，蓋視此為穆斯林名Ibrāhīm。

78 Sayin alay，明代史籍或作「諰阿郎」、「賽那剌」、「賽那浪」。此從四庫本《蒙古源流》。

世系圖四　達延・汗之子孫

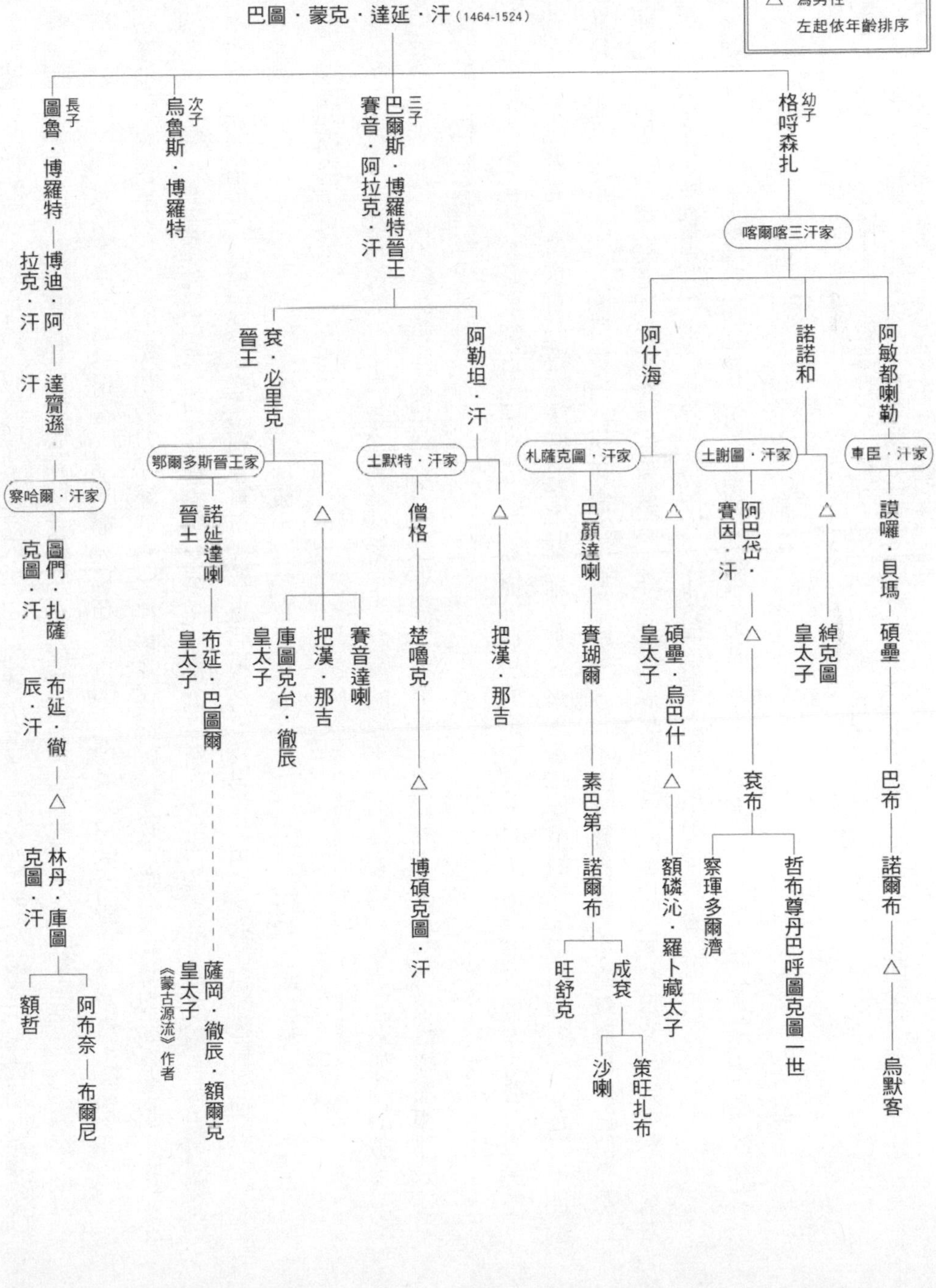
△ 為男性
左起依年齡排序
巴圖・蒙克・達延・汗（1464-1524）
長子 圖魯・博羅特
次子 烏魯斯・博羅特
三子 巴爾斯・博羅特晉王 賽音・阿拉克・汗
幼子 格呼森扎
博迪・阿拉克・汗
達賚遜・汗
察哈爾・汗家
圖們・扎薩克圖・汗
布延・徹辰・汗
△
林丹・庫圖克圖・汗
額哲
阿布奈
布爾尼
袞・必里克晉王
阿勒坦・汗
鄂爾多斯晉王家
諾延達喇晉王
布延・巴圖爾皇太子
薩岡・徹辰・額爾克皇太子
《蒙古源流》作者
△
賽音達喇
把漢・那吉
庫圖克台・徹辰皇太子
土默特・汗家
僧格
△
楚嚕克
△
博碩克圖・汗
把漢・那吉
喀爾喀三汗家
阿什海
諾諾和
阿敏都喇勒
札薩克圖・汗家
巴顏達喇
賚瑚爾
素巴第
諾爾布
旺舒克
成袞
沙喇
策旺扎布
△
碩壘・烏巴什皇太子
△
額磷沁・羅卜藏太子
土謝圖・汗家
阿巴岱・賽因・汗
△
袞布
察琿多爾濟
哲布尊丹巴呼圖克圖一世
△
綽克圖皇太子
車臣・汗家
謨囉・貝瑪
碩壘
巴布
諾爾布
△
烏默客

爾斯．博羅特其他的兒子們首度臣服於博迪．阿拉克．汗的統治之下。在他們的協助之下，成功討伐兀良罕，將這個大部族解體，而分配其民眾於其他各部族。取代兀良罕在東蒙古擴張的是由達延．汗幼子格呼森扎所率領的一部分喀爾喀部族。這些人就是構成現在蒙古國大部分人口的喀爾喀．蒙古人的祖先。

右翼第二代晉王袞．必里克的勢力已經不如父親時遍及右翼整體，僅限直轄的鄂爾多斯部族。一五四二年，袞．必里克死後由長子諾延達喇繼承晉王，鄂爾多斯部族由兄弟九人所分割，晉王的號令僅適用於自己的小部族。取而代之成為右翼實質領導者的是袞．必里克二弟，土默特部族長阿勒坦[79]。

阿勒坦．汗的霸權

博迪．阿拉克．汗在位的二十四年，勉強維持了左右翼的和平，但一五四七年可汗一死隨即破裂，阿勒坦破壞和平，以武力將先可汗長子達賚遜[80]以下流放到東方。達賚遜不得不帶著察哈爾部和部分喀爾喀部，向東移居大興安嶺東斜面。

就這樣，從正統汗家奪取蒙古高原實權的阿勒坦，從此之後的三十五年，展現了莫大的勢力。首先一五四二年在山西省一帶進行長達三十四日的大掠奪以來，幾乎每年反覆越境入侵明朝，一五五〇年且包圍北京，重創明軍，明人聞風喪膽。而在東方，翌年一五五一年與達賚遜修好，達賚遜得以在位於鄂爾多斯的成吉思．汗靈廟神前正式舉行即位儀式。作為交換條件，授予阿勒坦自元代以來代表榮譽的稱號司徒，正式承認阿勒坦的汗位。此後，阿勒坦．汗又稱格根．汗，指的是聰明的可汗。

阿勒坦．汗除了入侵明朝之外，也頻頻對瓦剌發動戰爭。一五五二年，征服瓦剌諸部之一的輝特

79 Altan，明代史籍或作「俺答」、「俺探」、「安灘」等。
80 Daraisun，明代史籍或作「打來孫」，其尊號「Küdeng」明譯「枯燈」。以下並從四庫本《蒙古源流》作「達賚遜」、「庫登」。參考烏蘭《蒙古源流研究》第六卷註四三。

部，殺了部族長瑪尼・明阿圖。戰場在北蒙古西部的空歸河和札卜罕河流域[81]。此前在北蒙古東部克魯倫河遊牧的喀爾喀部族，大概在這場戰爭之後越過肯特山脈向西擴張，移動到以色楞格河畔為中心，隔杭愛山脈與瓦剌相壤。

瓦剌中的輝特部是一二〇七年臣服於成吉思・汗長子朮赤遠征軍的部族長忽都合・別乞的後代，代代與蒙古的皇族擁有姻親關係。之前曾長期被馬哈木、脫歡、也先等的綽羅斯部壓倒，但勢力在也先・汗沒落後，應該恢復了。一般認為，這時的輝特是瓦剌的領導勢力。

阿勒坦・汗之後也持續對瓦剌部族作戰。一五六二年，鄂爾多斯部族中受人景仰的庫圖克台・徹辰皇太子奉命出征，遠到阿爾泰山脈南方額爾齊斯河畔擊敗了瓦剌的土爾扈特部族（克烈裔）。阿勒坦・汗的勢力就這樣滲透至中亞深處。一五七二年，庫圖克台的兩個弟弟布延・達喇和賽音・達喇率軍襲擊托克馬克，也就是哈薩克人的國家，在錫爾河畔擊敗哈薩克的阿克・納咱爾・汗[82]，大肆掠奪，卻在回師途中被優勢敵軍追上，全軍覆沒，布延・達喇和賽音・達喇兄弟也戰死。庫圖克台立刻出兵報仇，翌年一五七三年，親自麾軍征哈薩克，擊敗阿克・納咱爾・汗為弟雪恨，經天山北路凱旋而歸。

於此同時，庫圖克台的堂兄，鄂爾多斯部族長布延・巴圖爾皇太子軍第三度遠征瓦剌。這是一五七四年的事。歸途中的庫圖克台軍亦與之會合，陸續征服輝特、巴圖特（與輝特同系）、綽羅斯（乃蠻裔）的一部分杜爾伯特等部族。如此一來，阿勒坦・汗率領的蒙古勢力，遠及於今天俄羅斯的圖瓦共和國一帶。

也正是同一時期，喀爾喀部族首代可汗阿巴岱另外與瓦剌的和碩特部族（三衛裔）作戰大勝，說是

81 Könggei、J̌abqan，此音譯採張穆《蒙古遊牧記》用字。參考烏蘭《蒙古源流研究》第五卷註六六。

82 岡田教授此處作「アク・ナザル・ハーン」，蓋從和田清說，視此名為 Khāk-Nazār Khān（或作 'Āk-Nazār Khān）。《蒙古源流》載此戰之對手作 Aqasar qaγan，四庫本作「阿克薩爾汗」。

殺了敵部族長哈尼・諾顏・洪果爾。這場戰生發生在名為闊不客兒・客哩耶的地方[83]，據說是在阿爾泰山山脈與杭愛山山脈間的區域。和碩特部族長一家是成吉思・汗弟弟拙赤・合撒兒的子孫，大概是在輝特部族式微後成為瓦剌的指導部族。被徹底擊敗的瓦剌部族，之後臣服於阿巴岱・汗和他的喀爾喀部族。

阿勒坦還將手伸進了吐蕃。一五六六年，鄂爾多斯的庫圖克台的軍隊征服青海地區，一五七二年，又進軍康區（東西藏）一帶。

與中國談和

阿勒坦・汗每次入侵明朝都俘虜了大量漢人回蒙古。他們被成群移居到蒙古高原各地從事農耕，供給蒙古人穀物。這些漢人多達數十萬人，移居地的中心成長為充滿漢式建築物的都市，開有市場，遠近而來的商隊聚集在這裡，貿易活動興盛。這些都市被稱作「板升／bayising」[2]，當中最大的一個是一五六五年建立的呼和・浩特（Köke-qota），直屬於阿勒坦・汗。

阿勒坦的軍隊於一五六七年大舉蹂躪山西，殺了男女數萬人，但最終與明朝達成和議。事情的轉機是發生在一五七〇年的把漢・那吉[84]逃亡事件。那吉是阿勒坦的孫子，因婚姻問題與祖父不和，該年舉家進入明朝國境，逃入大同。明朝抓住這個好機會開始與阿勒坦交涉，翌年一五七一年達成和議，明朝封阿勒坦為順義王，並賜予其他各個首領官職，允許朝貢，允諾在國境定期開啟貿易市場。

和議的結果，明朝減輕了軍費負擔，對於蒙古而言，由於有穩定的正常貿易管道，經濟繁榮，文化水準也突飛猛進。其中一項顯著的成果就是藏傳佛教文化的傳入。呼和・浩特當時已經聚集了許多宗派的西

---

83 Köbker keriy-e，此譯從烏蘭《蒙古源流研究》頁一六三。學界又或譯作「科布和爾」。

84 岡田教授此處採「バーハン・エジ」，似採明人史籍中「把漢那吉」為其主名，視此名為「Bayaqan eǰi」。《蒙古源流》中稱之為「Dayičing eǰi」，明人譯作「大成矮吉」作其別稱。以下岡田又簡稱作「エジ」，姑割裂以「那吉」譯。參考烏蘭《蒙古源流研究》第七卷註三七、第八卷註二。

藏僧侶[85]接受阿勒坦・汗的庇護。當時，以拉薩為中心發展起來的格魯派哲蚌寺住持索南嘉措應阿勒坦・汗之邀前往青海，一五七八年在青海會見阿勒坦・汗，獲得達賴・喇嘛的稱號，他就是第三世達賴・喇嘛。

諸王家分立

阿勒坦・汗於一五八二年一月十四日，以七十五歲的高齡死去。順義王之位由長子僧格[86]繼承，但他的勢力已經不足以統治諸部族，有力的部族長們紛紛割據各地，自稱為汗。

當中的佼佼者是北蒙古喀爾喀部族長阿巴岱・賽因・汗。如前所述，他雖然征服了瓦剌，但他死後，喀爾喀部族一分為三。繼承阿巴岱家一脈的是土謝圖・汗家，占領北蒙古中央。阿巴岱的堂弟謨囉・貝瑪之子碩壘據有北蒙古東部，為車臣・汗家，而阿巴岱的堂兄巴顏達喇之子賚瑚爾則在西部杭愛山一帶建立了札薩克圖・汗家。自此之後喀爾喀三汗並立，當中對瓦剌諸部族積極發起征服戰爭的是札薩克圖・汗家。

首代札薩克圖・汗的賚瑚爾於一六〇六年讓瓦剌俯首稱臣。賚瑚爾的堂弟碩壘・烏巴什皇太子自稱阿拉坦・汗，於一六一七年再度征討瓦剌，從烏布薩泊畔[87]的大營開始西進，將瓦剌逼到了西伯利亞。然而一六二三年瓦剌聯軍反擊，烏巴什皇太子敗死於額爾齊斯河。

隨後，為了財產繼承權，全瓦剌發生內亂，從一六二五年持續到一六二八年，此故瓦剌的輝特部勢衰，巴圖特部、巴爾虎部[88]、布里亞特部消滅，瓦剌只剩下杜爾伯特、準・噶爾、和碩特、土爾扈特四

85 以下明末葉以降，將原文「チベット（Tibet／Tibetan）」逕譯作「西藏」。實則當時仍以「吐蕃」作烏斯藏、朵甘等處之通稱。惟譯文若以乾隆間《西藏記》出書作劃分，於表現當時文化連續體之藏蒙佛教多所不便，故逕從俗。

86 Sengge，襲封後稱 Sečen qayan（賢明皇帝），即明人史籍所謂「乞慶哈」。參考烏蘭《蒙古源流研究》第六卷註三七。

87 Ubsa nayur，今「烏布蘇湖／Увс нуур／ウヴス・ヌール」。岡田教授此處用「ウブサ・ノール」蓋部分依古典蒙文。

88 此即第四節所提及之「巴兒渾」部。

部族。從此之後，瓦剌再度邁向興盛[89]。

察哈爾的東遷

直到一五四七年，被到阿勒坦·汗趕走的達賚遜·汗移居大興安嶺東側為止，這個地區住的是被稱作「三衛」的三部族。其一是從鄂嫩河移居此地的一部分兀良罕部族，其二的翁牛特部族是成吉思·汗同母弟合赤溫子孫的投下，最後的我着部族[90]起源不明。三部族於一三八八年天元帝脫古思·帖木兒·汗被滅時投降明朝，翌年一三八九年，各自被賜名朵顏衛（兀良哈）、泰寧衛（翁牛特）、福餘衛（我着）。最初居住在北滿洲嫩江、洮兒河流域，十五世紀南下至明朝邊境附近。由於朵顏衛的位置最靠南方，因此明人稱他們為朵顏三衛，或是兀良哈三衛。而蒙古人則取最靠北邊的福餘衛，稱三衛為山前六千烏濟葉特[91]。

他們最初在阿魯台的統治之下，瓦剌時代則歸屬於脫脫·不花·汗。等到達賚遜·汗東遷後，又成了達賚遜·汗的部下。泰寧衛被喀爾喀部族、福餘衛被科爾沁部族[92]吸收，只有朵顏衛住在灤河的溪谷，與西北方以上都河一帶為中心的喀喇沁·汗家維持姻親關係。

北蒙古的喀爾喀被稱作七喀爾喀，隨達賚遜東遷的喀爾喀部族則被稱作五喀爾喀，東遷後在西喇木倫河流域遊牧。科爾沁部族原本是呼倫·貝爾地區的居民，東遷後在嫩江流域至洮兒河一帶遊牧。直屬於達賚遜的察哈爾部族則在西遼河上游的老哈河流域遊牧。

達賚遜尊號稱為庫登·汗，一五五七年死後，察哈爾·汗位由長子圖們·札薩克圖·汗（一五五七—

89 此即後文第七節將提及之「四部衛拉特」。
90 Üjiyed，清譯「烏濟葉特」。參考烏蘭《蒙古源流研究》第五卷註四二。
91 即「我着」、「兀赤也惕」。「山陽我着」，參看上註。
92 Qorčin，明人或作「火兒慎」。

一五九年在位）、長孫布延・徹辰・汗（一五九二—一六〇三年在位）繼承。布延死後，由他的孫子林丹即位，稱號庫圖克圖・汗。

後金的登場

這時在遼河東方，建州女直的領袖努爾哈齊[93]勢力日益壯大，壓迫著明朝國境附近海西女直各國。備感威脅的海西各國與蒙古科爾沁部聯合，一五九三年討伐努爾哈齊，但反倒大敗於古勒山。之後，科爾沁、喀爾喀的一部分轉而與努爾哈齊通好。到了一六〇五年，喀爾喀諸王向努爾哈齊奉上了昆都倫・汗的稱號，從此建州女直人在蒙古人世界的一角，以獨自的勢力登場（參照地圖十五）。

努爾哈齊於一六一六年、五十八歲時即位，稱號庚寅（英明）・汗[94]，建立了後金國（Amaga Aisin Gurun）[95]。

在此之前，在這個地帶與蒙古人匹敵的大國其實是海西女直的葉赫國。察哈爾的林丹・汗的八位皇后當中，蘇泰太后就是葉赫王族的女子，生下了可汗的長子額哲。一六一九年，努爾哈齊的後金軍占領了開原、鐵嶺，滅了葉赫國。喀爾喀的猛將介賽欲從後金手裡奪走鐵嶺而與後金發生衝突，結果兵敗被俘。大吃一驚的喀爾喀人便與後金締結同盟。

另外，林丹・汗為了不讓察哈爾貿易中心的國境都市廣寧被後金所奪，送信警告後金，但努爾哈齊的態度強硬，翌年一六二〇年送了絕交狀，表示敵意。一六二一年，努爾哈齊正式向明朝宣戰，占領明朝的飛地遼河三角洲，將該地區之高麗裔中國人納入治下。

一六二二年，後金軍渡遼河進入遼西占領廣寧，察哈爾部族中的兀魯兀惕部族投降。由於察哈爾部

---

93 Nurgaci、Nurγači，俗作「努爾哈赤」。茲依規範後清譯體例作「努爾哈齊」。

94 Genggiyen han，此處「庚寅」為音譯，非干支。請讀者留意。genggiyen 即蒙語 gegen（гэгээ），光明、英明意。

95 Amaga（後）在該處究竟是否作此解，學界猶有爭議。要之太祖建國初主要以 Aisin gurun 為稱。此處俱依原書。

族當中已有大量蒙古人降金，努爾哈齊於是將他們編成「旗分（qosiγun）」而納為自國國民，這就是八旗蒙古的起源。

努爾哈齊於一六二四年與科爾沁部結成攻守同盟，對抗察哈爾。林丹・汗於翌年一六二五年率察哈爾軍攻打科爾沁，但由於後金前來救援而未成功。緊接著一六二六年，努爾哈齊封科爾沁部族長奧巴為土謝圖・汗，結成姻親。此後，科爾沁部族不僅是後金（一六三六年起稱清）最大的同盟國，更在清朝成了除了帝室以外地位最高的外戚。

努爾哈齊於一六二五年將後金的首都從南方的遼陽遷到距離北方之蒙古較近的瀋陽，將政策的重心放在進軍蒙古高原。一六二六年，努爾哈齊攻擊了從瀋陽前往熱河路上的喀爾喀部族。

在這一段期間，努爾哈齊也繼續與明朝作戰，於一六二六年死去，享年六十八歲。努爾哈齊的第八子皇太極（清朝太宗崇德帝，一六二六－一六四三年在位）即位，當時三十五歲，成了後金國第二代汗[96]。翌年一六二七年，察哈爾根據地的赤峰落入後金之手，南鄰的朵顏衛也臣服於後金。

林丹・汗的末路

林丹・汗在此稍前便開始向西遷徙，一六二八年，滅了喀喇沁、土默特二汗國，奪取呼和・浩特，又征服了河套的鄂爾多斯部族，更將勢力延伸到北蒙古。當時，北蒙古喀爾喀部族中勢力最大的是阿巴岱・汗的姪子圖蒙肯・綽克圖皇太子，在土拉河的溪谷中建造居城、寺院，保護紅帽噶瑪派（Karma shamar派）[97]佛教，是一位教養極高的君主。綽克圖皇太子宣誓效忠林丹・汗，而協助其事業，故而南北

96 岡田教授在此處用短音「ハン」異乎前此長音「ハーン」，不知是否僅欲表達滿蒙語音差別。

97 此依日文假名附當代藏語俗拼。藏文為ཞྭ་དམར་པ。當代或譯「夏瑪巴」，不佳（夏hia ཤ），譯為「沙瑪爾巴」較佳。「ཞྭ」（書面：zhwa，口語俗寫：sha）即「ཞྭ」即「帽」，「དམར」（書面：dmar，口語俗寫：mar）即「དམར་པོ」即「紅」。

蒙古悉數進入林丹・汗的勢力之下。

然而，林丹・汗的霸業並不持久。一六三四年，林丹・汗出發遠征西藏，在準備進入青海的途中，病死於甘肅省武威縣、永昌縣一帶的打草灘（Sira tala）。為了與林丹・汗會合而從北蒙古南下的綽克圖皇太子進入了青海，以青海為根據地，自稱綽克圖・汗，派軍占領了西藏。

就這樣，南蒙古呈現權力真空狀態，後金軍不久後便占領呼和・浩特。

林丹・汗的兒子額哲和母親蘇泰太后一起投降女直軍，一六三五年，被帶到了瀋陽皇太極的跟前。皇太極禮遇額哲，並將自己的次女馬喀塔・格格嫁給了他，賜封親王，讓他與察哈爾部族的部下們一起住在遼河上游的牧地。

此時，女直軍的將軍們從蘇泰太后手中得到了一顆刻有「制誥之寶」四字的玉璽。據說，這是自古以來歷代皇帝使用的玉璽，蒙古的元朝也一直使用。妥懽・貼睦爾・汗失去中國，從大都逃亡的時候，也將玉璽帶了出來。然而，妥懽・貼睦爾・汗在應昌府死後，這顆玉璽就下落不明了。經過二百餘年，一個蒙古人在崖下牧羊時，有一頭山羊三天不吃草，一直在掘地。那個蒙古人看到後翻開那塊地，就發現了玉璽。之後，這塊玉璽傳到了元朝後裔上默特的博碩克圖・汗那裡。博碩克圖・汗後來被同是元朝後裔的察哈爾林丹・汗所滅，玉璽也落入了林丹・汗手裡。這也就是為什麼玉璽會在林丹・汗遺孀蘇泰太后之處的原因。

六、大清帝國

清朝的建國

得到元朝玉璽的皇太極認為，上天授予成吉思・汗的天命轉移到了自己身上。一六三五年，皇太極禁止諸申（女直）[98]這個種族名稱，統一稱作滿洲（Manju）。翌年一六三六年，召集瀋陽的滿洲人、戈壁沙漠以南的蒙古人、遼河三角洲的高麗裔漢人的代表們舉行大會，皇太極被這三個種族選為共同的皇帝，改國號為「大清／Daicing」，年號為「崇德／Wesihun Erdemungge」。皇太極就是清朝太宗崇德帝。「大清」與「大元」相同，都有「天」的意思。這就是清朝的建國。

皇太極有五位皇后，五人皆為蒙古人，其中三人出身科爾沁部族，剩下二人是林丹・汗的遺孀。一六四三年皇太極死後，繼承帝位的是由科爾沁人皇后所生的福臨（Fulin，清世祖順治帝，一六四三—一六六一年在位）。

這時南方的明朝發生大饑荒而從陝西省開始發生叛亂，蔓延至全國各地，李自成所率領的叛軍逼近北京。一六四四年四月，明朝崇禎帝在宮廷內苑的萬歲山自縊，朱元璋自南京即位以來二百七十六年的明朝就此滅亡。

此時，明朝將軍吳三桂鎮守山海關與清軍對抗，崇禎皇帝死後，他遣使前往清朝的首都瀋陽，向迄今一直是敵人的滿洲人表示同盟的意願。

掌握清朝實權的是努爾哈齊的十四男、順治帝的叔父多爾袞這號英傑，他是當時尚且年幼的順治帝的監護人。多爾袞立刻接受吳三桂的提案，動員所有清軍向山海關進擊。

占領北京的李自成率領二十萬大軍前往山海關迎戰，但大敗於吳三桂和清軍的聯軍。多爾袞率兵進入北京城，從瀋陽迎來順治帝，讓他坐上了紫禁城的寶座。就這樣，清朝建國後八年明朝滅亡，滿洲人的清朝取代蒙古人成吉思・汗的子孫統治中國。

98 滿語 Jušen。

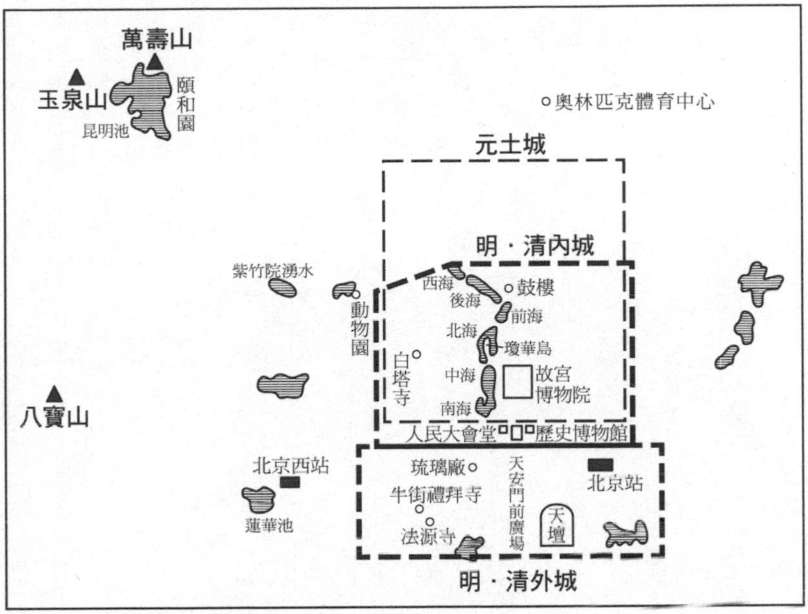

地圖八　元、明、清之城牆與現在的北京市

八旗入主北京

順治帝進入北京時，華中、華南各地尚有明朝的餘黨持續反抗清朝的統治。平定這些的是降清的明朝漢人將軍。

華南地區分別由三名漢人將軍率領自己的親軍駐紮。雲南省有平西王吳三桂、廣東省有平南王尚可喜，福建省則有靖南王耿繼茂，稱作「三藩」。「藩」代表藩籬，也就是保護北京清朝皇帝的藩籬。三藩幾乎是獨立的王國，清朝的實權僅及於北京周邊。

河北省原本是明朝皇帝的直轄地，進入北京後的清朝滿洲人瓜分莊園占為己有，就這樣河北省成了滿洲人的勢力範圍。

北京原本有雙重城牆。中華人民共和國建國後，拆除了所有的城牆，成了寬廣的大道，道路內側是原本的城內，大約從天壇公園開始以北是外城，北京站環線以北是內城。紫禁城在內城的中央南北延伸。紫禁城的周圍原本有名為皇城的紅色城牆。紫禁城裡有皇帝一家居住的許多宮殿，皇城是皇帝的僕人們住的地方。現在中國共產黨高級幹部所住的中南海原本也是皇城的一部分。

北京的外城原本是漢人的居住區域。內城的街道被紫禁城、皇城分成東西二部分，東西的街道又各

自被劃分成四個區塊，每一個區塊各是滿洲八旗的一個兵營。（參照地圖十六）

八旗是滿洲人的部族組織。部族各自擁有自己的軍旗。軍旗的顏色分成黃、白、紅、藍四色，又分為有鑲邊的軍旗（鑲），和沒鑲邊的軍旗（正），共八種。以軍旗的顏色稱呼部族的名稱，因此八部族稱作八旗。只要是滿洲人都隸屬於這八旗中的某一旗。除了滿洲人之外，滿洲化的蒙古人、漢人、朝鮮人、俄羅斯人也被編入八旗之中，被當作是滿洲人。所以滿洲人和被編入八旗內其他種族的人被總稱作「旗人」。

世系圖五　清初諸王

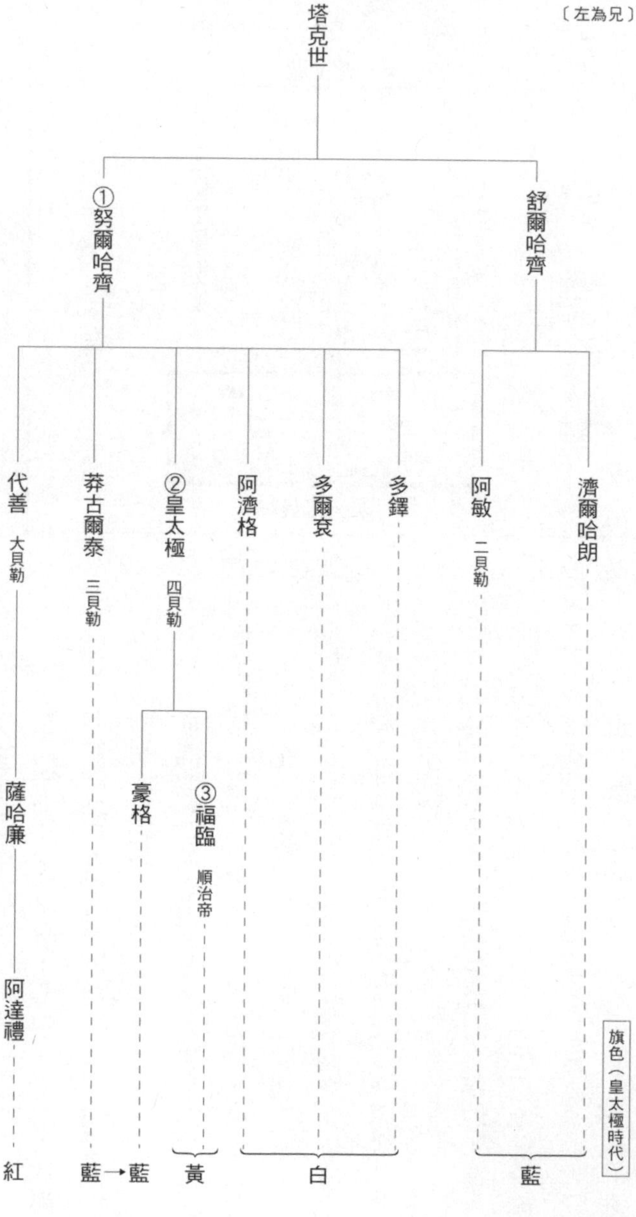

八旗當中的三旗直屬於皇帝，其他的五旗各有自己皇族的領主，就算是皇帝也不能干涉其內政。這一點與蒙古等遊牧帝國的可汗與聯合部族的關係相似。

清朝的構造

清朝是一個層層交疊的帝國。最外層是由中國、滿洲、蒙古、新疆、西藏混一構成的統一帝國，也就是大清帝國。當中的西藏和新疆在國防戰略上屬於所謂的邊境，是附屬的部分。脫去西藏和新疆這一層，就會出現滿洲、蒙古、中國的聯邦，也就是瀋陽的清朝原形。統合的中心當然是滿洲，這是清朝的第三層，維持努爾哈齊所建的後金國原貌。再往裡一層，後金國由八旗組成，這是明代女直人國家的再現。各旗擁有各自獨立的國家觀，組成的聯邦國就是後金。因此，再深層則是努爾哈齊出身的建州衛。

清朝的皇帝為了維護皇權，首先必須確立對滿洲人、蒙古人、漢人的統治權。當中對於蒙古人，清朝從元朝的後裔手中接收了權力；對於漢人，清朝從明朝繼承了帝位，因此在統治上沒有問題。然而，對於滿洲人，皇帝原本沒有獨裁的權限。

也就是說，對於遵守傳統氏族制度倫理的八旗成員而言，皇帝充其量不過是部族長會議的議長，皇帝本身也是在部族會議上被選出擔任戰爭和外交的領袖。

接下來將介紹清朝的歷代皇帝如何在分別擔任滿洲人、蒙古人、漢人領袖的角色中取得平衡，發揮領導能力。

多爾袞與順治帝

皇太極之死前後，八旗諸王的勢力關係如何？

首先，正、鑲兩黃旗直屬於皇帝皇太極，而皇長子肅親王豪格率領正藍旗。接下來，兩白旗由努爾哈齊從烏拉國娶回的皇后所生的同胞三兄弟武英郡王阿濟格、睿親王多爾袞、豫親王多鐸主掌。率領兩紅旗的是禮親王代善。努爾哈齊年輕時曾經入贅佟佳（Tunggiya）家，結婚而生下的就是代善，他是皇太極時代諸王中年紀最長的一位。最後的鑲藍旗由鄭親王濟爾哈朗掌管，他是努爾哈齊弟弟舒爾哈齊的兒子。

就像這樣，八旗的領主分屬於不同的家系，與國政相關的重大事項，都必須由代表各旗的諸王經過會議決定。

皇太極死時，為了選出後繼者，按例召開了諸王大會。擔任議長的是長老代善，首推豪格為新皇帝。然而豪格辭退。這應該是因為他並非皇太極正皇后的兒子。這時，多爾袞和濟爾哈朗聯手，主張扶持正皇后唯一的兒子福臨即位，會議通過，年僅六歲的新皇帝順治帝就此登場。

如此，多爾袞和濟爾哈朗自然擔任攝政，主導實際的政務。然而，濟爾哈朗的政治手腕遠不及多爾袞。多爾袞首先誣陷代善的孫子阿達禮密謀架空自己，將阿達禮以反叛罪處刑。取得代善的兩紅旗後，接著又以豪格毀謗自己有篡位之心為由，削除豪格的親王之位，將兩黃旗、正藍旗也納入自己的掌管之下。

帶著順治帝移居北京的多爾袞現在已經是完全的獨裁者。他頂著皇父攝政王的頭銜，將皇帝的印璽拿到自己的府邸執行政務，所有的公文都必須送交多爾袞聽從他的裁決。也就是說，多爾袞是實質上的皇帝。

一六四八年，多爾袞準備完成他取得大權的最後一步。他以濟爾哈朗隱瞞過去擁立豪格的陰謀為由，將他從親王降為郡王，豪格則被打入大牢而死。接著，六十六歲的代善老衰而死，再也沒有任何一個親王可以與多爾袞抗衡。

多爾袞的前途看似一片光明。然而，健康出狀況的多爾袞於兩年後的一六五〇年十二月，於南蒙古喀喇城狩獵時猝死，年僅三十九歲。葬禮比照皇帝的規格盛大舉行。

內大臣專政

因多爾袞已死，已十三歲的順治帝於翌年一六五一年開始親政。出身皇族的監護人已經不在了，所以皇帝身邊的內大臣們開始掌握實權。所謂的內大臣指的是負責宮中雜務的滿洲人貴族。

一六六一年，順治帝身染天花，臨終前指名枕邊八歲的三男玄燁為皇太子，於二月五日死去，年僅二十四歲。

皇太子玄燁即位，他就是清聖祖康熙帝（一六六一－一七二二年在位）。輔佐年幼康熙帝的是順治帝的四個心腹內大臣：索尼、蘇克薩哈、遏必隆、鰲拜。

即位當初，由於康熙帝尚年幼，只負責在輔政大臣決定的文件上署名而已。這段期間，四大輔臣與地方有力人士以及三藩的漢人諸王結合成一股強大的勢力。

一六六七年，康熙帝十四歲時，索尼死亡。蘇克薩哈在鰲拜的逼迫下提出辭表，當中寫著：「如果准許我為先帝（順治帝）守陵，那麼我剩餘這條如細線般的生命也才得以生存。」

康熙帝讀著辭表，備感疑惑：「到底有什麼樣的大事，讓他在這裡（朝廷）無法生存，只能去守陵呢？」

鰲拜誣陷說，這代表蘇克薩哈對康熙帝有異心，立了二十四條罪狀，強行要求康熙帝將蘇克薩哈和蘇克薩哈一族全員處死。康熙帝不同意，鰲拜攘臂上前，逼迫康熙帝在死刑執行令上署名。結果，蘇克薩哈和他七個兒子、一個孫子、二個姪子、以及一族的其他二人全被處以死刑。

就這樣，輔臣就只剩下鰲拜和遏必隆二人。鰲拜專制獨權，遏必隆只是跟隨在鰲拜身邊而已。

康熙帝忍著鰲拜的蠻橫，假裝沉迷於蒙古相撲，身邊召集了許多身強力健的青年。一六六九年五月十四日，鰲拜上朝，康熙帝使了一個眼色，身邊的侍從立刻蜂擁而上，將鰲拜綑綁起來。康熙帝隨即召集了滿洲貴族和文武百官，堂堂正正地發表談話。現在還留著用滿洲語寫下的談話內容筆記。之後馬上公布了鰲拜的罪狀三十條，鰲拜入獄後死亡，遏必隆遭到流放。

就這樣，十六歲的少年皇帝收拾了礙手礙腳的內大臣，向天下宣告，自己才是擁有獨立意志的掌權者。

三藩之亂

然而，這場政變卻引發了四年後史稱「三藩之亂」的大規模叛亂。

三藩是前述的平西王吳三桂、平南王尚可喜，以及靖南王耿繼茂。當時耿繼茂已死，由長子耿精忠繼任。

三藩原本與輔佐康熙帝的四個內大臣勾結而擁有絕大的權勢，但在康熙帝發動的政變之後，四個內大臣一舉消滅，他們喪失了在北京宮廷內的保護者，不安的心情可想而知。

三藩之亂的導火線，是一六七三年，廣東尚可喜以與長子尚之信不合為由，向康熙帝上奏，希望可以告老還鄉，回到海州（遼寧省海城縣）。這是康熙帝等待已久的機會，於是立刻准奏。這時，雲南的吳三桂和福建的耿精忠在立場上也不得不提出告老還鄉的請求，當然他們期待的是康熙帝的慰留。不過，康熙帝卻欣然接受他們的請求，命令他們盡早撤退。

康熙帝意外的反應把三藩逼到了絕境，吳三桂和耿精忠在準備不足的情況下貿然出兵，只有尚可喜沒有參與叛變。華南、華中戰火四處肆虐，還延燒到西北的陝西省。對此情勢，久未作戰的滿洲人大臣和將軍們力不從心，皇帝軍節節敗退。

剛滿二十歲的康熙帝面臨這個窘境，發揮了戰略家的天才，他讓膽小的皇族將軍們重振旗鼓，任命有能的漢人為指揮官，精準地調派軍力，確保後勤線，將敵軍擋在長江之前。首先平定陝西省的叛亂，之後招降耿精忠，奪回了福建省。吳三桂見情勢不妙，窮途末路之下雖在一六七八年於湖南省前線登基稱帝，但隨後敗死。他的孫子吳世璠繼位，但一六八一年，清軍包圍昆明，吳世璠自殺，長達八年的內戰終於告一段落。

就這樣，康熙帝二十八歲時，中國全境都進入了他的統治之下。

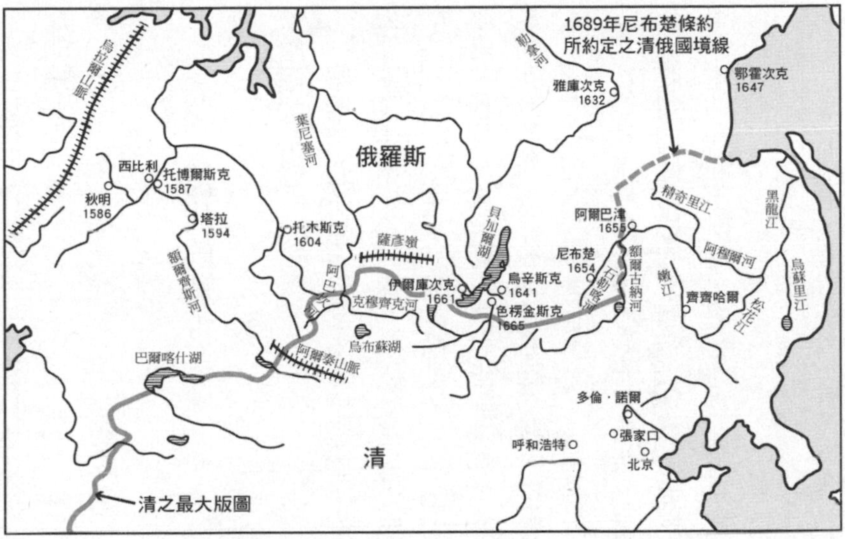

地圖九　俄羅斯之西伯利亞擴張與清之最大版圖

俄羅斯人問題

三藩之亂告一段落之後，康熙帝開始著手解決懸宕已久的俄羅斯人問題。在此之前，俄羅斯哥薩克人的葉爾馬克被伊凡四世判處死刑而逃進烏拉爾山中，他聽到了西伯利亞有寶藏的傳聞而計畫遠征，一五八一年占領了蒙古人一個名為伊斯克爾（Iskär）的市鎮。此一市鎮又名西比利（Sibir），之後就有西伯利亞這名字出現。該城市在今托博爾斯克附近。

葉爾馬克不久後遭到敵人的反擊被殺，但哥薩克人繼續順著西伯利亞的河川不斷向東前進，一六四三年，清太宗崇德帝（皇太極）死亡的那一年，已經進到了阿穆爾河（黑龍江）[99]。受到清軍的討伐，雖然一度消失了蹤影，但到了康熙帝的時代，又再度出現在黑龍江。如果放置不管，那麼滿洲人的故鄉將受到俄羅斯的威脅。

一六八五年，康熙帝為了解決俄羅斯人的問題，從朝鮮徵召了烏銃隊。朝鮮軍和清軍一同遠征黑龍江上游，攻陷了俄羅斯的前線基地阿爾巴津，現在這附

99 Амур（Amur），此為俄方對黑龍江的稱呼。滿語作Sahaliyan ula，意為黑江。原書僅初次於括號內附漢字，以下皆用片假名表示阿穆爾河。此處譯文以下皆作黑龍江。

近還留有阿爾巴津諾這地名。

康熙帝同時進行外交交涉，結果於一六八九年，與俄羅斯締結了尼布楚條約。尼布楚是瀕於黑龍江支流石勒喀河分流尼布楚河的市鎮，位於赤塔東方。

根據此一條約，外興安嶺以東是清朝的勢力範圍，以西是俄羅斯的勢力範圍，俄羅斯人被關在黑龍江的溪谷中。

七、清代的蒙古

察哈爾的解體

察哈爾親王額哲於一六四一年死去。三年後的一六四四年明朝滅亡，清朝順治帝進入北京，成為了中國的統治者。翌年一六四五年，額哲的遺孀馬喀塔．格格與亡夫的弟弟阿布奈再婚，阿布奈於一六四七年繼承了亡兄的爵位成為親王。然而，順治帝於一六六一年死去，康熙帝繼位，一六六三年馬喀塔．格格死後，阿布奈和康熙帝間的關係冷卻。一六六九年，康熙帝發動政變剷除鰲拜的同時，削去了阿布奈的爵位，將他監禁在瀋陽，由阿布奈和馬喀塔．格格所生的布爾尼繼承親王。

一六七五年三藩之亂期間，布爾尼叛亂，但響應布爾尼的只有察哈爾分家的奈曼部[100]，其他的蒙古人全部站在清朝那一邊，布爾尼最後被射殺身亡。

收到這個消息的康熙帝，立刻命令絞殺被監禁在瀋陽的阿布奈，解散察哈爾部族，將他們的牧地從遼寧省的赤峰市附近，遷到北京北方長城外，編入八旗之內。這就是八旗察哈爾的起源。就這樣，南蒙

100 Naiman，名稱與前文提及之「乃蠻」相同。

古失去了種族統合的中心，北元皇帝的家系斷絕了（參照世系圖四）。

喀爾喀和衛拉特[101]

話說在清朝建國前，協助察哈爾的林丹・汗而統治青海的喀爾喀・蒙古綽克圖皇太子，由於保護藏傳佛教的紅帽噶瑪派打壓格魯派（黃帽派）[102]，格魯派便向衛拉特求援。衛拉特諸部族自一六〇六年以來臣從於喀爾喀札薩克圖・汗，一六一五年奉其命改宗格魯派，成了熱忱的信徒。回應格魯派求援的和碩特部族長圖魯・拜琥・顧實・汗與準噶爾部族長和多和沁一同遠征青海。一六三七年，在青海西部的烏蘭・和碩地方讓綽克圖皇太子敗亡，占據青海。

顧實・汗封和多和沁為巴圖爾皇太子，命他回國，自己則留在青海，繼續征服西藏。迄一六四二年完全平定西藏，同年擁戴達賴・喇嘛五世為全西藏佛教界的教主，自己則當上了西藏的國王。自此之後一直到一七一七年為止，青海和碩特的西藏國王，代代君臨西藏。另外，格魯派也自一六四二年起，成為西藏佛教中最占優勢的宗派。

在喀爾喀方面，綽克圖皇太子生前的一六三五年，袞布・土謝圖・汗所生的男兒被認定是與紅帽噶瑪派同盟的覺囊派高僧多羅那他轉世。一六三九年，男孩五歲時，被喀爾喀左翼的土謝圖和車臣兩汗家選為共同的元首。這就是哲布尊丹巴一世。對此，格魯派派遣和碩特人高僧咱雅・班第達到喀爾喀進行拉攏。咱雅・班第達是和碩特拜巴噶斯的養子[103]，一六一五年衛拉特改宗時出家，一直在拉薩修行，一六三八年受達賴・喇嘛五世之命前往北蒙古，此後不僅積極地在喀爾喀和衛拉特布教，更改良蒙古文

---

101 衛拉特明人稱「瓦剌」，元作「斡亦剌惕」。考慮一般教科書中明史部分作「瓦剌」，而清代史著多譯作「衛拉特」，對音較貼，翻譯不強行統一。日文オイラト（Oyirad）在前後不用同一譯名。又，清或以「厄魯特 Ület」總稱之。

102 此依日文假名附當代藏語俗拼。黃帽派（Shaser）藏文為ཞྭ་སེར。「སེར」（書面：ser，口語俗寫：ser）即「黃」。

103 咱雅班第達之生父為巴巴翰（Babaqan），他於一六一六年以和碩特拜巴噶斯（Bayibayas）義子之名義受戒出家。

字發明托忒文字，用托忒文字將大量佛教經典翻譯成衛拉特語，奠定衛拉特文學的基礎。一六四〇年，喀爾喀和衛拉特在北蒙古舉行大會議，各部族長出席締結同盟條約。這被稱作《蒙古・衛拉特法典》，規定部族間的紛爭以和平解決。一六四九年，哲布尊丹巴一世十五歲時首度造訪西藏，三年後回到了北蒙古。一六五二年，喀爾喀人重新推舉哲布尊丹巴為共同的元首。此後一直到一九二四年為止，經過八代轉世，哲布尊丹巴一直是北蒙古的精神領袖。

準噶爾帝國

南蒙古各部臣服於清朝之後，在北蒙古方面，喀爾喀的三可汗在哲布尊丹巴一世之下聯合，保持獨立。然而到了一六六二年，阿拉坦・汗家第三代的額磷沁・羅卜藏太子企圖入侵北蒙古中央部，殺了本家的旺舒克・札薩克圖・汗。旺舒克的領民多半逃奔察琿多爾濟・土謝圖・汗處。遭受察琿多爾濟攻擊，額磷沁逃往葉尼塞河上游，一六六七年，被衛拉特的準噶爾部族長僧格俘虜。

僧格於一六七〇年因私人恩怨被二個異母兄殺掉。僧格同母弟噶爾丹被認為是名為溫薩・活佛[104]的高僧轉世，至西藏拉薩留學，成了達賴・喇嘛五世的弟子。在和碩特的鄂齊爾圖・車臣・汗幫助之下，殺了異母兄們為僧格報仇，並與僧格的遺孀阿奴・可敦（鄂齊爾圖的孫女）結婚，成了準噶爾部族長。然而，不久之後，噶爾丹與鄂齊爾圖發生衝突，一六七六年，在伊犁河畔擊敗和碩特軍，俘虜了鄂齊爾圖。噶爾丹稱號博碩克圖・汗，成為了全衛拉特的領袖，這就是準噶爾帝國的開始。

噶爾丹於一六八〇年介入東突厥斯坦綠洲城市的突厥裔伊斯蘭教徒白山派（Aq-taghliq）和黑山派（Qara-taghliq）的糾紛，俘虜了支持黑山派的東察合台・汗後裔的喀什噶爾的伊思瑪業勒・汗，帶回伊

104 俗寫 Wen-sa trul-ku，文語轉寫 dBen-sa sprul-sku。藏文為 དབེན་ས་སྤྲུལ་སྐུ。「སྤྲུལ་སྐུ／sprul-sku」指佛陀之化身，此指高僧。「དབེན་ས／dben-sa」，「溫薩」，字面義為幽靜處，亦作地名，格魯派亦有專有教法以之為名。

世系圖六　準噶爾帝國

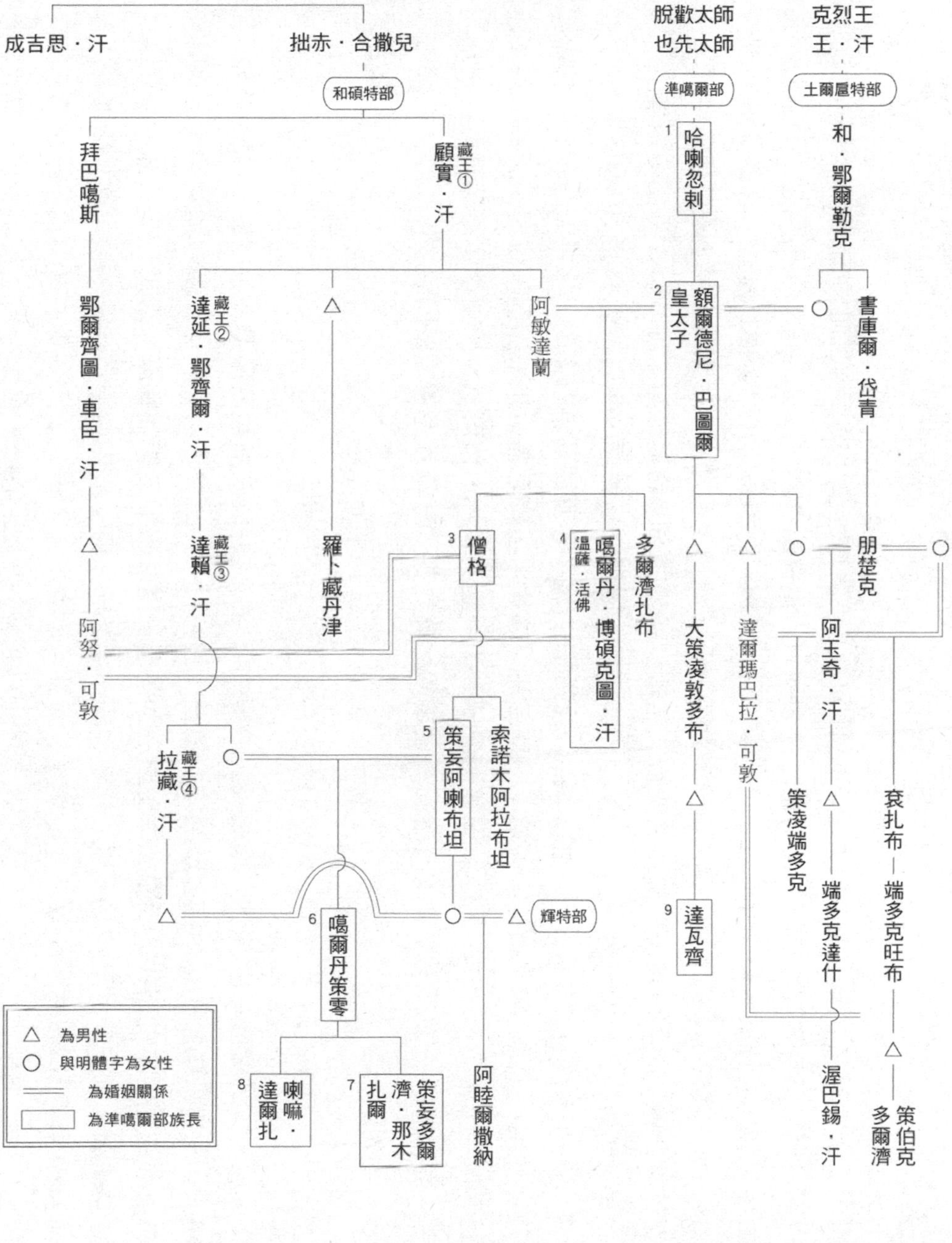
成吉思・汗
拙赤・合撒兒
和碩特部
拜巴噶斯
藏王① 顧實・汗
鄂爾齊圖・車臣・汗
藏王② 達延・鄂齊爾・汗
羅卜藏丹津
阿敏達蘭
藏王③ 達賴・汗
阿努・可敦
藏王④ 拉藏・汗
脫歡太師
也先太師
準噶爾部
1 哈喇忽剌
2 皇太子 額爾德尼・巴圖爾
3 僧格
4 溫薩・活佛 噶爾丹・博碩克圖・汗
多爾濟扎布
5 策妄阿喇布坦
索諾木阿拉布坦
6 噶爾丹策零
7 策妄多爾濟・那木扎爾
8 喇嘛・達爾扎
阿睦爾撒納
輝特部
大策凌敦多布
9 達瓦齊
達爾瑪巴拉・可敦
策凌端多克
克烈王
王・汗
土爾扈特部
和・鄂爾勒克
書庫爾・岱青
朋楚克
阿玉奇・汗
端多克達什
渥巴錫・汗
袞扎布
端多克旺布
策伯克多爾濟
△ 為男性
○ 與明體字為女性
為婚姻關係
為準噶爾部族長

犁[105]，並命白山派首領阿帕克．和卓徵收葉爾羌一帶的貢稅。

此時中國正值三藩之亂（一六七三－一六八一年）。當時，西藏達賴．喇嘛五世無法預測清朝和雲南的吳三桂到底誰輸誰贏，瞞著清朝私通吳三桂，但終究被清朝發現。隨著清朝開始占上風，吳三桂於一六七八年死後由吳世璠繼位，憂慮西藏前途的達賴．喇嘛利用噶爾丹召集蒙古和衛拉特，計畫建立格魯派佛教帝國。當計劃正要開始進行的一六八二年，達賴．喇嘛五世死去。攝政的桑結嘉錯為了不影響計畫而密不發喪，稱達賴．喇嘛閉關禪定，翌年一六八三年，找到了新轉世的達賴．喇嘛六世，在密不發喪期間開始予以培養。

喀爾喀的內亂

過去殺了旺舒克．札薩克圖．汗的額磷沁．羅卜藏太子被準噶爾的僧格俘虜，交給了札薩克圖．汗家。之後，額磷沁背離旺舒克的弟弟成袞．札薩克圖．汗，引爆了戰爭，額磷沁兵敗，再度逃往葉尼塞河上游。成袞得到了額磷沁的領民後，轉向察琿多爾濟．土謝圖．汗要求歸還哥哥旺舒克過去的領民，但察琿多爾濟卻不予理會。這造成了札薩克圖．汗家和土謝圖．汗家不和。

憂心事態發展的康熙帝聯絡達賴．喇嘛進行調停，終於到了一六八六年，在杭愛山南拜塔里克河畔的庫倫．伯勒齊爾召開和平會議，理藩院尚書阿拉尼作為清朝代表，作為格魯派代表的是大本山甘丹寺住持，與剛即位的沙喇．札薩克圖．汗、察琿多爾濟，以及他的弟弟哲布尊丹巴一世締結和約。

然而，這個庫倫．伯勒齊爾的和約不但未能解決紛爭，反而引起更大的戰亂。察琿多爾濟違背和約，只交還沙喇一半旺舒克過去的領民。被札薩克圖．汗家視作宗主的準噶爾噶爾丹．博碩克圖．汗當然支持沙喇。另外，噶爾丹也對在庫倫．伯勒齊爾的和平會議上，哲布尊丹巴一世與相當於達賴．喇

105 當時稱作伊里。以下為譯文方便，直接併用乾隆後之地名「伊犁」，不特意用「伊里」。

嘛代理人的甘丹寺住持平起平坐感到怒不可遏。再加上過去噶爾丹與和碩特的鄂齊爾圖．車臣．汗對戰時，察琿多爾濟幫助鄂齊爾圖，對此噶爾丹也記恨在心。

於是，沙喇與噶爾丹聯手，要求察琿多爾濟履行和約。察琿多爾濟先發制人殺了沙喇，接著又殺了噶爾丹的弟弟多爾濟扎布。以上是發生在一六八七年的事。

噶爾丹征服喀爾喀

一六八八年春天，噶爾丹率領三萬準噶爾軍入侵北蒙古，越過杭愛山，在塔米爾河畔擊敗察琿多爾濟。察琿多爾濟向翁金河逃竄。噶爾丹繼續從土拉河越過肯特山到達克魯倫河，大肆掠奪了車臣．汗家的牧地。一部分的準噶爾軍襲擊了鄂爾渾河畔的額爾德尼．召寺（以前的哈剌和林），放火焚毀寺廟。哲布尊丹巴和兄長察琿多爾濟的家人一起逃進了南蒙古。

同年秋天，噶爾丹準備從克魯倫河折返土拉河時，察琿多爾濟舉全軍迎擊，但又落敗，逃向南蒙古避難，接受康熙帝的保護。接下來，沙喇的弟弟策旺扎布和烏默客．車臣．汗也前來避難，逃到南蒙古的喀爾喀人多達數十萬。

康熙帝採取謹慎的態度，不打算介入北蒙古的紛爭。然而，格魯派攝政桑結嘉錯繼北蒙古之後，企圖將南蒙古也納入自派的勢力範圍，煽動噶爾丹，進軍南蒙古。

一六九〇年，噶爾丹從克魯倫河南下進入南蒙古北境，在烏爾會河[106]戰勝阿拉尼率領的清軍蒙古人部隊，繼續南下，在今日赤峰市西郊的烏蘭．布通與裕親王福全率領的清軍對戰，結果大敗撤軍。

康熙帝為了防止蒙古人謀反，於一六九一年五月三十日召集南北蒙古的王公，在多倫．諾爾（多倫縣，元朝上都）舉行會議。席上，哲布尊丹巴和三汗以下的喀爾喀人宣誓臣服，明白表態與噶爾丹對抗。

---

106 即前述之兀魯回河。

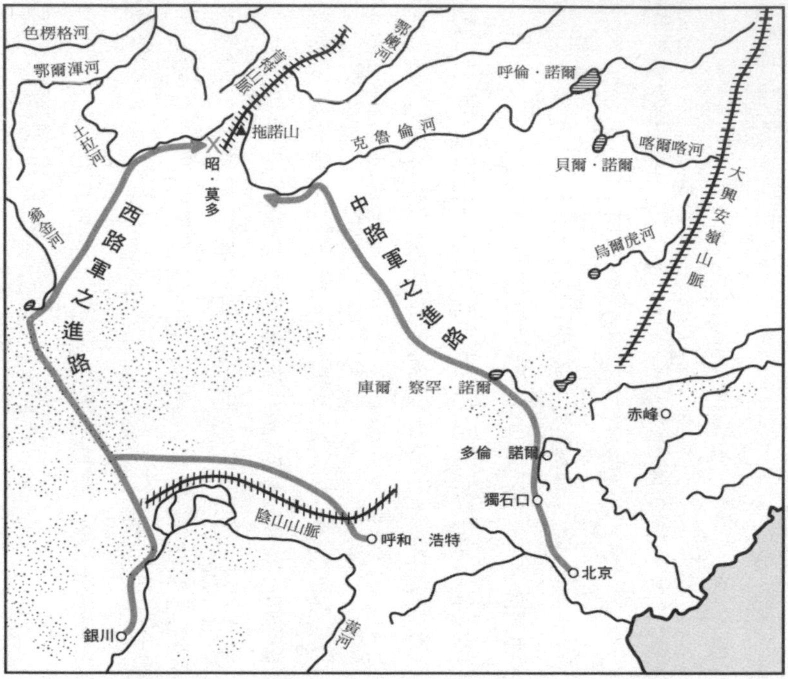

地圖十　清軍進軍北蒙古

在此之前，噶爾丹的兄長僧格被殺的時候，僧格的長子策妄阿喇布坦只有七歲。策妄阿喇布坦長大後與叔父噶爾丹間的關係變得很微妙。一六八九年，噶爾丹派刺客偷襲策妄阿喇布坦的營帳，策妄阿喇布坦剛好不在帳內，被殺的是他的二弟索諾木阿拉布坦。策妄阿喇布坦知道此事之後立刻帶著僧格的七位舊臣逃出陣營，前往父親過去的領地博羅・塔拉。直到一六九一年，才趁噶爾丹不在時壓制國內和東突厥斯坦，遣使與康熙帝聯手。

一六九六年，清軍分三路進攻北蒙古，康熙帝親自指揮中路軍。四月一日從北京出發，十二日從獨石口出長城，從上都河畔的博洛・和屯朝西北前進，經庫爾・察罕・諾爾湖，於五月十三日從達里崗阿地方進入北蒙古，橫越戈壁沙漠，朝克魯倫河邁進。可是黑龍江將軍薩布素率領的東路軍卻不得不放棄進軍。撫遠大將軍費揚古的西路軍從陰山北開始前進，到達翁金河，再從翁金河開始轉向東北的土拉河。不過，行軍路線非常困難，日程大幅延遲。六月四日，中路軍從位於拖陵・布拉克的基地再度開始進軍，七日，到達克魯倫河。這時噶爾丹早就向西方逃逸。中路軍繼續追擊，但由於軍中缺糧，十一日，從拖訥山開始退軍。

翌日十二日，噶爾丹及五千準噶爾軍從克魯倫河上游越過肯特山，西下土拉河，在相當於今日烏蘭巴托市東方三十公里特爾勒吉國家公園入口橋處的昭．莫多遭遇清朝的西路軍而大敗。準噶爾軍幾乎全軍覆沒，阿奴．可敦也戰死。噶爾丹與少數幾個部下賁夜逃出，但已經無處可去，徘徊在阿爾泰山中。一六九七年四月四日，噶爾丹病死於阿察．阿穆塔台。喀爾喀人回到北蒙古，自此之後一直到一九一一年獨立為止，北蒙古都是清朝的領土。

清征服西藏

昭．莫多之戰粉碎噶爾丹的結果讓西藏攝政的桑結嘉錯處於被夾在清康熙帝和準噶爾君主策妄阿喇布坦皇太子（皇太子是準噶爾君主的稱號）間的困境。一六九六年，達賴．喇嘛五世死去的消息終於被公布，十四歲的達賴．喇嘛六世即位。然而，達賴．喇嘛六世是個熱情奔放的戀愛詩人，對格魯派的教義不感興趣。一七〇二年，達賴．喇嘛六世正式宣布放棄自己的宗教特權。

青海和碩特顧實．汗的曾孫拉藏．汗身為第四代西藏國王，企圖回復淪為名義的國王權力，獲得康熙帝的同意。一七〇五年，拉藏．汗向拉薩進軍，殺了桑結嘉錯，逮捕了達賴．喇嘛六世。達賴．喇嘛被廢，在被護送前往北京的路上，於一七〇六年十一月十四日，病死在青海南方的公噶．瑙爾湖畔。拉藏．汗另立了一位達賴．喇嘛六世，但不受到西藏人的歡迎，青海的和碩特也大多認同一七〇八年九月三日在理塘出生的達賴．喇嘛七世為真達賴．喇嘛。

準噶爾與清朝的關係自噶爾丹滅亡後一直處於和平的狀態，直到一七一五年，為了哈密的歸屬問題，二者再起戰端。康熙帝於翌年一七一六年，將理塘的達賴．喇嘛七世移到西寧塔爾寺，保護他的安全。

一七一七年，由策妄阿喇布坦皇太子的堂弟大策凌敦多布所率領的準噶爾軍強行殺進羌塘高原，進入西藏，占領拉薩，殺了拉藏．汗。就這樣，西藏落入了準噶爾的手裡。翌年一七一八年，從青海來援的清軍與和碩特軍被準噶爾軍擊敗，全軍覆滅。

一七二〇年，清軍從青海和四川進攻西藏。大策凌敦多布向東突厥斯坦敗逃，達賴・喇嘛七世首度得以進入拉薩。

康熙帝之後緊鑼密鼓地準備從阿爾泰山和巴里坤進攻準噶爾，卻在出戰前的一七二二年死去，由雍正帝（世宗）繼承帝位。

準噶爾帝國的滅亡

青海和碩特顧實・汗的孫子羅卜藏丹津為了從清朝獨立而於一七二三年舉兵，自稱達賴・皇太子。翌年一七二四年被清軍平定，羅卜藏丹津亡命準噶爾。清朝趁機將青海完全納入自己的領土，青海的衛拉特人悉數成為雍正帝的臣民。

雍正帝對於準噶爾採取和平方針，分別於一七二三年從西藏、一七二四年從阿爾泰山、一七二五年從巴里坤撤兵，與策妄阿喇布坦皇太子休戰。

同年一七二五年，作為雍正帝北邊防衛政策的一環，賜封予和康熙帝第十皇女結婚的喀爾喀多羅郡王策棱「賽因・諾顏」的稱號。讓他從近親進士謝圖・汗家獨立，任命他為副將軍，擔任阿爾泰山地區清軍的司令官。這就是賽因・諾顏部的起源。從此之後，北蒙古・喀爾喀三部族加上賽因・諾顏部，共有四個部族。

在準噶爾方面，一七二七年，策妄阿喇布坦皇太子死去，他的兒子噶爾丹策零成為了新任君主的皇太子。清朝和準噶爾維持了一段時間的和平，但到了一七三一年，大策凌敦多布的軍隊越過阿爾泰山，在和通泊畔殲滅了駐紮在科布多、由靖邊大將軍傅爾丹率領的清軍。喀爾喀的策棱・賽因・諾顏東進擊敗敵軍有功，被雍正帝封為和碩親王。

一七三二年，這次換作小策凌敦多布的軍隊入侵，一路挺進到杭愛山。策棱再度英勇奮戰，於額爾德尼．召寺破敵，雍正帝授予超勇的封號。

一七三五年，清朝和準噶爾展開劃定國境的交涉，但協定尚未達成前雍正帝死去，由乾隆帝（高宗）繼位。到了一七三九年，雙方終於達成協議，準噶爾的牧地在阿爾泰山以西，喀爾喀的牧地則在杭愛山布延圖河以東。

一七四五年，噶爾丹策零死去，他的兒子策妄多爾濟．那木扎爾成為了皇太子，與此同時，準噶爾帝國的命運開始急速走下坡。策妄多爾濟．那木扎爾的庶兄喇嘛．達爾扎於一七五〇年舉兵叛變，俘虜策妄多爾濟．那木扎爾並挖出他的雙眼，幽禁在東突厥斯坦，自己當上了皇太子。喇嘛．達爾扎同時迫害了準噶爾的王族。大策凌敦多布的孫子達瓦齊逃往哈薩克，一七五三年偷襲伊犁，殺了喇嘛．達爾扎，以皇太子自居。

與達瓦齊一起行動的輝特部族長阿睦爾撒納是策安阿喇布坦女兒的兒子，達瓦齊即位後與之不睦，一七五四年亡命清朝。同一時期，被稱作杜爾伯特三車凌的部族首領們也亡命清朝。乾隆帝打算利用這個機會一舉解決準噶爾的問題，一七五五年，清軍兵分二路，北路軍從烏里雅蘇台、西路軍從巴里坤進軍。阿睦爾撒納受命擔任北路軍的副將軍。清軍一路上幾乎沒有受到什麼抵抗就到達了伊犁，達瓦齊皇太子逃往喀什噶爾避難，但卻被烏什的人抓住交給了清軍送往北京。

阿睦爾撒納之亂

就像這樣，準噶爾帝國滅亡後，乾隆帝在杜爾伯特、和碩特、輝特、綽羅斯（準噶爾）四個衛拉特部族中各自立汗，準備將阿睦爾撒納立為輝特部的可汗。然而，阿睦爾撒納希望成為全衛拉特的皇太子，乾隆帝不同意，阿睦爾撒納於是舉兵宣布獨立。當時清軍已經撤軍，僅留下極少數的兵馬，因此，準噶爾帝國的故地很輕易地就落入了阿睦爾撒納之手。

一七五六年，清軍再度進入伊犁，阿睦爾撒納逃往哈薩克繼續抵抗。這時，負責管理圖瓦烏梁海人[107]的喀爾喀札薩克圖・汗部的和托輝特多羅郡王青滾雜卜私通阿睦爾撒納之事被發現，叛清而遭討伐。受到這件事情的影響，輝特的巴雅爾和綽羅斯的噶勒藏多爾濟也起而叛清。在伊犁的清朝定邊右副將軍兆惠之軍隊歷經艱辛才成功逃出。

一七五七年，乾隆帝任兆惠為伊犁將軍，並命其進軍。在兆惠在進入伊犁的同一時間，阿睦爾撒納也正好從哈薩克而來，遭遇清軍的阿睦爾撒納再度逃進哈薩克。清軍追入哈薩克。哈薩克中帳的阿布賚・汗與乾隆帝約定逮捕阿睦爾撒納並引渡之。阿睦爾撒納逃進了西伯利亞，在俄羅斯人的保護之下留在托博爾斯克，在那裡染天花而死。

被多次反抗而苦的清軍，為了報復而對衛拉特人展開大屠殺，再加上伴隨清軍而來的天花大流行，衛拉特的人口銳減，伊犁溪谷幾成無人之地。乾隆帝將滿洲人、錫伯人、索倫人、達斡爾人的屯田兵遷入該地。一七五九年，天山南方的東突厥斯坦也被清朝征服，大清帝國的領土達到極限。

土爾扈特的歸還

在此之前，衛拉特的土爾扈特部族在和・鄂爾勒克的領導下於一六二八年開始向西遷徙，一六三〇年到達伏爾加河，征服了諾蓋人。一六四四年，和・鄂爾勒克追擊敗逃的諾蓋人，攻打高加索山中的卡巴爾達，戰死此處。和・鄂爾勒克的長子書庫爾・岱青太師成為部族長，一六五六年，與俄羅斯的阿列克謝・米哈伊洛維齊沙皇結為同盟。繼書庫爾・岱青之位的是他的兒子朋楚克。一六七〇年，朋楚克被和碩特的鄂齊爾圖・車臣・汗之弟阿巴賴太師所殺，朋楚克的兒子阿玉奇太師繼位為土爾扈特部族長。

阿玉奇稱汗，在位時間超過半世紀，一七二二年以八十三歲高齡死去，隨即發生王位繼承紛爭。

107　與前述之林木中之兀良哈有關。

阿玉奇・汗原本打算讓自己與準噶爾出身的妃子達爾瑪巴拉・可敦之子策凌端多克[108]繼位，但達爾瑪巴拉・可敦卻與實力最堅強，同時也是阿玉奇・汗孫子的端多克旺布[109]再婚，並支持端多克旺布繼位。在俄羅斯的介入之下，策凌端多克雖然即位，但國內情勢不穩。一七三五年，端多克旺布從庫班向伏爾加進軍，策凌端多克亡命到聖彼得堡，端多克旺布即位，俄羅斯也承認了端多克旺布的汗位。

端多克旺布・汗於一七四一年死去，國內又起紛爭，結果由阿玉奇・汗之孫端多克達什[110]繼位。端多克達什・汗死於一七六一年，他的兒子渥巴錫十七歲做了可汗。俄羅斯為了削減可汗的力量，便任命端多克旺布・汗之孫策伯克多爾濟為土爾扈特扎爾固齊（法官）[111]會議的議長。對此不滿的渥巴錫・汗於一七七一年率領大批土爾扈特人離開伏爾加河畔來到伊犁，接受清朝的保護。

就這樣，除了貝加爾湖東方的布里亞特人和留在伏爾加河西方的土爾扈特（卡爾梅克）人以外，所有蒙古裔的種族，都歸順於清朝的皇帝之下了。

清朝的蒙古統治

清朝視蒙古人為同盟者，為了確保他們的忠誠，給予各種保護。至於行政組織方面，比照滿洲人的

---

108 此名與前述「策凌敦多布」字源相同，皆為藏語「ཚེ་རིང་དོན་གྲུབ」（書面：tse-ring don-grub，口語俗寫：Tsering Dhondup）。惟後一字「དོན་གྲུབ」（俗dondrup／敦珠布）在蒙古方言（含東蒙古與衛拉特）或讀之作dondok（參《欽定西域同文志》卷八、卷九、卷一〇）。故漢文亦多有作「敦多克」、「端多克」者（中ㄓ音訛作ㄉ，尾ㄅ訛作ㄎ），俄文載此阿玉奇之子亦或作Церен-дондук（tseren-donduk）。岡田教授於大小策凌敦多布作「ツェリンドンドブ」，於阿玉奇之子作「ツェレンドンドク」，故此處翻譯作「策凌端多克」。

109 同上。此名藏語作「དོན་གྲུབ་དབང་པོ」（書面：don-grub dbang-po，口語俗寫：Dhondup Wangpo），惟俄文記載或作Дондук-омбо（donduk-ombu），岡田教授此處亦作「ドンドクオンブ」。

110 端多克同上。「達什」亦源自藏語，作「བཀྲ་ཤིས」（書面：bkra-shis，口語俗寫：Tashi，但Ta讀若ㄓㄚ），而蒙古讀音不一，故譯文「扎什」、「喇什」、「達什」皆有之（《欽定西域同文志》例極多）。此人俄文載其名或作Дондук-даши／donduk-daši（ㄓ音訛作ㄉ），岡田教授此處亦作「ドンドクダシ」，故譯作「達什」。

111 J̌arγuči，元或譯作「扎魯花赤」「扎魯忽赤」等，意即「斷事官」。此處從清譯作「札爾固齊」。

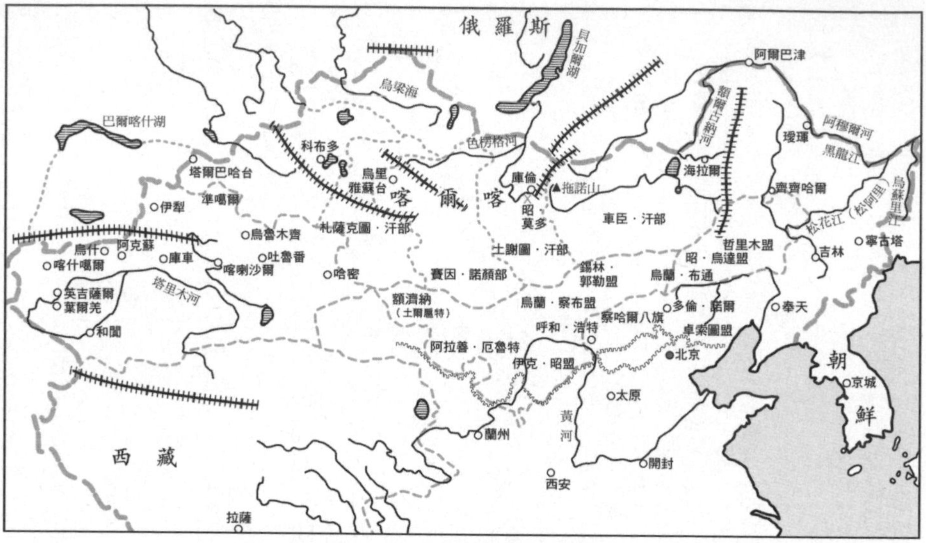

地圖十一　清朝時代之蒙古

八旗制度，以旗（qosiγun）為基本單位，各旗有指定的牧地。旗之下設有佐領（蘇木／sumu）。旗的領袖稱作扎薩克（ǰasaγ），屬於世襲制。原本的部族長和氏族長分別被賦予和碩親王（hošoi cing wang）、多羅郡王（doroi giyūn wang）、多羅貝勒（doroi beile）、固山貝子（gūsai beise）、鎮國公（tüsiy-e güng）、輔國公（tusalaγu güng）的爵位[112]，這是與清朝皇族相同的待遇。在這之下另有台吉（tayiǰi）、塔布囊（tabunang）的稱號，各自劃分為一等至四等。不是扎薩克的王公被稱作閒散（蘇拉／sula）。

各旗以地區為單位結成盟（čiγulγan）。每年春天，隸屬各盟的各旗王公會聚集在盟地舉行閱兵儀式，盤點軍備。規定各個佐領並須派出騎兵五十名。南蒙古的四十九旗共結為六盟。北蒙古的八十六旗分成土謝圖・汗部、車臣・汗部、札薩克圖・汗部、賽因・諾顏汗部的四部（ayimaγ），一部結成一盟。南北蒙古的王公，有義務最少每三年一次到北京朝貢，獎勵其成為皇帝最忠誠的臣子。另外，清朝為了保全

112 此處諸爵位之音讀，岡田教授所附者，除鎮國公、輔國公以蒙語外，俱用滿語。轉寫系統有異仍請讀者留意。

遊牧經濟，嚴格限制漢人進入蒙古的土地。

在文化方面，格魯派藏傳佛教的快速發展最引人注目。各旗皆有各自的菩提寺，在多倫．諾爾還有一座彙宗寺，是清朝的國寺，也是南蒙古人的信仰中心。住持稱作章嘉．呼圖克圖，世世代代轉世，擁有南蒙古最高的宗教地位。北蒙古方面，在現在烏蘭巴托市有一座甘丹寺，住持是哲布尊丹巴．呼圖克圖，同樣藉由轉世傳承，世世代代成為北蒙古的精神中心。廣大的領地位於北蒙古西北部的庫蘇古爾湖地區，領民被稱作弟子（šabi）。僧侶可以免除所有的公共負擔，因此有非常多的蒙古人選擇出家，寺院也因而蓬勃發展，作為普及教育和科學技術的所在以及作為醫療的中心，對蒙古文化的發展貢獻極大。

蒙古的政治和宗教完全直屬於清朝皇帝，由名為理藩院（tulergi golo be dasara jurgan）的機關負責管理。理藩院原名蒙古衙門（monggo jurgan），是與六部同等的國家最高機關之一，一六三八年改稱理藩院，之後也負責管理青海、西藏、新疆。就這樣，清朝對蒙古的統治為蒙古社會帶來了安定，成功地維持了和平與秩序。然而另一方面，不可否認地，這同時也妨害了社會的發展。

第一部　蒙古帝國時代的蒙古

第二章 《元朝秘史》之撰成

《元朝秘史》的蒙古語是《Mongγol-un niγuča tobčiyan》（蒙古的秘密的綱要）。蒙古文字版本的《元朝秘史》原本已失傳，今存版本是將蒙古語原文的每一個發音用漢字寫下，每一個詞彙旁邊再標上經過直譯的中文，一節結束後，再附上漢文意譯(1)。關於《元朝秘史》的成書年代，古今東西經過許多學者不斷地討論，在蒙古國正式採用的說法在一二四〇年（庚子）寫成。本章則論證《元朝秘史續集》二卷的成書年份為一三二四年（甲子），而《元朝秘史》十卷的成書年份雖在此前，卻在一二九二年之後。最大的根據在於：《元朝秘史》的主題之一，翁吉剌／弘吉剌部族[1]后妃輩出，享受外戚特權，是忽必烈家的元朝時代才有的事。本章接著以《元史》為基礎，論述元朝的帝位多由弘吉剌氏所生的皇帝繼位，與所謂的中國王朝體系不同，闡明由遊牧民族所建立的元朝政權特性。

《元朝秘史》卷一、第六一－六六節中記載，也速該・把阿禿兒（Yesügei ba'atur）帶著九歲的兒子鐵木真（Temüǰin）前往妻子訶額侖・額客（Hö'elün eke）[2]的母家斡勒忽訥兀惕（Olqunu'ud）百姓處為鐵木真選妻。途中，在扯客撤兒山（Čegčer）和赤忽兒古山（Čiqurqu）之間遇到翁吉剌惕（Unggirad）部族的特・薛禪（Dei sečen）。聽從特・薛禪的建議，鐵木真與十歲的孛兒帖（Börte）訂下了婚約。期間，特・薛禪說起了前夜夢到白海青抓著日、月飛來，落在自己手上的吉兆，並說：「我們的男兒看守

1 此處以及本章後文，關於此部族，原書多處作「ウンギラト／フンギラト」，故翻譯亦作「翁吉剌／弘吉剌」。史料上之所以有兩類稱謂如「瓮吉剌／翁吉剌」與「弘吉剌／廣吉剌」等用字，原因在於中期蒙古語詞首擦音h正處於消失化階段。消失過程是否已完成學界猶有爭議，此處岡田教授採兩存辦法，譯文亦如是處理。

2 此處岡田教授作「ホエルン・エケ（Hö'elün eke）」，蓋從後世蒙古史書例，提前將尊稱「母親（eke）」置於敘事中。《元朝秘史》此處敘事似是以鐵木真立場稱作「額客」，他處以也速該立場行文作「兀真」。譯文仍依原書處理。

牧地，我們的姑娘靠其容貌（nu'un kö' üd manu nuntuγ qarayu. ökin kö' ün manu öngge üǰegdeyü）」，以女子當上王者的后妃來鞏固權勢，強調翁吉剌惕部族的和平和傳統。下面引用的是第六四節全文，盡量轉寫成蒙語書面語。

ba unggirad irgen, erte üdür-eče ǰe'e-yin ǰisün ökin-ü önggeten, ulus ülü temečed.

qačar γo'a ökid-i
qahan boluγsan-a tanu
qasaγ tergen-dür unu'ulǰu
qara bu'ura kölgeǰü
qatara'ulǰu odču
qatun sa'urin-dur
qamtu sa'ulumu.

ba ulus irgen ülü temečed. ba

öngge sayid
ökid-iyen
öskeǰü
ölǰigetei tergen-dür unu'ulǰu
öle bu'ura kölgeǰü
e' üskeǰü odču
ündür sa'urin-dur
öre'ele ete'ed sa'ulqui.

ba erten-eče unggirad irgen, qatun qalqatan ökid öčilten, ǰe'e-yin ǰisün ökin-ü önge-ber büle'e ba.

原文多處押頭韻，盡量忠於原文意譯如下。[3]

我們翁吉剌惕人自古以來，靠的是「外甥的容貌，姑娘的姿色」（外戚的榮耀），而不爭奪國土。

我們把美貌的姑娘，
獻給你們做可汗的，
坐在可汗的大車上，
駕著黑駱駝，
疾速驅馳，
在后妃之位上，
共同坐著。

我們不爭奪國土和百姓。我們
把美貌的
我們那些姑娘們，
養育著，
讓她們坐在有前座的車上，
駕著灰色駱駝，
出發前進，

3 此處大致依與岡田教授譯文較貼之余大均譯《蒙古秘史》（石家莊，河北人民，二〇〇一）。

坐在高位之旁。

我們翁吉剌惕人自古以來，「有持盾牌的后妃，有奏事的姑娘」，靠的是「外甥的容貌，姑娘的姿色」，我們翁吉剌惕人。

無論《元史》或拉施特・丁（Rashīd al-Dīn）所著的《史集》（*Jāmi' al-tawārīkh*），當中都沒有這段記述，因此這應是《元朝秘史》的創作。無論如何，根據這段記載，翁吉剌惕人自古以來就不曾為了霸權而與其他民族爭鬥。每當其他民族——這裡指的是蒙古乞顏（Kiyan）氏族——出現可汗時，就會將該族美貌的女子納為后妃，翁吉剌惕人則藉此享受身為皇室外戚的特權，維持繁榮，是一個秉性和平的民族。此後文字即此意。

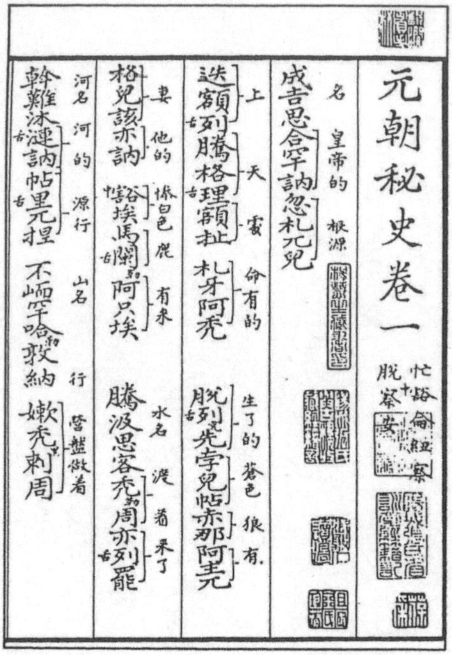

圖一　《元朝秘史》開頭部分

此該段落提及鐵木真，亦即成吉思・汗（Činggis qaγan）為九歲，若依《元史》太祖本紀，丁亥（一二二七）年其死時為六十六歲，則這段故事發生的年代就是一一七〇年。關於成吉思・汗出生的年份雖然眾說紛紜，不過無論據哪一種說法，故事背景在十二世紀後半總是沒問題的。但翁吉剌惕在十二世紀時，果真如《元朝秘史》所說的一般，是個秉性和平的民族嗎？

翁吉剌惕（又或是弘吉剌／Qunggirad）於一一二二年首度出現在歷史的舞臺上。該年，遼的耶律大石為躲避金兵而逃到蒙古高原，在土拉河畔的可敦城召集了七州的契丹人和十八部的遊牧民自立為王，而十八部族當中排名第三的是正是王紀剌（翁吉剌惕）族(2)。

進入金帝國的時代，內族宗浩於一一八九年金章宗即位後，出任北京[4]留守。當時：[5]

> 北方有警，命宗浩佩金虎符駐泰州便宜從事。朝廷發上京等路軍萬人以戍。宗浩以糧儲未備，且度敵未敢動，遂分其軍就食隆（州）、肇（州）間。是冬，果無警。北部廣吉剌（Qunggirad）者尤桀驁，屢脅諸部入塞。宗浩請乘其春暮馬弱擊之。時阻轐（Kereyid）亦叛。內族襄行省事于北京，詔議其事。襄以謂若攻破廣吉剌，則阻轐無東顧憂，不若留之，以牽其勢。宗浩奏：「國家以堂堂之勢，不能掃滅小部，顧欲藉彼為捍乎？臣請先破廣吉剌，然後提兵北滅阻轐。」章再上，從之。詔諭宗浩曰：「將征北部，固卿之誠，更宜加意，毋致後悔。」
>
> 宗浩覘知合底忻（Qatagin）與婆速火（Bosqur）等相結，廣吉剌之勢必分，彼既畏我見討，而復掣肘仇敵，則理必求降，可呼致也。因遣主簿撒領軍二百為先鋒，戒之曰：「若廣吉剌降，可就徵其兵以圖合底忻，仍偵餘部所在，速使來報，大軍當進，與汝擊破之必矣。」合底忻者，與山只昆（Salǰiyud）皆北方別部，恃強中立，無所羈屬，往來阻轐、廣吉剌間，連歲擾邊，皆二部為之也。撒入敵境，廣吉剌果降，遂徵其兵萬四千騎，馳報以待。
>
> 宗浩北進，命人齎三十日糧，報撒會于移米河共擊敵，而所遣人誤入婆速火部，由是東軍失期。宗浩前軍至忒里葛山，遇山只昆所統石魯、渾灘兩部，擊走之，斬首千二百級，俘生口車畜甚眾。進至呼歇水，敵勢大蹙，於是合底忻部長白古帶、山只昆部長胡必剌及婆速火所遣和火者皆乞

---

4 此處北京指大定府（今內蒙赤峰寧城縣），非今日之北京（金之中都大興府）。讀者幸勿誤解。

5 以下原書將《金史》卷九三〈宗浩列傳〉譯為日文。此處逕引原文。

降。宗浩承詔，諭而釋之。

胡必剌因言，所部迪列土（J̌alayir）近在移米河不肯偕降，乞討之。乃移軍趨移米，與迪列土遇，擊之，斬首三百級，赴水死者十四五，獲牛羊萬二千，車帳稱是。合底忻等恐大軍至，西渡移米，棄輜重遁去。撒與廣吉剌部長忒里虎追躡及之於窊里不水，縱擊，大破之。婆速火九部斬首、溺水死者四千五百餘人，獲駝馬牛羊不可勝計。軍還，婆速火乞內屬，並請置吏。上優詔褒諭(3)。

從上述史實可見，十二世紀的翁吉剌惕／弘吉剌與和平的傳統相距甚遠，蟠踞在北蒙古東方，顯然是個讓鄰近的金帝國傷透腦筋的民族。既然如此，為何《元朝秘史》卻將這個桀驁的種族稱作是不爭奪國土，有「外甥的容貌，姑娘的姿色」，「有持盾牌的后妃，有奏事的姑娘」的民族呢？

事實上，《元朝秘史》中的這段描述並非成吉思．汗統一蒙古以前的翁吉剌惕／弘吉剌，反而只適合於成吉思．汗的孫子忽必烈．汗登基之後的這個氏族，據此可以窺得《元朝秘史》的成書年份。

在成吉思．汗的眾多后妃之中，弘吉剌的孛兒帖．旭真[6]鎮守位於克魯倫河上闊迭額．阿剌勒的大斡耳朵。第二斡耳朵由篾兒乞（Merkid）的忽蘭．可敦（Qulan qatun）、第三斡耳朵由塔塔兒部（Tatar）的也遂．可敦（Yesüi qatun）、第四斡耳朵則由也遂的妹妹也速干．可敦（Yesüken qatun）分別掌管。當中，無疑是孛兒帖的地位最高。孛兒帖所生的朮赤（J̌oči）、察合台（Čaγatai）、窩闊台（Ögedei）、拖雷（Tolui）四子，是成吉思．汗家的嫡系後代。

特．薛禪之子按陳．那顏（Alči noyan）於丁酉（一二三七年）年獲旨：「弘吉剌（Qunggirad）氏

6 Börte fuzin，fuzin即夫人。此稱呼參看烏蘭《蒙古源流研究》（瀋陽，遼寧民族出版社，二〇〇〇）頁一九〇，第三卷註四九。

生女世以為后，生男世尚公主」(4)。丁酉年在位者為窩闊台・汗，而窩闊台・汗的后妃當中沒有出身自弘吉剌者，僅按陳之孫納合娶了窩闊台之女唆兒哈罕公主(5)。窩闊台・汗之子貴由・汗也沒有出身自弘吉剌的后妃。

熱衷於與弘吉剌聯姻的反而是率領由札剌亦兒、弘吉剌、亦乞列思、兀魯兀惕、忙忽惕等左翼萬戶兵經略漢地的拖雷家。按陳之子斡陳娶了拖雷的女兒也速不花（Yesübuqa）(6)。如果只是這樣，那麼就算是稱得上有「外甥的容貌」，卻稱不上有「姑娘的姿色」。然而，拖雷的長子蒙哥・汗的貞節皇后忽都台（*Qutuγtai）是按陳從孫忙哥陳之女，貞節皇后薨逝後由她的妹妹也速兒（*Yesür）繼任為妃[7](7)。這是實質上「姑娘的容貌」最初的例子。不過弘吉剌在宮廷確立其外戚的地位一事，實際還是得力於蒙哥的弟弟世祖忽必烈・薛禪・汗的昭睿順聖皇后察必（Čabui）出現後。

察必・可敦是按陳・那顏的女兒(8)。她的姊姊帖木倫（Temülün）是札剌亦兒部木華黎國王的孫子霸突魯（Ba'atur）之夫人(9)。霸突魯從忽必烈即位前便身為先鋒元帥，屢建戰功，且以勸說忽必烈於燕京設置大都而聞名。但他卻在忽必烈即位之翌年一二六一年便死去(10)。雖說不論忽必烈於一二六〇年於開平被擁立為汗，或是一二六四年在與弟弟阿里・不哥的爭鬥中獲勝，靠的都是札剌亦兒部族率領的左翼精銳的支持；但札剌亦兒部本身自從過去被成吉思・汗的六世祖海都・汗（Qayidu qaγan）征服後，世世代代的身分皆為成吉思・汗家的家奴（unaγan boγol），地位上沒有資格與主人家通婚(11)。為此，弘吉剌站在二者之間，有效地結合成吉思家與札剌亦兒家，帖木倫、察必姊妹便是其中一例。

然而，察必・可敦的出現並沒有立刻確立弘吉剌在宮廷內獨占性的地位。忽必烈的皇后們，除了掌管第二斡耳朵的察必皇后之外，另外還有掌管大斡耳朵的帖古倫大皇后（*Tegülün）、掌管第三斡耳朵的塔剌海皇后（*Taraqai）和奴罕皇后（*Nuqan）、掌管第四斡耳朵的伯要兀真皇后（*Baya'uǰin）和闊

7 此時蒙哥猶未為帝，故也速兒皇后當時僅繼為王妃。

闊倫皇后（*Kökölün）等[12]。雖然無法完全確定這些可敦們出身哪一個部族，但可以確定的是，她們都不是出身弘吉剌。弘吉剌身為外戚的權勢之確立，一直要到察必．可敦所生的真金被選為皇太子，且真金的子孫當中多人成為元朝帝位後。在這過程當中也經過許多曲折，後文便沿此軌跡予以說明[13]。

忽必烈封札剌亦兒部族霸突魯之子安童為宿衛長，年僅十七歲，地位就已經在百僚之上。這是因為安童的母親帖木倫出身弘吉剌，托其妹之福可以自由出入皇宮之故[14]。安童後來成為中書省的核心人物，在忽必烈政權中扮演著重要的角色。

忽必烈有十位皇子，當中的長子朵兒只（Dorǰi）、次子真金（Čingkim）、三子忙哥剌（Manggala），以及四子那木罕（Nomuγan）四人皆為察必．可敦所生。朵兒只夭折，因此實質上的長子是真金。

忽必烈於開平即位後，第一件事就是設立中書省，任命王文統擔任平章政事[15]。這個中書省與之前窩闊台．汗以耶律楚材為中書令所置的中書省不同[16]，是支持忽必烈的漢人軍閥之合議機關[17]。這是元朝在漢地建國之初所採取的必要措施，但漢人的知識份子反對軍閥，轉而向皇子真金靠攏[18]。一二六一年，忽必烈．汗封真金為燕王，並負責中書省事務[19]，這代表著知識份子的勝利。一二六二年，漢人軍閥之首的益都李璮叛變遭到鎮壓，真金因而以燕王守中書令[20]。翌年，中書省改制為民政機關，軍政系統的樞密院從中獨立，真金則以守中書令，兼任判樞密院事[21]。到了一二六五年，札剌亦兒的安童年僅二十一歲，便獲任命為中書右丞相[22]。就這樣，擁有弘吉剌血統的真金和安童這對表兄弟，掌握了國政中樞。

與此同時，阿合馬（Aḥmad）的勢力逐漸壯大。阿合馬出身錫爾河畔的費納喀忒，是察必．可敦的父親，弘吉剌部按陳．那顏（察必．可敦之父）的家臣[23]。財政手腕了得的阿合馬獲得忽必烈的信任，負責帝室直營的礦工業等相關事業。阿合馬於一二六二年受命領導中書左右部，自兼任諸路都轉運使開始，逐漸累積勢力。到了一二七〇年，忽必烈．汗為阿合馬特設尚書省，命阿合馬任平章政事[24]。中書省、樞密院、尚書省之外，一二六八年又設置了御史臺[25]，最高政府機關就此完備。一二七一年，新制定了「大元」這個國號(26)。

像這樣建立的元朝國制具有強烈蒙古族特有的個人主義色彩，中書省屬於察必・可敦的姊姊之子安童、樞密院屬於察必・可敦所生的燕王真金、尚書省則屬於察必・可敦的家臣阿合馬。從這樣的政治情況看來，元朝幾乎可定義為以察必・可敦為中心的弘吉剌政權。然而，與以血緣關係相連結的中書省和樞密院不同，阿合馬的尚書省連結力較弱。也許是考慮到這一點，一二七二年，尚書省合併至中書省內，阿合馬成了中書平章政事，除了財政外，也參與了民政(27)。

真金至此為止被封為燕王，燕雖為大都的所在地，但這個封號並不代表就是儲君。然而，大元國制的完成使位於核心位置的察必・可敦地位更加穩固。一二七三年，忽必烈授予察必・可敦的玉冊和玉寶，授予真金皇太子的玉冊和金寶便是最好的證明(28)。

就這樣，真金雖然當上了皇太子，但根據蒙古本來的傳統，可汗在生前沒有指定自己繼承者的權利，都是在可汗死後召集忽里勒台，會中選出後繼者。因此，真金雖然擁有皇太子的稱號，但那只不過代表了忽必烈・汗的希望。真金的弟弟們，包括忙哥剌和那木罕等都擁有同等的繼承權。忙哥剌於一二七二年被封為安西王，統治在忽必烈即位前的封地京兆和六盤山的成吉思・汗的舊營地(29)。忙哥剌於一二八〇年死去，由他的兒子阿難答（Ānanda）繼任安西王(30)。

這時，忽必烈家的元朝所面臨的最大難題之一就是北邊的防衛。皇子那木罕於一二六六年被封為北平王，負責統治漠北地區。一二七五年，窩闊台・汗的孫子海都（Qayidu）和察合台・汗・篤哇（Duva）的聯軍入侵帝國西境，攻擊畏兀王國[8]，北平王那木罕和中書右丞相安童共同率領元軍禦敵(31)。然而一二七七年，在駐紮地伊犁河畔的阿力麻里，隨軍的蒙哥・汗的四子昔里吉（Sirigi）叛變，將那木罕和

8 即高昌回鶻。

安童交給了海都軍[32]。二人在七年後的一二八四年才被釋放回國[33]。受到這個事件的影響，皇后察必・可敦所生的四子當中，帝位繼承候選人實質上只剩下皇太子真金。

另一方面，真金的地位逐漸穩固，一二七九年，六十五歲的老父忽必烈・汗下詔讓皇太子燕王參決朝政，凡中書省、樞密院、御史臺以及百司的事，皆須向皇太子啟奏後再上呈[34]。

一二八一年，察必皇后薨逝[35]。察必皇后是皇太子真金和阿合馬唯一的交集，皇后死後，二者的衝突在所難免。果不其然，翌年一二八二年，皇太子的隨從益都千戶長王著，在東宮前殺了阿合馬[36]。這個事件之後，再也沒有任何一個權臣可以與真金抗衡。同年，新征服的南宋故地當中，江西等處行中書省歸皇太子掌管[37]。一二八四年，札剌亦兒、弘吉剌、兀魯兀惕、忙忽惕、亦乞列思五投下的探馬赤軍，全歸東宮所有[38]。一二八四年也正好是那木罕和安童七年的俘囚身分結束，被釋放回元朝的年份。

這時的真金已經是實質上的獨裁者，江南諸道行御史臺的監察御史甚至上奏忽必烈・汗，希望他將皇位禪讓給皇太子[39]。一二八五年，皇太子真金猝死，享年四十三歲[40]。真金與皇太子妃闊闊真・可敦（Kökeǰin qatun）間生有甘麻剌（Kamala）、答剌麻八剌（Dharmapāla）、鐵穆耳（Temür）三子[41]，闊闊真・可敦同樣出身弘吉剌[42]。另一方面，察必皇后死後，由她的家族——出身弘吉剌的按陳・那顏之子納陳（Način）的孫子仙童（*Sentün）之女南必皇后（Nambui qatun）守住了忽必烈・汗的正宮之位[43]，皇太子真金累積於東宮的財富也因此才得以保全。

在真金的三位遺子中，忽必烈・汗最寵愛的是答剌麻八剌。但答剌麻八剌於一二九二年死去，享年二十九歲[44]。忽必烈於是改封原本出鎮雲南的梁王甘麻剌為晉王，移鎮北方邊境，統領成吉思・汗的四大斡耳朵，以及軍馬、達達的國土[45]。就這樣，漠北之地從那木罕轉移到姪子的手上[46]。接著翌年一二九三年，忽必烈授予鐵穆耳皇太子的印璽，統領北方的軍隊[47]。翌年，忽必烈・汗駕崩，享年八十歲。此時，擁有繼位資格的人包括忽必烈的二位皇孫——晉王甘麻剌和燕王鐵穆耳。在上都召開的忽里勒台中，出身巴阿鄰氏族、先前征服南宋，近來又因抵禦海都有功的伯顏（Bayan）身為軍隊代表，表明擁立鐵穆耳[48]。鐵穆耳的母親闊闊真．可敦於是將刻有「受命于天、既壽永昌」的玉璽授予鐵穆耳，鐵穆耳登上了皇帝之位[49]，是為元成宗。至此，弘吉剌氏所生之子首度登上了汗位，但弘吉剌氏在宮廷的權勢並非就此確立，已故皇太子真金所留下龐大遺產的去處才是真正的關鍵。

真金死後，他的財產由東宮的詹事院管理。成宗即位後，立刻尊母親為皇太后，將她的舊居太子府（東宮）改為隆福宮，詹事院改為徽政院[50]。隆福宮位於大都皇城的西南方，是可與皇帝居住的宮城相匹敵的一大宮殿群[51]。徽政院則擁有龐大的機關組織，統治隆福宮那遍及全國的領地和領民，具獨自的軍隊，可說是政府外的政府[52]。

一三〇〇年，隆福宮皇太后闊闊真．可敦薨逝[53]。一三〇二年，晉王甘麻剌薨逝[54]。甘麻剌與弘吉剌氏的妃子普顏．怯里迷失（Buyan kelmiš）間所生的也孫．鐵木兒（Yesün temür）繼任晉王，成為成吉思．汗四大斡耳朵之主[55]。

另一方面，成宗的皇后是同樣出身弘吉剌氏的失憐答里（*Sirindari），生下的皇子德壽（*Dešüg）於一三〇五年被冊封為皇太子，但於同年薨逝[56]。成宗沒有其他皇子，大權於是落在了伯牙吾氏的皇后卜魯罕（Buluγan）手上[57]（參照世系圖二）。

一三〇七年，成宗完澤篤．汗駕崩。卜魯罕皇后以監國的權限，準備扶持安西王阿難答繼位。在答剌麻八剌次子愛育黎拔力八達（Ayurparibhadra）的率領之下，弘吉剌派發起政變，殺了卜魯罕皇后和安西王阿難答等人，迎回駐紮北邊的懷寧王，也就是答剌麻八剌的長子海山（Hayišan）登基，是為元武宗。武宗為了感謝弟弟的功績，於是立弟弟愛育黎拔力八達為皇太子。在這背後當然有許多的交換條件，最後達成由兄弟二人的子孫輪流當皇帝的約定[58]。

弘吉剌派之所以會擁立答剌麻八剌的遺子是因為他們的母親答己（*Dagi）是弘吉剌氏按陳．那顏之孫渾都．帖木兒（*Qundu temür）的女兒。武宗登基後立刻尊生母為皇太后，讓她住在隆福宮[59]，翌年一三〇八年，更在隆福宮北邊興建了名為興聖宮的宮殿群，當作皇太后的居所[60]。

一三一一年，武宗駕崩，由武宗的弟弟愛育黎拔力八達繼承皇位(61)，是為元仁宗。武宗雖然有二位弘吉剌氏的皇后，但二人皆無子嗣。亦乞列思氏的妃子生下了和世㻋（Kušala／明宗），而唐兀氏的妃子則生下了圖・帖睦爾（Tuγ temür／文宗）(62)。至於仁宗，弘吉剌氏的皇后阿納失失里（*Anasisiri）生有一子碩德八剌（Siddhipāla）(63)。根據約定，原本應輪到武宗之子當皇太子，但握有實權的興聖宮皇太后顧忌武宗的二子皆非由弘吉剌氏所生，因此於一三一六年，立碩德八剌為皇太子(64)。一三二〇年，仁宗駕崩，皇太子碩德八剌即位，是為英宗(65)。英宗尊其祖母興聖宮皇太后為太皇太后(66)。

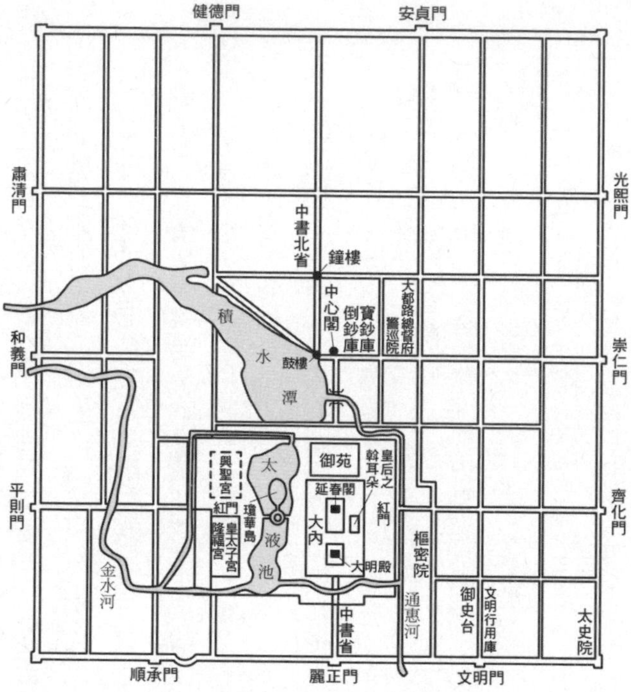

地圖十二　元之大都

武宗和仁宗二朝的實權皆不在皇帝手上，而是由興聖宮皇太后掌權。英宗為了改變這樣的現況，於一三二二年太皇太后薨逝後(67)，任命出身札剌亦兒的安童之孫拜住（Bayiju）為中書右丞相(68)，進行改革。改革的動作與興聖宮的舊勢力在利益上發生了正面衝突。翌年一三二三年，陰曆八月四日癸亥，從上都回到大都的英宗，車駕駐蹕於居庸關的南坡。當天夜晚，御史大夫鐵失（*Tegsi）率領阿速衛兵，殺了拜住，接著又在行幄弒殺了英宗(69)。

弘吉剌派也可說是參與了弒逆行動。雖說他們的實力依舊未變，但英宗沒有皇子，而武宗的二子又非弘吉剌氏所生。當時，由弘吉剌氏所生的皇族只剩下統治成吉思・汗四大斡耳朵的晉王也孫・鐵木兒。鐵失等便迎立晉王繼位。晉王於九月四日癸巳，在克魯倫河即位，十一月十三日辛丑進入大都，是為元泰定帝(70)。

泰定帝是弘吉剌氏所生的最後一個皇帝。一三二八年泰定帝死後，皇太子阿剌吉八於上都即位，改元天順。而在大都，率領欽察人軍團的燕・鐵木兒（El temür）發動政變，擁立文宗，攻打上都，滅了泰定帝派；又從北方叫回了明宗加以謀殺，掌握了元朝的實權(71)。自此之後，實權從皇帝落到了軍人的手裡。之後一直到元朝滅亡為止，再也沒有出現母親為弘吉剌氏的皇帝。

從以上的過程可以看出，正如《元朝秘史》中特・薛禪所言，翁吉剌惕／弘吉剌靠著部族女子當上后妃，在宮廷內享受尊貴的地位，這件事的期間，嚴格來說，不過是從一二七三年世祖忽必烈・汗授予察必・可敦皇后的玉冊開始，一直到一三二八年泰定帝之死為止的五十多年。當中，弘吉剌氏女子所生的第一個皇帝成宗即位的一二九四年以後，弘吉剌派貴族的地位才真正鞏固。一三〇七年政變後，興聖宮皇太后答己・可敦掌權，弘吉剌的勢力到達最高峰。

再回到《元朝秘史》，書中最後，一般算法是第二八二節處，有下列一段後記。

yeke qurilta quriǰu, quluγana ǰil γuran sara-da, kelüren-ü köde'e aral-un dolo'an bolday-a silgin čeg qoγar ǰa'ura ordos ba'uǰu büküi-dür bičiǰü da'usba.

大忽里勒台正召集著，子年七月，在克魯倫河的闊迭額・阿剌勒的朵羅安・孛勒答黑，於失勒斤與扯克之間，諸斡耳朵駐營時，寫畢。9

9 此處岡田教授之譯法與他人未必盡同，如釋「失勒斤扯克」為「失勒斤」、「扯克」等處。又此處「各宮帳」岡田教授以片假名迻寫，疑或作地名解。謹附原文如下：「大クリルタが集まって、子の年七月に、ケルレンのコデエ・アラルのドロアン・ボルダクに、シルギンとチェクの間に、オルドスが駐営している時に書き了えた。」

這段後記被認為是用來判斷《元朝秘史》成書年代的重要證據。然而，這個子年指的到底是哪一年？這個子年必須要比出現在二七四節中也速迭兒・箭筒士出征高麗的一二五八年來得晚。一二五八年之後，而且又是在克魯倫河上的闊迭額・阿剌勒召開的忽里勒台，只有一三二三年泰定帝即位那一年。一三二三年是癸亥年，翌年便是甲子年。回頭看上述引用的這一段話，明白寫著大忽里勒台已經召集著，而書是在之後的子年七月寫畢。也就是說，這個子年指的是一三二四年（泰定元年）(72)。而且寫作場所的諸斡耳朵是晉王家的領土，也就是成吉思・汗的四大斡耳朵。

《元朝秘史》一般被認為有十二卷，但事實上，《元朝秘史》的本文只有最初的十卷、一至二四六節，二四七節之後題為《元朝秘史續集卷一》、《元朝秘史續集卷二》，成書時間很明顯比最初的十卷晚。二八二節的後記是附在《續集》之後的一段話。《元朝秘史》本身記載的是成吉思・汗的祖先，以及從成吉思・汗的幼年時期開始一直到一二〇六年即位為止發生的事。與其說是歷史人物的傳記，毋寧說其旨趣在於記載晉王家所奉祀的四大斡耳朵祭神的緣起(73)。

《元朝秘史》本身與《續集》相同，都可視為在晉王家所作，因此成書年代必須在甘麻剌被封為晉王的一二九二年之後。也就是說，《元朝秘史》的成書年代是書中主角成吉思・汗即位後將近百年的十三世紀末至十四世紀初。這與從一二八六年至一三〇二年編纂完成的《太祖實錄》同期。《太祖實錄》是《元史》太祖本紀的基礎史料，許多內容與《史集》、《聖武親征錄》相同，但《元朝秘史》的內容完全是獨特的(74)。

推想起來，在元、明之世，都未將《元朝秘史》當作是紀錄事實的史書。明初纂修《元史》之際也看不到利用《元朝秘史》的痕跡。反而是在四夷館，為培養蒙語通譯官，此書僅僅被用來當教科書。可見《元朝秘史》並不受人重視，這尤其應該反映出了《元朝秘史》充其量不過是成吉思・汗廟的祭祀文獻而已。

第三章　蒙古史料中的早期蒙藏關係[1]

蒙古與西藏的歷史關係是從蒙古帝國的第二代君主窩闊台．汗的時代開始。一二三九年，窩闊台的次子闊端向西藏發動攻擊。從康區[2]開始進攻，進入了西藏中央，焚毀名剎傑拉康寺，銳不可擋。薩迦派的高僧貢噶堅贊身為西藏的代表，遠赴甘肅的涼州與蒙古進行交涉。其姪八思巴與之同行，為忽必烈所招而取得信任。一二六〇年忽必烈登基後，授八思巴以國師。一二六九年，八思巴以藏文為基礎，成功地創造出蒙古新字，被尊為帝師。本章將分析並考證這些代表蒙古與西藏政治結合的重大事件在後世的蒙古史料中如何被記載。記述中雖不乏謬誤，但用來理解十七世紀之後被總稱為蒙古史料的蒙古編年史之特性，這是最好的題材。

十二世紀在漠北興起的蒙古於一二二七年滅了西夏，占領甘肅，與西藏為鄰。對西藏的經略並非從同年駕崩的成吉思．汗開始，而是從其子的窩闊台．汗開始。當時負責指揮作戰的是窩闊台的第二皇子闊端（Göden），一二三五年奉命伐秦鞏，鞏昌府的便宜總帥汪世顯投降後，闊端連年轉戰於陝西和四川。一二三九年，闊端從西川北歸時，突然將矛頭指向了西藏(1)。根據西藏的史料記載，在該年抑或翌年一二四〇年，其將領多達．納波（Rdo rta nag）[3]率兵深入西藏中央，在拉薩東北的熱振寺（Rwa

---

1 以下為行文方便，逕用「西藏」指稱元時之吐蕃烏思藏等處。又，以下藏族人名多採今人俗譯。諸如「覺」、「吉」、「傑」於官話漢語皆為k-起首之團音，不應用以對譯「ཇོ／jo」（可用「卓」字）、「ཇེ／je」（可用「哲」字）等，疏舛錯亂處，俱從俗隨之。尖團混淆於漢語音譯功能傷害極大，仍望他日有以是正。又，雖部分人名譯字如「公哥監藏」等雖猶見於史料，下文則皆逕依今日俗譯，僅盡量於索引中附出史料用字。

2 མདོ་ཁམས（mdo-khams），元時譯作「朵甘思」，彼時藏語尾-s猶存，而漢語「甘」字猶具-m尾。

3 似當作「Dor-rta-nag-po」。此人又被稱為དོར་ཏོག／Dor-tog，《蒙古源流》作Doorda darqan。

bsgreng）殘殺僧俗數百人，又焚毀了傑拉康寺（Rgyal lha khang），銳不可擋[2]。傑拉康寺不久後雖獲重建，但據說在牆上至今都還可以看到被火燒過的痕跡[3]。蒙古軍於一二四一年在接獲窩闊台崩殂的消息後迅速班師。

據載，蒙古軍入侵前夕，接獲警報的西藏高層們齊聚商討對策，推舉雅隆（Yar klung）家的第悉・覺噶（Sde srid Jo dga'）和蔡巴家（Tshal pa）的貢噶多吉（Kun dga' rdo rje）為請和使，向蒙古乞降，但之後的發展卻不得而知[4]。然而後來見到闊端的西藏經略愈發順遂，到一二四四年，人稱薩迦・班智達（Sa skya Paṇḍita）的薩迦派（Sa skya pa）高僧貢噶堅贊（Kun dga' rgyal mtshan）才獲得召見[5]。

薩迦派與寧瑪派（Rnying ma pa）、噶舉派（Bka' brgyud pa）、格魯派（Dge lugs pa）並列藏傳佛教四大宗派，至今在西藏東部地方依舊擁有多數信徒。薩迦派的起源可以追溯到一〇七三年，貢卻傑波（Dkonmchog rgyal po）在扎什倫布（Bkra shis lhun po）的西方薩迦之地所建造的一座招提。貢卻傑波的姓氏為昆（'Khon）[4]，據稱家族源自八世紀西藏王赤松德贊（Khri Srong ldebtsan）的內大臣（nang blon）昆・貝波且（'Khon Dpal po che），但薩迦派真正發揚成一個宗派毋寧說是在貢卻傑波之子貢噶寧波（Kun dga' snying po）時。貢噶寧波自一一一一年起主宰薩迦寺，直到一一五八年圓寂為止，累積了許多帶有神秘色彩的體驗，發展出「道果」（Lam 'bras）這個薩迦派最重要的教義之一，被尊稱為「薩千」（Sa chen），也就是「大薩迦」。貢噶堅贊是貢噶寧波之孫。

貢噶堅贊的俗名是貝丹頓珠（Dpal ldan don grub），出生於一一八二年。貢噶寧波圓寂後，自一一七二年起，貢噶堅贊受到接管薩迦寺的伯父杰尊・扎巴堅贊（Rje btsun Grags pa rgyal mtshan）薰陶，另外又拜克什米爾的高僧喀切・班禪・釋迦室利（Kha che paṇ chen Śākyaśrībhadra）為師，通曉五

4 《元史》譯字為「款氏」。

明，被尊稱為薩迦・班智達，簡稱薩班（Sa paṇ）。一二一六年，伯父圓寂後，繼承薩迦寺，獲得皇子闊端召見時已經是六十三歲的高齡。關於這一段事蹟，元末僧侶貢噶多吉（Kun dga' rdo rje）所寫的《紅史》（*Hu lān deb ther*）中有下列這一段記載[6]。

> 北方的王子闊端（Go dan）派人前來迎請〔他〕，以前扎巴堅贊（Rje btsun pa即Rje btsun Grags pa rgyal mtshan）曾預言：「以後北方會有一個與我們語言族屬不同、頭戴飛鷹似的帽子、腳穿豬鼻靴的人前來迎請〔我們〕，如應邀前去，對佛教大為有利。」預言果然成真。〔班智達〕於六十三歲的甲辰年（一二四四），伯姪三人前去〔北方〕。路上走了三年，於午年（一二四六）到達北方。此時王子（即闊端）前去參加貴由（Go yug）皇帝的即位大典了，在未年（一二四七）回來後會見〔班智達〕。〔班智達〕在祭天大典上獲得首席長老〔的地位〕，弘揚佛教。

也就是說，貢噶堅贊帶著二位姪子八思巴（'Phags pa）和恰那（Phyag na），於一二四四年從薩迦出發，花了一年多的時間於一二四六年來到闊端的封地涼州。當時闊端為了擁立兄長貴由即位，前往參加同年舉行的忽里勒台。翌年一二四七年，闊端回到涼州後接見了貢噶堅贊。貢噶堅贊自此之後以皇子侍僧的身分致力弘揚佛教。一二五一年蒙哥・汗即位當年，貢噶堅贊在涼州東方的白塔寺（Sprul pa'i sde）圓寂，享年七十歲。據說他的遺骨現在仍安置在該寺一塔婆中[7]。貢噶堅贊的著書眾多，尤其又以寓言集《善說寶藏》（*Legs par bshad pa'i rin po che'i gter*），梵語稱作《*Subhāṣitaratnanidhi*》最為人所知，早在元代就被翻譯成蒙古語，作《Sayin ügetü erdeni-yin sang》，膾炙人口，對後世的文學有極大的影響。

八思巴在伯父圓寂後，留在涼州闊端之處。不久後的一二五三年，獲得皇弟忽必烈的召見，成為他的侍僧[8]。《佛祖歷代通載》記載：

> 初，世祖（Qubilai）居潛邸，聞西國有綽理哲瓦（Chos rje ba）道德，願見之。遂往西涼遣使請於廓丹（Göden）大王。王謂使者曰：「師已入滅。有姪發思巴（'Phagspa），此云聖壽，年方十六，深通佛法。請以應命。」

綽理哲瓦指的就是貢噶堅贊[9]。一二六〇年忽必烈即位後便封八思巴為國師，一二六九年，由於發明蒙古新字（八思巴文字）有功，晉升為帝師、大寶法王，掌握天下釋教和西藏十三萬戶[5]的軍政，這就是薩迦派統治西藏的開端。

以上的史實不僅是西藏史上的重要事件，在蒙古史上也具有重大意義。這除了是蒙古佛教化的開端，同時也代表了蒙古與西藏在政治方面的結合。後世編纂的蒙古編年史當然對這個事件都特筆大書，但當中也不乏有許多謬誤，以下便試著將相關各條譯出，進行對照分析。

首先是被認為在一六七五年察哈爾親王布爾尼之亂後不久，由羅卜藏丹津（Blo bzang bstan 'dzin）國師撰寫的《阿勒坦．托卜赤》（黃金史，Altan tobči）[10]。書中記載，召見薩迦．班智達．貢噶堅贊的不是闊端，而是其父窩闊台．汗。書中以「某本史書記載」為開頭，寫道：

> 窩闊台．汗患有腳疾，遣使者召見薩迦．班智達。那個喇嘛就把一隻虱、一把土、一粒舍利放進小盒子裡讓使者帶回去。窩闊台接過一看，就說：「土代表了我即將死亡。虱代表我被啃食時便

5 十三萬戶：可參看黃顥譯，索南查巴著《新紅史》（臺北，大千，二〇〇六）第五章註四三。

會前往。舍利代表蒙古國人終將皈依佛法。」喇嘛於是來了。窩闊台・汗前往迎接。問到腳疾時喇嘛說：「大汗啊，汝前世乃印度王子。興建寺廟時破地動土，砍伐樹木，土地之神前來阻撓。因為你興建了寺廟，才會生為成吉思・汗之子。」說後，進行大黑（Mahākāla）的施食（gtor ma），病就好了。自大汗起全蒙古國人都皈依了佛法。示現了許多神通。在碌楚（Rču）城興建了一座名為Kamalaśīla的塔。

在此誤信了貢噶堅贊覲見的對象不是皇子而是蒙古皇帝一事，想必這是受到西藏征伐始於窩闊台時代的事實所誤導的結果。這段內容雖然太故事性而不可盡信，不過唯一可能是事實的則是貢噶堅贊在碌楚興建塔的記述。雖然不知碌楚城所在何處，但其名稱絕非蒙古語。可以想到的是《元朝秘史》中被旁譯為「西涼」的「額里折兀」（Erijěʼü）(11)，或是馬可波羅《東方見聞錄》中的額里湫國（Ergiuul）(12)的西藏名。也就是說，碌楚城除了闊端的封地涼州外別無他處。可見作者羅卜藏丹津的資料來源是藏語史料。

關於這個碌楚城，《黃史》（*Šira tuγuǰi*）的一個異本中有下述記載(13)。

> 成吉思・汗的喇嘛・貢噶寧波在碌楚城的北方興建了一個名為大海聲聞（Dalai dayurisqu）的寺廟。有的史書記載他是有名義的喇嘛。

且不說貢噶寧波就是貢噶堅贊的誤記，而這座碌楚城北方的大海聲聞寺應該就是與白塔寺、金塔寺（Saʼi dbang gi sde）、蓮花山寺（Padmaʼi

圖二　刻有八思巴文字之牌子
（埃爾米塔日博物館，攝影：宮脇淳子）

sde）並列涼州四寺（sde bzhi）、每年都會有數千信徒聚集的海藏寺（Rgya mtsho'i sde）(14)。由此作碌楚即涼州之一證。

該異本《黃史》中也有與《黃金史》相同的記載(15)。同樣以「某本史書記載」為開頭，寫道：

> 窩闊台·汗患有腳疾，遣使者到薩迦·班智達處說道：「汝其不來，我即遣大軍以惱唐兀國人[6]，彼等將臨大禍。倘知此，亟來。」使者到達告知此事後，（薩迦·班智達）讓使者去稟告一位大喇嘛。該喇嘛給了使者一隻虱、一把土、一盒舍利，其他什麼也沒說。（薩迦·班智達）問使著：「我們的聖喇嘛有何訓示？」使者回答：「什麼也沒回答，只給了我三樣東西。」薩迦·班智達看過後說道：「土代表了我即將死亡。虱代表我被啃食時便會前往。舍利代表蒙古終將皈依佛法。要死就死吧，要成為食物就成為食物吧，只要蒙古皈依佛法就好。」言畢而往。窩闊台·汗在額里巴（Eriba）的青水之地（Köke usun）出迎。看過窩闊台·汗的腳後，班智達訓示道：「汝前世乃印度之王子，因興建寺廟時破土而伐木，眾土地之神前來阻撓。汝因興建寺廟之功德，而生做成吉思·汗之子。」之後撒下四臂大黑之施食，病突然就好了。大汗、蒙古人以及漢人全數發心皈依佛法。

這看來是《黃金史》中那段記載的原文，獲得三物的不是大汗而是班智達本身的說法也比較合邏輯。但給予三物的大喇嘛指的應該就是八思巴，可以從班智達「我們的聖喇嘛」（qutuy-tu lam-a minu）的這句話中看出端倪，因為八思巴在藏語的意思就是「聖」。而班智達死後被蟲吃之時大喇嘛前往蒙古的

6 此處並下文多處之「唐兀」，所指皆為今西藏地方，與元時以「唐兀」指西夏不同。大抵後期蒙古史料多所混淆。

記述，與貢噶堅贊圓寂後兩年，八思巴前往覲見忽必烈的史實吻合。然而，這段記載忽略了兩人的伯姪（伯父與姪子）關係，其事實性自難認可。而大汗親迎之地的「額里巴」應該是「額里嘎」（Eriga）的誤記，這個地方也就是《元朝秘史》中記載的「額里合牙 寧夏」[16]（Eri Qaya）、馬可波羅《東方見聞錄》中記載的「Egrigaia」[17]，也就是現在的銀川市。

另一方面，許多蒙古編年史都記載，早從成吉思・汗之世就已開始與西藏交涉。以俗稱《蒙古源流》為人所知，由鄂爾多斯（Ordos）的薩岡・額爾克・徹辰皇太子（*Sayang erke sečen qong tayǐji*）在一六六二年所撰寫的《額爾德尼因・托卜赤》（寶史綱，*Erdeni-yin tobči*）中有下列這一段記載[18]。[7]

> 之後四十五歲的丙寅之年（一二〇六年），用兵於西藏之貢噶・多吉王之時，西藏王遣以亦魯忽官人為首之三百人為使，以大量駱駝為貢，示願歸降意。
>
> 遂於納臣・柴達木之地拜謁主上，主上准其降，大賚其王及使臣而遣之。
>
> 此時，主上致書並贄儀於薩迦之掣・羅咱斡・貢噶・寧波喇嘛，云：「亦魯忽・那顏之還也，即欲聘爾喇嘛。但朕俗務未了，故不暇相聘。願遙申皈依之誠。仰懇護佑之力。」
>
> 由是收服阿里[8]三部屬以下三省八十八萬黑色西藏人眾。

一二〇六年也就是成吉思・汗即位之年，根據《元史》，可汗自前年以來就不斷地從事征伐西夏[19]。然而此處記載為西藏而非西夏，其王「貢噶・多吉」（günlge dorǰi／Kun dga' rdo rje）之名亦為西藏語。

---

7 以下譯文主要採自烏蘭《蒙古源流研究》第三卷，頁一六四。烏蘭教授譯字相當考究，諸如「公哥・朵兒只王」皆較此處妄譯而破壞尖團原則之「貢噶・多吉」為佳。惜本書以採俗譯通俗為主。仍望讀者參考更佳之參考書。

8 མངའ་རིས，元時稱「納里」。「納里速古魯孫／མངའ་རིས་སྐོར་གསུམ」指納里（阿里）之三區域（སྐོར་གསུམ）。

另外，「亦魯忽・那顏」（Iluqu noyan）也就是克烈（Kereyid）的王・汗（Ong qan）之子亦剌合，又或是你勒合桑昆（Nilqa senggün），在此前一二〇三年，據《元史》，王・汗被成吉思・汗擊敗時，他曾經逃往西夏，後來又被西夏攻擊逃往龜茲國被殺[20]。在這時為了西藏而為成吉思・汗所用的記述很奇怪。可疑處還不只這一點。貢噶・寧波的原文為「阿難達・葛爾毗（ananda garbi），這在梵語中稱作「Ānandagarbha」[9]，是貢噶寧波的梵名。然而，「掣・羅咱斡（čaγ loozau-a／Chag lo tsā ba）」另有其人，本名為綽只帕勒（Chos rje dpal），與貢噶・寧波屬於同一時期的人[21]。而且，貢噶・寧波在此前一一五八年早已圓寂，當時掌管薩迦寺的是他的三子扎巴堅贊（Grags pa rgyal mtshan）。然則出生於一一六二年的成吉思・汗便不可能派貢噶・寧波為使。再加上，上列的記述與其後引文中扎巴堅贊預言的內容難以調和，故而將此記載視為後世之創作較佳。

另外，《寶史綱》記載，一二二七年成吉思・汗駕崩後，繼位的窩闊台在位六年，於一二三三年去世。事實上，窩闊台的在位時間是一二二九年至一二四一年間的十二年，且不論《寶史綱》的記載與史實不符，該書又記載，窩闊台的長子貴由於一二三三年即位，在位僅六個月即崩於該年。早在《紅史》當中便有貴由在位六個月之說，因此，二帝在位時間的短縮並非薩岡・徹辰・額爾克皇太子的故作聰明。但由此而生的在位年差被充作闊端・汗（Göden qaγan）在位的時間，直到蒙哥・汗即位為止[22]。即，

> 名為闊端的弟弟生於丙寅之年（一二〇六），二十九歲的甲午之年（一二三四）登上帝位。乙未年（一二三五）染上龍王之疾，無人可醫治，此時聽說：
>
> 「在西方的永恆之土上，有一位名為『薩迦之貢噶・堅贊』的人，他五明俱通，擁有驚人的能

---

9 Ānandagarbha，漢言「喜胎」，據唐朝用字習慣或可作「阿難陀揭婆」。茲綜合參酌元朝、清朝用字音譯之。

力。只要能請他來，病就能痊癒。」

於是立刻派遣畏馬忽的朵兒答．答兒罕為首的使者，前去迎請。

那位薩迦．班智達生於壬寅之年（一一八二），就是戊子之年（前二一三三年）後三千三百十五年，二十七歲的戊辰之年（一二〇八）前往印度，辯倒六名外道論師，取得班智達的稱號。歸國後，他的叔父扎巴．堅贊預言：

「以後有一天東方會有一個頭戴飛鷹似的帽子、腳穿豬鼻靴、身居木網般房屋、每三、四句就會說著『額齊格因』、叫作蒙古這個國家的君主，菩薩化身名為闊端的大汗，派遣名為朵兒答的使者來迎請你。這時你務必前去。你的法門將在那裡得到弘傳。」

使者前來時，貢噶．堅贊心想：「所命今已驗矣」，便於六十三歲的甲辰之年（一二四四）出發，六十六歲的丁未之年（一二四七）覲見大汗，遂造獅子吼觀世音菩薩像，收服龍君，大汗受到灌頂，接受祝福，病立刻痊癒，所有人皆大歡喜。

之後遵照薩迦．班智達所言，將法弘揚於邊境蒙古地方，薩迦．班智達於七十歲的辛亥之年（一二五一）得涅槃之道。

闊端．汗在位十八年，同樣於辛亥之年去世，皈依處的喇嘛與施主的汗於同一年過世。

在這段故事中，薩迦．班智達．貢噶堅贊覲見的對象為蒙古皇帝，這一點與《黃金史》和異本《黃史》相同，但這個皇帝非窩闊台而是闊端這一點則與事實相近。另外，召見的動機同樣是為了幫皇帝治病，這裡所說的「龍王之病」指的應該是癩病。據說，西藏東部安多（A-mdo）[10]地區的遊牧民之間，對

10 ཨ་མདོ，元時稱「朵思麻／མདོ་སྨད」。

於耕耘土地有著強烈的迷信般的嫌惡感，他們認為農耕民常患的癩病是因為土中之龍（klu）發怒所[23]。這與《黃金史》中記載地神作祟這一條可相連繫。使者畏馬忽的朵兒答・答兒罕指的就是一二三九年左右入侵西藏的蒙古將領多達・納波，這段史實如本章最初所述。另外，「戊子之年」是貫串《黃金史》中所用的一種佛滅紀年的紀元元年，也就是將西元前二一三四年釋迦入滅翌年當作是紀元元年。貢噶堅贊生於一一八二年與西藏史料所載一致，但於一二〇八年造訪印度的記載則非事實。貢噶堅贊向喀切・班禪・釋迦室利拜師的時間是一二〇四年至一二一四年釋迦室利在西藏時的事，絕非前往克什米爾學習。一二〇八年其實是貢噶堅贊拜入釋迦室利門下的年份[24]。

扎巴堅贊的預言既見於《紅史》中，必定是自古已有之傳說。然而，仔細想想，如果西藏在扎巴堅贊之前就與蒙古有往來的話，那麼特地預言的價值將去其大半。故而，無論如何也只能認為這是專為將蒙古與西藏關係之始加深印象的故事。換句話說，這段記述的原型是將貢噶堅贊與闊端會面，看做佛教首度傳進了蒙古，從而在創作時完全沒有設想到成吉思・汗時代的交涉。另外，皇子闊端和貢噶堅贊同樣死於一二五一年亦非事實。《元史》〈憲宗本紀〉二年壬子（一二五二）條，載有「擴端」之名[25]，且根據前引《佛祖歷代通載》，一二五三年，世祖遣使至「廓丹大王」處。惟根據《元史》〈廉希憲列傳〉記載，中統元年（一二六〇）當時在涼州的西土親王已經是闊端之子只必・帖木兒（執畢帖木兒／J̌ibig temür）[26]，可見闊端在此前蒙哥・汗時代即已薨逝。根據乾隆十五年（一七五〇）編纂的《五涼考治六德集》記載，至今在甘肅省永昌縣的東南二十里處，還有一座「永昌王闊端墓」[27]。

《黃史》作者不詳。由書中所載的蒙古諸部世系中之人名推斷，這本書的成書年代距離一七一〇年不遠，當中關於蒙古與西藏關係的記述與《寶史綱》完全相同，被認為不過是抄錄《寶史綱》，此處從略[28]。

由喇什朋素克（Rasipungsuy／Bkra shis phun tshogs）於一七七四年至七五年完成的《水晶念珠》（*Bolor erike*），其最大的特色是大量參考利用滿文本《續資治通鑑綱目》，但關於蒙古與西藏的關係，則完全根據西藏的史料撰寫。首先，關於太祖成吉思・汗的丙戌年（一二二六），記述如下(29)。

最初成吉思・汗聽說唐兀的薩迦寺裡有一位名為掣・羅咱斡・阿難達噶爾琶的喇嘛。冬季的月裡派遣了兀良罕的者勒蔑大臣為使，前往阿難達噶爾毗喇嘛處，贈送禮品說道：「我原本希望邀請您分掌佛法，自己分掌政事，讓全國人都可以依教而安樂。然而現在我的政業尚未完成，因此希望可以暫緩。即使如此，我將在此處依信您，也希望您在彼處常護佑我。」喇嘛回答：「如此甚好」，並以佛像等當作回禮。該年正是成吉思・汗六十五歲的丙戌年，即位的第二十一年。

很明顯可以看出這與《寶史綱》關於一二〇六年的記述如出一轍，尤其是將掣・羅咱斡＝綽只帕勒、阿難達噶爾琶＝貢噶寧波混淆的地方也完全相同。這裡的使者勒蔑即是《元朝秘史》中所載成吉思・汗「四狗（dörben noqas）」之一的「者勒蔑」（J̌elme）。然而如前所述，貢噶寧波已經在一一五八年圓寂，成吉思・汗根本不可能於一二二六年遣使到貢噶寧波處，故上述的記載也很難認定為事實。

《水晶念珠》接著記載太祖崩後太宗窩闊台的時代，之後繼位的不是貴由，而是定宗曲律（Külüg）[11]。係於丙午定宗元年，載有六皇后脫列哥那「無視太宗皇帝遺命『由於長子貴由薨逝，由其子失烈門即位』，孟秋之月次子曲律即位。曲律又名闊端」(30)。記述貴由夭折這一點與《寶史綱》相同。曲律不過是貴由的訛傳，將曲律視作另有其人是個錯誤，更不用說曲律別名闊端，是闊端登基說之變形，此一記述是以後文引用的薩迦・班智達覲見的故事為前提而作的。《水晶念珠》定宗二年丁未（一二四七）條如下(31)。

11　此名疑似將元武宗之蒙語尊號誤植作定宗名諱。

某日可汗下詔：「太祖皇帝遙奉薩迦喇嘛阿難達噶爾琶為上師。[12]他的根本弟子貢噶堅贊曾前往中天竺，精通五明，為大班智達，辯倒了外道名為布麟．威勒都格赤的學匠。據云他現在正駐節於薩迦寺。我欲宣召這位喇嘛來弘揚佛法。」使者朵兒答．那顏帶著信前往召見班智達．喇嘛。信中寫道：「國主大汗有書。召爾童子文殊師利之化身、薩迦．班智達來見。汝等聖喇嘛所掛念者乃佛法並眾生之利益。願汝亟行毋緩。汝倘不來，我將遣兵伐唐兀國，汝心亦當為之所惱。此故，汝以來此為是。」朵兒答．那顏至薩迦寺奉上書信給班智達。班智達想起了扎巴堅贊．喇嘛的預言，決定前往。扎巴堅贊．喇嘛的預言是：「以後東方會有一個頭戴飛鷹似的帽子、腳穿豬鼻靴的施主前來迎請。爾時汝若前去，對佛法和眾生有大利益。」如是，班智達．貢噶堅贊．喇嘛果然前來，大汗親自出迎，贈與多項禮物，並舉行宴會，讓他主管祭祀。班智達為蒙古、西藏、漢人三國最高的喇嘛，首度將無上的佛法宣揚至蒙古。大汗委託班智達研發蒙古字。班智達為研發蒙古字，經徹夜深定（thugs dam），隔日天將明時，一名女子拿著加工皮革用的木棒跪在地上。以此為靈感，蒙古字根據木棒的形狀分為男性、女性、中性，由實、虛、中性三種母音組成。

讓我們思考這一段記述內容。首先，一二四七年不用說正是貢噶堅贊於涼州首度見到皇子闊端的年份。貢噶堅贊是貢噶寧波的根本弟子這一段敘述是錯誤的，實則如前所述，貢噶堅贊是跟著貢噶寧波的三子扎巴堅贊學習。曾前往中印度遊學的記述亦非事實，但他辯倒的外道學匠布麟．威勒都格赤（Bülin üiledügči）就是西藏史料中記載名為商羯羅寶幢（Śaṃkaradhvaja）的論師，這個法論在吉隆（Skyid grong）舉行，辯輸的外道論師惹怒了十二護國神而死，他的首級據說被掛在薩迦寺的柱子上(32)。大汗

12 此句直譯為「遙奉薩迦喇嘛……為喇嘛」。按：藏語「喇嘛／བླ་མ」即上師之意，故將此句分譯。

使者的名稱朵兒答・那顏與《寶史綱》相同，也就是多達・納波。大汗的信中稱貢噶堅贊為「童子文殊師利之化身」，是因為薩迦派的教主正是文殊，即使到今日，薩迦・彭措頗章（Saskya Phun tshogs pho brang）[13]的每個人都仍被稱為文殊菩薩（'Jam dbyangs／Mañjughoṣa）的化身。至於扎巴堅贊的預言內容與《黃金史》的記載內容相近，毋寧可看作比《寶史綱》更接近原貌。

《水晶念珠》當中最不同的部分是最後關於研發蒙古字的條目。從作者寫在最後的按語可以判斷這是根據《心脂》（*J̌irüken-ü tolta*）所撰寫的內容(33)。即：

> 我喇什朋素克認為，名為《心脂》這本經書中記載：「聖成吉思・汗遣使者遙奉薩迦・哲布尊・索南孜摩（Sa skya Rje btsun Bsod nams rtse mo）。至蒙哥・汗時，招徠蔡巴（Tshal pa）之喇嘛・都松欽巴（Dus gsum mkhyen pa）等人實踐佛法。忽必烈・薛禪・汗時，闊端與朵兒答二那顏商議後招徠班智達・貢噶堅贊。忽必烈・薛禪・汗於班智達入涅槃後，任命其弟子八思巴・喇嘛為祭祀之管理者。」《金輪千幅》（*Altan kürdün mingγan kegesütü*）的書中記載：「成吉思・汗遙奉薩迦之阿難達噶爾琶・喇嘛。窩闊台・汗亦同樣遙奉扎巴堅贊・喇嘛。曲律或闊端・汗招徠有班智達・貢噶堅贊・喇嘛。」這二本經典雖然相互矛盾，但我認為，闊端和朵兒答二位那顏不可能不向大汗稟報就招徠班智達，而且創造新文字也是一件大事，必定是依照大汗的詔令行事。另外，名為《諸賢出地》（*Merged γarqu-yin oron*）的正字法書中記載：「窩闊台・汗之次子闊端・汗招徠薩迦・班智達・貢噶堅贊・喇嘛，成為施主，獲得佛法之源。」因此可以確定，班智達・喇嘛是由定宗皇帝招徠的。

13 「彭措頗章／ཕུན་ཚོགས་ཕོ་བྲང」，圓滿宮，薩迦傳承宮寺之一。

無論這項考證當否，至此可以確定的是喇什朋素克曾著力參考《金輪千幅》。從該書在此之引用片段也可以看出，阿難達噶爾琶一名、將曲律與闊端視作同一人二處皆與《水晶念珠》相同。與《寶史綱》的關係留俟後考。《諸賢出地》也是一本有名的書，更有趣的是《心脂》。《心脂》的藏文稱作《Snying tshil》[14][(34)]。根據書後記載，《心脂》在雍正年間（一七二三至一七三五）被翻譯為蒙古文。《心脂》的作者據說是元朝的僧侶搠思吉斡節兒（Chos kyi 'od zer），但從內容看來，這個說法有種種疑點，因此我傾向認為這是明末的作品。這本書主要在講述蒙古語的拼音字法，但開卷第一部當中簡單記載有關佛教初傳入蒙古的始末。記載的內容很多地方都與其他書籍不同，包括預言蒙古使節到來的不是扎巴堅贊而是他的兄長索南孜摩、發明蒙古文字的是薩迦．班智達．貢噶堅贊、而八思巴是繼承伯父來完成蒙古文字等。記載朵兒答和闊端分別為忽必烈的第六、七弟更是離譜。然而，當中也有值得採納的記載，這裡省略詳細的考證，僅翻譯其重要部分[15][(35)]：

> 聖成吉思．汗遣使往諭薩迦之喇嘛．哲布尊．索南孜摩上師：「命喇嘛管轄我所在之地與北方。我為釋教之施主，共同分擔政與法。為此，免除西藏一切僧眾之賦役。」哲布尊．索南孜摩答：「謹奉詔，必竭盡所能。」此時佛法在蒙古雖然尚未傳開，但已經漸漸開始了對佛法的崇敬。……到了蒙哥．汗時代，唐兀來的蔡巴的喇嘛．噶瑪．都松欽巴等做了祭祀的管理者，分擔法與政。惟民間猶未以蒙古語宣揚佛法。……忽必烈．薛禪．汗時代，噶瑪．都松欽巴雖示現神通，而大汗與喇嘛對於眾生見解之方便有所不同，喇嘛與施主間的關係無法維持。此時，忽必烈．薛禪．汗之第六弟多達（Do-rda）與第七弟闊端（Go-dan）二人，聽從母后的話，率領全國人駐營

14 སྙིང་ཚིལ།，今拉薩音近「甯慈勒」。
15 部分譯文參考史秉麟譯著《蒙文源流》（臺北，自印，一九七二）。

世系圖七　薩迦．昆氏（Sa-skya 'Khon）世系[1]

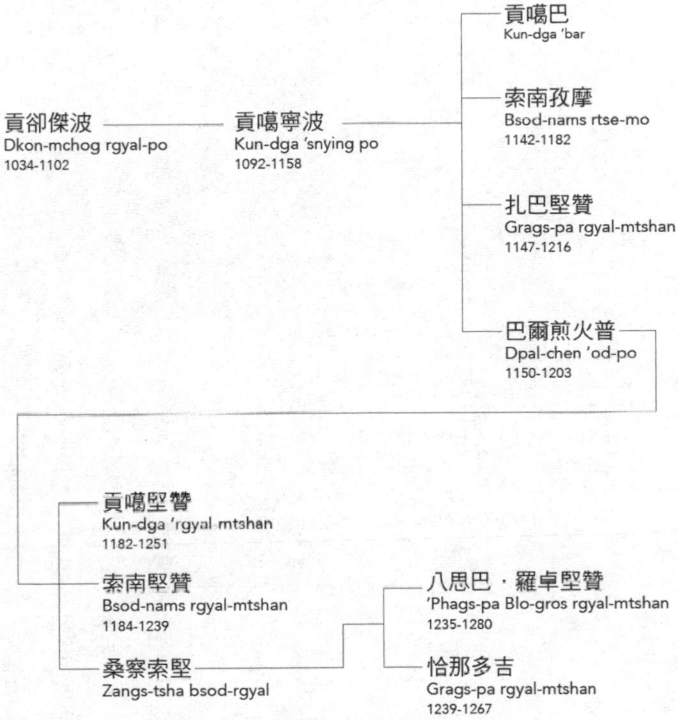

[1]譯按：此處多依俗譯，未盡依元時譯。

西寧東北的失喇．塔拉（Sira tala），以長城內的利延．楚灣（Liyan čuvan），即今之涼州為領地住下。闊端和多達二位那顏商量：「吾祖聖成吉思．汗時，嘗遙奉薩迦喇嘛．哲布尊．索南孜摩為上師。今聞其姪薩迦．班智達．貢噶堅贊移步中印度，與外道所敬之班智達辯法，據四種明以爭，挫外道之論鋒。歸西藏後名聲大噪。」多達．那顏於是率兵前往招徠貢噶堅贊。闊端讓多達．那顏奉信給喇嘛，信中寫道：「爾班智達．喇嘛萬不可辭以年老。爾等聖人所掛念者乃佛法與眾生之利益。爾如不來，我將遣大軍以惱眾生，汝心安乎？故以來臨為是。」薩迦．班智達接信後大喜，心想：「正如聖索南孜摩所預言者」，於是答應前往。哲布尊．索南孜摩的預言是：「他日東方將有首冠飛鷹帽、足履豬鼻靴之施主來招。爾時汝宜亟往勿遲，必令佛法、眾生皆得大利益。」

薩迦．班智達出發來到涼州，闊端．那顏大喜，贈禮並接受喜金剛（Hevajra）的灌頂，入門於秘密陀羅尼乘。薩迦．班智達在彼地七年，有條不紊地利益佛法與眾生。這時，薩迦．班智達希望藉由創造文字為蒙古人帶來利益，經過徹夜深定，隔天清晨，一名女子從河邊取來了用來加工皮革的木棒而跪於地。受到啟發，將蒙古文字依據木棒的形狀，依據男性、女性、中性三者，編成實、虛、中性三種。文字如下：[16]

a	ᠠ	e	ᠡ	i	ᠢ
na	ᠨᠠ	ne	ᠨᠡ	ni	ᠨᠢ
ba	ᠪᠠ	be	ᠪᠡ	bi	ᠪᠢ
qa	ᠬᠠ	ke	ᠬᠡ	ki	ᠬᠢ
γa	ᠭᠠ	ge	ᠭᠡ	gi	ᠭᠢ
ma	ᠮᠠ	me	ᠮᠡ	mi	ᠮᠢ
la	ᠯᠠ	le	ᠯᠡ	li	ᠯᠢ
ra	ᠷᠠ	re	ᠷᠡ	ri	ᠷᠢ

16 此處原書僅附拉丁字母。譯本將《心脂》相關蒙文補上。又，此處背景雖與八思巴有關，用字仍為傳統之畏兀蒙文。

sa	ᠰᠠ	se	ᠰᠡ	si	ᠰᠢ
da	ᠳᠠ	de	ᠳᠡ	di	ᠳᠢ
ta	ᠲᠠ	te	ᠲᠡ	ti	ᠲᠢ
ya	ᠶᠠ	ye	ᠶᠡ	yi	ᠶᠢ
ča	ᠴᠠ	če	ᠴᠡ	či	ᠴᠢ
ǰa	ᠵᠠ	ǰe	ᠵᠡ	ǰi	ᠵᠢ
va	ᠸᠠ	ve	ᠸᠡ		

然而，由於時機未到，因此沒有具體的成果，佛教經典也沒有翻譯成蒙古文。薩迦・班智達遷化後，忽必烈・薛禪・汗遣使召來了八思巴・喇嘛。……

這樣八思巴才登場，但由於太過繁雜，將以其他篇幅探討這位元朝的帝師。

第四章　元之瀋王與遼陽行省[1]

十七世紀清朝興起，在之後被稱為滿洲的土地上，瀋陽和遼陽是其中心市鎮。這兩個市鎮在元朝時是投降蒙古的高麗人居住的地方。另一方面，朝鮮半島的高麗本土自從高麗元宗的兒子忠烈王委質策名於忽必烈・汗以來，世世代代的高麗王世子（繼位的太子）都是蒙古皇族的女婿，住在元朝的宮廷裡，父親死後繼承高麗王位。也就是說，所有高麗王的母親都是蒙古人。

元朝設置了遼陽行省來統治滿洲，而遼陽行省的重要官職由高麗人擔任，高麗王一族被任命為瀋王。在瀋王兼任高麗王的時代，二者的國家還能維持統一，但之後高麗王參與了元朝宮廷的繼位之爭，滿洲瀋王與高麗世子間的關係就變得很微妙。元朝最後的皇帝惠宗和由高麗皇后所生的皇太子失去中國、退回北方後，投降高麗的女直人將軍李成桂奪取高麗，建立了朝鮮。本章為了讓一九五九年根據《元史》、《高麗史》等史料所寫成的論文能夠更加淺顯易懂，加入了筆者寫的另一本名為《蒙古帝國的興亡》（筑摩新書，二〇〇二年）的通論書中關於高麗史的部分。另外，最後附加的元朝皇族與高麗王家婚姻關係圖，在漢字旁邊加上了片假名，方便讀者閱讀。

一、蒙古與高麗關係概說

從一二三一年至一二五九年將近三十年間，蒙古軍不斷地入侵朝鮮半島，許多高麗人被帶到滿洲

1 本節內容中，諸多人物之蒙語名，往往今僅存漢字記載。原書或於初出時先附片假名再於括號內附漢字，其後則僅書片假名。譯文改為以漢字行文，但於初出時於括號內附相應轉寫並起以**記號以示譯者所添。元帝重臣等另見。

去。窩闊台・汗讓這些高麗人定居在遼河三角洲的遼陽和瀋陽。就這樣，在滿洲的高麗人殖民地對蒙古時代的高麗政治造成很大的影響。一二七四年和一二八一年指揮蒙古軍入侵日本的副司令官洪茶丘就是出生於遼陽的高麗人第二代。忽必烈・汗特別為他們設置了遼陽等處行尚書省（之後改為行中書省），讓他們擔當滿洲的行政。高麗的忠烈王與忽必烈・汗的女兒忽都魯揭里迷失（**Qutluγ kelmiš）結婚，生下了忠宣王益知禮普化（**Ijirbuq-a）。忠宣王與晉王甘麻剌的女兒寶塔實憐（**Buddha-śrīn）結婚，擔任忽必烈・汗的貼身隨從，其間與海山、愛育黎拔力八達兄弟建立深厚的感情。一三〇七年鐵穆耳・汗死後的政變，忠宣王選擇與海山、愛育黎拔力八達兄弟站在同一陣線，因功被海山・汗封為瀋陽王，做了滿洲高麗人殖民地的王。就這樣，除了高麗本國之外，出現了另一個高麗人的國家。

翌年一三〇八年，忠烈王死後，忠宣王以瀋陽王的身分繼任高麗國王之位。兩個高麗國就此合而為一。而忠宣王並未返回高麗，繼續留在元朝宮廷內，不久之後，由瀋陽王晉升為瀋王。然而一三一一年海山・汗死後，弟弟愛育黎拔力八達繼位，身處於元朝宮廷的忠宣王，地位變得很微妙。忠宣王為了避免被遣回國，於是將高麗國王的位子讓給了次子忠肅王阿剌忒納失里（**Ratna-śrī）[2]，立姪子完澤禿（**Öljei-tü）為高麗國世子（即太子），自己保留瀋王的地位，留在元朝宮廷。

之後，忠肅王的長子忠惠王普塔失里（**Buddha-śrī）誕生。當然，忠肅王希望忠惠王繼承自己的王位，而非完澤禿。為了預防將來發生紛爭，忠宣王在一三一六年命完澤禿放棄高麗世子之位，做為交換條件，他將自己的瀋王之位讓給完澤禿。然而，這個舉動卻是火上加油。

完澤禿與元朝梁王松山的女兒結婚。松山是晉王甘麻剌的次子、也孫鐵木兒的弟弟，同時也是忠宣王妃寶塔實憐的兄長。為此，忠宣王非常疼愛完澤禿，但完澤禿因為被逼放棄高麗國王繼承權而心生不

2 原書所附片假名「ラトナシュリー」蓋為此名之梵語型。據譯文漢字則當作蒙式讀音作 **Aratnaširi。

滿，一三二〇年碩德八剌・汗即位後，立刻展開猛烈抗爭。結果，忠宣王遭到大汗逮捕，將他流放至西藏的薩迦地方研究佛教，從高麗國召來了忠肅王，將他留在元朝。然而碩德八剌・汗於一三二三年遭到暗殺，完澤禿的計畫終告失敗。忠宣王從西藏被召回，暌違五年，忠肅王也終於可以回到高麗國。

忠宣王於一三二五年死於大都。到了也孫鐵木兒時代，瀋王完澤禿仍繼續不斷地試圖奪回高麗國世子之位，但隨著一三二八年的內亂，他的希望終於成為泡影。忠肅王為了不讓完澤禿的計謀得逞，便將高麗國王之位讓給兒子忠惠王，自己留在元朝宮廷，卻在一三三二年復位。手握元朝實權的將軍燕鐵木兒於同年懿璘質班・汗死後，命忠肅王回國。忠肅王於翌年戲劇性地與瀋王完澤禿達成和解，一同回到了高麗國。

進入妥懽貼睦爾・汗的時代，忠肅王於一三三九年死去。然而，元朝沒有那麼容易就允許忠惠王繼任高麗國王。這是因為忠惠王與燕鐵木兒交好，取代燕鐵木兒掌握元朝實權的將軍伯顏記恨忠惠王，轉而支持瀋王完澤禿。同年冬天，造訪高麗國的元朝使者逮捕忠惠王送往大都，翌年一三四〇年，將忠惠王監禁刑部（法務部）。之後伯顏失勢，取而代之的是他的姪子脫脫。脫脫釋放忠惠王回國，讓其重新登上了高麗國王之位。

就算如此，依舊無法阻止瀋王完澤禿的陰謀。一三四三年，高麗人宦官高龍普以元朝使者的身分前往高麗，逮捕了出迎的忠惠王送往元朝宮廷。妥懽貼睦爾・汗用檻車將忠惠王流放到廣東的揭陽縣。忠惠王猝死於途中的岳陽（湖南省岳陽市）。之後，高麗國王之位由忠惠王年僅八歲的長子忠穆王八思麻朵兒只（**Padma-dorǰi）繼承。這時瀋王完澤禿回到暌違已久的高麗國，翌年死去。

忠穆王於一三四八年十二歲時死去，由弟弟忠定王迷思監朵兒只（**Miskiyab dorǰi）[3]繼位。然而，妥懽貼睦爾・汗非常疼愛忠惠王的弟弟恭愍王伯顏帖木兒（**Bayan temür），於一三五一年封伯顏帖木

3 原書所附「ミスキャブドルジ」，譯者學淺未解，但附可能型態如上。「監」咸攝陽聲字，元譯 -m 或 -b 無誤。必非 -n。疑此指「མེ་སྐྱབས་རྡོ་རྗེ/火之守護者金剛」？

兒為高麗國王。恭愍王廢掉十三歲的忠定王，翌年更將其毒殺了。

高麗的恭愍王一開始十分效忠妥懽貼睦爾・汗，一三五四年脫脫將軍率元軍出發討伐張士誠之時，還派遣高麗軍前往中國參與攻高郵城。高麗軍部隊與紅巾軍奮戰，但脫脫被解任後，作戰以失敗告終而退兵。

妥懽貼睦爾・汗的第一任皇后答納失里・可敦是燕鐵木兒將軍的女兒，燕鐵木兒將軍死後，答納失里・可敦的兄長唐其勢發動政變失敗被殺，答納失里・可敦也遭到流放，在上都的民家中被毒殺。第二任皇后伯顏忽都・可敦出身弘吉剌氏，無子嗣。這時，獲得妥懽貼睦爾・汗青睞的是高麗貴族奇子敖的女兒。伯顏反對立奇氏為皇后，但一三四〇年伯顏遭到脫脫流放後，奇氏得到了第二皇后的地位。奇皇后生下的皇子愛猷識理達臘於一三五三年被立為皇太子。從此，奇皇后一族的高麗人無論是在元朝宮廷內或是在高麗國都擁有絕大的權勢，奇皇后的兄長奇伯顏不花（奇轍）的權勢更壓過了恭愍王。

恭愍王於一三五六年發動奇襲政變，殺光了奇伯顏不花和他的黨羽，未幾更出動高麗軍，攻下久已為元朝領地的雙城（咸鏡南道的永興）。這時在雙城投降高麗軍的人當中，有一個名為吾魯思不花（李子春）的女真（女直）人，他的兒子李成桂（朝鮮的太祖王）當時二十二歲。高麗軍繼續北進，從蒙古手中奪回了失陷九十九年的咸興、洪原、北青等地。另一支高麗軍渡鴨綠江，攻擊通往遼陽、瀋陽的交通線。

恭愍王身上流著從母親繼承的成吉思・汗血統，之所以會反抗蒙古，是因為受到奇氏一族和遼陽、瀋陽等瀋王派的壓迫，為了保護自己，在不得已之下所採取的行動。恭愍王成功打倒高麗國內的反對派後，立刻與懽貼睦爾・汗和解。然而，奇皇后堅決不肯原諒恭愍王，一三六四年立高麗忠宣王的庶子德興君塔思帖木兒（**Tas temür）為高麗國王，派遣位於遼陽、瀋陽的高麗人部隊進攻高麗國，企圖打倒恭愍王。德興君的軍隊雖然渡過鴨綠江，但在清川江被高麗本國的軍隊打得大敗，打倒恭愍王的行動失敗。此時的李成桂加入高麗本國的軍隊，英勇奮戰。

把時間往回挪，反抗元朝統治的運動從一三四八年台州（浙江省天台縣）的鹽商方國珍叛亂開始，一三五一年名為白蓮教的宗教秘密結社所組成的紅巾軍叛亂，在河北、山東、河南、安徽、江西、湖北等地爆發，中國的穀倉地帶一一落入叛軍手裡。紅巾政權於一三五八年進入汴梁（河南省開封市），分三路同時攻擊山東、山西以及陝西。進攻山西的一軍從山西經由大同盆地進入蒙古高原，攻陷上都，焚毀宮闕，繼續東向進入滿洲，於一三五九年占領遼陽，並渡鴨綠江進入高麗王國，攻陷平壤。紅巾軍雖然一度被高麗軍擊退至鴨綠江外，但於一三六一年再度入侵，攻陷高麗的王都開城。

紅巾軍另一派的朱元璋於一三六八年即位大明皇帝，開始向北方發動總攻擊。元朝最後的皇帝惠宗妥懽貼睦爾．汗與皇太子愛猷識理達臘逃往南蒙古避難，大都落入明的手裡。

元朝退回蒙古之後，高麗的恭愍王立刻宣布承認明朝的洪武帝為中國的皇帝。一三七〇年，妥懽貼睦爾．汗死於蒙古高原的應昌府，愛猷識理達臘．汗繼續往北逃。恭愍王於是派高麗軍前往滿洲，李成桂也是被派遣的其中一人。高麗軍攻陷遼陽城，一度壓制遼河三角洲。這場戰爭主要目的是高麗為了強調遼陽、瀋陽是與歷代高麗國王結婚的元朝皇女的領地，也就是高麗王國領土的一部分。一三七四年，恭愍王被身邊的人暗殺，養子牟尼奴繼位。

牟尼奴王時代，高麗為了抵抗明朝向滿洲發展，於是又和北元重修舊好。一三八八年，明軍深入進攻蒙古高原，北元的脫古思帖木兒．汗在逃亡途中被殺，牟尼奴王為了援助北元，於是再度派高麗軍進攻滿洲。

高麗軍到達鴨綠江時，副司令官李成桂抗命，轉而向王都開城進軍，廢牟尼奴王，立名為昌的王子為王，不久後又廢了昌，改立王族的恭讓王。四年後的一三九二年，李成桂終於廢掉了恭讓王，自己坐上了高麗國王的寶座。在向明朝的洪武帝報告這件事的時候，被問到新的國號為何？李成桂提出了「和寧」和「朝鮮」二案，請洪武帝選擇。「和寧」是李成桂的故鄉「永興」的別名，但北元的根據地哈剌和林同樣別名「和寧」。洪武帝當然選擇「朝鮮」。就這樣，李成桂於一三九三年，正式成為朝鮮國王。這就是朝鮮（李朝）的建國。就這樣朝鮮半島的王國脫離蒙古帝國獨立。

根據李氏朝鮮書寫的《李朝太祖實錄》開頭記載，朝鮮的太祖李成桂出身於全州(1)。從新羅的司空李翰開始，經過二十一代到李成桂，但以「全州李氏」為本貫[4]其實是後世的捏造。《李朝實錄》中從始祖開始到第十六代為止幾乎都只有記載名字，從第十七代（李成桂的四代祖）開始才有比較詳細的傳記。綜觀從第十七代的穆祖開始的活動舞臺和居住地，雖然是為了與前十六代接上關係而以全羅北道全州（完山）作為出發點，從東海岸的三陟一直遷徙到豆滿江畔[5]附近，活動的根據地基本上都是以咸興為中心位置。

穆祖之子是翼祖，其子度祖「蒙古諱孛顏帖木兒」，意即他的蒙古名字是**Buyan temür[6]。其子是李成桂的父親李子春，《李朝實錄》中稱他為桓祖，蒙古名為吾魯思不花（**Ulus buq-a）。永興（現在的咸鏡南道）是蒙古從東北方面牽制高麗的據點，而李子春在永興的雙城總管府任職，擔任千戶長。如前所述，高麗國王恭愍王於一三五六年攻陷雙城總管府時，李子春立刻向高麗投誠。他的兒子就是李成桂（朝鮮的太祖王）。

四年後的一三六〇年，李子春死去，李成桂繼承家業，擔任東北面上萬戶一職。李成桂首先平定從咸興到豆滿江一帶的女直部族，接著討伐鴨綠江上游一帶的女直部族、蒙古殘存勢力，之後被召回中央，負責國都防衛和南討倭寇。他的本領全傾注在軍事上。

《李朝實錄》是進入朝鮮時代後的正史，關於朝鮮王的家系，盡量都著重在與高麗的關係，但也有再怎樣也無法刊落的記事。「三海陽（咸鏡北道的吉州）達魯花赤（元朝的徵稅官）金方卦娶度祖（李子春的父親）女，生三善三介，於太祖爲外兄弟也。生長女眞，膂力過人，善騎射，聚惡少，橫行北

4 本貫：朝鮮兩班貴族強調先祖出身本籍所在。稍似中國魏晉南北朝以降之「郡望」或後世之「堂號」。
5 「豆滿江／두만강」：即圖們江。江名與滿蒙語言「萬／tümen／tumen」有關。
6 此處「孛顏」依原書拼音作Buyan（蒙語福、慈）。或亦有轉作Bayan，惟觀元時慣例，「孛」對圓唇音較恰當。

邊，畏太祖不敢肆。(2)。」這個三善三介的父親金方卦應該是女直人，而三善三介也是女直的族長。

遊牧民族和狩獵民族採取族外婚制，習慣與不同姓的集團建立婚姻關係。從正史特地將女直族長三善三介寫作太祖李成桂的「外兄弟」，也就是「不同姓的兄弟」看來，很自然可以推斷太祖自己本身也是女直人。

二、元之遼陽行省

伊兒・汗國宰相拉施特・丁（Rashīd al-Dīn）的名著《史集》（*Jamī' al-Tawārīkh*）當中載有關於元朝十二行省的紀錄。其最初三省，多桑（C. D'Ohsson）的法文譯文如下(3)。

一、Le premier Sing est à Khan-balik et Daï-dou.

二、Le second est celui des pays de Tchourtché et de Soulangca. Il est place dans la ville de Moun-tcheou, la plus grandé des villes du Soulangca.

三、Le troisiéme est celui du pays de Couli et d'Oucouli, qui forme un royaume particulier, dont les souverains portent le titer de Vang. Coubilaï donna sa fille en marriage à ce souverain.

第一省（Sing）是上都（Khan-balik）和大都（Daï-dou），正是由中書省直轄的「腹裏」。第三是高麗（Couli）和高句麗（Oucouli）之國，他們的王（Vang）娶了世祖忽必烈・汗（Coubilaï）的公主，指的無疑是征東等處行中書省。問題是第二行省，轄區在女直（Tchourtché）和Soulangca之國，設置於Soulangca最大的城市Moun-tcheou。Soulangca很明顯是蒙古語指高麗人的Solangya或Solongyo，那麼最大的城市指的就是高麗的王都開城。如果是這樣的話，那麼第二行省和第三行省指的都是征東行省。但另一方面，女直的行省除了遼陽等處行中書省外別無可能。如此看來，二者間有難解的矛盾。然而事實上，元朝的遼陽行省正好也應該可以稱作高麗的行省。如果將Moun-tcheou解讀為瀋州(4)，那麼這裡正是高麗人的主要聚集地之一。當然，元朝的遼陽行省，其治所在遼陽而非瀋陽，但瀋陽路經常於遼陽僑治（寓居治理）。下面引用《元史》地理志的內容(5)。

瀋陽路……金為昭德軍，又更顯德軍，後皆燬於兵火。元初平遼東，高麗國麟州神騎都領洪福源率西京、都護、龜州四十餘城來降，各立鎮守司，設官以撫其民。後高麗復叛，洪福源引眾來歸，授高麗軍民萬戶，徙降民散居遼陽、瀋州，初創城郭，置司存，僑治遼陽故城。中統二年（一二六一），改為安撫高麗軍民總管府。及高麗舉國內附，四年（一二六三），又以質子淳（綧）為安撫高麗軍民總管，分領二千餘戶，理瀋州。元貞二年（一二九六），併兩司為瀋陽等路安撫高麗軍民總管府，仍治遼陽故城，轄總管五、千戶二十四、百戶二十五。（至順錢糧戶數五千一百八十三。）

也就是說，根據這裡的記載，遼陽、瀋陽之地原本因金末的戰亂而荒廢，但到了窩闊台・汗第三年（一二三一），從撒禮塔（**Sartaq）南侵開始，因蒙古軍征討高麗而降的洪福源屬下西北面眾人，於窩闊台・汗五年（一二三三）從高麗的西京攻擊中逃脫而徙往遼東，住在遼陽、瀋陽，這是遼陽的安撫高麗軍民總管府的起源。十三年（一二四一），入朝蒙古的高麗質子永寧公綧也被分與高麗的降民，是為瀋陽的總管府之祖。後來兩個總管府合併，稱作瀋州等路的總管府，治所並非瀋陽而是遼陽。如此便不難理解為什麼拉施特・丁會將遼陽稱作高麗人最大的城市。也就是說，元代的遼陽和瀋陽同為高麗人的一大中心地。

元貞二（一二九六）年，經過合併的總管府再度分開，根據《經世大典》站赤條，可以窺得遼陽的安撫高麗總管府和瀋陽的瀋州高麗總官府各自擁有各自的驛站，與大寧路、遼東道宣慰司並列，直屬行省管轄。

為了對兩個總管府的起源有進一步的認識，下面引用《元史》洪福源傳的文字(6)。

> 癸巳（一二三三年）冬十月，高麗悉眾來攻西京（平壤），屠其民，劫大宣（洪福源之父）以東。福源遂盡以所招集北界之眾來歸，處於遼陽、瀋陽之間，帝（窩闊台・汗）嘉其忠。甲午（一二三四年）夏五月，特賜金符，為管領歸附高麗軍民長官，仍令招討本國未附人民。又降旨諭高麗之民：「有執王瞰及元搆難之人來朝者，與洪福源同於東京（遼陽）居之，優加恩禮擢用。若大兵既加，拒者死，降者生。其降民令福源統之。」……辛亥（一二五一年），憲宗（蒙哥・汗）即位，改授虎符，仍為前後歸附高麗軍民長官……戊午（一二五八年）……會高麗族子王綧入質，陰欲並統本國歸順人民，譖福源於帝，遂見殺，年五十三。

意即，洪福源是在與另一個總管王綧的權力爭奪中倒臺。關於這一段故事，《高麗史》洪福源傳(7)中載有有趣的故事，茲略不贅。

洪福源被殺是蒙哥・汗時代的事，但到了忽必烈・汗繼立，因與阿里・不哥爭奪帝位，為收攬人心，再度任命洪福源之子洪茶丘為總管。及至元二十四（一二八七）年，遼陽的高麗軍因討伐叛王乃顏（**Nayan）有功，於是新設遼陽等處行尚書省，以洪茶丘為右丞。前述擔任日本征討軍副司令官的就是洪茶丘。至元二十八（一二九一）年，洪茶丘死後，他的弟弟洪君祥雖然被任命為遼陽行省右丞，但被慰留繼續擔任同僉樞密院事，由洪茶丘之子洪重喜代為右丞。到了大德十（一三〇六）年，洪重喜將右丞之位讓給叔父洪君祥，但翌年（一三〇七）發生政變，武宗海山即位，洪君祥因支持海山有功而獲大寵。《元史》本傳載(8)：

> 會武宗即位，徵為同知樞密院事，進榮祿大夫、平章政事，商議遼陽等處行中書省事，改遼陽行省平章政事，仍改商議行省事。

洪君祥之後，洪重喜再度被任命為遼陽行省右丞。如是，洪氏一族世襲遼陽行省的重職。大德十一（一三〇七）年的政變中，屬於武宗派的不僅是洪福源一族，王綧的子孫似也站在同一陣線。王綧的次子闊闊帖木兒（**Köke temür）入侍武宗潛邸，累積功勞，被授予大中大夫、管民總管之職。而王綧的三子兀愛（**Üge）則因討伐乃顏餘黨哈丹（**Qadan）有功，至元二十六（一二八九）年被加授昭武大將軍、遼陽等處行中書省事。由此可見洪氏和王氏在遼陽行省都具有舉足輕重的地位，共同參與擁立武宗。

除了遼、瀋二總管家之外，高麗本國的忠宣王益知禮普化也是翼戴武宗的功臣，被封為瀋陽王。而他正是元朝遼陽高麗人問題的核心人物(9)。

三、高麗忠宣王與蒙古

高麗的忠宣王是忠烈王的長子。父親忠烈王於至元十一（一二七四）年五月丙辰與世祖忽必烈・汗之女忽都魯揭里迷失結婚（入贅[7]），翌十二（一二七五）年九月丁酉生下了忠宣王。忠宣王幼時屢屢陪同父王和母公主入朝，至元二十七（一二九〇）年入朝後就一直待在元都，非常受到世祖的寵愛。至

7 「婿入り」，此處意義當不盡等同於漢語入贅，僅指夫入妻家，或稍似日本古代「妻問婚」？仍依原書直譯。

元三十一（一二九四）年世祖駕崩，成宗鐵穆耳・汗嗣位後，不過是先帝一駙馬（女婿）的忠烈王，地位變得低微，反而是世祖外孫的世子忠宣王地位水漲船高。翌年元貞元（一二九五）年，忠宣王回到睽違已久的高麗後，立即兼任都僉議司、密直司、監察司及中軍事，到了將高麗國全權一手掌握的地步。另一方面，皇女降嫁的政策依舊，元貞二（一二九六）年十一月壬辰，忠宣王與世祖長孫晉王甘麻剌之女寶塔實憐公主結婚。翌年大德元（一二九七）年，忽都魯揭里迷失公主薨逝後的忠烈王終於向元帝上表奏請傳位。成宗准奏，十一月丁丑，下詔以忠宣王為開府儀同三司、征東行中書省左丞相、駙馬、上柱國、高麗國王。另外加授忠烈王為推忠宣力定遠保節功臣、開府儀同三司、太尉、駙馬、上柱國、逸壽王。忠烈王就此隱退，形成了忠宣王獨裁的局面。

然而，翌年大德二（一二九八）年，元帝勅使來高麗，召忠宣王和公主入侍闕廷（宮中），忠烈王復位。這個突如其來的政變起因不明，但從元使當中有洪君祥和洪重喜的名字推測，遼陽的高麗人在驅逐忠宣王的事件中，扮演重要角色。想必是因為司徒趙仁規一派的勢力過於強大，失去了遼陽行省的支持所致。

關於被驅逐後的忠宣王，《高麗史》世家中有下列的記載[10]。

> 於是太上王復位。王如元宿衛凡十年。武宗仁宗龍潛，與王同臥起，晝夜不相離。忠烈王三十三年（一三〇七），皇姪愛育黎拔力八達太子及右丞相答剌罕（**Darqan）、院使別不花（**Bek buq-a），與王定策，迎立懷寧王海山。左丞相阿忽台（**Ayutai）、平章八都馬辛（**Padmasin）等，謀奉安西王阿難達爲亂。太子知其謀，先一日執阿忽台等，使大王都剌（**Dur-a）、院使別不花及王按誅之。五月，皇姪懷寧王即皇帝位，是謂武宗。

也就是說，忠宣王與武宗、仁宗兄弟交好，大德十一（一三〇七）年三月丙寅，忠宣王在仁宗所發動之政變中參與一角。事件後高麗國政馬上全歸忠宣王，忠烈王僅能拱手垂裳。以此定策之功，新立的武宗海山．汗於同年六月戊午特授忠宣王為開府儀同三司、太子太傅、上柱國、駙馬都尉，並進封為瀋陽王。這個王號當然代表了瀋陽路是高麗人的據點，此外則如前所述，也證明了遼陽行省的二總管洪、王二氏確實在政變時加入武宗、仁宗一派。

翌年至大元（一三〇八）年七月己巳，忠烈王薨逝，忠宣王保留瀋陽王之位而更襲封高麗國王。在此，忠宣王身為擁有元室血統的高麗王族，統合了高麗本國和遼陽。忠宣王依舊不返回高麗，繼續留在元朝，接受武宗的優待。至大三（一三一〇）年，改封瀋王。

然而翌年至大四（一三一一）年武宗駕崩、弟弟仁宗愛育黎拔力八達．汗繼位後，情勢轉為對忠宣王不利。皇慶元（一三一二）年，洪重喜主張在高麗設置行省，元帝並且打算下詔讓忠宣王歸國。事已至此，忠宣王除了讓位別無他法。皇慶二（一三一三）年三月甲寅，奏請將高麗國王位讓給次子忠肅王阿剌忒納失里。延祐元（一三一四）年，忠宣王獲准留在京師。然而，也許是覺得將所有的權力都交給忠肅王太過危險，忠宣王於是將高麗國世子之位交給了愛姪完澤禿（暠），自己則保留瀋王的封號(11)。關於忠宣王之後的生活，世家記載：「王搆萬卷堂於燕邸，招致大儒閻復、姚燧、趙孟頫、虞集等，與之從遊，以考究自娛。」

到了延祐二（一三一五）年正月丁卯，忠肅王長子普塔失里（忠惠王）出生，世子完澤禿的地位就變得微妙了。也許是這個原因，翌年延祐三（一三一六）年三月辛亥，忠宣王奏請元帝將自己瀋王的位置讓給完澤禿，自己稱太尉王。不難想像這是為了讓完澤禿為忠惠王放棄世子之位，也就是高麗國王位繼承權，而提出的交換條件。然而，完澤禿當然並非心甘情願。延祐七（一三二〇）年，仁宗崩逝，英宗碩德八剌．汗即位，瀋王完澤禿一派為了奪回國王之位，展開了一連串激烈的動作。《高麗史》宗室傳(12)記載：

> （完澤禿）尚元梁王（松山）女。梁王，薊國公主（忠宣王妃寶塔實憐）兄也。暠因得公主寶物，寵幸無比。忠宣愛護愈篤。暠遂懷覬覦，國人大半歸心。暠又得幸英宗皇帝。曹頔、崔河中等，左右暠，謀奪王位，譏訴萬端。

結果英宗突如其來地逮捕忠宣王，以學習佛經為名，將忠宣王流放至西藏的薩迦。忠肅王被召至元都，治以違詔之罪，高麗本國的政權於是落入瀋王派手裡。至治二（一三二二）年，百官連署上書中書省，請立瀋王。然而翌年至治三（一三二三）年，英宗被御史大夫鐵失所弒，泰定帝也孫鐵木兒．汗繼位，失去了最大後盾的瀋王派氣勢銳減。忠宣王從西藏被召回，被扣留在元朝的忠肅王也在睽違五年之後被允許歸國。忠宣王戒諭國人，毋念舊惡，促成忠肅、瀋王二派的融和。

然而，瀋王依舊沒有放棄繼承高麗王位的希望。泰定二（一三二五）年五月辛酉，忠宣王於燕邸薨逝後，致和元（一三二八）年六月，瀋王再度向元帝要求歸還世子之印。但七月泰定帝駕崩，僉樞密院事燕鐵木兒擁立文宗圖．帖睦爾發動政變，元朝陷入一片混亂，無暇顧及瀋王的問題。翌年天曆二（一三二九）年，一度讓位給兄長明宗和世球．汗的文宗，因明宗暴崩而復位，天下終於回復安定。這時，忠肅王奏請元帝，將王位傳給世子忠惠王。可以看出這是希望藉由既成事實來封鎖瀋王的野心。忠肅王於翌年至順元（一三三〇）年前往元朝後就留在元朝，至順三（一三三二）年奉元帝之命復位。同年八月文宗駕崩，燕鐵木兒擁立的寧宗懿璘質班．汗也於二個月後駕崩。奉燕鐵木兒之命回國的忠肅王於翌年（一三三三）與瀋王達成戲劇性的大和解，一同東歸。不久後，燕鐵木兒死去，惠宗妥懽．貼睦爾．汗即位。

後至元五（一三三九）年三月，忠肅王薨逝。然而，元朝並沒有這麼簡單地就讓忠惠王繼承王位。這不外是因為取代燕鐵木兒掌權的太師伯顏支持的是瀋王完澤禿，憎恨與燕鐵木兒交好的忠惠王之故。據《高麗史》卷三十六，忠惠王世家記載，伯顏曾說：「王燾（忠肅王）本非好人，且有疾，宜死矣。

撥皮（忠惠王的渾名）雖嫡長亦不必復爲王。唯暠（瀋王完澤禿）可王。」從中也可以略窺瀋王運作承襲王位之一豹。該年冬天，前往高麗的元使中書省斷事官頭麟（**Tuγulin），以授予國印為藉口，趁機逮捕忠惠王押往京師。後至元六（一三四〇）年正月，忠惠王被囚於刑部，大臣們也被捕入獄。然而，二月己亥，伯顏失勢，取而代之的御史大夫脫脫釋放了忠惠王，並讓他復位。關於這段期間瀋王的行動，宗室傳中有下述記載(13)。

> 王薨。暠復如元，止平壤，陰與曹頔謀。暠臣朴全自平壤來，詐言：「暠已爲國王。」忠惠遣鷹房忽只（Qorči，箭筒士）六十餘騎於平壤，欲止暠。不及而還。

瀋王的企圖再度宣告失敗。到了至正三（一三四三）年，高麗出身的元朝宦官，資政院使高龍普以賜高麗王衣酒為名前來，突如其然地逮捕了出迎的忠惠王，押送元朝。元帝用檻車載著忠惠王，將他流放至潮州路的揭陽縣。翌年至正四（一三四四）年正月，到達岳陽的忠惠王突然暴薨，其年僅八歲的長子忠穆王八思麻朵兒只繼位。很難相信這件事與瀋王無關，事實上他在該年十二月，自忠惠王即位後首度從元朝回到高麗，翌年至正五（一三四五）年七月乙未在高麗薨逝。

忠穆王於至正八（一三四八）年薨逝，享年十二歲。其弟忠定王迷思監朵兒只繼位，到了至正十一（一三五一）年，受到惠宗寵愛的忠惠王之弟恭愍王伯顏帖木兒被封為高麗國王。恭愍王廢掉年僅十三歲的忠定王，更於翌年（一三五二）毒殺了忠定王。

此間，對高麗內政能發揮絕大威勢者為奇伯顏不花（奇轍）。其妹被封為惠宗之第二皇后，生下了皇太子愛猷識理達臘（昭宗）。伯顏不花因而被授予遼陽行省平章政事之職，晉升大司徒，權勢壓過了恭愍王。恭愍王於是於至正十六（一三五六）年，出其不意地發動政變，殺盡奇氏一黨，同時出兵攻打遼陽行省，占領了久屬於元朝的東北面（咸鏡道）。這是有名的恭愍王反元運動，但事實上，他主要的目的是為了安定自己的地位，掃除國內遼、瀋派的勢力。因此，恭愍王在成功打倒國內反對派之後，立刻與元朝和解。

然而，遼陽和高麗間的反目浮上檯面之後，就不斷上演武力衝突，終於演變成至正二十三（一三六三）年的興王之亂。這是記恨兄長遭到誅殺的奇皇后為打倒恭愍王，請惠宗封忠肅王的異母弟塔思帖木兒為高麗國王，從遼陽行省發兵一萬護送。但遼陽軍卻於至正二十四（一三六四）年正月兵敗定州，奇皇后的意圖未遂。

在此之前，瀋王完澤禿於至正五（一三四五）年薨逝後，完澤禿之子德壽（**Dešüg）[8]沒有繼承瀋王。完澤禿的孫子篤朶不花（**Toγtoγa buq-a）於至正十（一三五〇）年十一月丙辰當上了東宮怯薛，至正十四（一三五四）年九月甲子被封為瀋王，興王之亂時，元朝本來欲立篤朶不花為高麗國王。《高麗史》宗室傳的記載如下[14]：

> 奇后兄轍、太子妃父盧頙等謀亂伏誅。后與太子憾恭愍，欲廢恭愍立篤朶不花。篤朶不花固辭曰：「叔父無子，百歲後國將焉往！今叔父無恙，吾而可奪叔父位耶？」

從中可見，篤朶不花之所以辭退，是因為他認為只要恭愍王沒有子嗣，死後王位當然由自己繼承。就像瀋王完澤禿對忠肅王一般，瀋王篤朶不花對於恭愍王，也主張自己有王位繼承權。事實上，根據《高麗史》辛禑傳記載，洪武七（一三七四）年恭愍王遭到暗殺後，北元的昭宗就封篤朶不花為高麗國王。

就像這樣，自忠宣王之後，高麗國內的政治情勢如果忽略瀋王就難以理解，許多事件都以瀋王為中心而發生。從而構成瀋王權勢基礎的遼陽行省的高麗人，十分值得注意。

---

8 原書所附「デシュク」，因漢文與本章第二節所提及元成宗之早逝皇子同名，岡田教授之擬名亦同。

世系圖八　高麗王與元朝皇室之通婚關係

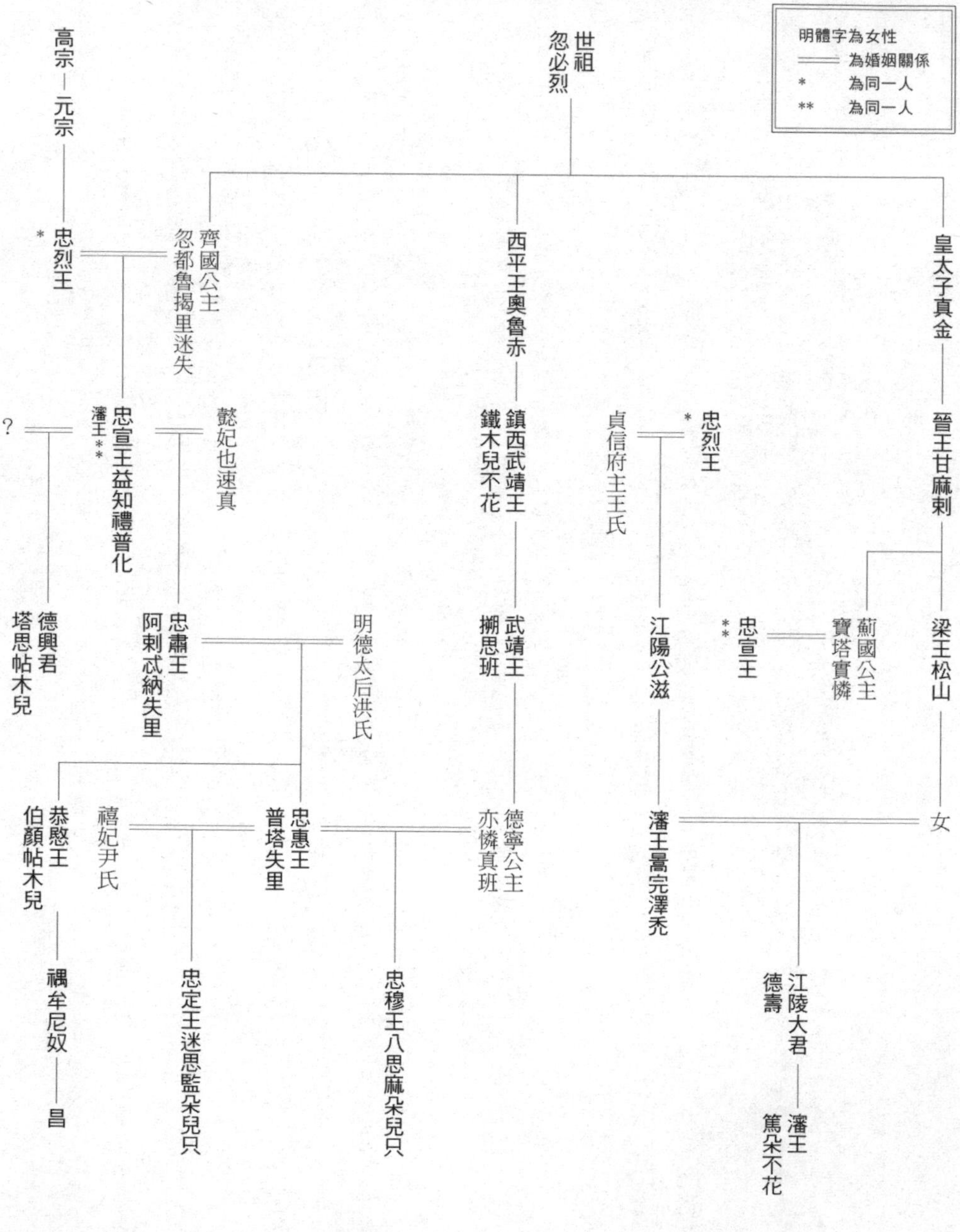

明太祖平定元朝的遼陽行省後，在遼陽設置了名為東寧衛的機關。這個東寧衛的前身無疑是元朝兩個高麗軍民總管府。《李朝太宗實錄》卷十一，六年（一四〇六）五月壬子條明確記載：「凡居是衛者，皆朝鮮人也。」(15)

最後以附論關於滿洲又稱三韓一事代結語(16)。根據和田博士收集的資料顯示，最早以三韓之名稱遼東是在明初洪武年間。從上述元朝遼陽行省的實情看來，自然不難理解其原由。洪武三（一三七〇）年，高麗恭愍王派遣將軍池龍壽、李成桂（朝鮮太祖）再度進攻元的遼陽行省。高麗軍攻陷遼陽城，往南掃平遼東半島一帶，這是為了討伐盤據於行省的奇氏殘黨而發動的戰爭。當時高麗軍的布告上寫著：「遼、瀋是吾國界，民是吾民。今舉義兵撫安之。」又寫著：「凡遼河以東本國疆內之民，大小頭目等速自來朝，共享爵祿。如有不庭，鑑在東京（遼陽）。」這些都反映出南滿洲當時是高麗人的居住地，在某種程度上應該稱作是高麗國的一部分。

第五章　元惠宗與濟州島

位於朝鮮半島南端的濟州島現在雖是大韓民國領土的一部分，但到今天都還擁有與朝鮮半島不同的獨特文化。元朝時稱濟州島為躭羅，在高麗王納入元之統治下後，經過叛亂，成了元朝的直轄地。在島上經營牧場，用來放牧蒙古馬。元末一三六六年，浙江省永嘉縣的李至剛出使濟州，根據他所著的《躭羅志略》三卷記載，元朝最後的皇帝惠宗，面對紅巾軍的進攻，曾經考慮逃往濟州島避難。惠宗退回北方，高麗轉而投靠明朝之後，濟州島的人們繼續向元朝效忠。本章將一覽有關濟州島的所有古代史料，並以《隋書》、《日本書記》、《三國史記》、《舊唐書》、《元史》為據，論述濟州島獨特的歷史。

一、元朝李至剛之《躭羅志略》

元朝有一本名為《躭羅志略》的著作。清朝倪燦、盧文弨的《補遼金元藝文志》，〈史部・地理類・元〉項下記載：「李至剛《躭羅志略》三卷（永嘉人，樞密院秘書）」。

另外，錢大昕的《補元史藝文志》卷二，〈史部地理類〉中也有同樣的記載。這兩本書同樣是參考黃虞稷的《千頃堂書目》。會這麼說是因為，清朝孫詒讓《溫州經籍志》卷十二〈史部・地理類下・外記・元〉該項「李氏（至剛）《躭羅志略》三卷」條下列有：「《千頃堂書目》八：李至剛《躭羅志略》三卷，永嘉人，樞密院秘書」。

然而，現在收錄在《適園叢書》第一集的《千頃堂書目》，卻沒看到這一段記載。但第八卷正好相當於史部地理類，恐怕孫氏引用的是傳抄本，而《適園叢書》則脫落了。

《躭羅志略》今已佚。然而，躭羅是濟州島的古稱，從書名推測，這本書必然是濟州島的地誌。幸好這本書的後序流傳了下來，從這僅有的內容當中可以推測《躭羅志略》的內容和成書背景。

元末有一位名為貝瓊的名儒。貝瓊是浙江省崇德縣人，明初參與《元史》纂修，後來被任命為國子監助教，洪武十一（一三七八）年，致仕不久後便死去(1)。據《明史》〈藝文志〉，貝瓊著有文集三十卷、詩集十卷(2)。收錄在今《四部叢刊》集部（一五二七－一五三二）中的《清江貝先生文集》、《清江貝先生詩集》，是景印洪武刊本。《清江貝先生文集》卷七〈雲間集〉中有一題為〈《躭羅志略》後序〉的文章(3)：

> 躭羅距中國萬里，而不載於史，蓋以荒遠略之也。至正二十五年（一三六五）樞密院掾曹永嘉李至剛，從副使帖木兒·卜花公往守其地。明年（一三六六）奉詔還京師。至剛以疾不得俱，迺留松江，因記所歷山川形勢、民風、土產，編而成集，釐為三卷，題曰《躭羅志略》。將鋟梓，鐵崖楊公既為敘其端矣，復求余說。余伏而讀之，因撫卷歎曰：炎漢之興，張騫以郎應募出隴西，留匈奴中十年，後亡至大宛。為發導驛，抵康居傳月氏，從月氏至大夏，竟不得其要領，歲餘歸漢，為天子言之。未能有如躭羅之為詳也。司馬相如之通西南夷，至用兵而克之，卭、筰、冉駹、斯榆之君，雖請內屬，而長老且言其不為用者。由是觀之，國朝受命百年，四方萬國，咸在天光日華之下，雖遐陬、僻壤、窮山、絕島亦不得而外焉。故至剛得與大臣涉海萬里而鎮撫其民，未始頓一兵、遺一鏃，為國家病。則視歷代之盛，寔有過之者。而是編尤足補紀錄之缺，使列之輿地，中國之士，不待身經目識，而已悉海外之境，若過鴨綠窺搏桒也。於是乎書。

漢朝的張騫、司馬相如姑置不論，從這個後序中可以看出幾個事實。即，元朝惠宗（順帝）妥懽·貼睦爾的至正二十五（一三六五）年，樞密副使帖木兒·卜花（Temür buqa）出使濟州島，出身浙江省永嘉縣（溫州）的李至剛一同前往。翌年（一三六六）歸國後，李至剛留在松江（江蘇省）養病，並將在濟州島的所見所聞整理成三卷，撰成《躭羅志略》。刊行時邀請鐵崖楊公為其寫序，鐵崖楊公指的就是元末的大詩人楊維楨(4)。楊維楨的《東維子文集》中並沒有收錄《躭羅志略》的序，因此很遺憾現在無法看到文章內容。

這篇後序中寫道，李至剛在回大都（北京）的途中因病停留在松江，關於這件事，從貝瓊《清江貝先生詩集》卷三的七言古詩中可以看到更詳細的記載。

樞密院掾曹李至剛，從帖木公守躭羅一年，詔回京師，遇風抵曹涇。明年夏，復蹈海北上。詩以送之。

白洋十月行人苦　北風簸浪魚龍舞
黑洋六月南風回　海客椎牛賽彭祖
使者迢迢入帝畿　連艘夜發迅如飛
六鰲尚戴三山起　一鶴初從萬里歸
張儀雖困猶存舌　置酒都門歌激烈
丈夫得官貴少年　腐儒窮經空白髮

詩中前半描寫的是李至剛遇風抵達曹涇。曹涇位於江蘇省松江縣東南七十里處，臨杭州灣北岸(5)。這裡便可以解釋李至剛為什麼會停留在松江。另外，從詩中也可以看出，李至剛等人往返濟州島時並非從北京經由朝鮮半島前往，而是從華中橫跨東海。漢詩的詩韻有一〇六韻，每四行為一單位，詩句最後都要放上同韻的漢字。這首詩最初的麌韻（苦、舞、祖）詩句敘述使者往來的情景，接下來微韻（畿、飛、歸）的詩句則在歌詠李至剛北上，最後的屑韻（舌、烈、髮）的詩句則是相較於李至剛的得志，感嘆自己的境遇。

詩中關於白洋、黑洋的典故來自宋朝徐兢的《宣和奉使高麗圖經》。徐兢於宋徽宗宣和五

（一一二三）年跟隨國信使路允迪一行人造訪高麗，回國後將所見所聞撰作四十卷，這就是《高麗圖經》。《高麗圖經》卷三十四〈海道一〉中記載，從明州（寧波、浙江省鄞縣）前往高麗必須經過白水洋、黃水洋、黑水洋三個海上的險要處[6]。

在宋代，如果想要前往高麗，從明州橫跨東海是唯一的交通路徑。這是因為遼、金占領了南滿洲，因此無法利用陸路前往高麗。東中國海夏季從六月到八月颳的是強烈的西南季風，而冬季從十一月至翌年二月颳的則是猛烈的東北季風。因此，以前的帆船通常是夏天出發前往高麗，等到冬天再回到華中[7]。貝瓊詩中的「白洋十月行人苦」表現的是李至剛等人於至正二十五年冬十月出發從海路前往躭羅，這時已颳起了東北風，航行十分困難。「黑洋六月南風回」表達的則是翌年二十六年夏六月踏上歸途之際，西南風的威力不減，一行人被逆風所苦。

之後李至剛抵達曹涇，在松江養病一年，翌年至正二十七（一三六七）年夏，再度由海路向大都前進。至正二十七年正是明朝太祖洪武元（一三六八）年的前一年，徐達等人翌年率領明軍進入大都，惠宗於應昌蒙塵，李至剛的命運究竟如何，不得而知。

史書中雖然沒有李至剛的傳記[8]，但根據貝瓊《清江貝先生文集》卷五的〈蘭芳軒記〉記載，可以略窺李至剛的前半生。文章內容如下[9]：

> 永嘉李至剛氏，僑居錢唐城東，闢室為游息之所。樹蘭其前，顏曰「蘭芳軒」，間求余為之記。按，蘭與澤蘭類，紫莖赤節，葉銳而長，古人恒刈而佩之，劉次莊之注已詳。而黃太史又以「一榦一花為蘭，一榦數花為蕙」，朱子從而辯之，且言「今所見者，花雖有香而葉無氣，非可刈而佩者，然亦不知古人所指何物也」。由是觀之，天下之物，其芳至槁而不變者，莫過於蘭。而楚屈原著《離騷》以見志，舉而稱之者不一，則原之守比蘭之芳已。故其好修自潔，朝夕而不倦也，則曰「余既滋蘭之九畹兮，又樹蕙之百畝。」及時俗之好讒惡直而不能容也，則曰「戶服艾以盈腰

兮，謂幽蘭其不可佩。」夫蘭別於眾草，故不與時俱化而獨立。使俱化而俱遷，則芳委於臭腐，而美淪於淫僻矣。至剛之託乎蘭，其亦有原之志哉。蘭之是非固弗論也，余聞至剛蓋五峰先生之從子弟，蚤有氣節，嘗從武夷杜君清碧游，二十餘[1]，渡江而北，涉黃河、覽太華，客寄京師，落魄不偶而南歸。吳門一時將相，皆欲屈而致之幕府，至剛弗屑也。然不能不病蘭之弗艾若矣。吁！蘭之香，小夫孺子能知之。至剛能不失其守，如蘭芳之不變。余知必擢於等夷，而蜚聲天衢也。於是乎書。

從文勢推測，這篇文章無疑是在至正二十五（一三六五）年渡耽羅之前所寫。從中可以看出幾個重要的事實。即，出身永嘉的李至剛當時住在錢唐（杭州），是五峰先生的從子弟。五峰是《元史》中也有記載的溫州樂清人李孝光，李至剛恐怕就是他的姪子(10)。《明史》楊維楨列傳中記載了他的交友狀況，寫道：「與永嘉李孝光、茅山張羽、錫山倪瓚、崑山顧瑛為詩文友。」李孝光名列第一，可見楊、李交情匪淺。李氏的從子弟至剛所寫的書由楊氏寫序，這並非偶然，李至剛在松江養病時或許就是住在楊維楨的家中(11)。請貝瓊為其寫後序除了是二人在杭州時的交情之外，應該也是原因為貝氏是楊氏的門人(12)。

再回到〈蘭芳軒記〉，文中說李至剛是武夷杜君清碧的門人，杜君清碧是《元史》記載的清江人（江西省）杜本，隱居武夷山（福建省崇安縣南三十里）(13)。根據《元史》記載，杜本「天文、地理、律曆、度數，靡不通究」，其門人出有李至剛也並非不可思議的事。李至剛在二十餘歲時前往大都，也許是在李孝光和杜本同歿的至正十年。李至剛在人都沒有達成仕宦的心願而南歸居於杭州。被任命為樞密院秘書這件事，意思應該是樞密副使帖木兒．卜花為了渡航耽羅而至杭州之際，招李至剛為他的幕賓的緣故。

1 在岡田教授的解釋，此處似當為「從……游。年二十餘，度江而北」。厲鶚本此處作「從……游二十餘年」。

以上對《躭羅志略》撰就的背景進行了繁瑣的考證，但依舊留有兩大疑問。第一，前往躭羅時為何要特地繞到杭州，而不直接經由南滿洲、朝鮮半島前往？另外，至正末期正是元帝國瀕臨崩壞，內外多事之時，為何在這時要派遣重臣前往東海的一個蕞爾小島？為解答上述疑惑，必須聚焦當時的濟州島，從國際情勢、更追溯此前迄當時該島歷史來解讀。

二、自躭羅國至濟州島

《元史》除了高麗列傳外，另立有躭羅列傳。躭羅列傳一開始便寫道：「耽羅，高麗與國也」，沒有將躭羅視作是高麗的一部分。這有種種理由，這個島的高麗化最慢，高麗時代尚未完全內地化是其中一個原因。

濟州島的居民首度出現在三世紀末，《三國志》魏書東夷傳記載為「州胡」(14)。在「馬韓」之後緊接記述如下：

又有州胡。在馬韓之西海中大島上。其人差短小，言語不與韓同，皆髡頭（北亞遊牧民族的習慣，將頭髮的一部分剃成禿頭）如鮮卑，但衣韋，好養牛及豬。其衣有上無下，略如裸勢。乘船往來，市買韓中。

根據本段，可窺知當時該島居民語言風俗與本土的馬韓人相當不同(15)。

進入四世紀，東晉的太和四（三六九）年，為了對抗來勢洶洶的高句麗南下，百濟王肖古向倭國請兵，在倭國援軍的幫助下於三七一年攻陷平壤城，高句麗王釗敗死。半島的南半因而進入了任那的倭國勢力之下，這個期間的濟州島被認為同樣在倭國的勢力範圍內[16]。然而，隨著百濟的成長與倭國的衰退，濟州島開始向百濟靠攏。根據《日本書紀》卷十七，繼體天皇二（五〇八）年條：「十二月，南海中耽羅人初通百濟國。」[17]

在這裡，耽羅的名稱首度出現在史籍當中，此後，這個島就以百濟屬國而為人所知。檢《隋書》東夷列傳，當中記載，開皇八（五八八）年，隋的一艘戰船漂流到了海東的𨈭牟羅國。百濟王餘昌慎重地將戰船送回，可見當時這個島在百濟的勢力範圍內[18]。《隋書》東夷列傳百濟的最後記載的𨈭牟羅國，應該就是這起漂流事件的結果，內容如下[19]：

> 其南，海行三月有𨈭牟羅國。南北千餘里，東西數百里。土多麞鹿，附庸於百濟。

百濟亡國後，這個島嶼不知何去何從，唐、新羅、倭國相繼派遣使者前往。首先是唐高宗顯慶五（六六〇）年，百濟遭唐和新羅的聯軍所滅，翌年的龍朔元（六六一）年八月，耽羅國主儒李都羅遣使向唐朝貢[20]。但同年五月，耽羅王子阿波伎跟著遣唐使船向倭國朝貢[21]。翌年龍朔二（六六二）年二月，這次耽羅國主佐平徒冬音律又向新羅投降，成了新羅的屬國[22]。然而，倭國擁立王子豐璋企圖復興百濟，耽羅國被認為也參與了行動。龍朔三（六六三）年九月的白江口（白村江）之戰，豐璋陣營被唐軍擊敗，俘虜中也包括耽羅國的使節[23]。百濟確定滅亡之後，耽羅國努力與唐、新羅、倭國各方維持友好關係，乾封元（六六六）年，唐高宗在泰山舉行封禪之禮時，耽羅國使也參加了盛典[24]。而對於倭國（日本），一直到持統天皇八（六九四）年為止的三十三年間，耽羅國也持續朝貢[25]。不過唐朝從半島撤退，新羅的主權確立之後，這個島便為新羅所專屬[26]。

到了九世紀末，半島各地土豪割據，新羅王威令難行。這些土豪當中，起於半島西南部的甄萱和興於北方的弓裔最強大，甄萱自稱後百濟王，而弓裔自稱後高麗王，新羅退化為半島東南隅的地方勢力，半島進入了第二次三國時代。在這個時代，耽羅國似乎是在後百濟甄萱的勢力之下[27]。弓裔後來被部將王建驅逐死亡，王建即位高麗王，他就是高麗太祖。高麗太祖從弓裔時代開始便在半島西南端的羅州設置前進基地，掌握海權。恐怕是這個原因，甄萱依舊健在的太祖八（九二五）年，已有耽羅國向高麗進貢的紀錄[28]。太祖於十八（九三五）年兼併新羅，翌年（九三六）滅了後百濟，統一半島，耽羅國當然也就成了高麗的屬國。根據《高麗史》卷一、世家一、太祖二十一（九三八）年條：

冬十二月，耽羅國太子末老來朝。賜爵星主王子。

星主、王子與徒上共為耽羅三大酋長的稱號[29]。之後，該島居民在高麗所受的待遇與宋商、女真等慕化來朝的外國人相同，由執掌外交的禮賓省管轄。每年十一月十五日舉行的八關會是高麗最大的國家盛典，耽羅國的代表也會出席表達祝賀[30]。

然而，高麗為了漸漸強化對耽羅國的統治，早在顯宗二（一〇一一）年即比照州郡的規格，賜朱記予耽羅[31]。另外，文宗時代（一〇四六－一〇八三）的禮賓省中設有耽羅勾當使一職。[32]而諸如耽羅人卻仕高麗官至尚書右僕射的高維，及其子官至中書侍郎平章事的高兆基等也有[33]，該島逐漸高麗化。肅宗十（一一〇五）年，終於設置耽羅郡，之後在《高麗史》世家中再以看不到有關耽羅朝貢的記載[34]。毅宗朝（一一四六－一一七〇）耽羅降為縣[35]，到了十三世紀初再升格為濟州，這便是濟州島名稱的起源[36]。

三、元末明初的濟州島

就這樣，濟州島成了高麗領土的一部分。這時，高麗北方蒙古的威脅迫近。成吉思・汗從金的手裡取得遼東之地後，立刻差使要求高麗歸順，但當時掌握高麗政權的武臣崔氏一族不理該要求，成吉思・汗後繼位的窩闊台於三（一二三一）年命元帥撒禮塔（**Sartaq）進軍朝鮮半島。高麗將百姓送往海島、山城避難，將首都從開京遷到江華島，持續抗戰長達約三十年。不擅海戰的蒙古軍手無對策，只是不斷地摧殘朝鮮半島本土(37)。

然而崔氏政權垮臺（一二五八）後，高麗的態度軟化，元世祖忽必烈的中統元（一二六〇）年，雙方達成休戰協議。約這時候起，展開了濟州島與蒙古的關係。根據《高麗史》記載，至元三（一二六六）年十一月，濟州的星主往朝高麗，高麗將他送到蒙古(38)。而據《元史》世祖本紀記載，翌年（一二六七）正月，百濟遣使來朝(39)。此時百濟國早已經不存在，這多半是濟州的誤記，代表星主來朝。應該是這事件的結果，忽必烈・汗開始注意到濟州島，至元五（一二六八）年和六（一二六九）年遣使視察耽羅和黑山島。正如《元史》卷二百八，外夷列傳九十五所載：「世祖既臣服高麗，以耽羅為南宋、日本衝要，亦注意焉。」可見這個島嶼在軍事上的重要性。

就在此時發生了三別抄之亂。至元七（一二七〇）年，高麗終於決定從江華島遷出，復都開京，但以崔氏的武力核心所組成的三別抄軍隊反對這項決定，擁立宗室的承化侯溫為王，以珍島為根據地，橫行海上，大肆侵擾沿岸。蒙古和高麗共同發兵討伐，翌年至元八（一二七一）年終於平定珍島。但三別抄的殘黨金通精等這次卻遁入濟州島，以此為根據地，繼續頑強抵抗。元和高麗費盡九牛二虎之力，終於在至元十（一二七三）年平定了濟州島。元朝在這裡設置了耽羅國招討司，招討使失里伯（**Silibai）率軍千七百駐屯此地，這裡成為元朝的直轄地。招討司於至元十二（一二七五）年成為軍民都達魯花赤總管府，更於至元二十一（一二八四）年正月，改為軍民安撫司(40)。

對於高麗而言，雖然感謝元朝幫助剷除叛賊，將濟州島歸為元朝領地則當然不會愉快。元朝征伐日本以失敗告終，至元三十一（一二九四）年忽必烈駕崩後，高麗的忠烈王向新即位的成宗鐵穆耳請求返還耽羅，成宗准許(41)。但之後，濟州島與元朝繼續維持緊密的關係。此前至元十三（一二七六）年，名為塔剌赤（*Taračï）的元朝達魯花赤帶著馬百六十匹，來島上設置牧場[42]。《高麗史》忠烈王世家二十（一二九四）年十一月庚戌條記載：「賜耽羅王子文昌裕、星主高仁旦紅鞓、牙笏、帽、蓋、靴各一事。耽羅今歸于我，故有是賜。然進馬于元不絕。」這代表了透過牧馬場，元的勢力已在島上確立了[43]。也許是受到此一影響，大德五（一三〇一）年，元朝中書省再度在島上設置耽羅軍民總管府，打算將之變為直轄地。在高麗強烈的反對之下作罷，代之以設置耽羅萬戶府，歸屬於高麗的征東行省，但這個島的居民比起高麗，對於元朝更加友好[44]。

到了元末惠宗妥懽．貼睦爾時代，濟州島與元朝依舊維持密切的關係，據傳至正七（一三四七）年，元朝太僕寺遣使前往取耽羅馬[45]。然而中原不斷發生叛亂，元朝的統治權開始動搖，高麗的恭愍王背叛元朝，於至正十六（一三五六）年出兵元的遼陽行省，收復了長期在元朝統治之下的東北面（咸鏡道）之地[46]，一方面又命尹時遇為濟州都巡問使，負責經營該島[47]。

結果牧子（忽必烈設置的牧馬場官吏）忽忽達思（*Kökö das?）等反抗，殺了尹時遇以及濟州牧使張天年、判官李陽吉等人[48]。翌年（一三五七），叛亂一度獲得平定[49]，但至正二十二（一三六二）年，叛亂再起。《高麗史》恭愍王世家十一年（一三六二年）八月條載有「耽羅牧胡古禿．不花（*Qutuγ buq-a）、石迭里必思（*Derbis）等，以星主高福壽叛[50]。」高麗在此時之前年（一三六一）因紅巾軍渡鴨綠江入侵半島而深受打擊，國都一度陷入危急，耽羅的叛亂就是趁此空隙而起。

結果，耽羅脫離高麗，依從元朝。《高麗史》恭愍王世家同年（一三六二）十月條載，「濟州請隸於元。元以副樞文阿但不花爲耽羅萬戶，殺萬戶朴都孫。」地理志中也記載：「請隸於元。元以副樞文阿但不花爲耽羅萬戶，與本國賤隸金長老到州，杖萬戶朴都孫，沉于海。」

這個殺了濟州萬戶的元樞密副使文阿但．不花（Altan buqa）似乎是由海路前往濟州島。恭愍王世家十二月癸巳條載，「以密直副使柳芳桂爲文阿但不花接伴使，往勞于濟州。」這證明了副樞沒有經過半島直接抵達濟州[51]。

至此，恭愍王的耽羅經略一度受挫，但企圖心強的王不可能這麼輕易地放手認輸，就在元惠宗國勢日蹙的至正二十六（一三六六）年，再度轉為攻勢。

《高麗史》恭愍王世家十五（一三六六）年十月條載，「全羅道都巡問使金庾、募兵得百艘，討濟州敗績。」討伐雖然失敗，但翌年（一三六七），藉由外交交涉，高麗成功地讓元朝承認對該島的宗主權。

《高麗史》地理志記載：「（恭愍王）十六（一三六七）年，元以州復來屬。時牧胡強，數殺國家所遣牧使、萬戶以叛。及金庾之討，牧胡訴于元，請置萬戶府。王奏請，令本國自署官，擇牧胡所養馬以獻，如故事。帝從之。」這對元來說是很大的讓步，但為了維持與高麗的友好關係，不得不犧牲耽羅。然而，《高麗史》恭愍王世家中還告訴我們另一個重要的事實。

> （十六（一三六七）年二月）癸亥，元使高大悲來自濟州。帝賜王綵帛、錦絹五百五十匹。宰樞亦有差。**時帝欲避亂濟州**，仍輸御府金帛，乃詔以濟州復屬高麗。時牧胡數殺國家所遣牧使、萬戶以叛。及金庾之討，牧胡訴于元，請置萬戶府。王奏：「金庾實非討濟州。因捕倭追至州境樵蘇，牧胡妄生疑惑，遂與相戰耳。請令本國自遣牧使、萬戶，擇牧胡所養馬以獻，如故事」帝從之。（粗體字為引用者所加）

從這裡可以看出元使從濟州前往高麗時，與至正二十二（一三六二）年的文阿但．不花相同，都是利用海路。但更值得注意的是惠宗曾打算避難濟州島。

《高麗史》當中還有另一段相關的記載。恭愍王十八（洪武二年，一三六九）年，在馬岩大規模營造亡妃魯國大長公主的影殿，世家該年九月條載，「時王召元朝梓人元世于濟州，使營影殿。世等十一人挈家而來，世言於宰輔曰：『元皇帝好興土木，以失民心。自知不能卒保四海，乃詔吾輩營宮耽羅，欲爲避亂之計，功未訖而元亡，吾輩失衣食。今被徵復衣食，誠萬幸也……。』」

這裡必須思考的是，貝瓊的〈《躭羅志略》後序〉中寫道，副樞帖木兒．卜花是躭羅奉使。如之前考證，李至剛是在至正二十五（一三六五）年十月隨同帖木兒．卜花從杭州出發前往躭羅，至正二十六（一三六六）年六月回程時遇風抵達松江。但說到至正二十六年六月，正是金庾征討濟州的前四個月，根據《高麗史》記載推測，將李至剛留在松江，回到大都覆命的帖木兒．卜花於翌年（一三六七）年二月就已經在負責經營避難所。從而帖木兒．卜花的躭羅奉使是為了選定、設置避難所，殆無疑義。如此一來，他的幕賓李至剛撰寫躭羅地誌也不足為怪。

恭愍王十六（一三六七）年相當於至正二十七年，翌年（一三六八）八月，明的徐達率兵進入大都，惠宗不得不出奔應昌。此年也就是洪武元年。

而濟州島的元朝牧子依舊反抗高麗，《高麗史》地理志記載：「（恭愍王）十八（一三六九）年，元牧子哈赤（**Qarači）跋扈，殺害官吏。」恭愍王世家十八（一三六九）年九月條有相對應的記載，「濟州降。以朴允清爲牧使。」這個事件的詳情不得而知，該年相當於洪武二（一三六九）年。翌年洪武三（一三七〇）年，以明帝冊命至，恭愍王採洪武年號，遣謝使往明朝，以進獻馬匹為條件，請明朝承認耽羅為高麗的領地。《高麗史》卷四十二、世家四十二、恭愍王五、十九年七月條記載如下：

> 甲辰，遣三司左使姜師贊如京師，謝冊命及璽書，并納前元所降金印，仍計稟耽羅事……。耽羅計稟表曰：「居高聽卑，從欲是急，以小事大，稟命宜先。茲用控陳輒增隕越。切以耽羅之島，即是高麗之人。開國以來，置州爲牧。自近代通燕之後，有前朝牧馬其中，但資水草之饒，其在封疆如舊。乃者奇氏兄弟，謀亂伏誅，辭連耽羅達達牧子忽忽達思。差人究問，宰相尹時遇等，盡爲所殺。其後，前侍中尹桓家奴金長老，黨附前賊，謀害本國，俱各服罪。島嶼雖云蕞爾，人民屢至騷然，病根苟存，醫術難效。伏望體容光之日月，辨同器之薰蕕。將前朝太僕寺、宣徽院、中政院、資政院所放馬匹、騾子等，許令濟州官吏照依元籍，責付土人牧養，時節進獻，其達達牧子

圖三　蒙古的自然馬，圖片來源：達志影像。

等，亦令本國撫為良民。則於聖朝馬政之官，豈無小補？而小國民生之業，亦將稍安。區區之情，焉敢緘嘿？」

洪武五（一三七二）年三月，高麗為了取進獻給明朝的馬匹，派秘書監劉景元為宥旨別監兼揀選御馬使，偕同禮部尚書吳季南前往耽羅，耽羅的蒙古牧子等卻殺了劉景元及濟州牧使李用藏、權萬戶安邦彥，從而叛變。高麗立刻派吳季南向明朝稟告此事，九月，明帝下詔討伐，但亂事於六月時已經平定[52]。

洪武七（一三七四）年三月戊申，明朝的禮部主事林密、孳牧大使蔡斌來到高麗，齎來中書省咨文，曰：

> 欽奉聖旨：「已前征進沙漠，爲因路途窵遠，馬匹多有損壞。如今，大軍又征進。我想高麗國已先元朝曾有馬二三萬，留在耽羅，牧養孳生儘多。中書省差人將文書去，與高麗國王說得知道，教他將好馬揀選二千匹送來。」

高麗於是派門下評理韓邦彥前往耽羅取馬。韓邦彥於七月抵達濟州，但哈赤石迭里必思、肖古禿不花、觀音保等人拒絕交出馬匹，說道：「吾等何敢以世祖皇帝放畜之馬獻諸大明」，只送馬三百匹。明使林密等對恭愍王說：「濟州馬，不滿二千數，則帝必戮吾輩。請今日受罪於王。」恭愍王只好下定決心討伐濟州島，命門下贊成事崔瑩為楊廣全羅慶尚道都統使，率領戰艦三百十四艘、精兵二萬五千六百零五人的大軍攻打濟州，八月成功蕩平牧子(53)。

翌年（一三七五）十一月，濟州人車玄有等殺了安撫使林完、牧使朴允清、馬畜使金桂生等，起而叛變，但立即遭到鎮壓(54)。大約從洪武七（一三七四）年的征討以後，可以認為濟州島完全進入高麗的統治。不過到了洪武十九（一三八六）年左右，濟州島的土著勢力才決定採服從高麗的態度，《高麗史》辛禑列傳，十二（一三八六）年七月條載：

> 遣典醫副正李行、大護軍陳汝義于耽羅。時朝廷欲取耽羅馬，且此島屢叛。故遣行等招誘子弟。至明年四月，行乃率星主高臣傑子鳳禮以還。耽羅歸順始此。

從上述的脈絡看來，濟州島對元如此忠誠，元惠宗打算避難於此，也是入情入理。

在支那內地殘存至最後的元勢力是雲南，洪武十五（一三八二）年明帝掃平雲南之後，將俘虜的元梁王家屬安置在濟州(55)。另外，洪武二十一（一三八八）年，襲擊捕魚兒海，於元帝脫古思．帖木兒的帳幕捕獲元朝皇族八十餘戶，他們向高麗表示希望安住在濟州(56)。這些事實從惠宗所營離宮位於耽羅想來，是非常自然的事。許久後的永樂四（一四〇六）年，明成祖派內使前往朝鮮，為了供養父母，繞道濟州拿取銅佛，當時明使韓帖木兒說道：「濟州法華寺彌陀三尊，元朝時良工所鑄也。」(57)這些佛像想必也是惠宗送到耽羅的一部分財寶。

第六章 惠宗悲歌的源流

由中國南部興起的白蓮教徒紅巾軍侵襲了元朝全土，一三六八年朱元璋即位大明皇帝，元朝最後的皇帝惠宗妥懽・貼睦爾・烏哈噶圖・汗捨棄大都退回了北方的蒙古草原。一三七〇年，妥懽・貼睦爾・汗亡於蒙古高原的應昌府，元朝上廟號惠宗，明朝予諡號順帝。也就是這位惠宗，號稱是他為了表達大都失陷的悲傷所唱的悲歌，這種押頭韻的蒙古語詩歌廣泛流傳在各種蒙古編年體史書中。惠宗的悲歌被認為一開始是以口頭傳承流述下來，最早以書寫的方式記錄這首悲歌的是清代十七世紀後半由羅卜藏丹津所寫的《黃金史》。各編年史中所記載的悲歌在細節上都有些許不同，因為在蒙古韻文是編年史作者可以自由發揮的領域。本章對照史實比較各編年史所收錄的悲歌異同，並發現就算是進入二十世紀後，依舊有新創作的惠宗悲歌。

元順帝，蒙古稱作惠宗妥懽・貼睦爾・烏哈噶圖・汗，於至正二十八（一三六八）年，為避明軍之鋒，捨棄大都，蒙塵於南蒙古的應昌，這是蒙古史上最大的事件之一，幾乎後世所有蒙古的史書都會提及此一大事。另一方面，大元帝國的沒落當然恰好是刺激詩人想像的創作題材。於是，模擬大都失陷後，大汗歌詠過往榮景的詩作，也就是所謂的「惠宗悲歌（Lament of Toγon temür）」，漸漸被收錄在多本史書中流傳後世。然而，這首悲歌的文本依所載史書別而有所異同，長短也不一。其中之一的原因是這首詩一開始是由口頭的方式流傳，但更重要的原因恐怕是史學家沒有直接引用原文，而是隨著各自的喜好添句或加以訂正。這點藉由比較今傳悲歌之各文本便可確認。以下揭載各相異文本的譯文，同時加上簡單的評論，讓我們一起追溯蒙古文學中這個重要文類（genre）的發展軌跡。

除《元朝秘史》外，今傳蒙文編年史幾乎都是清代以後完成的作品，當中最古老的作品之一是推定在康熙初年由國師羅卜藏丹津（Blo bzang bstan 'dzin kemegdekü güüsi）所寫的《阿勒坦・托卜赤》（黃金史，*Altan tobči*）。這本書在敘述惠宗北奔之後，沒有任何說明，就直接收錄了這首悲歌。這首悲歌前半和後半的文體不同，前半是沒有嚴格遵守押頭韻規則的詠嘆調，而後半則明顯與模擬惠宗口吻的前半相反，各節四行整然地押頭韻，共七節，可以明顯看出是由第三者所寫。下面首先是前半的譯文[1]。

用諸色珍寶，以至美至善建立的，我的大都啊！
從前諸可汗們安居的夏宮，我的上都失喇·塔拉啊！
涼爽美麗，我的開平上都啊。
丁卯年失陷了的，我令人惋惜的大都啊。
清晨登高眺望，你美麗的煙霞。
在我烏哈噶圖·汗跟前曾有拉干、伊巴呼兩人。
悟之知之但卻放棄，我令人惋惜的大都。
生性無知的臣民們，現在想求得他們，我也遇不上了，
只有哭哭啼啼地留在這裡，我啊。好比遺落在牧場的紅牛犢，我啊。

以種種建造的，我的八面白塔啊。
維繫大國威名而安居的，
以九寶裝飾的我的大都城啊。
保持四十萬蒙古國人聲威而安居的，
四方四隅宏偉的我的大都城啊。
弘法傳教之際鐵梯斷裂，

1 以下兩種《黃金史》之譯文，主要依據札奇斯欽《蒙古黃金史譯註》（臺北，聯經，一九七九），另參據朱風、賈敬顏譯《漢譯蒙古黃金史綱》（呼和浩特，內蒙古人民，一九八五），部分內容據岡田教授譯文調整，以求合乎岡田教授之意。

令人惋惜的我的大都城啊，我的威名啊。
遠近的蒙古國人，
他們所瞻仰的令人惋惜的我的大都啊。
冬之營地，我的兀該・巴勒哈孫[2]啊。
夏之營地，我的開平上都啊。
我美麗的失喇・塔剌啊。
未納拉干、伊巴呼二人之言，是我的過錯啊！

俗稱《略本黃金史》的《諸汗源流黃金史》（*Quriyangγui altan tobči*）幾乎忠實繼受了上述內容，而難免仍有些許異同。其中最顯著的差異在第三行「涼爽美麗，我的開平上都啊」之後多了一句「溫暖美麗，我的大都啊」。也許是今傳本《黃金史》中有所脫落，又或應該視為略本作者誤解所致。當中最大的誤解是第十六行後半「鐵梯斷裂（temür šatu quγuraǰu）」寫作「墮入地獄（tamu sandu dasiγuraǰu）」。

最惹人注意的點，在於《黃金史》的詩中所含的民間故事的要素，據此則大都失陷起於丁卯（ulaγan qalǰan taulai）年，責任歸咎於不聽拉干、伊巴呼兩人忠言的惠宗。丁卯年其實相當於明洪武二十（一三八七）年，與至正二十八（一三六八）年相去甚遠。關於拉干（Laγan）和伊巴呼（Ibaqu）的忠言，據《黃金史》文本中所記載，為「明太祖朱元璋降生之際，家中虹蜺沖天。知道此事的拉干與伊巴呼勸惠宗殺此幼兒，而帝不從。二人預言將來禍由此兒起。朱元璋長大成人後奪下大都，遂使惠宗蒙塵。」關於惠宗失國的敘述，《黃金史》的記載長且錯綜複雜，但仔細讀過後就會發現，內容其實是

2 此處岡田教授音譯作「ウゲイ・バルガスン」，其蒙古語為 ügei balγasun（非城鎮）。或指上都非冬營。

由數種異傳雜揉而成。關於拉干和伊巴呼的部分，恐怕原本是與惠宗的悲歌屬於一組的獨立的民間傳說。與《黃金史》所載的惠宗悲歌前半部具民間傳說的特色相反，其後半則予人比較接近史實、較有現實感的印象。後半的譯文如下[(2)]：

列聖所建的竹殿，
化現為薛禪．汗的夏營地，開平上都。
被漢人包圍奪取。
淫佚的惡名，加諸烏哈噶圖．汗。
用一切所建的如玉般的大都。
宮居冬營的令人惋惜的大都。
被漢人群聚奪取。
遮障的惡名，加諸烏哈噶圖．汗。
諸物所建的如珍寶的大都。
率眾夏營的開平上都。
被漢人因誤奪取。
暗愚的惡名，加諸烏哈噶圖．汗。
皇祖建立的大威名，
神武薛禪．汗所營造的令人惋惜的大都。
全國人的庇護所的珍寶的大都，
被漢人群聚奪取，令人惋惜的大都。
皇天之子成吉思．汗的黃金家族，

諸佛化現的薛禪·汗的黃金宮居，
諸菩薩化現的烏哈噶圖·汗，
因皇天之命而失，令人惋惜的大都。
　將皇祖玉璽，
褪於袖中從眾敵中出走。
不花·帖木兒丞相突破重圍。
願皇祖家族的帝位千秋萬世。
　突然失陷，令人惋惜的大都。
從家中出走，遺落了如寶教法，彼時，
願光明眾菩薩垂鑒於後世，
天運仍回，再使大定，成吉思·汗的黃金家族。

本詩最有趣的是，讚譽惠宗為菩薩的化身，而視大都失陷之故蓋由天命，這些與前半責備惠宗不聽忠言的態度有如雲泥。當然，當中三次反覆唱出惠宗因大都失陷所背負的惡名，但同時卻也說這是不敵如雲霞般的明朝大軍圍攻的結果。另外，詩中英勇善戰、幫助惠宗北奔的不花·帖木兒丞相，想必就是惠宗蒙塵時以監國身分留守大都，城破死節的淮王帖木兒·不花（Temür buqa）。然而，帖木兒·不花的名字除了這首詩之外，在《黃金史》的文本當中並沒有出現，因此無法確實比定。惠宗藏於袖中攜出的玉璽，指的應該就是，世祖忽必烈·薛禪·汗駕崩後在木華黎（Muqali）曾孫國王碩德（Siddhi）家中發現，稱是秦始皇傳國璽而獻予成宗鐵穆耳·完澤篤·汗的玉璽，但將其稱作「皇祖的玉璽」（qan eǰen-ü qasbuu tamaγ-a）似乎不太正確。「qan eǰen」一般是用來指成吉思·汗的稱呼，代表本詩的作者知道成吉思·汗誕生或登極時有一瑞鳥出現，鳴叫「成吉思、成吉思」，在瑞鳥的帶領之下，從一白石中得到了玉璽的有名傳說。

推測這首詩完成年代的線索藏在第六、七節末行的「願皇祖家族的帝位千秋萬世」和「天運仍回，再使大定，成吉思．汗的黃金家族」，這些都代表了希望再興元帝國、恢復大都的心願。從中可以推測，本詩必定是在清太宗擊敗察哈爾的林丹．庫圖克圖．汗、實際掌握蒙古統治權的明朝崇禎八（一六三五）年之前完成。這證明了《黃金史》原據史料的久遠。

《黃金史》所記錄的這兩首詩原本應該是各自獨立撰就的，不過或許在被羅卜藏丹津收錄之前，二首詩就已經成為一組而流布。這個猜測的根據是比羅卜藏丹津稍早完成的《額爾德尼因．托卜赤》（*Erdeni-yin tobči*），也就是有名的《蒙古源流》。康熙元（一六六二）年，鄂爾多斯（Ordos）的薩岡．額爾克．徹辰皇太子（Sayang erke sečen qong tayiji）寫了《蒙古源流》，他不可能看過《黃金史》，書中的惠宗悲歌的文本卻以《黃金史》前半段的詩為主，加上極高明的修正，又從後半的詩中採一節四行，共六節，每節四行，工整地押著頭韻，寫成一篇作品，其譯文如下[3]：

以諸色修成的，寶貴宏偉的我的大都城啊！
率眾避暑而居，我的上都開平庫爾都．巴勒哈孫啊！
列聖的夏營地，上都我的失喇．塔剌啊！
誤失我大統矣，就在戊申年啊！
以九寶裝修而成的，宏偉的我的大都城啊！
可執縛九十九匹白牝馬[4]，我的上都開平啊！

3　以下譯文主要參考烏蘭《蒙古源流研究》第五卷，斟酌依岡田教授日文書意旨修改。

澤及眾生的佛法、王法二道，我的安樂啊！
被稱為萬乘之主的，可惜的那偉大的我的名譽啊！
　早起登高，舉目遠望，煙霞繚繞，
前後眺望觀賞，景色悅目，
不分冬夏，居住無憂快活，
神武薛禪・汗所建的，我的寶城大都。
　列祖安居之宮居，我的大都啊！
相遇而苦之汗[4]、宰相、我的黎庶啊！
未納伊拉呼丞相明諫之言，是我的禍害啊！
偏信叛亡的朱哥諾顏，是我的昏昧啊！
　誤殺我托克托噶太師啊！[5]
驅逐既寶且貴的喇嘛，是我的罪啊！
被稱為天下之主的，可惜的我的名譽啊！
各式各樣的享受，可惜的我的安樂啊！
　化現的薛禪・汗多方營建的，
福祿匯集的，我的大都城啊！
被漢人朱哥諾顏包圍奪去了。

---

4 此句蒙語原文為「učaraǰu tübegsen qan ǰayisang-ud qaralmai ulus minu」，其中 qan 並非 qayan，烏蘭教授譯為「王侯」，似較佳。惟岡田教授仍作「ハーン」字，此處仍依岡田教授原書譯出。

5 此處岡田教授日文書所據之蒙文漏去 uqayatu「具智慧的」一字。參考烏蘭《蒙古源流研究》頁六一九註三。

恥辱之惡名，加諸我烏哈噶圖・汗了。

乍看之下，這與《黃金史》所載之內容相去甚遠，但從第一節到第四節前半都是利用《黃金史》第一篇所含之母題（motif），僅稍稍修改部分用語，修整頭韻而已。第四節後半和第五節列舉了以散文記載於《蒙古源流》本文有關惠宗失國傳說的登場人物，第六節則不難看出是點竄《黃金史》第二篇第一節而成。

根據《蒙古源流》的故事，伊拉呼丞相是成吉思・汗的功臣、阿魯剌部（Arlad）博爾赤・那顏（Boγarči noyan）的後裔拉哈（Laqa）之子，在朱元璋出生時進言將之斬草除根的就是此人。《黃金史》的「拉干、伊巴呼二人」，無疑相當於這裡的「拉哈之子伊拉呼丞相」。求證於史，伊拉呼名字與博爾朮（Boγorču）的曾孫廣平王木剌忽（Mulaqu）最為相近，但未聞此人曾在中書省擔任要職。可被稱作丞相的毋寧是其子阿魯圖（Aruγtu），惠宗至元三（一三三七）年襲封廣平王，至正四（一三四四）年取代脫脫（Toγtoγa），也就是托克托噶（Toγtaγa）太師，擔任中書右丞相，六（一三四五）年罷去。從《蒙古源流》將朱元璋誕生的年分視為甲申（一三四四）也可看出，伊拉呼丞相指的應該就是當時的中書右丞相阿魯圖。

朱哥那顏（J̌üge noyan）就是朱元璋，這裡所謂「叛亡」，反映的是朱哥最初曾仕惠宗朝而獲重用，後來叛逃至南京這樣的傳說。這個傳說中的朱哥的形象，多半與當時最飛黃騰達的漢人大官太平（Tayiping）混同了。

接下來是托克托噶太師，也就是脫脫。他是篾兒乞部人，惠宗至元六（一三四〇）年，因剷除當時權傾一世的伯父伯顏（Bayan）有功而獲惠宗寵愛，被任命為中書右丞相。至正四（一三四四）年一度失勢，但九（一三四九）年再度復位右丞相，因左丞相之位懸空，獨攬大權。十二（一三五二）年，剿平徐州叛賊後被封為太師，但十四（一三五四）年討伐高郵的張士誠時在軍中因康里人哈麻的陰謀而被削去了官職，翌年（一三五五）於雲南的流放地遭到暗殺。《蒙古源流》中也記載陷害托克托噶太師的是受到朱哥唆使的哈麻平章（Kama bingǰing），也就是中書平章政事哈麻。由於太平是脫脫最大的政敵之一，這個說法也不無可能，但由至正十六（一三五六）年哈麻失勢且遭到杖斃後，太平被任命為左丞相來看，二者間的關係並不易釐清。

最後出現在《蒙古源流》悲歌中的人物是一喇嘛，根據文本記載，這是阿難達瑪第（Ānandamati），也就是名為貢噶・洛追（Kun dga' blo gros pa）的薩迦派喇嘛，他是惠宗朝的帝師。喇嘛為惠宗解夢，結果觸其逆鱗，被趕回了故國西藏。這部分民間傳說的西藏色彩極濃，出現的人名全都是將藏式名字改以蒙古發音，暗示了參考史料的性質。無論如何，在收錄本詩的其他史書文本中，完全找不到類似含這些人名的數行內容，這個特殊性，只能說是《蒙古源流》作者的傑作(5)。

在成書年代相當確定的史書當中，繼《蒙古源流》之後，與《黃金史》幾乎同一時期的，是康熙十六（一六七七）年完成，由喀爾喀（Qalqa）的善巴・額爾克・岱青（Byamba erke dayičing）[6]所著的《阿薩喇克齊史》（*Asarayči neretü teüke*）[7]。《阿薩喇克齊史》所載之悲歌完全取自《黃金史》的二詩，只是將頭韻加以改良，完全沒有受到《蒙古源流》的影響[8](6)。

用諸色珍寶，以至美至善建立的，我的大都啊！
從前諸可汗們安居的夏宮失喇・塔剌[9]涼爽宜人，我的開平上都啊！

---

6 此名最前方 Byamba 源自藏語 བྱམས་པ（慈氏、彌勒），讀法則為蒙式藏語讀法作 šamba，蒙名 Asarayči（asaraqu，慈氏、彌勒）。參考烏云畢力格《阿薩喇克其史研究》（北京，中央民族大學，二〇〇九）對作者之考證。亦見本書第十七章。
7 此處譯音末字採「齊」不採「其」。理由為：雖明中葉以來見組細音字對譯 ǰi、či 等之跡已現，而尖團音有對立對漢語音譯仍較佳。又，採《對音字式》體系，因時已入清。
8 以下譯文參酌前文用字斟酌修改，並參考烏云畢力格《阿薩喇克其史研究》第二部〈譯註〉卷二。
9 此處岡田教授之譯文仍用「シラ・タラ」，然蒙文該處已是 Šara tala（28.v.01），顯示蒙語口語之變化。

未納高瞻遠矚的拉哈、伊拉呼所言，是我的愚蠢啊！
只有哭哭啼啼地留在這裡，我啊。好比遺落在牧場的牛犢。
遺棄了皇天之子成吉思．汗聚集的國民，
神武薛禪．汗營造的大都被漢人所奪，
失去了萬人所依之八面白塔，
皇祖之玉璽，
褪於袖中而出，我，
棄蜎集之國民。
無懼百萬人衝陣而來，不花．帖木兒丞相。
出邊外，我。具惡名的烏哈噶圖．汗。
因天命而失，我。薛禪．汗所建之佛法、王法。
躲避而來願能再定，成吉思．汗黃金家族之大統。
各種話說著哭泣著，烏哈噶圖．汗。
不得已而失於漢人。我。

如所見，這裡的語句很少不取自《黃金史》。與此相同的文本亦見於《黃史》（*Sira tuγuǰi*）中後世寫入的部分，但只寫到十三行開頭「因天命」（ǰayayabar）就中斷了。

如前所述，《蒙古源流》所載的悲歌完全是根據《黃金史》的第一篇悲歌而來。相反地，大量採取第二篇的，則有乾隆二（一七三七）年由灌頂國師答里麻（Siregetü güüsi dharma），又名綽吉嘉穆錯（Chos kyi rgya mtsho）完成的《金輪千幅》（*Altan kürdün mingγan kegesütü bičig*）中所收錄的文本，除了第五行是取自第一首悲歌之外，其他都可說是來自於第二首悲歌[7]。

皇祖成吉思歷經艱苦召集的我的眾國民啊。
眾人依信支柱的我的大都城啊。
未納拉哈、伊巴呼之直言，是我的罪啊。
以諸寶裝飾而成的堅固的大都，在那冬營的安樂啊。
享受平安的夏營之所，我的上都開平失喇·塔剌啊。
諸種建成的我的八面白塔，眾多的靈地啊。
多達四十萬的大宗，我的蒙古啊。
列聖諸佛所建如日之佛法，
忽必烈·薛禪·汗所定之兩善道，
失於心惡之朱哥、不花二人之手，
恥辱惡名加諸我烏哈噶圖·汗。
皇祖皇宗平定的多種國民，
帶領萬人歸向安定的佛法、王法，
不覺之下失於黑心的漢人之手，
唯我順帝一人[10]，承擔天下之惡。
太祖成吉思·汗黃金家族之大統。
高貴佛祖所化現之薛禪·汗之黃金宮居，
身為天下之主，我順帝，

10 此處《金輪千輻》原文用字即「順帝」之蒙語拼音。或因該書已受漢文史書所影響。

因天命而失佛法、王法。
皇考聖武之玉璽，
國人惋惜而攜出，我烏哈噶圖·汗。
奮戰救援而出，不花·帖木兒丞相。
如玉之大統、願黃金族人永獲再定，千秋萬世。
明賢宣揚如日佛法，
傾覆於黑心朱哥、不花二人之手。
突然失去，我烏哈噶圖·汗，給了漢人。
光明再歸，皇祖的黃金族人、蒙古國。

原文有非常多的誤寫，尤其是第一節少了一行。然而其內容與用語非常接近《黃金史》。被認為是繼受此書更加以修改的是《水晶念珠》（*Bolor erike*）。《水晶念珠》是喇什朋素克（Rasipungsuy）於乾隆四十（一七七五）年完成，在主要引用滿文《續資治通鑑綱目》來記載元帝國的沒落之後，又根據〈我等蒙古人的記錄〉（man-u Mongyol-un temdeglegsen bičig-üd）記述蒙古一方的說法，最後記載了下列的悲歌文本(8)。

皇祖成吉思所組織的我的國人啊。
神武薛禪·汗所統治的我的大統啊。
萬人支柱的我的大都啊。
未納拉哈、伊巴呼之直言，是我的罪啊。
以諸寶裝飾而成的堅固的我的大都啊。

從前諸帝的夏營地，我的上都沙喇·塔剌啊。
諸種建成的我的八面白塔，眾多的靈地啊。
多達四十九萬的我的蒙古人啊。
　列聖列佛所建的如日之佛法，
忽必烈·汗所定之二大統，
失於心惡之朱洪武、不花二人之手，
恥辱惡名加諸我烏哈噶圖·汗。
　皇祖皇宗平定的國民，
率領萬人建造之佛法、王法，
突然失於黑心的漢人之手，
天下之惡，集於我烏哈噶圖·汗。
　太祖汗黃金家族之大統，
高貴佛祖所化現之薛禪·汗之黃金宮居，
身為天下大汗，我烏哈噶圖·汗，
因天命而失佛法、王法。
　皇考聖武之璽，
比什麼都令人惋惜而攜出，我烏哈噶圖·汗。
奮戰而出之不花·帖木兒丞相。
如玉之大統、願黃金族人永獲再定，千秋萬世。

這與《金輪千幅》的悲歌相比，除了少最後一節、每一行的長度多半縮短，並去除了如「順帝」這個時代背景錯誤的字眼之外，基本上沒有太大的差異。因此幾乎可以肯定，《水晶念珠》悲歌的根據就是《金輪千幅》的悲歌。

據筆者管見，以上是所有十七、十八世紀蒙古史書所載之惠宗悲歌的文本。綜觀這些記載，從語句中可以發現，除了《蒙古源流》之外，其他全部無疑都與《黃金史》屬於同一系統。《蒙古源流》當中的新要素，其實多半也是取自其他散文故事添筆而成，是作者薩岡的創作，如上所述，《黃金史》所載之悲歌，應較為存古。

最後留下的問題是，這首悲歌究竟屬於什麼性質？換言之，這首詩原本是附在某篇散文故事之後？還是長篇敘事詩的一部分？又或是單獨的詩篇？這當然無法藉直接方式獲知，不過從最接近原型的《黃金史》所載詩歌可分為前後二部看來，僅前半可稱作是純粹意義的惠宗悲歌，而後半的內容則如前所述是明代後人所作，祈求成吉思・汗子孫的帝祚長存。

前半不斷提及拉干、伊巴呼的忠言，帶有強烈的故事性。相對應地在《蒙古源流》當中的故事，每當伊拉呼丞相登場，引用他的話就會採用押頭韻的句子。《黃金史》的故事原型恐怕使用的也是韻文，但由於採錄時為了極度縮約，因此現在的文本當中看不出押韻的痕跡。

就結論而言，惠宗悲歌原本應該是用韻文寫成的故事或短篇敘事詩的一部分。以上是關於《黃金史》的第一歌。至於第二歌提到的事史書中絕蹤不見的不花・丞相的英勇奮戰[11]，另外也含有祈願的字句，實屬特殊。另外，從押韻整齊這一點看來，第二歌與第一歌可以視作是二篇獨立的作品。

關於這個祈願的要素，我想指出另外一點。《蒙古源流》悲歌前有一段說明：「自是合罕自古北口（moltasi-yin qaγaly-a）出亡，讚嘆而泣曰。」「讚嘆」（maγtaǰu）也許代表了這首悲歌其實是讚歌

---

11 前文已推測此人或當為淮王帖木兒不花。

（maytayal）的一種。猶俟後考。

至於現代蒙古學家如何解釋惠宗的悲歌，達木丁蘇隆（Č. Damdinsürüng）的《蒙古文學史——從十三世紀至十七世紀》[9]中特闢一章題為〈妥懽·貼睦爾·汗的悲歌〉（gemsil），主張這不是惠宗的創作，而是他人擬惠宗語氣而作，並說這首詩由五節（tabun baday）構成，令人匪夷所思。達木丁蘇隆所編的《蒙古文學百選》[10]寫道：

以諸寶所完成
具威力之宏偉的我的大都城啊。
從前諸帝夏營之所
我的上都失喇塔剌啊。
具威安穩涼爽宜人
我的上都開平城啊。
以諸寶飾所飾
八面的我的白塔啊。
晨起登高
散發最美麗的香氣
前後眺望
色相具足
不分冬夏皆無憂
寬廣豐盈我的大都啊。
從前諸帝所建

所有國民支柱的我的大都啊。
　相逢結緣的我的宮人、宰相們啊。
高瞻遠矚的我的伊拉呼丞相啊。
作為四十萬蒙古的名譽、政統
有四大門的我的大都啊。
　化現的薛禪・汗所建
享福的尊貴地位
失策讓給了朱哥諾顏。
恥辱的惡名，加諸我身。

不管怎麼數都是六節而非五節。如前所述，其他還有許多不為人知的類似詩作。

這詩作近乎是達木丁蘇隆的創作，《蒙古文學百選》於該篇最後註明這是集結《蒙古源流》（*Erdeni-yin tobči*）、《諸汗源流黃金史》（書中寫作Činggis-ün čadiγ[12]）、《水晶念珠》（*Rasipunčuγ-un ǰokiyaγsan Mongγol-un teüke*）而成。他還寫道：「這五節的詩自始至終都貫穿悲傷，完全沒有雄偉的戰爭氣氛，帶著憂愁的語調。反而因對長年居住的大都城的惋惜和懷念，將悲切之心聲發為韻語。」又評道：「十三世紀如《秘史》寫的是壯闊的戰爭詩，十四世紀如《妥懽・貼睦爾之悲歎》卻是沉鬱滯緩。這象徵了十三世紀靠著戰勝創建了大帝國、十四世紀在各地敗退的蒙古民族的心情。」在一窺蒙古國對惠宗悲歌的評價後，本章在此擱筆。

12 意為「成吉思汗傳」。讀者或可參考札奇斯欽《蒙古黃金史譯註》之〈黃金史解題〉。

第二部 《蒙古編年史》所記載的元朝滅亡後的蒙古*

＊本章中之人地名、部族名等之譯字或擇清譯，或擇明譯，或譯者自譯不定。說明請參考譯例與概說之相關部分。

第七章 達延・汗之年代

元朝崩壞後，將退回北方的遊牧民再次團結起來的蒙古民族中興之祖是達延・汗。著者岡田英弘的恩師，東京大學東洋史學科主任教授和田清先生[1]，自其一九一五年之畢業論文以來，終生持續對達延・汗充滿興趣。在日本，一九〇八年原田淑人先生的論文中首度提及達延・汗，但無論是原田先生或是和田先生，他們都是從比較明代漢籍和蒙古編年史《蒙古源流》中關於達延・汗的年代記載為出發點，開始研究。和田先生最初由於漢譯本《蒙古源流》的誤譯，認為達延・汗是巴圖・蒙克之弟巴延・蒙克，但於一九五三年撤回了這項主張。和田先生舉出了達延・汗的五大成就，包括一、擊滅亦思馬因與合併永謝布[2]；二、擊攘瓦剌；三、討伐火篩並合併土默特與蒙古；四、右翼合併；五、討滅兀良罕。和田先生經補訂之定稿收錄於一九五九年刊行的《東亞史研究（蒙古篇）》當中。

到了一九六三年，京都大學的萩原淳平氏主要以《明實錄》為根據，批判了和田先生的學說，開啟了所謂的達延・汗爭論。一九六五年，京都大學的佐滕長氏挺身為雙方調停，為爭論畫上了休止符。著者本章則於一九六五—六年，分成上下篇，刊登於《東洋學報》。

著者首先主張，各學者所據之漢譯《蒙古源流》中「歲次戊子，博勒呼濟農（Bolqu jinong）年二十九歲時，生巴延蒙克（Bayan möngke）」，不過為漢譯本基於滿文版之誤譯。蒙語各版本中，在相對應處所載俱是「自巴延・蒙克・博勒呼・晉王二十九歲之戊子年始，經三年」。著者以此論證巴圖・蒙克之弟巴延・蒙克並不存在。著者接著論述，蒙古編年史可分為鄂爾多斯、土默特、察哈爾三個體系，代表作分別為《蒙古源流》、《黃金史》、《恆河之流》。最後，著者指出蒙古編年史紀年的問題點，配合明朝的史料，提出

1 岡田教授對於本章師承之前輩多尊稱「先生」，稍似部分學人行文慣稱「某師」。以下譯文仍用「先生」字樣。
2 永謝布：岡田教授主張其出自「永昌府」，見後文。亦有學人主張其出自「雲需府」。

了解決方式。本章在闡明蒙古編年史最高峰《蒙古源流》的干支性質之上，指出北元中興英主達延．汗於一四六四年出生，一四八七年即位，再根據各蒙古編年史記載在位三十八年後，死於一五二四年，以此作結。

一、過去的研究

清代南蒙古四十九旗當中，近半數的二十三旗都說是成吉思．汗十五世子孫達延．車臣．汗（Dayan sečen qayan）之後裔(1)。至於北蒙古八十六旗，除厄魯特（Ölöd）三旗外，全都以達延．汗為祖先(2)。就像這樣，繼承成吉思．汗血統的王公，全無達延．汗以外的家系。

在蒙古史上地位重要如斯之達延．汗，其行實雖於清代撰述的多種蒙文編年史中有相當詳細的記載，但除了紀年的謬誤之外，敘事的內容也不無疑義。加之同時代的明朝文獻中語及達延．汗者亦零散稀少，因此，接受傳統支那學薰陶的日本學界傾向徹底否定蒙古文獻的傳承，並只因明人文獻以漢文書寫，便一股腦兒地相信明人那些以傳說和臆測為基礎的記載。然而，就算是同時代的文獻，對境外異民族的記述，混雜錯誤資訊的可能性非常高。這一點只要一讀《明史》日本列傳便可知曉(3)。幸好日本留有許多確實的史料，設若《明史》為同時代關於日本唯一的史料，可想而知，如此支那學的研究態度將會導致多麼錯誤的結論。

明代關於蒙古的漢文史料也是相同的道理。請不要忘記，過去研究者一致認為，在達延．汗時代，明朝和蒙古間的接觸少，因此，明人不是那麼關心這時候的蒙古內情。反之，相較而言，萬曆時圍繞朝鮮的日明衝突對明朝來說其重要性不可同日而語，故而明人撰寫了許多關於日本的專書。請注意，這些書籍竟連豐臣秀吉的姓都無法正確記載。是則吾人於研究明代蒙古史時，也應將漢文史料之可信度作如是看待。

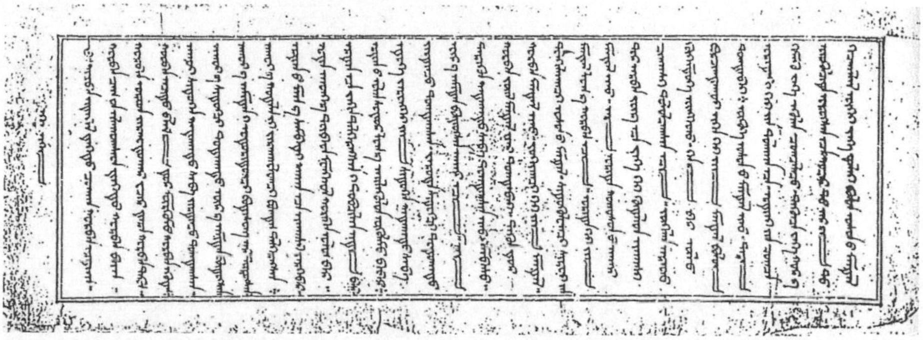

圖四　庫倫本《蒙古源流》開頭部分，縱書之蒙古文字左起為其第一行。

作此思考，當然應問：相對於明史料，可視為根本的蒙文史料，其可信度又有多少？很幸運地，現在可以取得的蒙文史料種類繁多，各自擁有獨自的傳承，只要比較分析這些史料，便可以在某種程度上復原清代撰述的編年史所參考的明代蒙古史料。並且，只要不忽視且故意扭曲這些蒙文史料的傳承，加上適當的解釋，並比較漢文史料中值得相信的部分，便可以解決蒙文史料最大弱點：紀年上的混亂，過去未釐清的事實也得以闡明。本章便是以此方式進行。首先根據蒙古編年史以釐清達延·汗的事蹟，接著從明朝史料中揀選出被認為是正確的部分，以資補強蒙文史料。在此之前，首先略略瀏覽過去日本學者關於這個問題的研究成果。

依著者管見，日本首度論及達延·汗的人似是原田淑人先生。原田先生以〈明代之蒙古〉為題的論文於明治四十一至四十二（一九〇八至一九〇九）年，在《東亞同文會報告》連載。當中第八章的〈歹顏汗（Dayan qan）之蒙古統一〉刊登於明治四十二（一九〇九）年二月發行的第百十一回，篇幅長達十頁。文章首先略述當時可利用的幾乎是唯一的蒙文史料——《蒙古源流》之所載。由於書中記載前代可汗滿都魯·汗（Manduγulun qaγan）死在巴圖·蒙克（Batu möngke）於一四七〇年即位、號達顏·汗（Dayan qaγan）之後，因此原田先生認為記載有誤。意即，據《明憲宗實錄》卷一百九十二，成化十五（一四七九）年七月庚辰條：

> 朵顏、福餘、泰寧三衛虜酋，各奏報，迤北滿都魯、乩加思蘭（Bäg-Arslan）已死。且請從便途入貢，并求開市……。

原田先生認為巴圖・蒙克之即位在此之後。接著同書卷二百八十八，成化二十三（一四八七）年三月癸卯條又載：

> 撫遼東都御史劉潺等奏，卜蘭罕衛與泰寧衛夷人傳報，小王子已死。且言，欲從喜峰口入貢，因與泰寧衛同於馬市交易……。

原田先生據之認為這時發生汗位的交替。並指出《明實錄》中不見此前可汗之名，而新可汗則見載於《明孝宗實錄》卷十四，弘治元（一四八八）年五月乙酉條：

> 先是，北虜小王子率部落潛住大同近邊，營亘三十餘里，勢將入寇。至是，奉番書求貢。書辭悖慢，自稱大元大可汗，且期六月十五日賚聖旨來。守臣以聞……。

又同書卷十八，弘治元（一四八八）年九月乙丑條：

> 迤北伯顏猛可（Bayan möngke）王，遣使臣桶哈（**Tungqa）等來貢。其使自一等至四等者凡十九人。阿兒脫歹（**Artudai）王、及脫脫孛羅（Toytoya bolod）進王、及知院脫羅干（**Tölögen）、阿里麻（Alima）、伯牙思忽（Bayasqu）、那孩（Noqai）所遣使臣，自二等至四等者凡三十五人。初自稱大元可汗，奏乞大臣報使，以通和好。不許。既又比例乞陞職。許之……。

據此可見，新可汗所指即巴延・蒙克王（伯顏猛可王）。至於成化年間（一四六五－一四八七年）之可汗，則葉向高《四夷考》下，《北虜考》，成化十八（一四八二）年條載有：

> 是時滿**魯都**已衰弱，不知所終。其入寇者復稱小王子，或稱把禿猛可（Batu möngke）王。即故小王子後也……。二十三年……小王子死，弟伯顏猛可代為小王子。弘治元年夏，小王子奉書求貢。詞稍慢，自稱大元大可汗……。（粗體字為漢字音寫之誤寫——引用者）

又鄭曉《吾學編》六十八，《皇明四夷考》卷下，韃靼條載：

> 滿都魯（Manduyul）衰，而把禿猛可王、太師亦思馬因（Ismail）、知院**羅千**強盛。弘治初，把禿猛可死，弟伯顏猛可立為王。當是時，瓦剌與伯顏猛可皆遣人入貢。

同書六十九，《皇明北虜考》亦載：

> 未幾，滿**魯都**衰弱，不知所終。而把禿猛可王、太師亦思馬因、知院脫羅**千**屢遣人貢馬。弘治初，把禿猛可死，阿歹（Adai）立其弟伯顏猛可為王……。

據此，原田先生認為把禿猛可王就是巴圖・蒙克，指出這與蒙文史料記載達延・汗的本名為巴圖・蒙克相符。但這裡卻又與蒙文史料記載巴圖・蒙克・達延・汗至嘉靖年間（一五二二年以後）猶在位相矛盾。結果，原田先生僅以「要之，於明方紀錄中，不能詳審弘治年間小王子之世系，蓋世系不明所以，而明人皆呼可汗作小王子也」作結，避免做出判斷。

並且，《蒙古源流》記載達延・汗歿於一五四三年，相對於此，《皇明北虜考》記載：

> 正德間，小王子三子，長阿爾倫（**Arulun）、次阿著（**Aǰu）、次滿官嗔（Mongγoljin）。太師亦不剌（**Ibra）弒阿爾倫，遯入河西。西海之有虜，自亦不剌始也。阿爾倫二子，長卜赤、次乜明，皆幼。阿著稱小王子，未幾死。眾立卜赤，稱亦克罕（**Yeke qan）。

從而，原田先生作如是訂正：「卜赤汗之即位應在正德末或嘉靖初，比及嘉靖十年以後，已是卜赤之子打來孫之世，達延汗之死無乃在正德末歟。」至若達延・汗之事業，原田先生舉收服右翼三萬戶並分封諸子，又此前權臣專政，可汗徒有虛名，而自成化末葉始，汗權漸振，號令行於漠中作結。

進一步貫徹此論旨的是和田清先生。一九一五年四月，和田先生提出其畢業論文〈清初之蒙古經略〉，該論文經訂正增補後，刊於一九一七年六月出版之《奉公叢書》第五篇，題為《內蒙古諸部落之起源》。內容可分為三篇，第一篇〈年代雜考〉含二章，第一章題為〈論達延汗〉，分為〈達延汗以前之汗位〉、〈達延汗之年代〉、〈達延汗之系譜〉、〈達延汗之事業〉四節，以五十二頁的篇幅來論述此問題。

和田先生的論文同樣從批判《蒙古源流》所載的達延・汗年代出發，延續原田先生的主張，認為達延・汗於一四七〇年即位的記載有誤，並指出滿都魯・汗之後，小王子之名字首度出現於一四八一年五月。此即《明憲宗實錄》卷二百十五，成化十七（一四八一）年五月己亥條所載：

> 命太監汪直監督軍務，威寧伯王越佩平胡將軍印充總兵官，率兵三千赴宣府調度擊賊。時宣府總兵官周玉等馳奏，是月二十九日，緣邊有警，參將吳儼等追虜，出獨石山泉墩南，尋調騎兵策應，比暮不還。上已命直、越將兵往擊。未發而虜中逸歸者傳報，虜酋亦思馬因等，竊議與小王子

連兵，欲寇大同等邊……。

另，關於達延・汗歿於一五四三年的說法，和田先生從原田說更進一步，主張嘉靖初年，套虜（鄂爾多斯的蒙古人）就已經不遵從小王子的威令，表示這時進入了達延・汗的孫子衮・必里克（Günbilig）晉王（吉囊）的活躍時代，從而認為達延・汗真正的死亡年代應為一五二三－四年。其所根據的是下列史料：《明世宗實錄》卷九十一，嘉靖七（一五二八）年八月癸丑條：

提督三邊軍務尚書王瓊疏言，虜賊久駐偏頭關外，又套虜萬餘騎，從賀蘭山後踏氷過河，駐莊浪。探之俱不得其故。近據走回軍人王毛娃子稱，小王子欲驅套虜東渡擊黃毛達子（達子即韃靼），而套虜不即去。又調取西海達子，而西海不肯從。[3]乃知前賊駐偏頭莊浪之故……。

同書卷一百九十五[4]，嘉靖十五（一五三六）年十二月丁未的記載：

巡撫甘肅右僉都御史趙載，條陳邊事，一言，套虜吉囊屢犯邊境，且有併吞小王子之心，其為邊患不細。固內防外，策宜預講。乞敕兵部，會議戰守防禦之略……。

又更根據同書卷七十八，嘉靖六（一五二七）年八月庚戌條：

3 西海達子：《明實錄》該條原文作「海西韃子」，岡田教授譯文改作「西海」。

4 此處岡田教授所據京都大學文學部刊行之《明代滿蒙史料 明實錄抄》。中研院校勘本在卷一百九十四。

> 套虜數萬，踏冰過河，聲言大入。提督尚書王憲、督總兵鄭卿、杭雄、趙瑛等，分據要害，屯兵以禦之。令都指揮卜雲伏兵先斷其歸路。無何虜從石舊墩入。卿等與戰敗之。虜退走，至青羊嶺。雲等伏發，又大敗之。凡斬首三百餘級，獲胡馬器械無算。捷聞……。

此入寇，據《明史》一百七十四，杭雄列傳記載：

> 吉囊大入。總督王憲檄雄等破之。進都督同知。

同書卷一百九十九，王憲列傳記載；

> 吉囊數萬騎渡河，從石臼墩深入。憲督總兵官鄭卿、杭雄、趙瑛等，分據要害擊之。都指揮卜雲斷其歸路。寇至青羊嶺，大敗去。五日四捷，斬首三百餘級，獲馬、駝、器仗無算。帝大喜……。

而更深入論說此乃袞·必里克晉王所為，因此提出達延·汗之死在此之前的結論。另外又根據前引《皇明北虜考》「阿著稱小王子，未幾死」的記載，推定此即達延·汗。汗死後，袞·必里克晉王之父巴爾斯·博羅特（Barsubolod）[5]僭稱小王子之時期，置達延·汗之卒年於此前之嘉靖初（一五二二年以後）。然而，正如和田先生也承認的，實際上在《明實錄》中袞·必里克晉王的名字遲至嘉靖十二

---

5 此人名似應連寫。相關資訊參看烏蘭《蒙古源流研究》第五卷註八七。

（一五三三）年方才出現，即，《明世宗實錄》卷一百四十七，同年二月癸卯條：

> 先是，小王子部落卜兒孩（Burqai），因內變逃據西海，為莊、寧邊患且二十年。已懼小王子讎己，請納款於我朝廷。下守臣勘上方畧。無何，虜酋吉囊等，擁十餘萬眾屯套內，窺犯延綏、花馬池，以入涼。固屬各邊戒嚴，不得間。乃突出四五萬騎亂河西濟，襲卜兒孩大破之。至是，總制尚書唐龍及甘肅鎮巡官，以狀上……。

請注意此處為衮．必里克初見於明人記載。[6]

和田先生於是將達延．汗的統治時期限定為成化十五、六（一四七九、八〇）年以後至嘉靖二、三（一五二三、二四）年為止約四十年間，並針對原田先生提到的成化二十三（一四八七）年小王子之死，除了《皇明北虜考》之外，引用了與《四夷考》幾乎一模一樣的何橋遠《名山藏》王享記四，〈韃靼〉條所載，斷言該年巴圖．蒙克歿後，其弟巴延．蒙克嗣汗位。並舉漢譯《蒙古源流》卷五所載「歲次戊子，博勒呼濟農年二十九歲時，生巴延蒙克」為旁證，主張巴圖．蒙克有一名為巴延．蒙克之弟。

然而末一條當有疑義。漢譯本所依據者為滿文本，雖作suwayan singgeri aniya bolhū jinung orin uyun se de bayan mungke be banjiha(4)，而各蒙文本於相對應處所載則皆為tedüi bayan möngke bolqu ǰinong qorin yisün-iyen uu quluγuna ǰil-eče γurban od boluγad: 即，「自巴延．蒙克．博勒呼．晉王二十九歲之戊子（一四六八）年始，經三年(5)」，此處滿文本乃誤譯，毋庸置疑。從而，本條不足以證成巴圖．蒙克有一名為巴延．蒙克之弟(6)。

總之，和田先生將橫亙成化（一四六五—一四八七年）、弘治（一四八八—一五〇五年）、正德

---

6 引文中「吉囊」即承襲該爵（jinong，晉王）之衮．必里克。

（一五〇六－一五二一年）期間在位之蒙古大汗二分為巴圖・蒙克與巴延・蒙克兄弟，以二兄弟皆號達延・汗故，設想《蒙古源流》將此二人混同為一人，舉北元中興英主達延・汗之功業授諸弟巴延・蒙克，更認定兄巴圖・蒙克無嗣而夭，達延・汗之十一子皆屬弟之子嗣。

繼而關於達延・汗之事業，和田先生則認為，征伐亦思馬因事在成化末年，蓋兄巴圖・蒙克所為；而擊攘瓦剌則始於兄而大成於弟之世；至若合併土默特、征伐右翼、征伐兀良罕，皆為弟之事業。而總評弟達延・汗之事功，主張其用兵大抵皆自東向西，主要在掃蕩異部族，樹立純粹之蒙古勢力，其長處在鞏固部內統一，再結之以可汗畢生之事業在芟夷勢力圈內之異分子，併合內蒙古全境且籠蓋外蒙古東偏一部，將其境域分封諸子。

《內蒙古諸部族之起源》一出，其關於達延・汗之所論一度幾乎成為定說，但隨著《蒙古源流》以外之蒙文史料陸續出現後，和田先生自己也開始對之前提出的學說產生了懷疑。教授於一九四七年四月二十二日在東京帝國大學之山上會議所舉辦之東洋史座談會上以「關於蒙古的達延汗」為題發表演講，由神田信夫先生筆錄的演講要旨，刊登在《史學雜誌》第五十三編第三號，從中可以窺得和田先生學說的變化。

首先關於達延・汗即位年，前揭文主張在成化十五、六（一四七九、八〇）年左右，之後基於《諸汗源流黃金史》（*Quriyangrui altan tobči*）所載「亥之年」，認為達延・汗在己亥（一四七九）年滿都魯・汗死去之年即位無誤。另外關於達延・汗歿之年，同據《諸汗源流黃金史》，達延・汗死後，其三男巴爾斯・博羅特曾經篡奪汗位，與明人所載阿著曾一度稱小王子相符，故達延・汗之卒年當在《蒙古源流》所載巴爾斯・博羅特卒年之一五三一年以前，或當在嘉靖五、六（一五二六、二七）年左右。

繼而觸及巴圖・蒙克、巴延・蒙克問題，和田先生承認漢譯本《蒙古源流》所載巴圖・蒙克有弟巴延・蒙克一事有誤，《蒙古源流》中達延・汗僅巴圖・蒙克一人，且無論據《諸汗源流黃金史》或據明朝王鳴鶴《登壇必究》卷二十三、〈北虜各支宗派〉，達延・汗皆僅一人，和田先生更指出，蒙古王公亦皆自稱是巴圖・蒙克・達延・汗之子孫，可見達延・汗應僅有一人。而《明憲宗實錄》所載成化二十三（一四八七）年「小王子已死」一事，和田先生認為，此係因傳報遠自東蒙古方面而並不確實，實則，其應是同年達延・汗打倒亦思馬因之誤傳。翌年弘治元（一四八八）年以大元大可汗之號致書於明者是巴圖・蒙克，因在亦思馬因死後握有實權故始用此稱號，視此為巴延・蒙克所為出自《實錄》編者之誤解，巴圖・蒙克・達延・汗仍一直在位。主張《明實錄》所載成化二十三（一四八七）年小王子之死為誤傳之見解，和田先生舉《明史》卷三百二十七，〈韃靼列傳〉為佐證，今引其文：

> 敵去輒復來，迄成化末無寧歲。亦思馬因死，入寇者復稱小王子，又有伯顏猛可王。弘治元年夏，小王子奉書求貢，自稱大元大可汗。朝廷方務優容，許之。自是，與伯顏猛可王等屢入貢，漸往來套中，出沒為寇。

可見小王子與伯顏猛可並非一人，且亦不認可一四八七年之小王子之死。

和田先生如是更變自說，係因及見《蒙古源流》以外之蒙文史料，此處為《諸汗源流黃金史》，乃表述有前文所介紹之論旨。其後愈多蒙古文獻可得而利用，和田先生益愈補強其新說，一九五三年十月，遂於《國際基督教大學亞細亞文化研究論叢》第一輯中，發表以〈關於達延汗〉為題之論文。該論文經大幅補訂後，收錄於一九五九年三月之《東亞史研究（蒙古篇）》中，前半段更譯為英文，以"A study of Dayan Khan"為題，刊登在 *Memoirs of the Research Department of the Toyo Bunko*, No. 19 (1960)當中。以下據可稱作是定稿之《東亞史研究》該篇加以介紹。

首先，和田先生以批判《蒙古源流》所載之達延・汗年代出發。《蒙古源流》所載，滿都魯・汗（Manduyulun qayan）於癸未（一四六三年）即位，歿於丁亥（一四六七年），而《明實錄》中，滿都魯為可汗之紀錄出於成化十一（一四七五）年十月己卯條，其死則見於成化十五（一四七九）年七月庚辰條。據此推論，《蒙古源流》所載應是乙未（一四七五年）即位、己亥（一四七九年）死去之誤記，因《蒙古源流》作者誤解僅以十二支記載之蒙古史料，而推前十二年。此紀年誤差亦適用於達延・汗即位之年，《蒙古源流》所載之庚寅（一四七〇年）實為十二年後之壬寅（一四八二年），而達延・汗即位當時年僅七歲亦誤，生於甲申（一四六四年）之記載，出自其子孫當係無誤，故達延・汗即位時實為十九歲。至於《蒙古源流》關於達延・汗死於癸卯（一五四三年）之所載，如前所述，太晚。《蒙古源流》中，達延・汗長子圖嚕・博羅特（Törö bolad）亡於達延・汗生前之癸未（一五二三年），而據載達延・汗死後曾篡位之第三子巴爾斯・博羅特死於辛卯（一五三一年），因之，達延・汗殂落即應介於二者之間。

而可汗晚年，兀良罕萬戶叛亂而見討滅，此戰右翼三萬戶之眾亦參加，於此，漢譯《蒙古源流》卷六載：「達延汗率察哈爾、喀爾喀兩部落之兵往征之。並致信於巴爾斯博羅特濟農之子，帶右翼三萬人前來攻入」。蘇志皋《譯語》亦載：

> 蒙古一部落最樸野，無書契，無文飾，無誕妄（如云不攻某堡，信然）。近亦狡詐甚矣。聞小王子集把都兒台吉（**Bayatur tayiǰi）、納林台吉（**Narin tayiǰi）、成台吉（**Čing tayiǰi）、血剌台吉（**Šir-a tayiǰi）（部下著黃皮襖為號）、莽晦（**Mangγui）、俺探（**Altan）、巳寧（**J̌inong）諸酋首兵，搶西北兀良哈，殺傷殆盡。乃以結親紿其餘，至則悉分於各部，啖以酒肉，醉飽後皆掩殺之。此其一事也。

關於兀良罕征伐一事與漢譯《蒙古源流》相符[7]，可視為巴爾斯・博羅特一五三一年死後之事，而達延・汗於征伐後更善後完畢方死去，故論定達延・汗之死最早亦當在一五三二至一五三三年之間。

然而，和田先生所利用者為漢譯《蒙古源流》，檢閱原本蒙文相對應處，所動員者絕非巴爾斯・

博羅特之諸子。即，前引「致信於巴爾斯博羅特濟農之子」原文為barsubolad ǰinong köbegün-degen kele ilegegsen-dür，即「向其子巴爾斯·博羅特通報之時」(8)，顯然《蒙古源流》著者之意為巴爾斯·博羅特親自出征，從而此乃一五三一年以前之事。

受漢譯本所誤，和田先生認為達延·汗於巴爾斯·博羅特死後依然在世，想像達延·汗當時已隱居，擔任類似太上皇之角色[7]。

如是，和田先生將達延·汗在位時間限於約五十年間，其間一四八七年關於小王子死亡之通報不過是接觸未深之傳聞，難逕認之為事實，而一四八八年致書明廷，自稱大元大可汗之小王子於《明實錄》中亦無記其與伯顏猛可王為同一人之處，因此視其仍為巴圖·蒙克·達延·汗。關於其事業，和田先生主要基於《蒙古源流》，並參引明方紀錄，列舉有（一）擊滅亦思馬因與合併永謝布；（二）擊攘瓦剌；（三）討伐火篩並合併土默特與蒙古；（四）右翼合併；（五）討滅兀良罕等五大項論說。末後，和田先生敘述達延·汗諸子之分封，並及於左右翼六萬戶之制度，為此雄篇作結。

此論文首度發現蒙古史料，尤以《蒙古源流》所載年代之利用價值，巧妙對照明朝史料亦具重大意義。然而另一方面，其弱點則在於，不僅不得不否認一四八七年所報小王子之死，更認為達延·汗晚年隱居，汗位為第三子所奪。然而後者不過是受漢譯本《蒙古源流》所誤，如上所述，依原本蒙文，實無必要做出如此不合理之推定。

對於和田先生之新說，萩原淳平氏據明方史料，尤其是《明實錄》，提出不同見解。一九五九年三月，萩原氏於《東洋史研究》十七卷四號上發表〈關於小王子之一考察〉一文，雖未直接觸及達延·汗問題，卻依《明實錄》考究了成化、弘治年間小王子之活躍及其與亦思馬因及瓦剌之關係，間接批判了和田說（《內蒙古諸部落之起源》中所論）。

---

7 此處原文「後見」意似「監護人」，日本文化中常有帝王諸侯以隱居為名先行傳位而仍操實權。姑譯作「太上皇」。

想必當時萩原氏尚未讀過和田先生在《東亞史研究（蒙古篇）》發表的論文。之後，萩原氏又基於明史料，對蒙古史料尤其是《蒙古源流》加以批判。一九六三年十月刊之《明代滿蒙史研究》中收錄了氏著〈達延・汗之研究〉論文。

該篇全篇皆架構於對和田說之反駁。略述其要：首先，針對和田說中弘治小王子非巴延・蒙克一事，駁之以弘治元（一四八八）年稱大元大可汗、致書明廷之小王子除巴延・蒙克外別無他人；以下更舉弘治三、四（一四九〇、九一）年、弘治十一（一四九八）年之小王子亦為同一人，而認為弘治元年前一年之成化二十三（一四八七）年小王子死訊當屬可信。

既認為巴延・蒙克正是達延・汗，遂利用談遷《國榷》所載以定其卒年。即《明武宗實錄》卷一百六十四，正德十三（一五一八）年七月丙午條所載：

虜，寇靖邊營，殺傷官軍……。

而《國榷》卷五十，同日條則有：

阿爾倫，寇靖邊營。

以此為證據，因阿爾倫即達延・汗生時已亡之長子圖嚕・博羅特，故主張此時達延・汗依然在世。另一方面，《明世宗實錄》卷六[8]，正德十六（一五二一）年十一月己未條：

虜犯大同中路。總兵杭雄等督兵拒之。

---

8 中研院校勘本在卷八。

於《國権》卷五十二，同日條作：

> 卜赤犯大同中路。總兵杭雄拒卻之。

萩原氏因此視此時已是博迪·阿拉克·汗（*Bodi alaγ qaγan）時代，置達延·汗之死於正德十三（一五一八）年至正德十六（一五二一）年之間，並以《明世宗實錄》卷十六，嘉靖元（一五二二）年七月辛未條為旁證：

> 兵部以套虜數入寇，議處延、寧二鎮失事官，且今秋高，虜情叵測，備之宜豫。請先集二鎮精銳列守，伏虜所入要路，仍行所部，急收保設坑塹，習火器，令陝西會兵佐之，而以甘肅兵為應援。詔如所議行。

《國権》卷五十二，同日條對應記載則作：

> （一）套虜數入寇。指揮楊洪等敗沒。議譴延綏、寧夏失事者。仍趣陝西、甘肅援兵。（二）兵部尚書彭澤，自請行邊，止之。（三）初，小王子死，有三子。長阿爾倫，次阿著，次滿官嗔。阿爾倫前死，二子：長卜赤，次乜明，皆幼，阿著稱小王子，未幾死。立卜赤，稱亦克罕。猶言可汗也。然亦稱小王子如故云。

萩原氏以此論說：「明朝苦於套虜之侵，因召兵部尚書以下廣議對策，此蓋事實。於對策協議中，為示敵狀所報之『初小王子死』以下諸添入訊息，因《明實錄》中刊落之，僅殘於《國権》中故，或可視為特意附加於其後者歟。」

意即，萩原氏認為《國榷》將《明實錄》所據文書作更佳之保存，但此點可疑。不用說，《國榷》並非《明實錄》之異本，亦不具較《明實錄》為佳之史料價值。

談遷《國榷》撰於清順治十（一六五三）年前後，卷頭義例中寫道：「實錄外野史、家狀、汗牛充棟，不勝數矣。往往甲涇、乙渭、左軒、右輊。若事鮮全瑜，人寡完璧。其何途之從？曰，人與書當參觀也。其人而賢，書多可採。否則間徵一二，毋或輕徇」，又另寫道：「徧攷群籍，歸本于實錄」，明言其編輯方針是以《明實錄》為本，附載各野史。

按前引《國榷》之文，最初（一）部分顯然不過是《明實錄》之摘要，附以楊洪之事蹟。其次（二）中彭澤一事恐採自家傳、行狀等所載。最後之（三），萩原氏亦承認其在葉向高《四夷考》中有完全相同之文句，當係引用《四夷考》內容而來[9]。唯一相異者，不過葉向高將此事記於嘉靖元（一五二二）年前之正德十六（一五二一）年條下，而談遷則繫於嘉靖元（一五二二）年而已。由是觀之，《國榷》記正德十三（一五一八）年之虜作阿爾倫，而十六（一五二一）年之虜作卜赤，亦非另有除《明實錄》以外之典據，不過是從《四夷考》之文，又慮及當時有可汗交替一事，遂改動《明實錄》之字句，不足以充決定性之證據。

萩原氏繼而從當時入寇情況與動員兵數之變化做判斷，認為達延．汗死於正德十四（一五一九）年前半，或正德十五（一五二〇）年後半。該方法十分可疑，要之，據萩原氏所說，達延．汗在位三十二或三十三年[10]。

如是，據萩原氏所定之達延．汗之年代，擊破亦思馬因當在前代小王子之世，難作達延．汗之事業。萩原氏又據《明實錄》而主張亦思馬因與達延．汗間為協力關係。至於擊攘瓦剌，萩原氏在〈關於小王子之一考察〉一文中反覆申論，認為至少在弘治四－五（一四九一－一四九二）年為止，與瓦剌間關係親近，針對和田先生主張自弘治六（一四九三）年迄九年（一四九六）間之瓦剌說，認為自當時環哈密之情勢判斷，雖不可言必無，而無此事之可能性較大。最後關於討滅兀良罕，萩原氏認為此為嘉靖間事，死於正德末之達延・汗與之無涉，結果僅視鎮壓右翼為達延・汗之功績。其後，萩原氏另闢專章名為〈達延・汗之系譜與蒙古社會〉，指出小王子屬於元裔之同時，亦繼承有瓦剌之血統。最後，萩原氏論說批判蒙古史料之必要性，以此終篇。

如原田先生已論者，成化二十三（一四八七）年小王子死，翌年弘治元（一四八八）年稱大元大可汗致書明廷者為新小王子巴延・蒙克王，則前小王子是否果如《四夷考》、《吾學篇》、《名山藏》所載即巴延・蒙克之兄巴圖・蒙克王，無法據《明實錄》以判定。關於此點，萩原氏僅簡單稱成化間之小王子作巴圖・猛可，沿此線而加以申論者為佐藤長氏。

佐藤氏於一九六五年七月《史林》八卷四號中撰有〈關於達延汗的史實與傳說〉一文，嘗試調整蒙古史料尤以《蒙古源流》之所載，意欲使之與明史料之所載相符。此正如佐藤氏本身所言，因受到和田先生及萩原氏二說之刺激，以調停二者為志。和田說主張《蒙古源流》所載滿都魯・汗統治時期自癸未（一四六三年）至丁亥（一四六七年）實為十干之誤繫，當以乙未（一四七五年）至己亥（一四七九年）為正，為佐藤氏所採。次任博勒呼晉王之繼立則依《諸汗源流黃金史》同定於己亥，其卒年《蒙古源流》載為庚寅（一四七〇年），亦依和田說，推遲十二年訂正至壬寅（一四八二年）。博勒呼晉王之次則據《四夷考》等定為巴圖・蒙克繼立，其統治期間定為自壬寅起，迄《明實錄》所載小王子死去之成化二十三（一四八七）年。巴圖・蒙克之後視為由達延・汗即位，此則從萩原說，認為達延・汗即巴圖・蒙克之弟巴延・蒙克。至於達延・汗之卒年，佐藤氏認為應較《蒙古源流》所載之癸卯（一五四三年）早二輪，即前推二十四年之己卯（一五一九年）。此與萩原氏基於《國榷》所立之說，認為達延・汗死於正德十四年前半或十五年後半相一致。達延・汗死後，巴爾斯・博羅特篡立一事則從和田說，次任博迪・阿拉克・汗之即位年則採《萬曆武功錄》，定於辛巳（一五二一年）。

此立論未深究蒙古史料所採干支之根據，僅以原本之十二支為前提。其餘薄弱之論據亦自明史料中導出假說強行使之一致，再有不足處，則不加批判地採入可信度可疑之明方野史類如《四夷考》、《萬曆武功錄》等加以組合，似稍失之輕率。

就中，此說最大弱點，可說是巴圖．蒙克與巴延．蒙克之兄弟關係。佐藤氏雖承認蒙古史料常稱巴圖．蒙克即達延．汗，全不知其有弟巴延．蒙克一事，卻仍採用《蒙古源流》滿漢譯本中「歲次戊子，博勒呼濟農年二十九歲時，生巴延蒙克」此一謬誤論據。若置巴延．蒙克之生於戊子（一四六八年），則丁未（一四八七年）時年十九，與甲申（一四六四年）出生，庚子（一四八〇）滿十九歲即位之巴圖．蒙克，佐藤氏認為二者即位時為同齡，主張此即兄弟遭混為一人之最大原因。

惟此蓋佐藤氏之誤算。應注意，若生於戊子，則丁未（一四八七年）時並非十九歲乃二十歲。無論如何，更不可忘記，視博勒呼晉王與達延．汗間脫漏一代可汗之佐藤說，於明、蒙古雙方之史料皆難覓得積極證據。

佐藤氏最後提及兀良罕征伐，從萩原說，主張此並非達延．汗之事業，乃博迪．阿拉克．汗之功績。舉前引《蒙古源流》漢譯本所載「致信巴爾斯．博羅特濟農之子」為證，視其為已死，並言依蒙文原本訂正之「己之子巴爾斯博羅特．晉王」為江氏之誤譯。此做法過於恣意，依從滿文本及其重譯之漢文本，改易蒙文本所載，難免本末倒置之謗。

總而言之，佐藤氏認為，蒙古史料所描繪之達延．汗為揉合了他認為是博羅特晉王之子，即達延．汗之兄之巴圖．蒙克、達延．汗本身、以及博迪．阿拉克．汗三代事蹟而成，其中又以巴延．蒙克．達延．汗為核心，從而《蒙古源流》之記載與其說是史實，更像是傳說，因此不可持此以繩律明朝之所載。

以上所舉已概觀日本過去各項研究成果，首先有一事可留意：各個學者常引用之所謂蒙古史料，幾皆限於《蒙古源流》一書，且明顯傾向依賴漢譯本而非直接使用蒙文原本。抑且著者更欲指出者，各學者批判之對象，與其說是《蒙古源流》之內容，更在於其所載事件之年代，並急於逕將其與明史料比較以判定其確否，至於究明《蒙古源流》所載年代，尤以干支在其中具何種意義，又如何導出等基礎努力反極為輕忽。無論如何，先依蒙古史料字面為準正確理解其內容，辨別其中可信部分與不可信部分，之後乃對照明史料，如此順序方為妥當。且蒙古史料亦非僅只《蒙古源流》，現存猶有其他諸多編年史，諸書所載時或與《蒙古源流》大異其趣，欲論蒙古史料不可不將之全列為對象。後文即說明此事。

二、各種蒙文編年史

和田先生之研究已闡明，明末南蒙古共可分為左右翼各具三萬戶之六國並立，各自擁戴各自之可汗，此發現今日已是有名之事實[11]。

首先，相當於現在伊克·昭盟（Yeke ǰuu）的鄂爾多斯（Ordos）萬戶是右翼晉王的親部。以其東的歸化城（Köke qota）為中心的是土默特（Tümed）萬戶，順義王以此地為根據。再往東，在相當於現在察哈爾（Čaqar）和蘇尼特（Sönid）[9]兩部之地至灤河流域一帶的是喀喇沁（Qaračin）萬戶。這三國形成右翼。至於左翼，與喀喇沁東境接壤，位於老哈河和大凌河流域一帶的是察哈爾（Čaqar）萬戶，屬於北元可汗的親部。其東北方的南喀爾喀（Qalqa）萬戶，占據從西遼河（Sira mören）流域至現在哲里木盟（J̌erim）的科爾沁（Qorčin）諸旗的牧地。再向北的嫩江流域是科爾沁（Qorčin）萬戶的疆域[12]（參照地圖六）。

當中，除最末科爾沁萬戶是成吉思·汗次弟拙赤·合撒兒（J̌oči qasar）之子孫外，餘五國諸王皆是達延·汗的後裔。鄂爾多斯由達延·汗三子巴爾斯·博羅特（Barsubolad）的嫡系子孫世代稱晉王；土默特是巴爾斯·博羅特次子阿勒坦（Altan）的封地，代代擁有格根汗稱號；喀喇沁是四子巴雅斯哈勒（Bayisaqal）的後裔，世襲昆都倫·汗（Köndelen qayan）的稱號。

9 蘇尼特：《元史》作「雪泥」、《元朝秘史》作「雪你惕」，四庫本作「蘇尼特」。

右翼的察哈爾不用說，是達延・汗長孫博迪・阿拉克・汗（Bodi alaγ qaγan）子孫之所領；南喀爾喀是達延・汗第五子阿爾楚・博羅特（Alǰu bolad）的後裔，分為五部（tabun otoγ），當中扎魯特（J̌arud）部長襲稱可汗。延伸至北蒙古的北喀爾喀（Qalqa）同樣也是達延・汗的子孫，明末時並立的三汗：扎薩克圖・汗（J̌asaγtu qaγan）、土謝圖・汗（Tüsiyetü qaγan）、車臣・汗（Čečen qaγan）也全都繼承了達延・汗末子格哷森扎（Geresenǰe）的血統（參照世系圖四）。

如是，南蒙古五國與北蒙古三汗皆是達延・汗之子孫，各國似皆各有其豐富的紀錄。現在可利用的蒙古編年史中，確定撰於明代的，只有述說鄂爾多斯的成吉思・汗靈廟，即所謂八白室（Naiman čaγan ger）祭祀起源的《白史》（*Čaγan teüke*）[13]，入清代之後，陸續出現了許多基於明代蒙文記錄的編年史。這些蒙文編年史反映了各自著者的背景，內容上相互間差異不小，想必是保存了明代各萬戶各自記錄的傳統。以下區分各國，列舉該系統之編年史。

首先是鄂爾多斯的編年史。烏審（Ügüsin）部長薩岡・額爾克・徹辰皇太子（Saγang erke sečen qong tayiǰi）於康熙元（一六六二）年撰有（一）《諸汗源流寶史綱》（*Qad-un ündüsün-ü Erdeni-yin tobči*），即《蒙古源流》。這是現存明確知道編述年代的編年史當中最古老的著作，其特徵為充斥全篇到處可見的大量干支紀年[14]。

接下來是應屬土默特的編年史。由國師羅卜藏丹津（Blo bzang bstan 'dzin kemegdekü guusi）所著的（二）《黃金史》（*Altan tobči kemegdekü šastir*）[10]，即《阿勒坦・托卜赤》[15]。成書年代不明，但從內容判斷，大約是在康熙十四（一六七五）年左右，在《蒙古源流》之後一時代[16]。同名的國師於康熙六（一六六七）年受歸化城的喇嘛・阿旺羅卜藏（Ngag dbang blo bzang）之囑託，著有介紹五臺山的《文

10 此處岡田教授之譯字為《黃金史綱》，意即釋蒙文 tobči 作「綱要」解。譯文仍從漢語界慣例作《黃金史》。

殊志》（*Uta-yin tabun ayulan-u orosil süsügten-ü čikin čimeg orosiba*），想必他是出身歸化城的人(17)。也難怪對於曾一度占據歸化城的察哈爾的林丹・汗（Lingdan qayan）其冗長的稱號，《黃金史》能完整記錄，並詳敘土默特東鄰的喀喇沁投降清太宗的過程。書中所載無論紀年或記事皆異乎《蒙古源流》，可見二者所據史料完全不同。

基於該《黃金史》而簡略之者，為無名氏所撰之（三）《諸汗源流黃金史》（*Qad-un ündüsün-ü Quriyangγui altan tobči*），即《略木阿勒坦・托卜赤》，俗稱或亦作《黃金史》[11]，已有多種刊本(18)。其史料價值當然不及羅卜藏丹津的《黃金史》。

喀喇沁系的編年史，則有雍正十三（一七三五）年由鑲紅旗蒙古都統羅密（Lomi）所撰的（四）《蒙古博爾濟吉忒氏族譜》（*Mongγol borǰigid oboγ-un teüke*）。羅密是喀喇沁巴雅斯哈勒・昆都楞・汗（**Bayasqal kündülen qayan）之八世孫，為正藍旗蒙古左參領第十三佐領之人(19)。初為廕生(20)，康熙、雍正之交似曾一時任理藩院郎中。雍正二（一七二四）年十二月，改直隸守道為直隸布政使司，羅密為首任布政使(21)，雍正三（一七二五）年調還北京(22)。至雍正五（一七二七）年七月，羅密任鑲白旗蒙古副都統(23)，雍正十（一七三二）年十月，緣事革職(24)。雍正十三（一七三五）年四月，再調鑲紅旗蒙古副都統(25)，同年五月陞都統(26)。乾隆二（一七三七）年二月似調任他職，尋於六月再任鑲白旗蒙古都統，乾隆三（一七三八）年十一月退休(27)。卒年未詳。

羅密所撰之編年史有雍正十三（一七三五）年八月朔之序，初以滿洲語寫成，今可得見者但為標有道光十九（一八三九）年三月十五日之蒙語譯及民國二十三（一九三四）年由張爾田刊行、名為《蒙古

---

11 此書在日本略稱作《黃金史》或《アルタン・トブチ》，後者與前一書略稱同名，漢語界或略稱作《黃金史綱》則恰與岡田教授此處用字相反。此書稱為略本蓋因"Die kurze Goldene Chronik"（Brief Golden History）之稱。羅卜藏丹津之《黃金史》雖或較早撰就，而較晚為世人所知，故羅卜藏丹津之書反俗稱作"Altan Tobchi Nova"。

世系譜》之漢譯本(28)。該書記事內容大抵與《黃金史》一致，但紀年則近於《蒙古源流》。自右翼三國中喀喇沁之文化位置這個角度觀之，甚有興味。

至於左翼的編年史，察哈爾有（五）《恆河之流》（*Gangga-yin urusqal*）(29)。這是雍正三（一七二五）年，由烏珠穆沁右翼旗的和碩．車臣親王察罕．巴拜之孫袞布扎布（Gombočab）所撰。烏珠穆沁是博迪．阿拉克．汗三子翁袞．都喇爾（Ongγon dural）的封地，也就是察哈爾的別部。著者是達延．汗的第九世孫，為理藩院唐古忒學（藏語學校）[12]教習，通漢、滿、蒙、藏語。《恆河之流》所記非常簡單，但無論是紀年或內容都很獨樹一格。

南喀爾喀編年史有二。其一為（六）《金輪千輻》（*Altan kürdün mingγan kegesütü bičig*），由扎魯特部的灌頂國師答里麻（Siregetü guusi dharma）於乾隆四（一七三九）年撰就(30)；再則為（七）《水晶念珠》（*Bolor erike*），由巴林部的喇什朋素克（Rasipungsuγ）於乾隆四十（一七七五）年撰就(31)。喇什朋素克是巴林右翼旗扎薩克．多羅郡王色布騰之五世孫，達延．汗為其十一世祖。兩書之紀年皆與《恆河之流》一致，記事內容之共通處亦多。若由南喀爾喀於明代屬於察哈爾．汗所管觀之，其理甚明。

最後，北喀爾喀的史書當中，最古老的是由善巴．額爾克．岱青（Byamba erke dayičing），也就是喀爾喀的信順厄爾克戴青諾顏善巴，於康熙十六（一六七七）年所著的（八）《名為彌勒的歷史》（*Asaraγči neretü teüke*），即《阿薩喇克齊史》(32)。善巴的部族在之後的雍正九（一七三一）年獨立為賽因．諾顏部（Sayin noyan），其七世祖為達延．汗。本書所利用之史料似與《黃金史》相同，故無論紀年或內容皆與《黃金史》相近，自土默特與北喀爾喀於地理、政治、文化上之親近關係觀之，亦屬理之自然。（九）《青春喜宴》（*J̌alaγus-un qurim*）(33)。當中有借自前述《阿薩喇克齊史》處，且所記系譜詳於

12 此時所謂唐古忒（滿：Tanggūt，蒙：Tangγud），僅用以作青藏等處藏民之代稱，已非此字初時所指之西夏。

北喀爾喀，是則當為該處人之作品。著者與成書年份皆未載，但從系譜中的人物終於康熙四十（一七〇一）年在世之人為止，可以判斷這應是該年之著作。紀年與內容皆近於鄂爾多斯之《蒙古源流》。

將這本《青春喜宴》加以相當多量之補增後完成者，為無名氏所撰之（十）《黃史》（*Sira tuγuǰi*）(34)。增補部分關於北喀爾喀系譜之記述尤多，如此看來，這應該也是北喀爾喀的編年史。應注意者，《蒙古源流》書跋中，其所據史料第七項所舉之《古代蒙古汗統大黃史》（*Erten-ü mongγol-un qad-un ündüsün-ü Yeke sir-a tuγuǰi*），名雖同而實為相異二書。

上述十種著作外，仍存在其他蒙文編年史，但皆為十九世紀以後所撰成，史料價值低，姑置不論。

由上所述顯然可見，蒙文編年史，無論是紀年或記事內容，各自皆可歸於三系統，而《蒙古源流》、《黃金史》、《恆河之流》分別是各系統的代表。若將這三類分別命名為鄂爾多斯系、土默特系、察哈爾系，則喀喇沁、北喀爾喀的史書如《阿薩喇克齊史》完全屬於土默特系，像《蒙古世系譜》則同時受到土默特與鄂爾多斯兩系影響，至於《青春喜宴》則完全依從鄂爾多斯系所載。同時，左翼南喀爾喀的編年史與這些右翼系的傳承沒有交集，可看作屬於察哈爾系。這三系統所載有何不同，下文首先針對紀年進行論述。

三、至滿都魯為止的北元汗紀年

在達延・汗之前的可汗當中，在位年份最為明確的，正如第一節〈過去的研究〉中已提及的，是滿都魯。據《明憲宗實錄》卷一百四十六，成化十一（一四七五）年十月己卯條：

> 勅英國公張懋等曰，近聞北虜滿都魯，僭立名號，吞併別部，驅散朶顏三衛，設或被其逼從為之嚮導，遺患非小。爾等其悉心訓練官軍，仍會議軍中因革事宜，奏聞區處……。

可見此時滿都魯稱汗已為人所知。同書卷一百九十二，成化十五（一四七九）年七月庚辰條：

> 朵顏、福餘、泰寧三衛虜酋，各奏報，迤北滿都魯、乩加思蘭已死。且請從便途入貢，并求開市……。

記載了滿都魯的死訊。關於滿都魯・汗的年代，三系統的蒙文史料又如何記載？在論述這個問題之前，首先必須從明初以來歷代可汗的年代開始說起。

土默特系的編年史代表，首先拿羅卜藏丹津的《黃金史》來看。不用說，惠宗（順帝）北奔，大都陷入明軍之手，是元朝至正二十八年戊申（一三六八年）的事，而惠宗殂於應昌之年則在庚戌（一三七〇年）。關於這些年份，蒙文史書中亦皆全無異，因此可以此作為出發點，從接下來的昭宗愛猷識理達臘（**Āyuśrīdhara）開始，將《黃金史》中出現的十二支紀年逐個換算(35)。[13]

（一）妥懽・貼睦爾・汗（惠宗）之子必里格圖・汗（昭宗）[14]，同年戌年（一三七〇年）於應昌城即大位。閱九年，午年（一三七八年）崩。

（二）兀思哈勒・汗（天元帝）[15]於同年午年（一三七八年）即大位。閱十一年，辰年（一三八八年）崩。

（三）其後，同年（一三八八年），卓里克圖・汗（也速迭兒）[16]即大位。閱四年，未年（一三九一

13 以下諸項之尊號、人名等，原書逕用片假名表達。譯字則酌採四庫本《蒙古源流》、札奇斯欽《蒙古黃金史譯註》、烏蘭《蒙古源流研究》。烏蘭用字較叶元明譯字，惟本書譯文仍以四庫本用字優先，部分顧及協調感則採烏蘭教授譯字。又，原書括號後所附漢字為明人史料用字，正項則書以蒙文音譯之片假名。

14 必里格圖：**Bilig-tü**，蒙語尊號，意為「博聞強記的，聰敏的」。譯字從札奇斯欽。

15 兀思哈勒：Usqal，蒙語尊號，意為「謙恭和藹的」。譯字從札奇斯欽、烏蘭。

16 卓里克圖：J̌oriγtu，蒙語尊號，意為「有志氣」。譯字從四庫本。

年）崩。

（四）恩克・汗[17]在位四年（一三九一—一三九四年）。

（五）其後，同年戌年（一三九四年），額勒伯克・汗[18]即大位。……即帝位後閱六年，於卯年(36)（一三九九年）見害於瓦剌之巴圖拉[19]丞相與烏格齊・哈什哈[20]而崩。

（六）其後，托歡・汗（坤帖木兒）[21]於同年即大位。閱四年，午年（一四〇二年）崩。

（七）其後，兀雷・帖木兒・汗（本雅失里）[22]於同年即大位。閱三年，寅年（一四一〇年）崩。

（八）其後，翌年卯年（一四一一年），德勒伯克・汗（答里巴）[23]即位。閱五年，未年（一四一五年）崩。

（九）其後，同未年（一四一五年），斡亦剌台・汗[24]即大位。第十一年巳年（一四二五年）崩。

（十）其後，同巳年（一四二五年），阿岱・汗（阿台）[25]即大位。……阿岱・汗即大位閱十四年後之午年（一四三八年），可汗崩於瓦剌脫歡太師[26]之手。

17 恩克：Engke，蒙語尊號，意為「平安的」。譯字從四庫本。
18 額勒伯克：Elbeg，蒙語尊號，意為「豐裕的」。譯字從四庫本。
19 巴圖拉：Batula。譯字從四庫本。
20 烏格齊・哈什哈：Ügeči qašq-a。譯字從四庫本。
21 托歡：Toγoγan，蒙語「鍋」。譯字從札奇斯欽。
22 《黃金史》此處作「Olui-Temür」（オロイ・テムル），當屬訛字，說詳本章後文。此處依原書譯，譯字從札奇斯欽。
23 德勒伯克：Delbeg，譯字從四庫本。他書或作Dalbaγ、Dalba，即明人譯「答里巴」。原書概採Dalbaγ（ダルバク），未採Delbeg。亦見烏蘭《蒙古源流研究》第五卷註二四。後文遇ダルバク則譯作德勒伯克，ダルバ作答里巴。
24 斡亦剌台：Oyiradai。譯字從札奇斯欽。
25 阿岱：Adai。譯字從四庫本。明人稱為「阿台王子」。
26 脫歡：Toγon，明人譯字。四庫本「托歡」。因其名似「鍋」而有相關傳說，詳下文。亦參烏蘭《蒙古源流研究》第五卷註三二。

（十一）其後，同午年（一四三八年），太松・汗（脫脫不花）[27]即大位。……申年（一四五二年）崩於火魯剌[28]之沙不丹[29]之手。即帝位歷十五年。

（十二）其後，馬嘎古兒乞・汗（馬兒可兒吉思）[30]即大位。在位八年崩於酉年（一四六五年）。

（十三）其後……毛里孩[31]舉莫蘭・汗[32]……於酉年（一四六五年）即大位。……戌年（一四六六年），可汗崩於毛里孩之手。

（十四）其後，滿都魯・汗[33]於未年（一四七五年）即大位於哈撒闌台山梁[34]。……滿都魯・汗在帝位五年，亥年（一四七九年）崩。

至此《黃金史》所載之滿都魯・汗年代遂與前引《明實錄》所載完全一致。至於其他可汗之年代，亦多半與和田先生之研究結果相符，唯一較可疑的是斡亦剌台・汗之歿年。據《明太宗實錄》卷二百六十七，永樂二十二（一四二四）年正月甲申條所見之忠勇王金忠所言，斡亦剌台・汗之歿年似是遲了二、三年[37]。

仔細看過之後會發現，兀思哈勒・汗與托歡・汗之間共有三汗相繼，與《明太宗實錄》卷五十二、

---

27 太松：Tayisung。譯字從《蒙古世系譜》，字意源自漢語廟號「太宗」。其名Toγtoγa buq-a明人稱「脫脫不花」。

28 火魯剌：Qorlad，元史用字，清譯郭爾羅斯部Γorlos。

29 沙不丹：Čabdan，譯字從《明實錄》。

30 《黃金史》此處作「Maγa-gürgi」（日譯：マガコルギ），其人即「馬兒可兒吉思」，說詳後。此處譯字從札奇斯欽。

31 毛里孩：Maγuliqai，他書或作Moliqai。譯字從明人史料。

32 莫蘭：Molun，四庫本作「摩倫」。惟原書此處作「モーラン」，故依烏蘭《蒙古源流研究》譯作「莫蘭」。日文原書另有數種異體，尾音皆作「ラン」，故仍一概以「莫蘭」譯之。

33 滿都魯：Manduγuli（日譯：マンドゥーリ），或作Manduγulun、Manduγul。日文原書為示版本之別而有三種拼寫，因差別相對不大，此處僅採明人史料中「滿都魯」一詞對譯三者。

34 哈撒闌台：Γasarantai。譯字從札奇斯欽。

永樂四（一四〇五年）三月辛丑條所載自昭宗至鬼力赤止共七主，以及卷七十七、永樂六（一四〇七田）三月辛酉條所載自昭宗至坤帖木兒止共有六輩相符，因此應屬可信[38]。再，托歡・汗歿年一四〇二年與兀雷・帖木兒・汗[39]即位年一四〇八年間置有汗位虛懸，應是因為此間在位之兀魯克・帖木兒（鬼力赤）・汗為異姓，故筆削之。不見也先・汗恐亦屬同理。因而自太松・汗歿年一四五二年起，至馬嘎古兒乞・汗即位年一四五八年止，亦有約六年之空白。

從敘述的形式面看來，《黃金史》紀年特徵為：一、除少數例外，皆反覆書以「其後，同年之某年，某大汗即大位。閱幾年，某年崩」（tegün-ü qoyina mön on —— ǰil-dür —— qaγan yeke oro saγuba: —— on bolǰu —— ǰil-e tngri bolba:）之形式；二、除必里格圖・汗外，皆未載前後可汗間之血緣關係；三、除答里巴・汗與空位外，前可汗殂落之年即置為嗣汗即位之年；四、紀年僅用十二支。可推測，這應是直接抄寫土默特所流傳之王名表，忠實傳達其形式與內容。

那麼，鄂爾多斯系的《蒙古源流》又是如何？舉昭宗為例，《蒙古源流》的記載如下：

其子必里格圖・汗，戊寅年（一三三八年）生，歲次辛亥（一三七一年），年三十四歲即位，在位八年，歲次戊午（一三七八年），年四十一歲崩。（tegünü köbegün Bilig-tü qaγan u bars ǰiltei: γučin dörben-iyen sin γaqai ǰil-e qan saγuǰu: naiman ǰil boluγad: döčin nigen-iyen uu morin ǰil-e qalibai:）

其紀年特徵必包含下列七要素：一、親屬關係；二、生年干支；三、即位時之年齡；四、即位時之干支；五、在位年數；六、享年；七、卒年之干支。與《黃金史》最大相異在將嗣可汗即位年份書於前可汗殂落之翌年，結果，各可汗在位年數皆較《黃金史》所載少一年。這應是因鄂爾多斯所流傳之王名表即如此之故。為省去將《蒙古源流》一一譯出的麻煩，此處將當中所載各可汗之生年、即位、卒年之干支，及在位年數整理成一覽表[40]：

	汗名	生年	即位	卒年	在位年數
1	必里格圖・汗	戊寅	辛亥	戊午	八年
2	兀思哈勒・汗	壬午	己未	戊辰	十年
3	恩克・卓里克圖・汗	己亥	己巳	壬申	四年
4	額勒伯克・尼古埒蘇克齊・汗[35]	辛丑	癸酉	己卯	七年
5	坤・帖木兒・汗	丁巳	庚辰	壬午	三年
6	完者・帖木兒・汗[36]	己未	癸未	庚寅	八年
7	德勒伯克・汗	乙亥	辛卯	乙未	五年
8	額色庫・汗[37]	丁卯	乙未	乙巳	十一年
9	阿岱・汗 （一）	丙辰	庚寅		
	（二）	庚午	丙午	戊午	十三年
10	太松・汗	壬寅	己未	壬申	十四年
11	也先・汗[38]	丁亥	戊午		
12	馬兒可兒吉思・兀客克圖・汗[39]	丙寅	壬申	癸酉	

35 尼古埒蘇克齊：Nigülesügči，意為「善人」。譯字從四庫本。

36 完者帖木兒：Öljei-Temür，öljei意為「福德吉祥」，其對應梵語puṇyaśrī即明人譯「本雅失里」。譯字從烏蘭。《黃金史》之Olui-Temür，當即Öljei-Temür之訛字。

37 額色庫：Esegü。譯字從四庫本。

38 也先：Esen。譯字從明人史料。

39 馬兒可兒吉思：《黃金史》用字為Maγa-gürgi（日譯：マガコルギ），札奇斯欽譯作「馬嘎・古兒乞」。而《蒙古源流》作Mar-gürgis，即明人或作「麻兒可兒」「馬兒可兒吉思／馬兒苦兒吉思」等。其名或與景教有關。參見伯希和〈唐元時代中亞及東亞之基督教徒〉（漢譯見《西域南海史地考證譯叢》（上海，商務，一九三四）。兀客克圖：Ükeg-tü，意為「在小櫃裡的」。譯字從烏蘭。參見烏蘭《蒙古源流研究》第五卷註六五。

13	莫蘭・汗	丁巳	癸酉	甲戌	二年
14	滿都魯・汗	丙午	癸未	丁亥	五年

未沿上述形式記載之紀年則不入此表。例如也先・汗之卒年，據《蒙古源流》文本之前後關係可以明顯看出是壬申（一四五二年），但因未沿著上述形式記載，故不採。又太松・汗死後，《蒙古源流》文本中雖載有阿噶巴爾濟晉王曾一度登上汗位，惟未從前述形式故除之。

將本表與前此譯出之《黃金史》比較，可見數點差異：首先，（一）《蒙古源流》將《黃金史》之卓里克圖・汗與恩克・汗二人視為一人，稱作恩克・卓里克圖・汗，因此少了一代；（二）完者・帖木兒・汗之統治時期向前延伸，涵蓋了兀魯克・帖木兒・汗之在位期間；（三）額色庫・汗與也先・汗二異姓可汗亦各自算為一代；（四）似乎因據傳阿岱・汗於一四一〇年，完者・帖木兒・汗敗亡後承立，阿岱・汗之即位年重複記有庚寅與丙午二種；（五）馬兒可兒吉思・兀客克圖・汗之死應於乙酉（一四七五年），卻記作癸酉（一四五三年），早了十二年，結果，之後二汗之年代皆比《黃金史》早十二年，滿都魯・汗在位期間亦非記作一四七五－一四七九年，而誤記作一四六三－一四六七年。

雖然《蒙古源流》的正確性不如《黃金史》，但若只看卒年的十二支，則相當一致。和田先生慧眼明鑑，早已指出這是因為當初僅以十二支記載的年份，在配合上十干之時產生了錯誤所致[41]。如果是這樣的話，鄂爾多斯所流傳的王名表，想必其原貌與《黃金史》相距不遠。唯一相異處，即生年干支及以此為準推算出的即位時年齡與享年，關於這一點，稍後會更進一步討論。

相較於前二者，察哈爾系《恆河之流》之紀年則獨放異彩。幸而其文極為簡單扼要，明顯的脫誤亦可參照《金輪千輻》與《水晶數珠》予以訂正，以下將其全文譯出[42]。括弧內為原文之小字註記部分。

（一）後戌年，昭宗皇帝必里格圖・汗・愛猷識理達臘即大位。經九年，於戊午年（洪武十一年）

崩後，

（二）翌年，其子兀思哈勒·汗即大位，經十年，於戊辰年（洪武二十一年）崩。

（三）翌年，其子卓里克圖·汗即大位，經三年，於辛未年（洪武二十四年）崩。

（四）翌壬申年，其子恩克·額勒伯克·尼古埒蘇克齊·汗即大位，經六年，於丁丑年（洪武三十年）見害於泰赤烏、瓦刺之巴圖拉丞相與烏格齊·哈什哈二臣而崩。

（五）同年，其子庫克·帖木兒（**Köke-temür）（一書作坤·帖木兒，一書作托歡·汗）·汗即大位，經三年，於己卯年（建文元年）崩。

（六）同年，完者·帖木兒（坤·帖木兒之弟）汗（亦稱完者禿·汗）即大位，經九年，於丁亥年（永樂五年）崩。

（七）同年其子答里巴·汗即大位，經五年，於辛卯年（永樂九年）崩。

（八）同年，其子斡亦刺台·汗即大位，經十一年，於辛丑年（永樂十九年）崩。

（九）同年，其子阿岱·汗在位十四年。可汗伐瓦刺，置巴圖拉等於法而復仇。甲寅年（宣德九年），見害於巴圖拉之子脫歡太師而崩。

（十）同年，其子岱總·汗[40]即大位。經十五年，戊辰年（正統十三年），見害於火魯刺之沙不丹而崩，二子伊里、答里[41]同遇害。滿都·兀爾魯克[42]等伐沙不丹正之於法。

（十一）其後，黃金家族可汗後裔之馬嘎古里·汗[43]即大位，翌年巳年崩（無嗣）。

40 岱總：即前述之太松。原書區分 Tayisung 與 Tayizung，故採四庫本《蒙古源流》譯字對應後者。
41 伊里：Ili。答里：Dali。譯字從札奇斯欽。
42 滿都兀爾魯克：Mandu-Ürlüg，意為「興旺的主將」。譯字從札奇斯欽。此處岡田作「Mendü-Örlög」。
43 馬嘎古里：即前述之馬嘎古兒乞或馬兒可兒吉思。此處作Maykōri，姑譯「馬嘎古里」以對應。

（十二）同年，岱總・汗之子莫蘭・汗由阿巴噶之毛里孩・王（漢語之王）[44]奉之即帝位，而可汗信讒言，於第十一年己卯（天順三年）襲毛里孩，力不及而崩於彼手（無嗣）。

（十三）同年，岱總・汗異母弟滿都魯即大位，經四年，於癸未年（天順七年）崩（無嗣）。

意即，滿都魯之年代，即位與卒年皆較實際早十六年。為探究如此誤差由何而來，比較前述《黃金史》與《蒙古源流》之紀年，可見得：（一）首先，因將《黃金史》中恩克・汗與額勒伯克・汗二人混作一人故，脫漏前者在位之三年；（二）續之則德勒伯克・汗之在位期間雖與《黃金史》所載同為五年，惟因將其即位年置於完者・帖木兒・汗之卒年，遂又減去一年；（三）莫蘭・汗之死，依《黃金史》，在太松・汗死之十四年後，而《恆河之流》置於十一年後，又少三年；（四）又漏去滿都魯・汗即位前之九年汗位虛懸期，故合計不足十六年。

揣想其由，誤差之所生應是由於利用原本僅記有在位年數之王名表，試圖決定絕對年代之結果，故各可汗之在位年數與《黃金史》幾乎相同。其顯著不同者，莫蘭・汗在位應僅二年，被記成長達十一年，反之馬兒可兒吉思・汗之統治時期卻被縮短成僅只二年，這也可以視為是前後二汗在位年數的相互誤記。換言之，原本的王名表中應該是馬兒可兒吉思・汗在位十一年，莫蘭・汗在位二年，即原本作一四五五年馬兒可兒吉思・汗立，一四六五年卒而莫蘭・汗立。一四五五年這年分比起《黃金史》所載的一四五八年，更符合《明實錄》的記載(43)。即，在察哈爾的王名表中，也先・汗統治時期的一四五三—一四五四年，應列為虛懸。

以上分析了土默特、鄂爾多斯、察哈爾三系統的紀年，闡明其各自基於獨自的王名表構成，簡單整

44 阿巴噶之毛里孩王：Abaγ-a-yin Mooliqai ong，Abaγ-a指伯叔，此當指成吉思汗諸弟裔之諸侯，ong即漢語「王」。此Abaγ-a或稍似《春秋》同姓諸侯稱叔伯之例。

理結論如下：（一）《黃金史》採用的是土默特所傳的王名表，當中不包含異姓的可汗，而其餘各代之附記、即位年之干支、在位年數、卒年之十二支等記載最為正確；（二）作為《蒙古源流》基礎之鄂爾多斯所傳王名表，本來與土默特本相似，但在生年加上了干支，並為配合生年干支而將即位與死去之年次也配上了十干，遂使馬兒可兒吉思・汗之卒年及其後之干支皆提早了十二年；（三）察哈爾的王名表原本僅記載了各汗的在位年數。

先將上述見解置於心中，接下來再針對滿都魯・汗死後相繼四代可汗的年代進行論述。

四、至博迪・阿拉克・汗之四代紀年

蒙古各編年史所載年代首度一致的是達延・汗的孫子博迪・阿拉克・汗，即明人所謂的卜赤之卒年。《黃金史》記載：

博迪・阿拉克・汗在位二十四年，於未年七月十五日崩於卓都龍・溫都兒[45](44)。

雖然以月、日標示，但只靠這些不足以判斷是哪一個未年。而《蒙古源流》則記載：

在位四年，歲次丁未（一五四七年），年四十四歲殁(45)。

這裡相當於一五四七年。檢《恆河之流》所載：

45 卓都龍・溫都兒：Jodulung öndür，卓都龍山。譯字從札奇斯欽。

博迪・阿拉克・汗在位四十三年，五十歲時，於丁未年（嘉靖二十八年）(46)。

明朝的年號雖誤記了二年，但同樣是丁未年，即一五四七年。

根據和田先生的研究，《明世宗實錄》卷三百七十，嘉靖三十（一五五一）年二月甲戌條，北虜小王子打來孫，也就是博迪・阿拉克・汗的嗣子達賚遜・庫登・汗[46]，從數年前就開始侵駐遼西的三岔河(47)，幾乎可以確定他的父汗歿於一五四七年。如此看來，達延・汗的統治期間應介於一四七九年滿都魯・汗卒後，以迄一五四七年博迪・阿拉克・汗死之六十八年間。

若依蒙古史料，此期間共有四代可汗相繼即位。據《黃金史》所載：（一）滿都魯・汗死後，博勒呼晉王立為可汗；（二）博勒呼死後，其子達延・汗即位；（三）達延・汗死後，其第三子巴爾斯・博羅特曾一度篡位，但（四）不久後受左翼萬戶奉戴的達延・汗長孫博迪・阿拉克逼其退位。《恆河之流》的記載也完全相同，列舉了（一）博勒呼晉王、（二）賽因・達雲・汗[47]、（三）巴爾斯・博羅特、（四）博迪・阿拉克・汗四代。

唯一相異的是《蒙古源流》之所記，首先，未明言博勒呼晉王即位的事實，即：

巴延・蒙克・博勒呼晉王，自二十九歲之戊子年（一四六八年）閱三年，歲次庚寅（一四七〇年），三十一歲，為永謝布之克哩葉、察罕、帖木兒、蒙克、哈喇・巴歹五人[48]所害而薨(48)。

---

46 達賚遜庫登：Daraisun küdeng。譯字從四庫本。
47 達雲：Dayun／ダユン，與他處書作Dayan／ダヤン相異。參見烏蘭《蒙古源流研究》第五卷註八五。
48 克哩葉、察罕、帖木兒、蒙克、哈喇・巴歹：分別為Keriy-e、Čayan、Temür、Möngke、Qara badai。

僅此而已。戊子年是《蒙古源流》中滿都魯・汗歿年丁亥（一四六七）年之翌年，這種寫法與上一節所說的鄂爾多斯系王名表用於諸可汗間者完全相同。恐怕原本的王名表應該是記有博勒呼晉王於子年即汗位一事。

然而，《蒙古源流》的特異點不止於此。當中記載，達延・汗死後，立即由嫡孫博迪・阿拉克・汗即位，全未觸及巴爾斯・博羅特之篡位。和田先生指出，這是由於《蒙古源流》的作者是巴爾斯・博羅特的子孫，因此刻意隱瞞祖先篡奪汗位的惡行。和田先生也指出，《蒙古源流》當中亦載有博迪・阿拉克・汗欲滅右翼三萬戶而未果一事，也是這個篡位事件的餘波[49]。

這樣看來，可知蒙古的史書同樣顯示了四代可汗的存在，另一方面，明方記載也有：（一）成化十七（一四八一）年五月己亥於《明實錄》中初見，而於成化二十三（一四八七）年載其死的小王子，《四夷考》等將其稱作把禿猛可；（二）翌年弘治元（一四八八）年，稱號大元大可汗的小王子是伯顏猛可王；（三）其死後，《四夷考》等記載其仲子阿著曾一度篡立；（四）阿著不久即死，眾人立卜赤，共四代可汗。當中可確定者，阿著為巴爾斯・博羅特晉王，而卜赤是博迪・阿拉克・汗，如此一來，一四八七年死去的小王子無疑是博勒呼晉王，而接下來的伯顏猛可王無疑就是達延・汗。

假設博勒呼晉王的確死於一四八七年，那麼下面探討蒙古史料中是如何記載之後三可汗的年代。首先關於達延・汗，《黃金史》的記載如下：

> 達雲・汗在位三十七年，四十四歲時崩[50]。

《黃金史》另記有此可汗即位時年僅七歲，因此四十四歲為其在位之第三十八年。這個在位年數與《恆河之流》所載相同：

> 經三十八年，四十四歲時，甲子（弘治十七）年崩[51]。

如上一節已論，《恆河之流》紀年之淵源察哈爾所傳之王名表，當中無干支，僅記在位年數。因此，若採信這個三十八年的記載，那麼從一四八七年起算第三十八年為一五二四年，相當於嘉靖三年甲申。

接下來關於巴爾斯・博羅特晉王，《黃金史》當中完全沒有記載他的在位年數。這暗示著他篡位的期間十分短暫。《恆河之流》當中也記載：

> 達雲・汗崩後，因博迪皇太子年猶幼，巴爾斯・博羅特守大位一閱月……[52]。

這項記載有助於推測。若採信一個月這個數字，那麼博迪・阿拉克・汗於一五二四年內正位的可能性極大。

如上所述，《黃金史》記載博迪・阿拉克・汗在位二十四年，從一五二四年起算第二十四年，正好是一五四七年。然而，《恆河之流》說博迪・阿拉克・汗在位四十三年，這當然有誤，不過是為了填補惠宗之後到滿都魯・汗即位為止的十六年差，而延長了博迪・阿拉克・汗的統治期間。同樣，《蒙古源流》記載博迪・阿拉克・汗在位四年，但這是視達延・汗的歿年為一五四三年，推算而得的結果，不足以採信。要言之，值得根據僅是《黃金史》中的達延・汗在位三十七年（正確應為三十八年），而博迪・阿拉克・汗在位二十四年的年數。這些都是在博勒呼晉王歿於一四八七年的前提之下，才能夠理解的紀年。

然而，這裡有一個難關。那就是蒙古編年史中所載的博勒呼晉王的歿年。《黃金史》中關於博勒呼晉王的述說如下：

> 其後，巴延・蒙克・博勒呼晉王汗於亥年即大位，閱四年……永謝布之數人，引巴延・蒙克・博勒呼晉王之馬絆，俘而害之，寅年崩[53]。

亥年指的是滿都魯・汗之歿年己亥，即一四七九年，故而博勒呼晉王見弒之四年後的寅年無疑指的是壬寅年，即一四八二年。《蒙古源流》所說已如前引，視其歿年為庚寅，相當於一四七〇年。而又如前節所說，此處紀年誤差十二年，故而庚寅實為壬寅，果然仍為一四八二年。《恆河之流》同樣稱其在位四年，所說如下：

> 岱總・汗之阿噶・巴爾濟晉王（漢語的王）[49]為瓦剌所害，而其子哈爾固楚克太子[50]娶瓦剌脫歡太師之子也先太師之女。……哈爾固楚克太子亡奔托摩克[51]富人家後，也先之女所生之巴延・蒙克・博勒呼晉王於該癸未年即大位，四年後之丙戌年（成化二年），永謝布部叛變，為彼等所害(54)。

若據前節所論，下推十六年，則博勒呼晉王之卒年仍是一四八二年。另一方面，明方所載，當指博勒呼晉王的小王子，死於成化二十三年，即一四八七年，二者間有五年的差異。這又是為什麼呢？

抱持這樣的疑問來檢視《蒙古源流》，會發現同樣在壬寅年，發生了兩件事。其一是達延・汗的正后滿都海・薛禪・可敦[52]生下了長子圖嚕・博羅特[53]和次子烏魯斯・博羅特[54]。另一件事則是札剌亦兒部呼圖克少師之女蘇密爾・可敦生下了格哷・博羅特[55](55)。後者姑置不論，主要針對滿都海・可敦及其所生的雙胞胎來試著思考。

---

49 阿噶・巴爾濟：Aγbarǰi，譯字從四庫本《蒙古源流》。參看本書第一章譯註七十一。
50 哈爾固楚克：Qarγučuγ，譯字從四庫本《蒙古源流》。
51 托摩克：Tomuγ，譯字改編自四庫本《蒙古源流》。即本書第一章提及之「托克馬克」。
52 滿都海：Manduqui。譯字從四庫本。
53 圖嚕・博羅特：Törö bolod，譯字從《表傳》。
54 烏魯斯・博羅特：Ulus bolod。譯字從四庫本《蒙古源流》。
55 呼圖克少師：Qutuγ šigüši。蘇密爾可敦：Sümir qatun。格哷・博羅特：Gerebolod。譯字部分從四庫本。

根據蒙古編年史一致的記載，達延·汗幼少時即離開父親博勒呼晉王的膝下，由巴勒噶沁部的巴該[56]扶養長大，後來又被唐拉噶爾部族的特穆爾·哈達克[57]收養，最後又被送到了滿都魯·汗的寡婦滿都海手裡。滿都海·可敦拒絕了科爾沁部兀捏孛羅王[58]的求婚，與達延·汗再婚，立他為可汗。

如此看來，壬寅之年相繼發生了（一）達延·汗結婚、（二）達延·汗即位、（三）長子和次子誕生，不免讓人感到十分混亂。再加上，滿都魯·汗的遺孀為何非得等到夫君死後三年的一四八二年才再婚，也令人不解。達延·汗自幼便與博勒呼晉王分開，若要娶滿都魯·汗的可敦為妻，應該不需要等到父親死後才來做這件事。

果不其然，《黃金史》當中記載：

> 其後，巴圖·蒙克·達延·汗七歲之時，滿都海·賽因·可敦使之與己結婚，同年亥年使之即帝位(56)。

亥年是滿都魯·汗歿而博勒呼晉王繼立的己亥，即一四七九年，因此，達延·汗在該年即位雖不正確，但應可以解釋為是達延·汗結婚的年份，意即滿都魯·汗死後，其可敦立刻與元裔的達延·汗結婚，希望藉此保存亡夫的勢力。由此看來，達延·汗結婚與即位之間，有一段很長的時間。

可想而知，壬寅年原本只視作達延·汗之長子與次子之生年而記載，但後來在決定達延·汗的年代時，王名表的作者想像同年中二子之母滿都海·可敦與達延·汗結婚，一方面擁立達延·汗的也是這位

56 巴勒噶沁：Balγačin。巴該：Baqai。譯字從四庫本《蒙古源流》。
57 唐拉噶爾：Tanglaγar。特穆爾·哈達克：Temür-qadaγ。譯字從四庫本《蒙古源流》。
58 兀捏孛羅王：Ünebolod ong。譯字從烏蘭。此處「孛羅」即四庫本之「博羅特」，仍請讀者留意。

可敦，因此也認為達延．汗的即位亦在該年內，又認為新可汗既立，必已是前可汗博勒呼晉王死後，因此將博勒呼晉王的卒年定為寅年。為了驗證這個假說，接下來整體地論述《蒙古源流》所載的干支。

五、《蒙古源流》中干支的性質

筆者曾經寫過一文，題為〈《蒙古源流》年表稿〉，整理了《蒙古源流》中頻出的干支紀年，闡明該書作者所抱之年代觀[57]。現在看到同表，與明代蒙古史相關的干支是從戊寅（一三三八）的昭宗愛猷識理達臘．必里格圖．汗誕生開始。從該年開始，迄博迪．阿拉克．汗歿年一五四七年，即嘉靖二十六年丁未為止，其間出現的干支，依發生事件的性質而分類，除了兩個例外，各自可分入下述二群中：

（一）可汗、晉王之生年、即位年、卒年；

（二）達延．汗之祖先及子孫之生年。

例外之一為達延．汗長子圖嚕．博羅特之卒年癸未（一五二三年），另一則為滿都海．薛禪．可敦生年之戊午（一四三八年）。前者因為是博迪．阿拉克．汗的父親，以（一）為準，後者則因是達延．汗的正后，納入（二）類也不妨。

（一）項的干支當係原本王名表所載，前已論及，至於（二）項生年干支之出處，不難想像是出自達延．汗子孫家傳的系譜。蒙古的系譜原本就有用干支來記載各代生年之例，可以舉出種種例子。最明顯的是《黃史》近末尾處有轉載自外喀爾喀家譜的部分，關於格哷森扎及其子孫，僅生年干支詳細地被記入[58]。依此看來，不難理解為何（二）類所收的人物於《蒙古源流》中僅生年被記錄，而卒年未載。

接下來要檢討這些被認為是家譜所載的干支是否值得信賴。達延．汗之孫博迪．阿拉克．汗的名字，無論在王名表或在系譜中都應出現，但如前所述，王名表原本是僅用十二支記載各代可汗的即位年和卒年，現在如《蒙古源流》中所得見之配合干支的記載形式應該是後來由系譜中採入生年干支，對應調整的產物。如此一來，如果博迪·阿拉克·汗生年干支甲子（一五〇四年）是出自系譜，那就不妨以此來檢測系譜整體的可信度。生於甲子的博迪·阿拉克·汗，照計算，至一五四三年為四十歲，一五四七年則是四十四歲，恰符合在這段期間擔任明朝宣府分守口北道的蘇志皋的《譯語》中關於該可汗所記之「今，年四十餘矣」(59)，故證得甲子誕生說無誤。

那麼，他的父親圖嚕·博羅特生年為壬寅（一四八二年）的記載又如何？可推得圖嚕·博羅特二十三歲時生博迪·阿拉克·汗，這也很合理。照此推算，圖嚕·博羅特生年的記載無誤。如果是這樣的話，生於甲申（一四六四年）的達延·汗於十九歲時生下長子圖嚕·博羅特亦毋庸置疑。雖是間接，據此亦可以推知達延·汗生於甲申，而其子孫之生年的干支亦值得相信。

然而如果追溯達延·汗的祖先，生年干支就突然變得令人起疑了。接下來列記明初以來各代的生年。

（一）哈爾古楚克·都古楞·特穆爾皇太子[59]　癸卯（一三六三年）生
（二）阿寨太子[60]　庚辰（一四〇〇年）生
（三）阿噶巴爾濟晉王　癸卯（一四二三年）生
（四）哈爾固楚克太子[61]
（五）巴延·蒙克·博勒呼晉王　壬申（一四五二年）生

59 哈爾古楚克·都古楞·特穆爾：Qarγučuγ dügüreng temür，譯字從四庫本。以下文獻異寫差異不大，不再改譯。
60 阿寨：Ajai，譯字從四庫本。
61 哈爾固楚克：與上述「哈爾古楚克」同名而不同人，故譯字差一字。

首先關於博勒呼晉王，如果當作他生於一四五二年，則至一四六四年僅十三歲便生下了達延・汗。這無論如何都很難認為是事實。

其父哈爾固楚克太子之生年未記，應是《蒙古源流》作者的漏記。針對祖父阿噶巴爾濟晉王來看，其生年癸卯（一四二三年）距一四五二年為二十九年前，算起來連續兩代都在十五歲左右就生子。即使以達延・汗的生年為一四六四年為基礎也相同，各代仍然平均在十四、五歲時生子。

阿寨太子與阿噶巴爾濟晉王間的年齡差距就比較合乎常理，阿寨太子於二十四歲時生子。但從與一四六四年的間隔看來各代仍舊平均十六、七歲生子。雖然十六、七歲生子並非不可能，但很難想像連續四代都在這個年紀生子。如此可見，達延・汗之前可汗的生年干支全都是隨便捏造出來的，始祖哈爾古楚克的也不用說。而且，阿寨其實並非達延・汗的祖先(60)。

就算是捏造，這些干支也並非全然是無中生有，而各自有其依據。那就是王名表中的干支。從始祖哈爾古楚克來說，王名表中，他的長兄恩克・汗生年為己亥（一三五九年），次兄額勒伯克・汗生年為二年後的辛丑（一三六一年），也不過是以此為基礎，便將二年後的一三六三年置為其生年。接下來的阿寨，基於其父為額勒伯克・汗所殺，阿寨又是在額勒伯克・汗為叛臣所殺之後出生的傳說，便將額勒伯克・汗歿年己卯（一三九九年）之翌年庚辰（一四〇〇年）拿來當作阿寨的生年。接下來的阿噶巴爾濟晉王的癸卯（一四二三年），是因為其兄太松・汗的生年被視為是壬寅（一四二二年），因此置於翌年一四二三年。巴延・蒙克・博勒呼晉王之壬申（一四五二年）則因有其祖父背叛並殺了太松・汗，自己登上了汗位，但卻又死於瓦剌也先的陰謀，父親逃到托克摩克[62]被殺，之後由被遺留下來的母親所生下的故事，以此為基，便定為太松・汗殂落之年。如此可見，達延・汗祖先的生年干支全都是由王名表

62 托克摩克：Toymuy，譯字取自四庫本。即本章前文及本書第一章提及之「托克馬克」。

中生卒年推導出的產物，但王名表中的生年干支是否值得信賴呢？

已如前述，達延・汗及博迪・阿拉克・汗的生年，《蒙古源流》所載干支可視為是正確的。博勒呼晉王的生年已不可信。如此一來，似乎可以在此畫出界線。在此之前，馬兒可兒吉思・汗的生年丙寅（一四四六年）首先便有問題。如前所述，該可汗之即位為一四五五年，照此推算他即位時僅有十歲，作為也先之亂後的第一任可汗，似乎有些奇怪。

接下來太松・汗的壬寅（一四二二年），依據和田先生的研究，脫脫不花王之名首見於《明太宗實錄》卷九十四，永樂七（一四〇九）年七月丁亥條，記載他率所部來歸(61)。

最後，繼續往前追溯，必里格圖・汗，也就是昭宗的生年為戊寅（一三三八年）。《元史》順帝本紀中該年，即卷三十九至元四年條卻沒有任何記載。反而是《高麗史》卷三十六，忠惠王世家三十六，後元年（一三四〇）四月條，可以見到元朝封其母奇氏為第二皇后，代表這是皇太子誕生的年分，由此可知，昭宗真正的誕生年分是庚辰，即一三四〇年。據此觀之，王名表除了系譜之外，達延・汗以前的可汗的生年干支也只能視為是捏造的。

整理以上所論如下：《蒙古源流》中干支紀年的根源是達延・汗子孫利用干支記載生年的系譜，另一項則是僅以十二支記載即位年、卒年的王名表，後來從系譜中取生年干支納入王名表時，對應地也在即位年和卒年上配了十干，另外也做出了系譜所缺的達延・汗之前諸可汗的生年干支。現在要製作達延・汗祖先的系譜，為統一體裁，於是與子孫相同也記上了生年干支，而這些全都是從王名表中所推導出來的。要言之，達延・汗的生年甲申（一四六四年）是值得信賴的干支當中最早的。

有鑑於這樣的原委，王名表的作者試著推定原本不為人所知的達延・汗即位年及其父之歿年，便以圖嚕・博羅特、烏魯斯・博羅特的生年與系譜中所記之壬寅（一四八二年）為線索，認為博勒呼晉王之死與達延・汗嗣立為同一年亦非不合理，但由於僅以十二支記載為「寅年」，後來配上十干之時，誤當作是早了十二年的庚寅（一四七〇年），於是才出現達延・汗七歲即位說。

《蒙古源流》所載達延・汗癸卯（一五四三年）殂落說的構成情況也可以依樣說明。《蒙古源流》記載達延・汗的長子圖嚕・博羅特卒於癸未（一五二三年），當時他的父汗依然在世。另一方面，其他的書籍記載，達延・汗死後，第三子巴爾斯・博羅特曾一度篡位，而《蒙古源流》的作者似乎也知道這個傳說。依據《蒙古源流》所記，巴爾斯・博羅特的卒年為辛卯（一五三一年）。如此則達延・汗之殂落當介於一五二三年至一五三一年之間。根據上一節，據土默特、察哈爾兩系的紀年定此事於一五二四年，正巧符合條件。然而鄂爾多斯系王名表的作者應該是不知道此事，僅以巴爾斯・博羅特之卒年為辛卯的傳說為基礎，考慮到他的統治期間極為短暫，於是記載「卯年」達延・汗和巴爾斯・博羅特相繼去世，而後被誤解為十二年後的癸卯年。

如此《蒙古源流》的干支起源釐清之後，前述的假說好像就可以成立。要言之，蒙古史料所載一四八二年博勒呼晉王歿而達延・汗立，是從達延・汗長子和次子的生年所衍生而非事實。這裡仍應該依從《明實錄》而定達延・汗於成化二十三（一四八七年）即位。

巴圖・蒙克・達延・汗的年代，便可定為一四六四年出生，一四八七年即位，一五二四年卒去。

第八章　達延・汗之先世

前章〈達延・汗之年代〉發表後的一九六八年，為了向日本介紹達延・汗論爭焦點的蒙語史料究為何物，便執筆寫了本章。正如前章所闡明，蒙古編年史有三系統，分別以《蒙古源流》、《黄金史》、《恆河之流》為代表，各自所載的北元諸帝之家系與繼承有顯著的不同。其理由為，元朝崩壞後的蒙古高原，掌握霸權的是組成反忽必烈家聯盟的瓦剌部脫歡和也先。這段期間，成吉思・汗子孫的紀錄幾乎全部失傳。北元的世系變得清楚，得到相當於達延・汗曾祖父之兄的脫脫・不花・太松・汗以後。

流傳的世系雖然無法完全相信，但蒙古編年史的精髓在於反蒙古的四瓦剌聯盟與達延・汗祖先們相互對立抗爭的故事，包含韻文的英雄敘事詩部分。本章後半將翻譯蒙古編年史雙壁的《蒙古源流》和《黄金史》精華部分，並比較檢討其內容。

一、北元之帝系

在上一章〈達延・汗之年代〉中，比較考量了清初以迄乾隆年間所著之十種蒙文編年史，依據明末蒙古諸部族的傳統，將之分類為鄂爾多斯、土默特、察哈爾三系統，探求其各自所基之明代史料之原形。作為結果，論定了達延・汗這個北元中興英主生於一四六四年（甲申），嗣位於一四八七年（丁未）二十四歲時，經三十八年的統治，於一五二四年（甲申）以六十一歲歿。本稿則延續之，根據蒙文編年史所載，加之以批判，嘗試敘述達延・汗先世的事蹟。

自元惠宗於一三六八年失大都而奔漠北起，迄明末一六三四年，林丹・庫圖克圖・汗於失喇・塔拉原野因天花病逝止的二百六十餘年間，蒙古所發生的最大的事變莫過於一四五一年末瓦剌的也先太師弒其主太松．汗，於一四五三年自立為汗一事。也先．汗雖然不多久便於翌年一四五四年被屬下所殺，瓦剌的霸權亦隨之而墜，但不難想像此際蒙古的混亂，恐怕文籍也大量佚失。後世編年史於此前之時代所記甚少。這尤其以關於惠宗以後至太松．汗間的北元帝系為然，上一章中分類為三系統的蒙文編年史中便所傳各異。現在將作為代表的土默特系《黃金史》、鄂爾多斯系《蒙古源流》，以及察哈爾系《恆河之流》中所載北元諸帝之名以次列記，再考慮其各自之系譜。

	《黃金史》	《蒙古源流》	《恆河之流》
（一）	必里格圖	必里格圖	必里格圖
（二）	兀思哈勒	兀思哈勒	兀思哈勒
（三）	卓里克圖	恩克．卓里克圖	
（四）	恩克		恩克．額勒伯克
（五）	額勒伯克	額勒伯克	
（六）	托歡	坤．帖木兒	庫克．帖木兒
（七）			
（八）	兀雷．帖木兒	完者．帖木兒	完者．帖木兒
（九）	德勒伯克	德勒伯克	答里巴
（十）	斡亦剌台	額色庫	斡亦剌台
（十一）	阿岱	阿岱	阿岱
（十二）	太松	太松	岱總

第七欄之所以空白是因為這三系統的編年史全都無視實際曾經在位的鬼力赤汗。這姑且不論，三大

編年史間最顯著的差異在於相當於天元帝脫古思・帖木兒的第二代兀思哈勒・汗與相當於坤・帖木兒・汗的第六代托歡・汗之間，與《黃金史》置有卓里克圖、恩克、額勒伯克三代相反，其他二系統的編年史僅納入二代；而相對於《蒙古源流》將《黃金史》的第三、四代合併，創造了恩克・卓里克圖・汗這號人物，《恆河之流》也同樣將《黃金史》的第四、五代當作一號人物恩克・額勒伯克・汗而置於此。

然而，在這期間的可汗非二代，正確應為三代。《明太宗實錄》卷五十二，永樂四（一四〇六）年三月辛丑條〈諭韃靼可汗鬼力赤書〉中，自愛猷識理達臘，即必里格圖・汗始至鬼力赤止數有七主。同卷七十七，永樂六（一四〇八）年三月辛酉條〈諭本雅失里可汗書〉中亦明言，自愛猷識理達臘至坤・帖木兒凡六輩(1)，由此可知，《黃金史》所載最值得相信。其他差異單純僅是名稱的不同，姑置不論。

至於這十二代可汗相互間的血緣關係，三系統所載也有顯著相異。首先，《黃金史》於記下首代必里格圖・汗為妥懽・貼睦爾・汗，即惠宗（順帝）之子後(2)，關於之後相繼出現的可汗，僅記載其名及在位年代，全未言及系譜；好不容易到第十二代太松・汗，即脫脫・不花・汗，才開始述說血緣順序，但並未明記孰為太松・汗之父。《蒙古源流》與《恆河之流》雖各自載有此間之系譜，但二者的記載完全不一致，讓人無所適從。首先列示《蒙古源流》所載之世系。

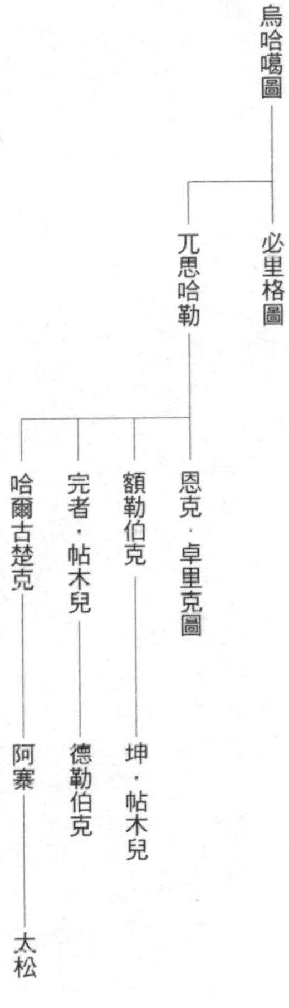

此世系圖中所不見之第十代額色庫・汗被視為瓦剌克烈努特部[1]首領烏格齊・哈什哈之子，第十一代之阿岱・汗則被視為成吉思・汗之弟鐵木哥・斡赤斤之後裔。與之相反，《恆河之流》所載，除第六與第八代可汗為兄弟該點與《蒙古源流》一致之外，其餘皆視作父子相承，系譜如下：

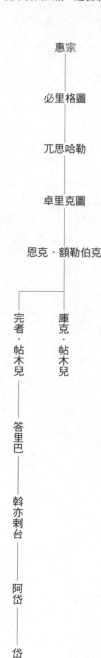

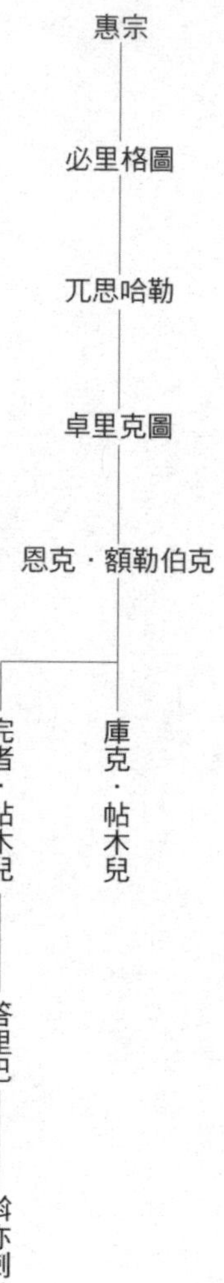

針對這兩種世系圖來思考，首先最顯然的是，《恆河之流》所載的察哈爾系所傳根本不可能是真相。此處將太松・汗當作是惠宗的十世孫，但從元末到太松・汗為止的時間不滿百年，在這期間不可能經歷那麼多世代的傳承。而且，滅掉第十一代阿岱・汗的不是別人，正是第十二代的太松・汗，事情發生在一四三八（正統三）年[3]。據此也難將二人視作父子關係。

至於《蒙古源流》的鄂爾多斯系所傳，比起察哈爾系的看似要合理許多，但仔細檢視的話仍有可怪之點。已如前述，此世系圖將第三、四代可汗混為一人，第三代的卓里克圖竟為何人？第二代的兀思哈勒・汗如前述即天元帝脫古思・帖木兒，如此比定以在位年數觀之當無可疑。而一三八八年，在捕魚兒海（Büyir nayur）襲殺敗於明軍而西逃的脫古思・帖木兒的是大王也速迭兒的兵馬，他的同黨僉院安達

1 克烈努特：Kerenügüd，譯字從烏蘭《蒙古源流研究》。參看《蒙古源流研究》第五卷註一七。

納哈出（Anda nayaču）雄視於洪武末年之東北蒙古[4]，由此推論，嗣兀思哈勒·汗而立之卓里克圖，除篡奪者也速迭兒外別無他人。若據《華夷譯語》所言，也速迭兒是阿里·不哥（阿里孛可）的子孫[5]，即便同為拖雷之子，但與應為忽必烈後裔之脫古思·帖木兒屬於不同的家系。由此看來《蒙古源流》所載也未必可靠，實際的系譜似僅能視為不明，幸而此處有西方之紀錄，可稍補史之闕文。

帖木兒（Tīmūr）之孫兀魯·伯[2]據云著有《四大兀魯思史》（*Tārīkh-i ulūs-i arbaʿa*）一書，據云其中列有至阿岱·汗為止之北元諸帝名諱，今不可得見[6]。幸而克羅瓦[3]所著之《大成吉思汗史》（*Histoire du Grand Genghiscan*, Paris, 1710, pp.515-516）中有相同的記述，記載了拖雷子孫之名諱，果然至阿岱·汗，可推測這是根據兀魯·伯之書所寫就的。

當中說到第六世名為Tayzy Can，號Bilectou，可知這相當於必里格圖·汗，即昭宗，而第七世則為Tayzy之堂兄弟Dara之子Anouchirouan。這顯然是昭宗本名愛猷識理達臘的訛傳，且被分作二人，但無疑是同一個可汗。接下來第八世為Tocatmur，即脫古思·帖木兒的異譯，相當於《黃金史》中的第二代兀思哈勒·汗。

相當於第三代卓里克圖·汗的是第九世Bisourdar，即也速迭兒之訛，證明了脫古思·帖木兒之後繼立的是也速迭兒。接下來的第十世是Bisourdar之子Ayké，確實是第四代的恩克·汗，再從另一角度充《黃金史》所載的帝名正確性之旁證。第十一世Ylenc Can、第十二世Keytmour不用說分別就是額勒伯克·汗和坤·帖木兒·汗。其後而來的Arkitmur，無疑是蒙文編年史所遺漏的鬼力赤。原本恐怕是兀魯克·帖木兒（Örüg temür）。第十四世是Eltchy Timur Can，這是第八代完者·帖木兒·汗，即本雅失

2 兀魯伯：Ulugh beyg，譯字取自《明實錄》。
3 克羅瓦：François Pétis de la Croix（1653-1713），法國東方學者。

里，《武功記》[4]中被稱為太子斡黑蘭（Tayzi oghlan）的人物[7]。

第十五世是Waltay，這正是北元第九代的德勒伯克・汗，亦即明人所謂的答里巴。一四一二年左右，瓦剌的馬哈木等人滅完者・帖木兒・汗之後[8]，擁立此人為可汗。克羅瓦特別為此人加註，說明他是拖雷・汗（Tulican）第四子阿里・不哥（Aricbouga）王的直系子孫。

第十六世是Melic Timur之子Orday之子Orday，這無疑相當於斡亦剌台・汗。最後第十七世是Aday，也就是阿岱・汗，明人所謂的阿台。克羅瓦註記他是Arkitmur，即鬼力赤之子。而關於最後兩代的概述，記述「如他們未列入可汗行列的高祖阿里・不哥一般，此二人的事蹟不明」，由此看來，斡亦剌台和阿岱兩代果然被視作是阿里・不哥的後裔。

在此回顧北元諸帝和瓦剌的關係，昭宗愛猷識理達臘和天元帝脫古思・帖木兒無疑是惠宗之二子[9]，忽必烈之後裔，而弒脫古思・帖木兒取而代之之也速迭兒・卓里克圖・汗是阿里・不哥的子孫，在這裡發生了帝統的交替。據《華夷譯語》所載，也速迭兒的篡位是在瓦剌的協助下進行[10]，這個西北蒙古的大部族的發展應即從這時候開始。也速迭兒之後繼位的恩克是他的兒子，帝位轉由阿里・不哥一脈所承襲。

繼恩克之後的額勒伯克雖然出身不明，但根據蒙古史料一致的記載，該可汗統治期間，巴圖拉丞相（Batula čingsang）初次領有四瓦剌（dörben Oyirad），而可汗本身又為瓦剌的烏格齊・哈什哈所弒，據此可窺得，約此時瓦剌的勢力趨於隆盛。

接下來的坤・帖木兒、鬼力赤二代的出身再度不明，關於打倒鬼力赤而正位的完者・帖木兒，《武功記》的作者Sharaf al-Dīn Yazdī記載，太子斡黑蘭從背叛可汗的Qalmuq[5]手中逃亡，一三九八年，到

4《武功記》：*Zafar nāmah*，波斯史家為帖木兒朝所撰之史書，一四二五年撰就。
5 Qalmuq：今或譯作「喀爾馬克／卡爾梅克」，衛拉特（瓦剌）之一支，或以之作衛拉特之別稱。

達了位於喀布爾的帖木兒之宮廷[11]。該年正好是蒙文編年史所載額勒伯克·汗橫死之一三九九年的前一年，以此可佐證當時動盪不安的蒙古情勢，以及Qalmuq即瓦剌勢力的興起。

《武功記》又記載，一四〇五年，在訛答剌城帖木兒猝死後，太子斡黑蘭逃往Qalmuq，在那裡當上了可汗，但數日後被殺[12]。如前所述，完者·帖木兒·汗是在一四一二年左右被殺，此處稍欠正確性，但指出了其即位是由瓦剌所推戴。完者·帖木兒·汗死後，瓦剌的馬哈木所擁立者為德勒伯克·汗，前已述及，此人為阿里·不哥之直系子孫。

德勒伯克·汗於一四一五年之後便無聞於明[13]，根據蒙古史料則該年歿後，《明太宗實錄》卷二百六十七，永樂二十二（一四二四）年正月甲申條所引忠勇王金忠之語，稱阿魯台弒主[14]，被殺者當即為德勒伯克·汗。阿魯台當時據東蒙古以抗衡瓦剌，因此其所殺之可汗有可能即是瓦剌之魁儡。

不知是否即以此故，《蒙古源流》中相當於此可汗者為額色庫·汗，並以其為瓦剌烏格齊·哈什哈之遺子。烏格齊·哈什哈一般被比定為鬼力赤[15]，但另一方面接續斡亦剌台的阿岱又說是鬼力赤之子。這是個錯綜複雜的問題，並沒有積極的證據證明鬼力赤出身瓦剌，惟因其子阿岱為瓦剌所擁戴之脫脫·不花·太松·汗所攻殺故，鬼力赤才會被認為出身瓦剌。

關於額色庫·汗，之後還會觸及，推測他的名字原本並未列在北元可汗之中，完全屬於他系統，恐怕是瓦剌的傳說中的君主。或許由於斡亦剌台·汗的名字緣於瓦剌，才被安插於此處。

這麼想的話，可以恰當地認為：第三代也速迭兒之後的北元諸帝多半屬於阿里·不哥一脈，除了坤·帖木兒、鬼力赤、阿岱之外，每一代可汗都與瓦剌有很深的關係。看來，世祖忽必烈·汗以來的元室正統隨一三八八年天元帝脫古思·帖木兒遇弒後而絕，代之者為瓦剌所推戴之阿里·不哥系可汗所建立的新王朝。

但是，一四三三年，被瓦剌的脫歡所擁戴[16]、一四三八年攻滅了阿岱·汗的脫脫·不花，也就是太松·汗，與阿里·不哥統相異，很可能是屬於原本的忽必烈統。

朝鮮《世宗實錄》卷九十六、二十四（一四四二）年五月戊辰條記有此時的蒙古皇帝（即脫脫・不花王）遣使招諭朝鮮，其敕書大要有：「太祖成吉思皇帝，統馭八方，祖薛禪皇帝即位時分，天下莫不順天命」(17)。從尊稱世祖忽必烈・汗為薛禪這一點看來，脫脫・不花・太松・汗屬忽必烈統首先無疑。

由於該年代史料欠缺，因此應避免斷定，但前文已細述，記載太松・汗之前帝系的《蒙古源流》與《恆河之流》兩書皆難以盡信，而《黃金史》又完全欠缺相關的記載。恐怕這兩類系譜皆不過為後世造作之物(18)。

至於脫脫・不花・太松・汗之後的系譜，《黃金史》、《蒙古源流》、《恆河之流》三者所載皆大同小異，下面是根據最整贍的《蒙古源流》所製成的世系圖。

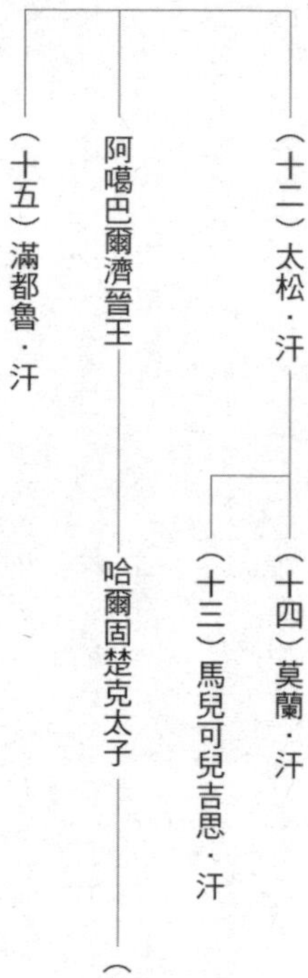

然而，《黃金史》當中未載相當於馬兒可兒吉思的馬嘎古兒乞・汗的出身，《恆河源流》中也僅記載馬嘎古里出自「黃金氏族之可汗一門」（altan uruγ-un qaγan-u töröl）(19)。據《明英宗實錄》卷二百五十七，景泰六（一四五五）年八月己酉條，泰寧衛都督僉事革干帖木兒的奏報，馬兒可兒吉思就是脫脫不花王（即太松・汗）之幼子無誤(20)，果然《蒙古源流》的記載正確。總而言之，北元的世系要到脫脫・不花之後才明朗，之前的紀錄恐怕都在也先之亂時佚失了。

二、完者圖皇后妃子[6]的故事

上一節論及《蒙古源流》所載之北元帝系，在脫脫・不花・太松・汗之前皆令人起疑，但並未直接觸及被認為是巴圖・蒙哥・達延・汗直系祖先的哈爾古楚克是第五代額勒伯克・汗之弟的記載，在此則專門對此點進行探討。

關於額勒伯克・汗，《蒙古源流》中有下列有趣的故事[7](21)：

其弟額勒伯克・汗，辛丑年（一三六一年）生，歲次癸酉（一三九三年），年三十三歲即位，以額勒伯克・尼古埒蘇克齊（仁慈的）・汗之名而聞名。忽而魔入其心焉。

一日，於雪地射倒一兔，見血點落於雪上，乃降旨曰：

「安有面色潔白似此雪，顴頷紅艷似此血之婦人乎？」

瓦剌扎哈・明安之浩海太尉[8]曰：

「唯！可汗之弟哈爾古楚克皇太子之妻，完者圖皇后妃子，顏色較此尤為都麗。」

於是可汗曰：

「能恆我意，遂我願者，浩海太尉也。爾其使彼與我一見。我即令爾為丞相，管轄四瓦剌！」

浩海太尉乃伺都古楞皇太子出獵後，往見皇后妃子曰：

「奉可汗之旨：『謂爾都麗，眾皆稱異。欲來爾家，探視致意』。」

---

6 完者圖皇后妃子：Öljei-tü qong γoo-a biiǰi。譯字改編自烏蘭《蒙古源流研究》，並依岡田例用漢字「皇后妃子」。

7 以下譯文參酌岡田原書、四庫本、道潤梯步譯校《新譯校注蒙古源流》（呼和浩特，內蒙古人民，一九八一）、烏蘭《蒙古源流研究》譯文及本書前文而譯出。又，原書部分內容幾近直譯，需讀者自行貫穿文脈，此處亦保留此風格。

8 扎哈・明安之浩海太尉：J̌aq-a mingγan-u Quuqai taiyu，譯字從四庫本。參見烏蘭《蒙古源流研究》第五卷註一二一三。

妃子大驚云：

「天地豈有混淆之理乎！

可汗之貴重豈有覬弟媳之理乎！

寧聞乃弟哈爾古楚克皇太子之惡耗乎！

可汗兄寧是黑犬乎！」

浩海太尉歸而以其言盡行具奏，可汗怒，截殺其弟於路，而納懷孕三月之弟媳。

弟哈爾古楚克皇太子癸卯年（一三六三年）生，歲次己卯（一三九九年），年三十七歲遇害。

迨後，可汗出放鷹，浩海太尉為請丞相之號，備宴以至，坐候可汗於郊野。皇后妃子聞知，遣哈爾古楚克之僕朵黑申・失喇[9]謂之曰：

「爾為何坐於郊野？來家中候可汗可也。」

遂招之來，大加禮敬，於銀製大盃中斟以醇醪[10]，和之以黃油，皇后妃子乃曰：

「致我賤軀於高貴，致我微身於尊榮，俾我皇妃子為別吉太后，俾我皇太子妃為至尊可汗之可敦矣。爾之恩德其難盡言也。降大恩之事，由可汗裁之，茲僅酬盃酒以報德耳。」

浩海太尉信之，盡飲其酒，不覺醉仆於地。

遂令置浩海於床上，斷己髮辮之一縷，又自搔破身上數處，召集居近之眾百姓以示之，因遣哈爾古楚克之僕朵黑申・失喇往追可汗。俟可汗歸，背坐而泣。可汗入來，曰：

「爾何為而泣耶？」

9 朵黑申・失喇：Doγšin šir-a。譯字從烏蘭。

10 醇醪：qoroǰan，此譯從道潤梯步。日文此處作「二度蒸餾した燒酎」，蓋因此字或為qoγar+araǰa。相關問題參看黃時鑑，〈阿剌吉與中國燒酒的起始〉，《文史》第三一輯（北京，中華，一九八九）。

因盡言前此捧酒酬浩海之言，且云：

「如是飲我酒醉後，肆言，因褻我，我不從，遂傷我如是矣。」

云云。浩海臥聞此言，急起乘馬而遁去。

於是，可汗曰：

「觀浩海之遁，斯言誠然矣。」

追及之，則拒戰而射斷可汗之小指。因就地圍擒而殺之，命蘇尼特之旺沁大夫[11]剝取浩海脊皮，歸來付與妃子焉。妃子曰：

「諺曰：『居位者無饜足』。」[12]

乃吮可汗小指之血，又曰：

「試看人皮何等。」

併舐浩海皮上之油，乃曰：

「既吮黑心可汗之血，

併舐進讒浩海之油，

雖係婦人，

夫仇已報。

今即就死亦無憾矣。可汗其可速絕我！」

然可汗惑於皇后妃子之色，不怒。謂浩海之子巴圖拉曰：

---

11 旺沁大夫：Wangčin tayibu。「旺沁」從四庫本，岡田教授將 wangčin解為 ǰangča，二者蒙文字形極像。

12 此句原語作 Oron-dur qangγ-a ügei bolum gele，似兼可指元者圖本身復仇未饜足，亦可指責額勒伯克身為可汗而不知底止，或指責浩海貪而無厭。日譯作「位には満足することがない」，此處亦直譯以求兼顧。

「誤殺爾父矣。」

因賜之以長妻庫伯袞岱·可敦[13]所生之薩穆爾公主[14]，授為丞相，令管四瓦剌焉。

瓦剌克烈努特之烏格齊·哈什哈曰：「此可汗政治不端，殺弟哈爾古楚克皇太子，以弟媳皇后妃子為可敦，肆行不道，為妃子所欺而殺我臣浩海，以有此恥，因我猶存，而令我屬人巴圖拉管轄四部耶？」

不勝憤怒，可汗聞之，與婿巴圖拉丞相二人共議曰：

「殺烏格齊·哈什哈。」

庫伯袞岱大可敦遣使告知烏格齊·哈什哈。烏格齊·哈什哈即乘馬而來，殺額勒伯克·可汗，自納完者圖皇后妃子，蒙古人眾大半降之。

額勒伯克·汗癸酉年（一三九三年）即位，在位七年，歲次己卯（一三九九年），年三十九歲害哈爾古楚克，閱三月，即於該己卯年為烏格齊·哈什哈所害。

完者圖皇后妃子，為可汗所納時，已孕三月，及烏格齊·哈什哈娶時，已孕七月，又三月，歲次庚辰（一四〇〇年），生一子，取名阿寨，烏格齊·哈什哈撫養為己子焉。

故事至此告一段落，以下多半是關於阿魯台太師的部分，下一節將論及。

讀此故事，立即可注意到下列數點：

（一）首先，整體雖以散文體書寫，而妃子之語獨押頭韻，這暗示著作為《蒙古源流》資料的故事，原本是以韻文串成。

13 庫伯袞岱：Köbegüntei。譯字從四庫本。

14 薩穆爾公主：Samur günji。譯字從四庫本。

（二）雪與血的母題（motif），不用說當然白雪公主很有名，而這樣的對比在現代的南蒙古仍然存在，歐文・拉鐵摩爾在鄂爾多斯所聽到的故事中，成吉思・汗曾經發出此語[22]。

（三）令人覺得奇怪的是，妃子的丈夫哈爾古楚克既是可汗的弟弟，妃子卻從頭到尾都被稱作「媳」（beri），如果是弟弟的妻子，應該要被稱作bergen才對[15]。此事不得不讓人懷疑，此故事之原型當中，哈爾古楚克並非可汗的弟弟而是他的兒子。如果這個推測是對的，他有皇太子（qong tayiji）之稱也很自然了。

（四）可汗的正后庫伯袞岱・可敦，明知對自己親身女兒薩穆爾公主的丈夫巴圖拉丞相有所不利，為何非得勾結烏格齊・哈什哈？讓人難以理解。

（五）完者圖皇后妃子最初嫁給哈爾古楚克，接著被額勒伯克・汗強占，之後又與烏格齊・哈什哈結婚，生下了阿寨，如此故事性的模式在對許多身世成謎的人物的說明上經常用到。舉個例子，蒙古的流傳都說惠宗自大都出奔時，來不及逃走而後來嫁給明朝洪武帝的蒙古妃子生下的永樂帝其實是惠宗的兒子；而由洪武帝撫養長大的永樂帝，最後驅逐建文帝即帝位，事實上復興了元朝[23]。據此例來看，阿寨也不無可能其實就是烏格齊・哈什哈之子。關於這一點，之後會討論。

另一方面，《黃金史》中也有與前面譯出的《蒙古源流》相當類似的記載[24]，如下：

其後，同戌年（一三九四年），額勒伯克・汗即大位。

額勒伯克・汗出獵，見所殺之兔血濺於雪上，乃諭曰：

「美人而色如白雪，顴似血紅，有之乎？其無也？」

15 據乙種本《華夷譯語》，弟婦或可作degü beri（迭兀別里）。

瓦剌之浩海太尉曰：

「容色姣麗若此之女，蓋有之。」

問曰：「其為誰？」

「不可得而見也。如欲見，謹此斗膽稟告。君上之子哈爾古楚克・都古楞・特穆爾皇太子之夫人完者圖・郭斡皇妃子[16]，君上之兒媳，即美貌若此。」

額勒伯克・尼古埒蘇克齊・汗慕兒媳之姿色，遂諭瓦剌之浩海太尉曰：

「使我見所未見，遠者相合，遂我所欲之我太尉也，行矣。」

太尉奉可汗旨而行，乃告妃子曰：

「欲視卿之容貌，故而遣我。」

妃子怒道：

「天地豈可相合？至尊帝王焉可覷看一己之兒媳？豈爾子都古楞・特穆爾皇太子已死？豈可汗化為黑狗？」

可汗未從其言，害己子而納己媳。

其後，浩海太尉來乞酸乳，適可汗不在，遂坐於屋前，皇妃子遣使者曰：

「請稍待可汗。可先入屋內。」

太尉來入（屋內）。是時妃子舉杯而言曰：

「致我賤軀於高貴，致我微身於尊榮，俾我皇妃子而為太后者汝也。」

作是語時，以一單口雙腹壺，盛烈酒於一側，盛水於他側，己則飲水，乃與太尉烈酒而使之醉倒。

16 郭斡皇妃子：γoo-a，意為美人。譯字從四庫本。前文釋「qong γoo-a biiǰi」作「皇后妃子」，此則釋「γoo-a qong biǰi」作「グワ皇妃子」，體例似稍不純。

為報太子之仇，

乃引幔帳而下，

寢太尉於茵褥之上，乃搔破己之面容而斷己髮，遣使於可汗。可汗聞訊而來時，太尉已亡去。可汗追而戰之，遇射而斷小指。可汗殺太尉，命蘇尼特之扎申大夫[17]剝取太尉脊皮，持歸以與妃子。〔妃子〕和可汗之血與太尉之脂，舐而曰：

「以殺己子之可汗之血為代償，

和之以害主性命之太尉之油，

婦人報仇，如此而已，

死於何時亦皆無憾矣。」

可汗雖知為妃子所欺，而悟此乃己之過，未難妃子。可汗使太尉之子巴圖拉丞相、烏格齊・哈什哈二人共管四萬瓦剌。即帝位後閱六年，於卯年（一三九九年），額勒伯克・汗見害於巴圖拉丞相與烏格齊・哈什哈二人而崩。巴圖拉丞相、烏格齊・哈什哈二人始率四萬瓦剌，成為異敵。所謂蒙古之一統為瓦剌所取，即此事也。

與《蒙古源流》之故事相較，有下列特徵：

（一）《黃金史》除了妃子所說的之外，在其他文句亦不時可見押頭韻處。顯然與《蒙古源流》同樣，《黃金史》也有採自韻文資料的痕跡。

（二）最重要的一點是，《黃金史》中哈爾古楚克並非額勒伯克・汗之弟，而是其子。較諸《蒙古

17 扎申大夫：Jašin tayibu。

源流》更為自然，或許保留了故事的原型。

（三）更值得注意的是，《蒙古源流》中擔任重角的烏格齊．哈什哈，在《黃金史》中非但不是浩海的主人，反而是他的兒子。

（四）《蒙古源流》中奉命討伐烏格齊的巴圖拉，在《黃金史》中是弒殺可汗的人。根據故事的發展，《黃金史》所記述的巴圖拉弒殺可汗為父報仇比較合理。

（五）最後，更重大的差異在於《黃金史》中欠缺妃子懷孕云云的要素，從而也就沒有關於阿寨誕生的記述。

這個故事在《蒙古源流》整本書的構成中到底擔任什麼樣的角色？在蒙古方面，藉由哈爾古楚克的遺腹子阿寨來連接太松．汗，也就是脫脫．不花以下的諸帝，達延．汗也繼承這一血脈。與之相對，在瓦剌方面，藉由額勒伯克．汗的女兒薩穆爾公主生下巴噶穆[18]，也就是馬哈木，讓他成為也先．汗血統的創始者（25）。

然而，《黃金史》中非但沒有記載阿寨的名字，亦未言及巴圖拉尚薩穆爾公主。據後引文可知，《蒙古源流》中在蒙古與瓦剌間扮演重要角色的這位公主，在《黃金史》中全未登場。可想而知，《黃金史》方面所載較接近舊的形態，將之與其他傳承多層複合而複雜化了的是《蒙古源流》。欲論此問題，繼續閱讀故事將有所裨益。

三、阿寨的故事

《蒙古源流》中上述故事接下來的發展如下（26）。

18 巴噶穆：Baymu，多數學者認為即馬哈木之訛。譯字從四庫本。

阿速之名烏格德勒庫者[19]，巴圖拉丞相使之負筐拾糞，以阿魯台為名[20]以供使役。

嗣後，蒙古國人未幾之間，稍稍恢復，額勒伯克・汗之長子坤・帖木兒丁巳年（一三七七年）生，歲次庚辰（一四〇〇年），年二十四歲即位，閱三年，歲次壬午（一四〇二年），年二十六歲歿。

以無嗣故，弟完者・帖木兒己未年（一三七九年）生，歲次癸未（一四〇三年），年二十五歲即位，閱八年，歲次庚寅（一四一〇年），年三十二歲歿。

其子德勒伯克・汗乙亥年（一三九五年）生，歲次辛卯（一四一一年），年十七歲即位，閱五年，歲次乙未（一四一五年），年二十一歿。

是年乙未（一四一五年），烏格齊・哈什哈心生惡念，以前仇故殺浩海太尉之子巴圖拉丞相。遂會盟四瓦剌，有與會之三人，正處歸途，阿速之阿魯台且拾糞而問曰：

「大人等會盟，其事若何？」

墨爾根・伊奇台[21]譏笑之曰：

「『項負繩纜而為大統憂勞』其斯之謂歟。」又曰：

「瞬將築彼名城矣。

將椎雜黃毛之犍牛矣。

將奉阿寨太子為可汗矣。

將封阿魯台小兒為太師矣。」

云云。彼等通過後，阿魯台乃卸其筐而置諸地，曰：

---

19 烏格德勒庫：Ögedelekü。譯字從四庫本。

20 以阿魯台為名：因乾牛糞 aryal 與阿魯台 Aruytai 名似，故有此俗說。參見烏蘭《蒙古源流研究》第五卷註二一。

21 墨爾根・伊奇台：Mergen ikitei，譯字改編自四庫本。

「此非汝言，蓋天之命也。於我庶人何有哉！阿寨太子天裔也，彼天父其鑒之。」

言迄，南向朝天而拜焉。

無何，烏格齊．哈什哈死。其後，即於是乙未年（一四一五年），烏格齊．哈什哈之子額色庫，丁卯年（一三八七年）生，歲次乙未（一四一五），年二十九歲即位，納巴圖拉丞相之（遺孀）薩穆爾公主，以額色庫．汗而聞名，完者圖．皇后妃子、阿寨太子母子二人，並阿速之阿魯台太師三人，皆於額色庫．汗家中供使役焉。

彼額色庫．汗，自乙未年（一四一五年）閱十一年，歲次乙巳（一四二五年），年三十九歲歿。當其時，薩穆爾公主懷記烏格齊．哈什哈作惡之仇，將完者圖．皇后妃子、阿寨太子、阿魯台太師三人匿而出之，遣歸故鄉蒙古國人之處，謂之曰：

「額色庫．汗已死矣！
亂眾失其首領矣！[22]
向汝君父叩首請命，
此際用兵，必奏膚功！」

此際其子巴噶穆曰：

「稟吾母：雖云母家，亦異族也，何得出此言？」

母怒，遂語塞。

其時，科爾沁之斡赤斤．額真[23]之裔曰阿岱太子者，統領所餘蒙古。彼等至而盡述公主之言。

---

22 本句岡田教授未譯出：Erkečegüd一詞，參見烏蘭《蒙古源流研究》第五卷註二七。

23 斡赤斤．額真：Očigin ejen，斡赤斤大王。此處日文忽採音譯，故雜取元譯、清譯用字譯出。ejen，主子，《元朝秘史》、《華夷譯語》作「額氈」。

阿岱太子丙辰年（一三七六年）生，歲次庚寅（一四一〇年），年三十五歲，納完者圖·皇后妃子，於主靈前即帝位，賜阿魯台以太師之號。阿岱·汗隨與阿寨太子、阿魯台太師三人為首，發兵札刺蠻山[24]以襲俘四瓦剌，獲巴圖拉丞相之子巴噶穆而還。

時阿寨太子曰：

「為報我等薩穆爾公主姊姊善待之恩，釋公主此子何如？」

阿魯台太師曰：

「語云，『狼子不可養，敵嗣不可育。』曩日放出我等時，此子寧無惡言耶！」

阿岱·汗以阿魯台之言為然。攜之歸來，阿魯台太師作是言曰：

「曩昔爾父巴圖拉丞相令我負筐，名我曰阿魯台，虐而役我。
而今，天日旋彩，
撥亂反正，
其父之惡，
其子是報！」

言畢，因覆巴噶穆於釜下，名之曰脱歡，役使於家中焉。

此後的故事與阿寨無關，因予省略。

這個故事當中也有許多疑點：

（一）首先，巴圖拉丞相應是烏格齊·哈什哈最憎恨的大敵，但他卻為何從一三九九年至一四一五

24 札刺蠻山：J̌alaman qan，譯字從烏蘭。參見烏蘭《蒙古源流研究》第五卷註三一。

年的十六年間都放著巴圖拉丞相沒有殺掉呢？而一四一五年是德勒伯克・汗的歿年。這很可能是因為《蒙古源流》將該年即位的額色庫・汗當作是烏格齊・哈什哈之子。烏格齊・哈什哈之死不可以在此之後，從而巴圖拉丞相被殺也必須在同一年當中。

（二）接下來在墨爾根・伊奇台出於嘲諷卻一語成讖，預示蒙古復興的言語當中「將封阿魯台小兒為太師矣」雖得以實現，「將奉阿寨太子為可汗矣」卻不了了之，阿魯台特地跪拜也失去了意義。再怎麼想，故事這樣發展也很不自然。本來應該期待阿寨登位的，後來即位的卻是阿岱。假若真是這樣，或許阿寨是阿岱的訛傳，二者原本是同一人物，由於合併了相異系統的傳承，才分化而各自出現在故事中。而阿寨的養父烏格齊・哈什哈也必然就是阿岱・汗之父鬼力赤，也就是兀魯克・帖木兒・汗。如此一來，《蒙古源流》視烏格齊・哈什哈為瓦剌・克烈努特的部長，而《黃金史》視他為瓦剌浩海太尉二子之一的說法都令人質疑，他與阿岱相同，原本都應該是窩闊台家的後人。說不定在故事的原型中，烏格齊・哈什哈並非弒殺額勒伯克・汗之人，如《黃金史》所說，瓦剌的巴圖拉丞相才是那個下手之人。而烏格齊・哈什哈也就是兀魯克・帖木兒・汗，因為在坤・帖木兒・汗之後登上汗位，被認為是篡位者而且是額勒伯克・汗的敵人，所以在這裡才會被當作是下手弒殺額勒伯克・汗的人。

進一步思考，於額勒伯克・汗末年西奔的完者・帖木兒，在坤・帖木兒・汗統治時期不敢東歸，一直等到帖木兒死後才打倒兀魯克・帖木兒・汗，奪回帝位。從這裡可以看出，說不定坤・帖木兒・汗是完者・帖木兒的敵人，又或者坤・帖木兒不過是兀魯克・帖木兒的傀儡，真正掌權者已是兀魯克・帖木兒。據此看來，也不能一概拒斥烏格齊・哈什哈弒逆說。無論如何，關於打倒額勒伯克・汗的人，在蒙古有兩種說法，其一是瓦剌的巴圖拉丞相，其二則是烏格齊・哈什哈，也就是兀魯克・帖木兒・汗。因而在將二者複合的現在形當中，連烏格齊・哈什哈都被認為是瓦剌人，以致巴圖拉、烏格齊二者間的關係變得曖昧不明。

（三）接下來應思考的是烏格齊・哈什哈之子額色庫・汗。在《蒙古源流》及繼承《蒙古源流》

的鄂爾多斯系所傳以外，相當於這個可汗的被記作斡亦剌台・汗。如前所述，克羅瓦將這個可汗記作是Melic Timur之子Orday之子Orday，與Arkitmur，也就是兀魯克・帖木兒間存在著某種關係。可想而知，烏格齊・哈什哈之子額色庫・汗登上帝位一事，正是兀魯克・帖木兒・汗之子阿岱登帝位的訛傳。只不過由於已誤把烏格齊・哈什哈當作是瓦剌人，他的兒子才會被當作是名字緣於瓦剌的這個可汗。而額色庫這名字，恐怕其由來是也先・汗，本非實際歷史人物，僅屬傳說上的瓦剌君主。從《蒙古源流》的寫法也可以讀出，額色庫・汗君臨瓦剌和大半蒙古的期間，同時卻有阿岱太子率領蒙古殘部與之對立，因此絕非把額色庫・汗視作蒙古的君主、北元的可汗。

（四）與此相關，更可怪者，一四二五年額色庫・汗死後，阿岱・汗納獲釋的完者圖・皇后妃子而即帝位，但他其實早在十五年前或之前的一四一〇年就已然即位。實際上，《蒙古源流》後文載有與前述引文完全相異的紀年，如下：

> 阿岱・汗，庚午年（一三九〇年）生，歲次丙午（一四二八年），年三十七歲即帝位，閱十三年，歲次戊午（一四三八年），年四十九歲，為脫歡太師所殺而歿。

前後矛盾的記述也顯示了《蒙古源流》的故事是由異質資料所合成的痕跡。而一四一〇年被視為是完者・帖木兒・汗的歿年，配合考慮完者・帖木兒打倒阿岱之父兀魯克・帖木兒・汗而即帝位一事，這個紀年看來是意義深遠。恐怕是因為有此一說：完者・帖木兒・汗沒落後，即位的並非德勒伯克・汗，而是由阿岱・汗恢復了父親留下的汗位。

（五）最後，正如前輩學者所指，巴噶穆是馬哈木（Maḥmūd）的訛傳(28)，《蒙古源流》視此為脫歡之別名，不確。脫歡實為馬哈木之子自不待言。此事因與本章無關，茲不贅論。

《蒙古源流》中載為達延・汗祖先之哈爾古楚克、阿寨父子的故事，以上將之與《黃金史》對照分析，論證二人與達延．汗之家系無關係，甚而阿寨與阿岱．汗實為同一人。結果，達延．汗之直系祖先僅能追溯至曾祖父的阿噶巴爾濟晉王。下一節將針對此號人物加以說明。

四、阿噶巴爾濟晉王

脫脫．不花，也就是太松．汗於一四三三年為瓦剌脫歡太師所擁戴而即位。一四四〇年脫歡死後[29]，太松．汗最初雖與脫歡太師之子也先太師密切合作，但到了一四五一年十二月，卻滅了也先[30]。此一大事件見載於所有蒙古編年史中，今選取記述尤具特色之《蒙古源流》與《黃金史》，介紹其所載並加以考察。

首先，《蒙古源流》中寫道[31]：

> 話分兩頭，阿寨太子三子之長，太松太子生於壬寅年（一四二二年），次子阿噶巴爾濟太子生於癸卯年（一四二三年），末子滿都魯太子生於丙午年（一四二六年）。歲次己未（一四三九年），太松年十八，自立為帝，阿噶巴爾濟年十七歲，令為晉王，滿都魯太子年十四歲，兄弟三人督率行兵。四瓦剌迎戰於都亦連之哈喇地方[25]。

接著敘述了科爾沁之祖錫古蘇特[26]打頭陣的功績，如後述引文：

25 都亦連之哈喇地方：Dürin-ü qara γaǰar，四庫本誤作吐魯番。參見烏蘭《蒙古源流研究》第五卷註四八。
26 錫古蘇特：Šigüsitei，譯字從四庫本。明人史料作「小失的」。參見烏蘭《蒙古源流研究》第五卷註五〇。

彼時因日已曛暮，遂約以詰朝再戰，其夜相拒而宿焉。

四瓦剌部言不吉而大懼，議云：

「其降之耶？抑何為耶？」

時帖良兀思[27]之阿卜都拉・徹辰[28]云：

「蒙古人識見淺寡，我試往離間之。我若得歸，宜榮我身。若死，宜恤我後。」語訖而去。乃言曰：

「太松・汗聰智，當能覺察。阿噶巴爾濟晉王性愚，可試謀之。惟其子哈爾固楚克可畏，必能知。何計而可？亦由命也。」

行而入晉王之氈帳，謂曰：

「也先太師遣我傳言，若晉王獨取，則我輩願降。若與可汗二人分取，將何所歸附？與其為爾等所制，不若死於鋒鏑之為愈云。聞汝之汗兄恆輕汝，為兄者坐食而不予弟云。」

是夜，自相計議之，晉王曰：

「阿卜都拉・徹辰之言誠然也。我汗兄初以我為晉王，遣往右翼萬戶時，獨授一盲黑牡駝而命行焉。今番征進中，奪我僮阿剌噶齊特之察罕[29]矣。我將焉稱彼為兄而相從乎？今可與四瓦剌合力而逐之。」

於此，其子哈爾固楚克曰：

「語云：『離其同族則將衰，

27 帖良兀思：Telenggüs，譯字改編自《聖武親征錄》。參見烏蘭《蒙古源流研究》第五卷註五一。

28 阿卜都拉・徹辰：Abdula sečen，譯字從四庫本。

29 阿剌噶齊特之察罕：Alaγčud Čaγan，譯字從四庫本。

『離其胎內則成長。』
語云：『離其姻親則凌替，
『離其可汗則危也。』
也先太師我岳翁也，
為我父之聲名而進此言焉。
與其信外人之語，寧乘此際敵欲遁走時斬之。」
晉王曰：
「孺子安得妄言！」
即夜命肅良合之忽都巴哈[30]，火你赤兀之蒙克[31]二人與阿卜都拉・徹辰同去，聯合四瓦剌，翌晨即統瓦剌兵來攻。

遭到弟弟背叛而戰敗的太松・汗逃到火魯剌的沙不丹，也就是兀良罕的頭目沙不丹[32]處被殺。
這部分在《黃金史》中相當不同，內容如下[33]。

其後，同午年（一四三八年），太松・汗即大位。即位後，太松・汗與阿布噶爾津晉王[32]二人盟會瓦剌於明安・哈剌之地[33]。瓦剌人已先至明安・哈剌紮營。可汗、晉王與瓦剌之也先太師、阿卜都拉・徹辰與薩都剌母親[34]皆在，時阿拉克・帖木兒、哈丹・帖木兒、阿巴孛兒吉・岱同、托歡、

30 肅良合之忽都巴哈：Solongγos-un Qudubaγ-a，「肅良合」，四庫本誤作「索倫」，改從《元史》用字。
31 火你赤兀之蒙克：Qoničiγud-un Möngke，參見烏蘭《蒙古源流研究》第五卷註五三。
32 阿布噶爾津：Abγarǰin，即前述之「阿噶巴爾濟」，詳後文。此處譯者自行音譯之。
33 明安・哈剌：Mingγan-i qara，譯字從朱風、賈敬顏。
34 薩都剌母親：Sadula eketei。

忽箴赤、羅卜失等諸太師等[35]，千人夤夜前進。行「札答」巫法(34)，祭起寒風，大風迎蒙古人馬而至。

可汗與晉王會盟，欲與瓦剌萬戶議和。此次會盟中，敖漢部之薩達格沁・徹辰[36]後至，問曰：

「瓦剌來會之諸太師為誰？」

數而告之。薩達格沁・徹辰曰：

「此乃天賜良機。殺彼等，襲其兵。」

可汗與晉王斥之曰：

「阻滯者勿復饒舌。」

薩達格沁・徹辰盛怒而擊白馬之首，曰：

「當了即了，應拾即拾！」

遂去。哈爾固楚克太子是其言。太松・汗又復阻之而諭曰：

「若死則同死。若生則同生。」

瓦剌之會盟者遂歸。歸後，在先，太松・汗處有阿剌黑赤兀惕[37]之名察罕者，攜黑鬣栗毛馬載甲冑而逃亡，投阿布噶爾津晉王之所，可汗追索之，晉王不予。

心腹察罕〈先〉進讒言：

「晉王可問於可汗：牡黃羊何時發情？仔羊何時脫角？」

可汗怒曰：

「發情牡黃羊，愚也。

---

35 阿拉克・帖木兒：Alaγ temür。哈丹・帖木兒：Qadan temür。阿巴孛兒吉・岱同：Ababurgi dayitung。托歡：Toγon。忽箴赤：Küimeči。羅卜失：Lobši。多採札奇斯欽用字，唯人名切割方式未盡同。

36 敖漢部：Auqan，譯字從四庫本。薩達格沁・徹辰：Sadaγčin sečen，譯者自譯。

37 阿剌黑赤兀惕：Alaγčiγud，譯者自譯。

問此言之阿布噶爾津晉王，愚也。」

晉王聞之，怒道：

「寧不知我之愚耶？」

其後，可汗奪擒心腹察罕。阿布噶爾津晉王乃誓曰：

「我無復視爾如兄！」

遂欲叛往瓦剌，哈爾固楚克太子乃作是語：

「語云：『離一族者不得興旺，

『離母胎者得興旺。』

語云：『離異人則得興旺』

語云：『離親友則不得興旺』。

卑屈尊貴之可汗之身，

降領袖之身至如尾，難耐也。」

阿布噶爾津晉王不從，遣鄂爾多斯之哈丹・特穆爾、永謝布之涅海・特穆爾[38]二人為使，往瓦剌，告曰：

「我已離兄長太松・汗，與爾等四萬瓦剌同力。哈爾固楚克太子一人獨愎悍耳。與薩達格沁・徹辰二人並殺之。」

瓦剌人不從。阿卜都拉・徹辰且揉手而坐，曰：

「彼孺子何知！」

瓦剌諸太師、官人曰：

38 涅海・特穆爾：Nekei temür，譯字部分取自札奇斯欽。

> 「晉王如欲連合，殿下可為可汗。殿下之晉王名號可讓與我等。若遂此言，連合亦宜。」諸使者歸，報知晉王瓦剌諸太師、諸官人之所言。晉王可之，絕兄太松·汗，遷移而去。
>
> 自此，晉王與瓦剌合兵，向其兄汗。

之後關於可汗敗走橫死的部分，雖然繁簡有別，但大抵與《蒙古源流》之記述相似。

相互比較這段晉王背叛的故事，會發現：

（一）首先惹人注意的是主角的名字，一個寫作阿噶巴爾濟（Aγbarǰi），另一個則寫作阿布噶爾津（Abgarǰin），無論哪種寫法都不像是蒙古語，後者在音韻上無疑是外來語。可以想到與之對應的人名為，明人所載的阿八丁王（A-pa ting wang）(35)，阿八丁果然像是外來語。原形想來是意為「信仰的偉大」的阿拉伯語 **Akbar al-dīn**。

（二）雖然前揭引文中省略了，在《蒙古源流》中，與瓦剌對戰之際，特筆加書科爾沁之錫古蘇特之武功，《黃金史》則反是，完全找不到相對應的記事。從兄弟兩人之反目起於平時的角度看來再自然不過，實則《黃金史》將與此同樣的記事，載為阿岱·汗征伐瓦剌時的事(36)。從這裡也可以看出《蒙古源流》綜合他系統傳承的痕跡。

（三）《蒙古源流》將兄弟反目的原因輕描淡寫地舉了晉王就封時遭受的冷遇和阿剌噶齊特之察罕的問題；《黃金史》則只記載了察罕問題，且詳述原委。除此之外，《黃金史》的筆法中有很多情景的描寫，比起《蒙古源流》感覺更富故事性。且文中有很多押頭韻的部分及此類痕跡，看來果然該視作採自古老的韻文資料。關於這一點，《蒙古源流》也相同。

要言之，此故事或即為述說達延·汗系譜的長篇敘事詩的開頭部分。這麼想像雖稍稍大膽了些，但在以次發展的故事中，通各部似有一貫的構成，順其脈絡而行，便給人這種印象。

背叛兄汗的晉王，自己在瓦剌之背叛下落到橫死的地步，關於這一部分，《蒙古源流》的記載如下(37)：

由是，阿噶巴爾濟晉王與四瓦剌聯合，謂曰：

「昨吾不肖子哈爾固楚克言：

『乘此外人窮途末路時，

『追擊之以報前仇』。我斥而止之。」

瓦剌、蒙古之眾，私相譏誚之曰：

「我等此晉王，

乃非真晉王，

實為牝驢馬。

嗚矣向爾曹。」

「阿噶巴爾濟晉王乃驢馬」一語，典出於此(38)。

其後，瓦剌自相計議之曰：

「此晉王之為人，類若畜牲。哈爾固楚克太子乃異日能復仇之人也。活狐豈可入懷！抑且我等四十〔蒙古〕與四〔瓦剌〕相互結仇已多。思彼仇怨，今何可存活彼輩耶？收拾此父子二人可也。」

也先太師護其婿，乃謂之曰：

「其父行雖不正，既逐其兄而與我合矣。子則可以為友之善人也，何須殺此輩？」

阿卜都拉．徹辰曰：

「父則逐其兄而譖其子，

不識親親之道者，

豈能與我等異種仇敵為友乎？

子則尤不可養育，毒且峻，寧不聞其毒言乎！」

眾皆然之，遂定謀。

阿卜都拉・徹辰乃行詣晉王奏曰：

「我等四十〔蒙古〕與四〔瓦剌〕均為殿下一人之臣民矣。今我主晉王，當為可汗，願將殿下晉王號賜我也先太師。」

晉王曰：

「汝等此言甚是。即依汝所奏。」

彼等出後，哈爾固楚克太子謂曰：

「青冥高天有日、月，下土有可汗、晉王，蘇泰[39]之裔彼有太師、丞相。奈何以己之名爵予他人乎！」

乃父晉王咎責之，哈爾固楚克太子乃曰：

「原無與汗父抗言之理，

但惜令名與大政，我故言焉。

必欲項上黑頭橫倒耶！

必欲置全蒙古於覆亡耶！」

言訖而出，遂去。

由是召集四十〔蒙古〕與四〔瓦剌〕，阿噶巴爾濟・汗即帝位，以也先太師為晉王。

是而四瓦剌設謀，建相連之二大氈帳，後氈帳內掘一大坑，覆以絨毯，大備筵宴。

狡徒阿卜都拉・徹辰乃詣晉王而奏曰：

「晉王已即四十〔蒙古〕與四〔瓦剌〕之可汗位，

---

39 蘇泰：Sutai，日文此處僅採音譯「スタイ」。道潤梯步此處釋作「有威靈」，即 suu+tai。

「又賜我等四強力者以晉王之號，
所施者大矣，故汝甥也先晉王備宴為賀，遣某來請阿舅可汗焉。」
言已，隨即臨幸之。則曰：
「請以可汗為首，諸弟兄各以從者二人魚貫而入。我等且歌且奉酒。請入座。」
遂置餘眾於遠外，俾可汗以從者四人，太子等各以從者二人喚入，待前者甫入，偽為吟唱，齊聲大呼，皆擒而殺之。隨擲於後氈帳之坑內，盡屠其三十三帽飾尾翎之親衛兵（örbelgeten）。

文中稱阿噶巴爾濟晉王為也先的阿舅（naγaču），是因為也先的祖母薩穆爾公主是晉王祖父哈爾古楚克之兄額勒伯克．汗的女兒，而輩分上晉王較也先高一輩之故，並非也先的母親是晉王的姊妹。另一方面，《黃金史》的記載比《蒙古源流》簡單許多，特別是當中並沒有也先救女婿哈爾固楚克的橋段[39]，內容如下：

其後，瓦剌自相集議道：
「不念一己之宗族者，豈念我輩之宗族？
不念己之政道（者），豈念人之政道？
不念己之聲譽（者），豈念我輩之聲譽？
注己之火以水，澆我輩之火以油，
如此晉王，於誰為善？」
乃設殺害之計，於是瓦剌之諸官人、大人奏晉王曰：
「晉王嘗與吾等約：晉王為可汗，而賜我等之也先太師以晉王之號。當非虛言。今為奉戴晉王以可汗之稱，請賜晉王之號與也先太師。」備酒宴以邀晉王。

瓦剌於家中掘一深而大之穴，穴上覆以茵席，晉王為首，三十三帽飾尾翎之親衛兵、四十四帽上飾翎之衛兵（otoyatan）、並六十一旗手（kegeriten），皆使入自一戶，而自二戶出，殺至盈其穴。

「官人死於會盟，
狗死於吠聲。」

此一譬喻始自彼時云云。

關於這段沒有其他應該說的，想指出的只有殺害的方式和坑洞的關係，《蒙古源流》的故事比較合理。若像《黃金史》那樣，考慮一個蒙古包和當中的坑洞，那麼「自二戶出」這句就是多餘的。如是達延·汗之曾祖父亡於瓦剌之手。故事移至其子哈爾固楚克之上。

五、哈爾固楚克太子

《蒙古源流》繼上述故事之後，記載如下(40)：

哈爾固楚克太子察覺，潛遣其僮奈曼之伊納克·格埒者[40]偵之，伊納克·格埒還報曰：

「殊不見一人。惟見自後氈帳之東帷中流出血水。」

哈爾固楚克太子曰：

「言欲臥者，則臥之。

40 伊納克·格埒：Inay gere，譯字部分採自四庫本。

言欲死者，則死之。」

言訖，乃攜其僮伊納克・格咧，二人共逃去。瓦剌勇士三十人追而及之。二人已於翁袞哈雅・哈卜察該之處[41]紮寨安身焉。是時，瓦剌之失勒必思之把都兒・圖林[42]，身擐二重鎧，三人越山而來。伊納克・格咧射透二重鎧，及其後二人皆滾仆。

繼而土爾扈特之徹列克・禿兒根[43]擐三重鎧，持槍越山而來，伊納克・格咧曰：

「我非此人敵手，請太子射之。」

太子乃指其心窩，射透三重鎧，穿背而出，徹列克・禿兒根既仆，餘人竄去。於是相議曰：

「我等二人徒步而行，能至何處！」

伊納克・格咧遂去，乘夜潛入，盜出也先・汗之黑馬名不兀喇・哈卜撒黑者[44]、騍馬而栗毛、額有星，名額咧篾克・失兒哈黑臣者[45]，黑馬與太子乘，栗毛騍馬則伊納克・格咧乘，二人道：

「托克摩克之諸可汗乃拙赤之裔，我同族也。」遂往托克摩克。

途中，遇一托克摩克之富人阿克・蒙克者[46]，太子與之友而留之。謂伊納克・格咧曰：

「也先太師尚存否？四十〔蒙古〕與四〔瓦剌〕之情勢如何？試往探知。又，若能謀且有隙，

---

41 翁袞哈雅・哈卜察該：Ong-on qay-a qabčayai，qabčayai 指山峽，而原書僅採音譯。此處譯字採自四庫本。

42 失勒必思之把都兒・圖林：Šilbis bayatur türin。譯字部分採自烏蘭。此處岡田教授似釋「失勒必思」作瓦剌內之一種族，而釋「把都兒・圖林」整體為一人名，與他人之解釋未必盡同。

43 土爾扈特之徹列克・禿兒根：Turγayud-un Čeleg türgen。譯字採自烏蘭。參見烏蘭《蒙古源流研究》第五卷註五六。

44 不兀喇・哈卜撒黑：Buγura qabsaγ。譯字採自烏蘭。

45 額咧篾克・失兒哈黑臣：Eremeg širγayčin，eremeg：似雄性的，sirγayčin：頑強者。譯字採自烏蘭。

46 阿克・蒙克：Aγ möngke。譯字採四庫本。

抑且人猶未娶之，則試攜吾妻薛扯克[47]來。」言訖遣之。

時也先・汗已即位，統有四十〔蒙古〕與四〔瓦剌〕。

其後，彼富人行獵時，有十黃羊疾走而過，太子赦其一，盡殺其餘。阿克・蒙克之弟也克失・蒙克者[48]妒，佯失手而射殺太子。

而後，其僮伊納克・格哷歸來，於野外執阿克・蒙克之牧馬者問之，則曰：

「汝之太子如是見殺矣。」

伊納克・格哷立殺其人，驅馬一群以歸，謁可敦薛扯克妃子，告以情狀，皆泣。而後，謁也先・汗曰：

「托克摩克人殺我太子，又虐使我，故我背之而來。」言訖，留居。

而後，乃父也先令其女薛扯克妃子更適他人，妃子曰：

「吾未確聞哈爾固楚克之死，不適他大。」言訖，留居。

如此便接續到達延・汗之父博勒呼晉王之誕生，暫且表過不提。

此文中疑點有二：

（一）視托克摩克作朮赤後裔之國，但不用說，位於今天楚河畔的托克馬克地方是東察合台汗國，《明史》所謂亦力把里（Ili baliq）的中心地，應該說是察合台後裔之國(41)。

（二）伊納克・格哷已經稟告了哈爾固楚克太子的死訊，但薛扯克妃子拒絕改嫁卻說「未聞哈爾固楚克之死，不適他夫」，前後矛盾。已如哈爾固楚克遣歸伊納克・格哷之際的話中所暗示的，故事本來

47 薛扯克：Sečeg。譯字採自烏蘭。

48 也克失・蒙克：Yegsi möngke。譯字改編自烏蘭。

的形態應該與後文所引《黃金史》相同，薛扯克妃子當時已再婚，但為了褒揚妃子的貞烈而加以改寫，結果才造成前後衝突。

接下來《黃金史》的故事如下(42)：

而後哈爾固楚克太子謂其伴當納哈出曰：

「前此入屋之晉王等大小官人，於今如何？」

遂遣之。納哈出往見而歸，稟曰：

「晉王等諸人皆未見，惟有血水自屋之東帷流出。」

而後哈爾固楚克太子曰：

「言欲臥欲死而來。死矣！」

言訖，攜其唯一之伴當納哈出往山峰以自守。

山峽之道間，擐二重鎧者魚貫而來。納哈出射穿二重鎧，其人並後方黨羽皆滾仆。又有擐三重鎧者，持槍而來，納哈出曰：

「我無如之何，殿下可射之。」

哈爾固楚克太子以山羊角簇之矢射穿三重鎧，矢音振其響。其人並後方黨羽皆滾仆。納哈出曰：

「雖全命而脫，其如徒步何。無如盜彼瓦剌之馬。」言訖而往。

也先太師為起風故，正以外袍[49]庇火而坐。遂跨越諸環而臥者，以解傍也先太師而繫之騍馬額咧篾克．失兒古黑臣[50]並騍馬忽兒敦．忽剌[51]，時忽有鼕鼕聲，視之則無人。遂解之，乘一馬，牽

49 外袍：jangči，此字或可解作喇嘛所披之斗篷，亦可轉指外衣。日文此處作「外套」。

50 額咧篾克．失兒古黑臣：Eremeg širγuγčin。與前述《蒙古源流》所載小異。

51 忽兒敦．忽剌：Qurdun qula，qurdun：迅捷，qula：馬帶金黃毛。此處原書盡音譯。

一馬以行，鼙鼙聲再響，視之仍無人。方知乃己之心因懼而跳。

彼時兵營中有人問曰：「爾何人？」

答曰：

「何其警敏也！有蒙古之哈爾固楚克太子與納哈出二人。〔速〕捕彼等。」

言訖，越營而去。至哈爾固楚克太子處喚之，無回音。已逸去故。再喚始出。

「何故逸？」

答曰：

「爾若為瓦剌所捕而歸，吾不知死所矣，念此以是避之耳。」

語畢，乘所攜來之馬而行，至豁多郭都之葦[52]，正繫馬而坐，見循跡追沙狐者，遂逃，既乏糧亦無鞍而行時，哈爾固楚克射殺一梅花鹿。以其肋骨為鞍而以肉為糧，入至托摩克富人之所。

富人之弟曰：

「此人
眼中有火，
不可以為友，
殺之！」

「誰其人，
誰不可與為友？」言之而未殺。

其後，納哈出對太子言：

「我等孤弱而行，當奈其何？我試往瓦剌，攜殿下之可敦以來。我歸來之前，幸勿示人以己之

52 豁多郭都之葦：Qodoyodu-yin qulusun。譯字採自札奇斯欽。參見札奇斯欽《黃金史》第二十六節註七。

身分。勿倚賴他人，勿殺絕群獸。」

語畢，納哈出往奔也先太師，為稱己已殺哈爾固楚克，遂持彼髮辮為據而行。

後富人以己女嫁哈爾固楚克。行獵時，出黃羊二十，哈爾固楚克赦其二，盡殺其餘。再行獵時，該富人之弟妒，佯誤而害之。

納哈出至後，〔也先太師之〕母夫人向也先太師言曰：

「納哈出倘來，爾其殺耶？」

也先太師曰：

「納哈出果來，若見彼，必食其肉而飲其血。」

母曰：

「倘已害哈爾固楚克，仍殺耶？」

也先曰：

「果若是，則不殺。」

言時，母方使納哈出會也先太師。以吉人故，遂保其性命。

也先太師出兵托摩克，斯戰未攜納哈出同行，遂往征。納哈出乘二馬，離軍而行。而後瓦剌襲托摩克。納哈出隨瓦剌之先鋒而行，捕一馬群而獻也先太師。因私獻銀器並一栗鼠皮外袍與母故，也先怒。母曰：

「寧妒婦人歟？既殺哈爾固楚克，又攜爾之額咧箋克．失兒古黑臣來獻！」

也先太師見馬群之捕，乃道：

「非人也！邪魅（eliy-e）[53]哉！」

---

53 邪魅：岡田教授解此字作陰性之eliy-e。此字可作鬼怪解，又可作鴟鷹解。另參考朱風、賈敬顏對該字之註。

納哈出「額里耶」之名自是始。「額里耶・納哈出」在彼。也先太師之女、哈爾固楚克太子之妃子，雖已有身孕，仍為瓦剌之斡兒拜・豁只乞兒[54]所娶。

《黃金史》中的這個故事有下列幾個特徵：

（一）首先，達延・汗祖父之忠臣名為納哈出，其後稱作「額里耶・納哈出」，與《蒙古源流》之伊納克・格哷雖不同名，但其餘描寫乃至細節皆極相似。

（二）尤以盜馬場面之描寫生動無比，充滿了懸疑氣氛。

（三）納哈出前往瓦剌時帶上了主人的髮辮，用來做為主人哈爾固楚克已死的證據，是《蒙古源流》中所沒有的要素。但納哈出後來沒有回到托克馬克，又怎麼會知道主人已死於非命？這一點也與《蒙古源流》不同。

（四）「以吉人故，遂保其性命」（kesig-tü kümün amidu γarbai）這一句話透露著說話人的感想，從《黃金史》做為史書的角度看來，實屬違例。想必這是由某個敘事詩摘縮成此故事之際，刊落未盡的部分。

（五）掠奪馬群一事，在《蒙古源流》中是伊納克・格哷途中一度自瓦剌返回時所為，反之，在《黃金史》中這是也先太師出征托摩克時之事。若依米爾咱・馬黑麻・海答兒・朵豁剌（Mirza Muhammad Haidar Dughlat）所著之《拉施德史》（*Tārīkh-i Rashīdī*），東察合台汗國之歪思・汗時與喀爾馬克之伊散太師（Isan Taishi）交戰，輒敗[43]，但《明史》卷三百三十二，〈西域列傳四・別失八里〉卻載有：亦力把里王歪思（Vāis）卒於一四三二年，其子也先不花（Isan Bugha）嗣位[44]，與一四四〇年父親脫歡死後才當上太師淮王的也先不相涉，文獻上無法立證也先太師曾征伐東察合台汗國。

---

54 斡兒拜・豁只乞兒：Orboi qoǰigir，此名似是嘲弄其禿頭之渾名。參見札奇斯欽《黃金史》第二十六節註十七。

（六）最後想指出的是，《黃金史》中明確記載達延．汗的祖母改嫁。如是，哈爾固楚克逃到托克摩克而死後，終於輪到達延．汗之父博勒呼晉王登場。

六、博勒呼晉王

《蒙古源流》中，承前述也先太師欲改嫁其女薛扯克妃子遭拒，後續故事如下(45)：

妃子別哈爾固楚克時已妊七月，越三月，於壬申年（一四五二年）分娩。父也先．汗曰：「薛扯克所生，即女也，存之；其男也，殺之。」其女妃子聞之，乃曳其子之陰莖向後而縛繫以示，來視者曰：「女也。」遂去。其人去後，薛扯克妃子置搖車內以察哈爾呼拉巴特部[55]之斡堆嫗[56]之女，往曾祖母薩穆爾公主處，訴其始末。公主遂命取其子來，名之曰巴延．蒙克，付肅良合部桑哈勒都兒[57]之妻，哈喇黑臣太夫人[58]哺養焉。

而後，乃孫也先．汗仍欲殺其子時，祖母薩穆爾公主曰：

「汝以其長成後，竟為何如人，當復仇耶？此固係我裔，寧非汝之孫乎？吾子脫歡若在，當亦謂我曰：也先，汝慎毋害己孫！」言之而怒。

乃孫懼，默然而歸，議曰：

---

55 察哈爾之呼拉巴特部：Čaqar Qulabad otoγ，譯字從四庫本。
56 斡堆嫗：Odui emegen，音譯採烏蘭用字。此處日文全作音譯：オドイ・エメゲン。
57 桑哈勒都兒：Sangγaldur，譯字從烏蘭。
58 哈喇黑臣太夫人：Qaraγčin tayibujin，譯字從烏蘭。

「欲絕博爾濟錦[59]之後，奈祖母不聽。今須背公主而潛殺之。」

伊納克・格咧聞此議，告公主。公主乃曰：

「其有可信之人，請脫以歸蒙古！」

伊納克・格咧遂曰：

「瓦剌之斡吉台大夫[60]常有怨言，謂『我十三歲為前鋒，效力良多，雖然，也先乃未愛顧我』。我請試探其詞。」言訖遂往行曰：

「勇士斡吉台，汝倘欲求尊重，〔今〕也先議欲殺薛扯克妃子之三歲兒焉。汝可稟公主，送其兒往蒙古，則非但爾之一身，至汝子孫，皆為蒙古國人所敬，何所疑？」

斡吉台大夫然其說，往至公主處，曰：

「汝孫也先欲殺此子，我願送至汝母家蒙古。」

公主大甚，乃曰：

「誠如汝所言，則甚善。」

遂託瓦剌豁侖・明安[61]之斡吉台大夫、蒙古喀喇沁之孛來太師[62]、撒兒塔兀勒[63]之巴延台・墨爾根[64]、弘吉剌之額薛來大夫[65]等四人脫之而出焉。

---

59 博爾濟錦：Borǰigin，成吉思汗黃金家族之姓氏。《秘史》作「孛兒只斤」，此依清譯用字。
60 斡吉台：Ögidei，譯字從烏蘭。
61 豁侖・明安：Γool-un mingγan，譯字從烏蘭。
62 孛來太師：Bolai tayiši，譯字從明人史料。
63 撒兒塔兀勒：Sartaγul，譯字從《元朝秘史》第二五四節。
64 巴延台・墨爾根：Bayantai nergen，譯字從道潤梯步。
65 額薛來：Eselei，譯字從烏蘭。

途中有兀魯[66]之斡羅出少師[67]以其女錫吉爾[68]奉與巴延．蒙克太子為中宮，曰：

「我願送此君往所餘之親族焉。」遂接之以同居。

與此對應之《黃金史》之故事如後述，十分簡單，例如當中薩穆爾公主未登場(46)：

哈爾固楚克太子為瓦剌所娶之妃子分娩。其時，也先太師曰：

「即女也，梳其髮，若為男，梳其大動脈！」

遂命遣阿巴孛兒吉．岱同一人。妃子知之，曳子之陰莖扯向後，小遺如女兒貌。該人見後，遂稟也先太師曰：

「女也。」

該人歸後，妃子匿其子，為欺人故，以家中使喚之察哈爾呼拉巴特部之斡台嫗[69]之子，入於搖車中。其人復來，解搖車而視，知確是女子，遂稟也先太師曰：

「女也。」

其後，瓦剌之斡格台．巴圖爾[70]怨望於其官人曰：

「我嘗為先鋒者十三回矣。立功如此亦未見重用！」

於時額里耶．納哈出曰：

---

66 兀魯：Uruyud，譯字從明人史料。《元朝秘史》作「兀魯兀惕」。
67 斡羅出少師：Oroču šigüši，譯字從明人史料。
68 錫吉爾：Šikir，譯字從四庫本。
69 斡台嫗：Odai emegen。此處日文全作音譯：オダイ・エメゲン。
70 斡格台．巴圖爾：Ögedei bayatur。

「爾如欲為〔貴重〕，哈爾固楚克太子之妃子已產一男，爾送之至蒙古。當可至六萬戶蒙古之最高位。」

斡格台・巴圖爾之姊適塔塔兒之圖吉・巴圖爾[71]。此故，圖吉・巴圖爾脫出此子。瓦剌之委・末敦[72]之子斡格台大夫、弘吉剌之額薛來大夫、喀喇沁之孛來太師、撒兒塔兀勒之巴延台・阿哈勒忽[73]四人，攜子而行，道中，因瓦剌之追兵未及，阿巴孛兒吉遂自其粉嘴棗騮良馬[74]上降下，與額里耶・納哈出。瓦剌之諸官人曰：

「爾追及此子攜之以歸，即令汝管領部落人眾並牡馬群。」言訖遂命之追。

繼而額里耶・納哈出將追及時，〔彼等〕乃捨其子而行。其後，額里耶・納哈出自鞍上以弓梢取該子，追及之而告曰：

「爾等捨此子，復何為而行？」

言訖，授之，彼此互射，止於該處而不拾落矢。

隨之後續之伴當前來。額里耶・納哈出與語，示戰矢以取信，遂歸。

如是而後彼四人攜子以來，置於兀良罕之呼圖克圖少師[75]處。成齡後，呼圖克圖少師以其女名錫吉爾者，奉與〔巴延・蒙克〕博勒呼・晉王。

比較這兩個故事會發現，

---

71 塔塔兒之圖吉・巴圖爾：Tatar-un Tugi baγatur，譯字採自札奇斯欽。

72 委末敦：Oi Modun，字義為林木，譯字採自札奇斯欽。

73 巴延台・阿哈勒忽：Bayantai aqalqu。或作 Bayantai aγalaqu 巴延台・阿嘎拉忽。

74 粉嘴棗騮良馬：sayin qaltar morin。此處日文用字為「良い白鼻の栗毛馬」，栗色當指暗褐色。

75 兀良罕之呼圖克圖少師：Uriyangqan-u Qutuγ-tu sigüsi。兀良罕即兀良哈、烏梁海。

（一）首先薩穆爾公主在《黃金史》中並未出現。

（二）遺兒之名在《蒙古源流》中明記作巴延・蒙克，但《黃金史》到最後才寫出〔巴延・蒙克〕博勒呼・晉王。

（三）《蒙古源流》中記載了晉王乳母的名字。

（四）注意到四人護送晉王前往之處，《蒙古源流》作兀魯之斡羅出少師處，而《黃金史》則作兀良罕之呼圖克圖少師處。

如前所述，薩穆爾公主是《黃金史》中完全沒有出現的人物，但在《蒙古源流》整體脈絡中，額勒伯克・汗這位先前已論述過與達延・汗的祖先沒關係的角色、以及哈爾固楚克皇太子、完者圖皇后妃子、阿寨太子等人的故事，以及達延・汗父祖的故事，由她擔任了串聯起這種種的重要角色，而這位公主原本恐怕不是屬於這些故事的人物。

另外，插入痕跡有點明顯的是乳母的名字，實際上在《黃金史》中記載了一段科爾沁的祖先博羅鼐王（Bolonai ong），即明人所謂齊王孛羅乃[47]幼時遭受也先太師迫害的故事，內容與博勒呼・晉王之故事十分相近。故事中身為孛羅乃王的保護者，登場的是肅良合的桑固勒答理[76]之妻哈喇黑臣太夫人[48]。這個太夫人的名字應該也是取自其他故事而插入的。

綜觀從太松・汗敗死，一直到阿噶巴爾濟晉王死於非命、晉王之子哈爾固楚克西奔後橫死、博勒呼晉王誕生等一連串的故事發展會發現，有一個持續登場的人物，那個人就是哈爾固楚克的忠臣伊納克・格咧（額里耶・納哈出），他出現在各個場景，擔任串場的角色。把他當作是敘事詩的作者所創造出的人物，也許是比較保險的推測。

76 肅良合的桑固勒答理：Solongyod Sangyuldari，後半譯字從札奇斯欽。此處「肅良合」（高麗）拼法又小異。

最後要指出的，《蒙古源流》將博勒呼晉王的生年記作一四五二年，《黃金史》中也記載，太松・汗死後不久，哈爾固楚克西奔，接著他的遺腹子誕生，但這並非事實。會這麼說是因為，晉王之子達延・汗於一四六四年出生，如果晉王生於一四五二年，那麼代表他在年僅十三歲時便生子。這其實不過就是套用遺腹子在敵營中出生這種在故事中常用的母題吧。

七、結語

對以上考察的結果作摘要敘述，並補足無暇言及的部分，如下：

（一）達延・汗的家系在曾祖父阿噶巴爾濟晉王之前，無從追溯。

（二）《蒙古源流》中寫作是阿噶巴爾濟晉王之父的阿寨，其實是阿岱・汗。二者不可能是父子。

（三）《黃金史》中，自阿布噶爾津晉王一直到達延・汗為止四代的故事皆以韻文記載，顯示了採自舊有敘事詩的痕跡。

（四）《蒙古源流》所載，登場人物更多，脈絡複雜，又將原本無關係的完者圖皇后妃子的復仇故事、阿岱・汗出生故事穿插進來，將達延・汗的系譜向前延伸了。

（五）這個敘事詩應該是隨著達延・汗的子孫被分封各國，而在蒙古各地傳播，各自有其獨有的發展。

（六）鄂爾多斯是右翼晉王所奉祀的成吉思・汗靈廟八白室（Naiman čaγan ger）的所在地，應屬採自該處傳承的《蒙古源流》之所載，呈現最發達的型態。無足詫異。

第九章　達延・汗六萬戶之起源

十六世紀初再度集結於達延・汗之下的蒙古諸部被稱作「六萬戶」，由左翼察哈爾、喀爾喀、兀良罕，右翼鄂爾多斯、土默特、永謝布所組成。這些萬戶的起源將以追溯到蒙古帝國時期的方式闡明之。

察哈爾的前身是蒙哥・汗封給弟弟忽必烈的京兆（西安）領地，由忽必烈的第三子忙哥剌任安西王以統領之。喀爾喀的前身是元朝左翼五投下札剌亦兒國王的管轄地，其名稱來自於流入該牧地的喀爾喀河。兀良罕的前身則是守護成吉思・汗及其子孫之墓的兀良罕千戶。

鄂爾多斯的前身是供俸被稱作「四大斡耳朵」的成吉思・汗廟的遊牧民。他們曾在漠北的克魯倫河畔遊牧，而在十五世紀南下移到河套地區。土默特的前身是在成吉思・汗以前即在陰山山脈遊牧的聶思托里派基督徒汪古王國。永謝布的前身則是窩闊台・汗封給兒子闊端的唐兀（西夏）人之國，其名稱的由來是闊端之子只必・帖木兒在武威所建的城市永昌府一名。

蒙古之巴圖・蒙克・達延・汗（Batu möngke dayan qayan，一四八七－一五二四年在位）時，有六萬戶（Jïryuyan tümen）之制，各類蒙文編年史中皆載有此事，今據其敘事尤為整贍之《蒙古源流》，摘記其成立之經緯如次：

有使節自右翼三萬戶，即鄂爾多斯（Ordos）、永謝布（Yöngsiyebü）、土默特（Tümed）來言，為求可司成吉思・汗靈廟八白室（Naiman čayan ger）之祭祀，可賦課六大兀魯思貢賦（alban）之晉王（jïnong），請達延・汗送皇子一人。乃遣第二子烏魯斯・博羅特（Ulus bolad）。永謝布之亦不剌因太師（Ibarai tayisi）[1]與鄂爾多斯之滿都來・阿哈剌忽（Mandulai aqalaqu）不愜，即於

1 亦不剌因：此處日文作「イブラヒム」，括號後附以蒙語。此人在明人史料作「亦卜剌」、「亦不剌」等。

烏魯斯・博羅特於成吉思・汗靈前行即位式時殺之。達延・汗興復讎之師（軍隊），於土爾根河（Türgen）之戰敗還。遂再率左翼三萬戶並阿巴噶（Abaɣ-a）、科爾沁（Qoorčin）[2]出征，於達蘭・特哩袞（Dalan terigün）之戰破右翼三萬戶，追擊至青海，盡降其眾，殺滿都來。亦不剌因逃入哈密（Qamil），為人所殺。達延・汗整頓六萬戶，於成吉思・汗靈前新受汗號(1)。

此六萬戶所指為何，由達延・汗於達蘭・特哩袞所發之軍令中即可明瞭。

「鄂爾多斯乃守護主上八白室，受大命之國也。兀良罕同為守護主上金柩，亦受大命之國，其以科爾沁、阿巴噶共當之。十二土默特以十二部（otoɣ）[3]喀爾喀當之。勢大之永謝布則以八部（otoɣ）察哈爾當之(2)。」

據此可知，六萬戶即指左翼之察哈爾、喀爾喀、兀良罕，以及右翼之鄂爾多斯、土默特、永謝布。此六集團於十六世紀初，於達延・汗之下結成一種聯邦。然各萬戶並非此時始成立。追尋各自之起源，俱可溯至蒙古帝國時期，自北蒙古東部延至南蒙古地帶之有力集團（參照地圖七）。

成吉思・汗將自己所建立之帝國之最大部分留給第四子拖雷，其領地東起大興安嶺，西至阿爾泰山，有一〇一個千戶。當中，大興安嶺一帶的六十二個千戶在札剌亦兒（J̌alayir）之木華黎國王（Mugali gõi ong）指揮下，被稱作左翼萬戶（J̌egün ɣar-un tümen）。至於阿爾泰山一帶的三十八個千戶，則在阿兒剌（Arlad）之博爾朮（Boɣorču）指揮下，被稱作右翼萬戶（Baraɣun ɣar-un tümen）。

2 阿巴嘎、科爾沁：此處岡田教授作二部解。亦參見烏蘭《蒙古源流研究》第三卷註八五、第五卷註七一。
3 部：此處原書音譯作オトク「鄂托克」。

在左右萬戶之間，自肯特山迄杭愛山一帶，只有一個由唐兀（Tangγud）之察罕（Čaγan）所指揮的中央千戶（Γool-un mingγan），其餘的居民皆分屬於成吉思·汗的四大斡耳朵[3]。四大斡耳朵各有主事的皇后，大斡耳朵（Yeke ordo）由弘吉剌之孛兒帖（Börte hüǰin）、第二斡耳朵（Ded ordo）由篾兒乞（Merkid）之忽蘭（Qulan）、第三斡耳朵（Γutaγar ordo）由塔塔兒（Tatar）之也遂（Yesüi）、第四斡耳朵（Dötüger ordo）由也遂之妹妹也速干（Yesüken）分別主掌[4]。

繼承這些的拖雷的次子忽必烈·汗，於一二九二年，封故皇太子真金（J̌inggim）之長子甘麻剌（Kamala）為晉王，命他統領四大斡耳朵及其軍隊、國土。甘麻剌於一三〇二年死去，由長子也孫·鐵木兒（Yesün temür）嗣位[5]。一三二三年，英宗碩德八剌遭暗殺，晉王也孫·鐵木兒於克魯倫河的成吉思·汗大斡耳朵即帝位，是為泰定帝。泰定帝於翌年封次子八的麻亦兒間卜（Padma rgyal po）為晉王[6]。一三二八年，泰定帝死時隨即發生內亂，上都失陷，八的麻亦兒間卜被殺[7]（參照世系圖二）。

成吉思·汗之左翼萬戶長札剌亦兒之木華黎，一二一七年受封為國王，率領弘吉剌、亦乞列思（Ikires）、兀魯兀惕（Uruγud）、忙忽惕（Mangγud）等軍出征華北，一二二三年死。其子孛魯（Boγol）繼之而平定山東、河北，於一二二八年死。孛魯之第三子霸突魯（Baγatur）助忽必烈·汗即位有功，死於一二六一年[8]。霸突魯之妻弘吉剌氏為忽必烈第二皇后察必（Čabui）之姊，其所生之長子即被稱作忽必烈朝國之柱石的中書右丞相安童（Antun）[9]。

札剌亦兒的本土雖在鄂嫩河，札剌亦兒國王家與在其隸下的弘吉剌、亦乞列思、兀魯兀惕、忙忽惕則皆駐於大興安嶺，為號稱五諸侯之大勢力。在一三二八年內亂，實權落入欽察軍團與阿速軍團手中之前，札剌亦兒派之蒙古貴族獨占了元廷所有重職。

在南蒙古的陰山，自遼、金之世起，汪古（Önggüd）王國即繁榮昌盛於該處，被稱為唐末、五代沙陀突厥之裔。國王阿剌兀思·剔吉·忽里（Alaquš tigid quri）於一二一一年投降於成吉思·汗，保住了領土，其子孫世代與帝室通婚，被封為趙王[10]。

汪古西鄰之西夏王國於成吉思・汗末年，一二二七年被滅，窩闊台・汗於一二三五年將其舊領封與次子闊端（Göden），委以征討陝西、四川、西藏(11)之任。

拖雷長子蒙哥・汗於一二五一年即位之同時，委皇弟忽必烈以南蒙古、華北行政之任，一二五三年，封於京兆（西安）(12)。闊端之子只必・帖木兒（J̌ibig temür）從此之後隸屬於忽必烈。忽必烈即位後，於一二七二年將京兆交與第三子忙哥剌（Maṅgala），封為安西王，命其駐兵六盤山，並將只必・帖木兒所築新城賜名為永昌府(13)。

安西王忙哥剌於一二八〇年死去，其子阿難答（Ānanda）嗣(14)。一三〇七年，成宗鐵穆耳死去，無嗣，皇后卜魯罕召安西王阿難答欲立之為帝，但因仁宗愛育黎拔力八達發動政變而失敗。仁宗之兄武宗海山即位，阿難答被殺(15)。其後十六年間，武宗、仁宗、仁宗之子英宗時，安西王之位一直虛懸。一三二三年，英宗遭暗殺而泰定帝即位，阿難答之子月魯・鐵木兒（Örüg temür）遂襲封安西王(16)。然而一三二八年內亂之後，文宗朝一三三二年，月魯・鐵木兒因圖謀不軌而被誅殺(17)。

一三六八年漢地之喪失，必然導致這些與元室關係密切的諸集團之式微。一三八八年，隨著天元帝脫古思・帖木兒（Toquz temür）被弒，代之以瓦剌（Oyirad）的勢力開始增長。瓦剌原本是以葉尼塞河上游錫什希德（Šišqid）為根據地的集團，其王家是西北邊的名門(18)。十四世紀後半以此為核心所集結的勢力，卻參與了迄當時一直未能納入元廷之諸多西北方集團。

分析於十六世紀顯揚的瓦剌勢力的構成要素，輝特（Qoyid＝Xoyid）、巴噶圖特（Baγatud＝Bātud）是過去瓦剌的後裔，而土爾扈特（Turγaγud＝Toryūd）是克烈的後繼者，至於綽羅斯（Čoroγas＝Čorōs）的準・噶爾（J̌egün γar＝J̌ün γar）、杜爾伯特（Dörbed＝Dörbōd），從他們與天山回鶻和陰山汪古持有相同的始祖傳說來看，應該是回鶻帝國之分支乃蠻的後繼者。而巴爾虎（Barγu）、布里亞特（Buriyad）則不用說，是住在貝加爾湖巴兒忽真窪地（Barγuǰin tökiim）的巴兒渾（Barγud）的後繼者(19)。

要言之，將巴兒渾、斡亦剌惕（瓦剌）加入肯特山以西之克烈、乃蠻之新瓦剌，即形成都兒本・

瓦剌（Dörben Oyirad，四瓦剌）。唯一的例外是成吉思・汗同母弟朮赤・合撒兒的子孫所領的和碩特（Qosiyud=Xošūd），他們應該是被瓦剌從大興安嶺東帶走的三衛遺民。

將上述形勢放在心上，再來綜觀自一三八八年天元帝被弒到一四八七年達延・汗即位為止，約百年間的變遷，可以看到：最初瓦剌有三王，當中綽羅斯的馬哈木（Maḥmūd）之子脫歡（Toγon）合併其他二王，殺掉了蒙古的阿岱・汗（Adai qaγan），統一蒙古和瓦剌，其子也先（Esen）又殺掉了原來他所擁立的脫脫・不花・汗（Toγtoγa buqa qaγan），一四五三年自登汗位，但翌年屬下叛亂，也先被殺，瓦剌帝國瓦解。之後，脫脫・不花的兩個兒子馬兒可兒吉思（Markörgis，一四五五－一四六五年在位）和莫蘭（Mulan，一四六五－一四六六年在位）先後登上了蒙古的汗位，但二者皆被殺，約十年的帝位虛懸時代來臨。至一四七五年，巴延・蒙克・博勒呼晉王（Bayan möngke bolqu jinong）辭退了即位的勸說，取而代之是滿都魯・汗（Manduγulun qaγan）即位。滿都魯據說是脫脫・不花的異母弟。滿都魯・汗不久之後即因與博勒呼晉王不和而將之驅逐[19]，一四七九年滿都魯死，以無嗣故，其遺孀滿都海・可敦（Manduqui qatun）改嫁博勒呼晉王之子巴圖・蒙克（Batu möngke），讓他繼承亡夫的遺產。終至一四八七年博勒呼晉王死後，巴圖・蒙克隨即即位，此即巴圖・蒙克・達延・汗[20]（參照世系圖三）。

無論是《蒙古源流》或《黃金史》都記載，滿都海・可敦與達延・汗結婚之時，在也失・可敦（Esi qatun）的靈前祈禱，如願生下了七男一女。另一方面，根據《黃金史》記載，也失・可敦指的是拖雷的妻子唆魯禾帖尼・別乞（Sorqaγtani begi），據說成吉思・汗因欣賞其孝心，於是賜給她這個封號和察哈爾八部。故而滿都魯・汗為察哈爾之領主，在其帳中便祀有唆魯禾帖尼・別乞的靈位[21]。順道一提，也失（eš）在土耳其語中為「妻」之意[4]（參照世系圖一）。

4 此從護雅夫說。譯按：eş意指「一對中之一」，似可泛指男女配偶，並未限定為「妻」？

探尋此也失・可敦祭祀之源流，會發現在惠宗朝的一三三五年，被供奉在甘州基督教堂中的唆魯禾帖尼・別乞，她的祭禮在朝廷成了問題[22]。此事距安西王月魯・鐵木兒被誅僅三年，因甘州為安西王之轄下，基督教徒唆魯禾帖尼・別乞之靈原本應該是放在六盤山安西王的帳中祭祀，後來才被移到甘州的基督教堂。安西是唆魯禾帖尼・別乞之子忽必烈以來的舊封國，適合當作唆魯禾帖尼・別乞的祭祀地。這樣的話，察哈爾萬戶不妨說是安西王國的後繼者。順道一提，察哈爾應該是伊朗語中之**chākar**，代表「臣僕」之意。

達延・汗的曾祖父阿噶巴爾濟晉王（**Aγbarǰi ǰinong**）被認為是脫脫・不花・太松・汗的弟弟。根據《蒙古源流》和《黃金史》的記載，阿噶巴爾濟投靠也先，背叛了脫脫・不花，但結果卻被也先殺害，其子哈爾固楚克（**Qarγučuγ**）逃往西方的托克摩克，之後也遭人殺害。哈爾固楚克與也先之女生下了達延・汗之父巴延・蒙克・博勒呼晉王。博勒呼晉王在瓦剌長大，之後又被送到兀良罕，與領主的女兒結婚，生下了巴圖・蒙克・達延・汗[23]。根據達延・汗在達蘭・特哩袞發的軍令，兀良罕是「同為守護主上金柩，亦受大命之國」。成吉思・汗葬於肯特山中，守護他陵墓的正是兀良罕的千戶[24]。兀良罕的本土在鄂嫩河，這個位於肯特山、鄂嫩河的兀良罕，被認為是在達延・汗的時候成了兀良罕萬戶。達延・汗死後，博迪・阿拉克・汗（**Bodi alaγ qaγan**，一五二四－一五四七年在位）討伐兀良罕萬戶叛亂，兀良罕遭到解體，該地被察哈爾萬戶合併[25]。

達延・汗的父親與曾祖父已帶有晉王之號，而達延・汗封次子烏魯斯・博羅特為右翼三萬戶的晉王。達蘭・特哩袞之戰後，新封第三子巴爾斯・博羅特（**Barsubolad**）為晉王。巴爾斯・博羅特的長子袞・必里克（**Gün bilig**）的子孫世代統領鄂爾多斯，世襲晉王之號。眾所皆知，鄂爾多斯奉祀成吉思・汗的八白室。另一方面，慮及成吉思・汗四大斡耳朵的領主即為晉王，顯然**ǰinong**即是晉王的音譯，鄂爾多斯萬戶就是四大斡耳朵的後繼者。想來達延・汗的祖先應是鄂爾多斯的領主（參照世系圖四）。

然而，根據一九三五年參拜八白室的歐文・拉鐵摩爾所提出的報告，八白室祭祀的僅是成吉思・

汗和他的可敦孛兒帖，以及左翼的可敦，也就是忽蘭。當中，供奉成吉思·汗和孛兒帖的是達爾扈特旗人，而供奉忽蘭·可敦的則是另一個集團(26)。這保留了大斡耳朵與第二斡耳朵合併的痕跡。

達延·汗入贅[5]對象，察哈爾滿都魯·汗的遺孀滿都海·可敦出身土默特的恩古（Enggüd）(27)。土默特久據陰山，居汪古故地。想來恩古即是汪古[6]，而土默特萬戶即汪古王國的後繼者。如此看來，其西方，據甘肅邊外的永謝布即是涼州闊端、只必·帖木兒父子的王國的後繼者，而永謝布的名稱則是來自只必·帖木兒所建的都城「永昌府」的音譯。

達延·汗將喀爾喀萬戶封給了第五子阿勒楚·博羅特（Alču bolad）[7]和第十一子格哷森扎（Geresenǰe）。阿勒楚·博羅特所部因其子和爾朔齊（Qurqači）[8]有五子故，為五部喀爾喀（tabun otoγ Qalqa），而格哷森扎所部則因其有七子，故為七部喀爾喀（doloγan otoγ Qalqa）。根據《阿薩喇克齊史》和《黃史》，苦於札剌亦兒壓制的喀爾喀赤諾思（Činos）部，向達延·汗請命，迎來了格哷森扎。格哷森扎經常被稱作「札剌亦兒的皇太子」（J̌alayir-un qong tayiǰi）。另外，他的長子阿什海（Asiqai）繼承的部族之一便是札剌亦兒(28)。另一方面，五部喀爾喀和爾朔齊的第三子兀班（Uban boyimo）繼承的部族是弘吉剌(29)。這一點剛好與札剌亦兒國王家率領弘吉剌相符，由此可見喀爾喀萬戶是札剌亦兒的後繼者(30)。

以上比定完達延·汗六萬戶各自的前身。而不入六萬戶之數，從而在達延·汗勢力圈之外的，從達蘭·特哩袞的軍令中可以看出，還有科爾沁、阿巴噶。他們與大興安嶺東部、明人稱作福餘衛、泰寧衛的烏濟葉特（Öǰiyed）和翁牛特（Ongliyud）相同，都是被封在這一帶的成吉思·汗諸弟的後裔所領。嶺

5 原文「婿入り」，疑有過度解釋之嫌。畢竟達延合罕仍是代表繼承黃金家族者，並非轉入女方家而改作汪古氏。
6 此處解釋稍簡略。亦參見烏蘭《蒙古源流研究》第三卷註六二。
7 《欽定外藩蒙古王公表傳》作「阿爾楚博羅特」，今依四庫本《蒙古源流》。此名疑當為Nalču bolod，亦參見烏蘭《蒙古源流研究》第五卷註八八。
8 《欽定外藩蒙古王公表傳》卷二八作「和爾朔齊」，疑有誤。明譯或作「虎剌哈赤」對音稍叶。今姑依《表傳》。

東的朵顏衛就是兀良罕的分支[31]。

最後關於喀喇沁（Qaračin）和阿速（Asud）再多說一點。參與一二三六至一二四四年蒙古軍之歐洲遠征的蒙哥，從高加索帶回了欽察人和阿蘭人的大集團，他讓欽察人在老哈河等地、阿蘭人在灤河等地遊牧[32]。這些欽察人就是後來以喀喇沁而聞名，而阿蘭人則以阿速而聞名，由他們組成的軍團作為元帝親軍而勇名四馳。在一三二八年的內亂下，欽察軍的首領燕・鐵木兒（El temür）和阿速軍的首領伯顏（Bayan）終至掌握了元廷的實權[33]。在達延・汗時居於張家口外的喀喇沁和阿速，從他們的住地來看，也可知是這群欽察人和阿蘭人的子孫無誤。在永謝布亦不剌因太師的全盛時期，喀喇沁和阿速也隸屬在他的麾下，但因達延・汗的征討而使亦不剌因的勢力壞滅，永謝布再度退回西方的根據地[34]。為此，喀喇沁和阿速有時也會被冠上永謝布之名，但並不另外代表永謝布起源於東方。

第十章　兀良罕・蒙古族之滅亡

達延・汗六萬戶之一的兀良罕部族，自古以來就住在鄂嫩河的溪谷，是個擁有黃色頭髮的種族。他們從成吉思・汗四世祖先開始就跟著成吉思・汗家，也是守護肯特山中成吉思・汗一族之陵墓的部族。兀良罕又是達延・汗的母親所出身的部族，但在一五二四年隨著達延・汗歿後，其諸孫間起爭端，至一五三八年，兀良罕萬戶遭到解體而歸於消滅。在其故地北蒙古，今天分布的是占蒙古國國民絕大部分的喀爾喀族，這是後來的事。因為喀爾喀萬戶中也繼承了一部分的兀良罕，阿爾泰山西在清代就被稱作烏梁海。

在今日構成蒙古國大部分人口的喀爾喀（Qalqa）族占據北蒙古之前，該地是一個名為兀良罕（Uriyangqan）的萬戶（tümen）的遊牧之地，但兀良罕萬戶於十六世紀遭解體而消滅。其遠緣之一部族，明代以朵顏衛而為人所知，入清後成為南蒙古的喀喇沁（Qaračin）二旗和土默特（Tümed）左翼旗，其領主之祖皆為成吉思・汗之部將，也就是兀良合的者勒篾（J̌elme）。

由鄂爾多斯（Ordos）的薩岡・徹辰・額爾克皇太子（Saγang erke sečen qong tayiǰi）於一六六二年所著的知名編年史《蒙古源流》（*Erdeni-yin tobči*），當中在說完有關巴圖・蒙克・達延・汗（Batu möngke dayan qaγan，一四六四－一五二四年）的故事群之後，附載了下列這一段敘述：

而後，因兀良罕之格根丞相、禿黑台・哈喇・忽剌二人[1]為首之兀良罕萬戶叛亂為敵時，達延・汗率察哈爾、喀爾喀二者出馬，於通報其子巴爾斯・博羅特晉王時，〔晉王〕乃率右翼三萬戶

1 格根丞相、禿黑台・哈喇・忽剌：Gegen čingseng，Tuγtai qara qulad，譯字採自烏蘭。

出馬合兵，於勺峏合勒山梁[2]上與兀良罕萬戶會戰。其時左翼萬戶中有喀爾喀．扎魯特之巴噶遜．達爾罕．塔布囊[3]、察哈爾．扎固特之賽因．徹格哲之子訥克貝．昆都倫．哈什哈[4]二人；右翼萬戶中有鄂爾多斯．哈爾哈坦之拜音綽固爾．達爾罕[5]，土默特．康鄰之阿勒楚賚．阿哈拉呼[6]二人，此四人率前部先導接戰，斫兀良罕之勺峏合勒大營，收其餘眾，併入〔其餘〕五萬戶之內，削其萬戶之名(1)。

正如和田清教授已指出的，兀良罕萬戶的解體，不可能發生在達延．汗還在世的時候。根據和田先生的說法，兀良罕又被稱作黃毛，他們的瞳色也是正黃色，屬於金髮的種族。自一五四三年至一五四七年擔任明朝宣府分守口北兵備道的蘇志皐所著的《譯語》中記載了兀良罕最終的下場，內容如下：

蒙古一部……無誕妄。近亦狡詐甚矣。聞小王子集把都兒台吉（**Baγatur tayiǰi）、納林台吉（**Narin tayiǰi）、成台吉（**Čing tayiǰi）、血剌台吉（**Šir-a tayiǰi）、莽晦（**Mangγui）、俺探（**Altan）、巳寧（**J̌inong）諸酋首兵，搶西北兀良哈，殺傷殆盡。乃以結親給其餘，至則悉分於各部，啖以酒肉，醉飽後皆掩殺之。此其一事也。

2 勺峏合勒：J̌orγal，譯字從《元朝秘史》第一七七節。參見烏蘭《蒙古源流研究》第六卷註三二一。
3 喀爾喀．扎魯特之巴噶遜．達爾罕．塔布囊：Qalq-a J̌aruγud-un Baγasun darqan tabunung，譯字採四庫本。
4 察哈爾．扎固特之賽因．徹格哲之子訥克貝．昆都倫．哈什哈：Čaqar J̌aqud-un Sayin čegiče-yin köbegün Engkebei köndelen qašq-a，譯字採道潤梯步。
5 鄂爾多斯．哈爾哈坦之拜音綽固爾．達爾罕：Ordos Qarqatan-u Bayičuqur darqan，譯字採道潤梯步。
6 土默特．康鄰之阿勒楚賚．阿哈拉呼：Tümed Qanglin-u Alčulai aqalaqu，譯字改自四庫本。

此處列舉的諸酋中，晉王（己寧）、阿勒坦（俺探）、把都兒、納林・台吉分別是巴爾斯・博羅特的長子、次子、第四子以及第五子。從這些達延・汗的孫輩已在戰爭中活躍看來，小王子，也就是蒙古可汗，不是達延・汗自己，必須是在他死後即位的博迪・阿拉克・汗（Bodi alaγ qaγan，一五二四－一五四七年在位），也正好與蘇志皐在任宣府的時期相當(2)。

兀良罕萬戶滅亡於達延・汗死後，此一和田說之正確性，也可以用近年發現的《阿勒坦・汗傳》（*Erdeni tunumal neretü sudur orosiba*）來立證。這個韻文的編年史中記載，從一五二四年至一五四四年的二十年間，達延・汗諸孫與兀良罕間發生了六次戰爭，全都在相當於博迪・阿拉克・汗的統治期間。《蒙古源流》中的格根丞相，在《阿勒坦・汗傳》中被稱作格哷巴拉特丞相（Gerebalad čingsang），而禿黑台・哈喇・忽剌則被稱作圖類・諾延（Töröi noyan）：[7]

其一

申年（一五二四年），兀良罕之圖類・諾延、格哷巴拉特丞相來攻，
聞其襲殺別速惕（Besüd）之烏林泰（Örindei），逐走幕營並人民，
阿勒坦・汗（Altan qaγan）再率圖古凱・諾延（Tögökei noyan）、博迪・烏爾魯克（Bodi örlüg）之兵，
戰而破兀良罕，
於巴勒濟（Balǰi）之地大有擄獲後，
即歡然平安返家園隨而[8](3)，……

7 以下譯文參考珠榮嘎譯註《阿勒坦汗傳》（呼和浩特，內蒙古人民，一九九一），依日譯及道潤梯步文風改寫。
8 此處蒙文置「隨即／sača」於句尾，或為叶韻故。日譯亦置「や否や」於句尾。考慮日文直譯風格，亦直譯處理。

其二

率群集之眾國人於辛卯年（一五三一年），
墨爾根晉王（Mergen ǰinong）、阿勒坦·汗二人再遠征兀良罕。
至布爾哈圖罕山（Burqatu qan）之住地攻之，
迄潰散而擄掠以行之際，
其餘兀良罕之圖類·諾延、格哷巴拉特丞相二人率兵，
紛然亂戰時，斫兀良罕屍如山積。
迅即破兀良罕萬戶於勺岰合勒（J̌oryal）之上，
使其降伏於先祖白室（čayan ger）之靈前者，
乃具不憂之志、具不退轉之心，
國人之主、貴重之墨爾根晉王與阿勒坦·汗二人。
是役中圖類·諾延、格哷巴拉特丞相未能追及而脱(4)。

其三

癸巳年（一五三三年），墨爾根晉王、阿勒坦·汗二人，
越杭愛山（Qangγai qan）遠征，以掠兀良罕，
可驚可喜，俘獲甚眾，安然以返，於本巳年下馬(5)。

其四

鄙劣之兀良罕之圖類·諾延、格哷巴拉特丞相，
迫近分掠博迪·汗（Bodi qayan）之屬眾家園而去時。

六萬戶隨即會盟於成吉思・汗（eǰen）神前，
商定於戊戌年（一五三八年）遠征兀良罕。
　右翼三萬戶供奉成吉思・汗之白室，
貴重之墨爾根晉王並阿勒坦・汗於杭愛之南下馬，
供奉也失・可敦神（Esi qatun）之左翼萬戶於杭愛之北下馬，
尊貴之大眾國人於戊戌年駐牧彼地育畜使肥，隨而
　六萬戶之廣大國人出發襲擊時，
為其威勢所懾服之兀良罕萬戶，
困窮之圖類・諾延、格呼巴拉特丞相、額勒都奈（Eldünei）二諾延歸降時。
允之之六萬戶諸諾延因其作惡多端故，
　各自逮捕懲治降己者，
分而俘之，兀良罕萬戶，
可抱者抱之，[9]
使之入各戶為奴之情如此這般。
　蒙天所嘉，惠澤恩賜，
頑抗之敵，無礙而破，
廣大國人歡喜滿溢，
自彼平安歸返下馬後，

9 此句 öberidkü metüs-i öberidüged，意為「將可做妻者做為妻」，此處日文採直譯。參考珠榮嘎譯註《阿勒坦汗傳》第五二節註一。

具皇靈之白室神前，六萬戶會盟，
哈喇·摩敦（Qara modun）之旁，稽首於福，自成吉思·汗神前，[10]
全廣大國人上博迪·汗以庫登·汗（Gödeng qaγan）之號。[11]
謂卓越墨爾根·哈喇（Mergen qara）已為政道之支柱，乃尚號曰墨爾根晉王。
將深具妒心之敵徹底破壞者，
使兄長親睦和合而行者，
謂已極甚為政道之支柱，
賜索多（Suu-tu）號於阿勒坦·汗。[12]
破壞懷怨望之敵後，
自至聖主上成吉思·汗處，諸諾延為己請命，
互贈名號結好聯歡，
屢再增進友誼後始散(6)。

其五

無憂有志之阿勒坦·汗於辛丑（一五四一）年再次，

---

10 此句(1) qara modun／哈喇摩敦，意為「黑木」，日文採音譯；(2) bolγan qutuγ，日譯作「福」，為一置於成吉思汗神前之靈物，珠榮嘎譯作「布喇干呼圖克」。參見珠榮嘎譯註《阿勒坦汗傳》第五四節註一。

11 通說，「庫登汗」此尊號為其子達賚遜所用，惟亦不無可能博迪汗已先有此尊號。參見珠榮嘎譯註《阿勒坦汗傳》第五四節註二。

12 據此，似賜「suu-tu／有靈福者」一號與阿勒坦汗者為博迪汗，《蒙古源流》則稱此為達賚遜所賜。參見珠榮嘎譯註《阿勒坦汗傳》第五五節註一。

遠征殘餘之兀良罕而出馬，
降服以翁古察（Ongγoča）者為首之一群百姓，
無滯平安回歸己之宮殿而下馬[7]。

其六

甲辰年（一五四四年）土謝圖·徹辰·汗（Tüsiy-e-tü sečen qaγan，阿勒坦）遠征兀良罕，
至而降服兀良罕之莽乞爾丞相（Manggir čirgsang）、莽海舍人（Mangqai sigeǰin）、別爾合·布克（Berke böke）等，
使莽海舍人敬奉守護成吉思·汗之白室，
於乙巳年（一五四五年）平安返歸下馬[8]。

以上所引用者，為述說達延·汗諸孫與兀良罕·蒙古族間戰爭經過之《阿勒坦·汗傳》文本之譯文。每四行押一頭韻，押韻最初該行空二格表示。據此可知，戰爭始自一五二四年，至一五三八年兀良罕萬戶遭征服、解體、分割而後滅亡，但其後仍有少數兀良罕族殘存於北蒙古，阿勒坦·汗奔波於討伐則可想而知。

另，兀良罕之亂始於一五二四年有其意義。實則該年隨達延·汗之死去，其子孫間鬩牆內鬥即在是年。達延·汗之長子圖嚕·博羅特（Törö bolad）於一五二三年先其父而死，遺有三子，長子博迪於甲子年（一五〇四年）生，該年二十歲[9]。翌年，達延·汗本身亦死，原應由其長孫博迪所繼承之汗位，為達延·汗之第三子巴爾斯·博羅特所奪。羅卜藏丹津（Blo bzang bstan 'dzin）之《黃金史》（*Altan Tobči*）言道：

> 其後，因博迪·阿拉克（Bodi alaɣ）年幼，其叔父即大位。
>
> 其後，博迪·阿拉克·汗率左翼三萬戶，稽首於八白室欲即帝位時，謂巴爾斯·博羅特晉王曰：「爾謂我幼而即帝位雖已是實，蓋無居帝位之理，今爾當叩首於我。以名正言順之主故，如其不叩首，我即相戰。」嚴詞以斥。巴爾斯·博羅特晉王以此言為是，乃曰：「我叩首矣！」曰：「有此言，則是矣。」遂使博迪·阿拉克稽首於八白室，奉戴之於帝位。

依《黃金史》所述，博迪·阿拉克·汗在位二十四年，於未年（一五四七年）七月十日死，故其即位在一五二四年中，因而可知達延·汗之死去、其第三子之篡位與退位、長孫之即位俱為同年中之事[10]。

達延·汗在世時，兀良罕似是特別與可汗淵源極深之種族。據《黃金史》，達延·汗之父巴延·蒙克·博勒呼晉王（Bayan möngke bolqu ǰonong）以一成吉思·汗之後裔為父親，而以瓦剌（Oyirad）也先·汗（Esen qaɣan）之女為母，生於瓦剌，由四位勇士護送至蒙古兀良罕之呼圖克圖少師（Qutuɣtu sigüsi）之營，與其女錫吉爾（Sikir）結婚，遂生巴圖·蒙克·達延·汗[11]。

正以如此，兀良罕為達延·汗之母之出身部族，因此不難想像可汗在世期間，對兀良罕特別愛顧有加。然而一旦達延·汗死後，無論是篡位者巴爾斯·博羅特晉王，抑或嫡嗣博迪·阿拉克·汗皆已非出自兀良罕氏，與兀良罕不具特別關係。既然如此，可以推測，部族立場的變化惹起了兀良罕的叛變，導致了萬戶的解體。

上面提到達延·汗死於一五二四年，但實際上，《阿勒坦·汗傳》中記載了相異的紀年[12]：

> 七歲時使與後母成婚，
>
> 四十萬蒙古聚會尚號達雲·汗（Dayun qaɣan）……

又記載，

於丁丑年（一五一七年）四十四歲時，

達雲・汗循無常之道而殯天。

但是此一五一七年死去說是錯誤的。若說七歲即位、四十四歲死去，就代表在位三十七年，而《黃金史》中亦明白記載[13]：

達延汗在位三十七年，四十四歲時崩。

然而，巴圖・蒙克・達延・汗之前在位的蒙古可汗為其父巴延・蒙克・博勒呼晉王，於一四七九年滿都魯・汗（Manduyulun qaγan）死後繼立，以小王子之稱為明人所知，其死則載於《明憲宗實錄》成化二十三（一四八七）年三月癸卯條下：「卜蘭罕衛與泰寧衛夷人傳報，小王子已死」[14]。若說該年達延・汗襲位的話，那麼三十七年後正是一五二四年。而一五二四年即嗣王博迪・阿拉克・汗即位之年，已如前述。

又，關於達延・汗的生年，借此再多說一些：《蒙古源流》明記其為甲申年（一四六四年），從達延・汗諸子的生年（長子圖嚕・博羅特〔Törö bolad〕一四八二年、第十一子格呼森扎〔Geresenǰe〕一五一三年）來看，十分合理。但《蒙古源流》中達延・汗七歲即位的傳說有誤，置其即位年為庚寅年（一四七〇年），該年較達延・汗二代前之滿都魯・汗之即位年（一四七五年）為早，顯非事實。另一方面，若從《阿勒坦・汗傳》之紀年，達延・汗七歲即位在一四八〇年中，如此推算，該年恰為滿都魯・汗歿年一四七九年之翌年。然而一四八〇年時，達延・汗的父親尚在人世，《黃金史》載：

其後，巴延・蒙克・博勒呼晉王可汗於亥年（一四七九年）〔即〕大位，在位四年……

又依前引《明憲宗實錄》，其死乃於八年後之一四八七年中，蓋可確證，故知其子達延・汗於一四八〇年即位並非事實。要言之，達延・汗即位時已二十四歲，所謂七歲即位，不過因其結婚對象滿都魯・汗之遺孀較達延・汗年長，從而誇張化引致之傳說。

達延・汗諸孫之征伐兀良罕，對北蒙古・喀爾喀早期的歷史帶來了影響。作者不明的《黃史》（*Sira tuγuǰi*）所載的系譜一直到喀爾喀・賽因・諾顏部中前旗的扎薩克一等台吉洪果爾（Qongγor，一七〇三年降襲，一七〇六年卒），由此可見這是一本於十八世紀初在北蒙古寫成的編年史，其卷末附載記事的開頭有一段關於北蒙古・喀爾喀族祖格哷森扎的有趣記載：[13]

格哷森扎率七和碩之原委：赤諾思（Činos）部之烏達・博羅特（Uda bolod）每歲殺野馬、野驢，致肉乾於達延・汗焉。一時，己欲去時，稟曰：「請令我等於札剌亦兒（J̌alayir）、克魯特（Kerüd）眾舍人之治下以行，由彼等治家。今乞可汗一子以來焉。」可汗許之。予之以濟密斯根・可敦（J̌imisken qatun）之長子格哷・博羅特（Gere bolad）。烏達・博羅特翌年攜格哷・博羅特至可汗所，奏曰：「可汗之子其意也恣睢，粗鄙之喀爾喀人其性也暴烈。陛下蒙恩之臣民此後恐將陷於罪矣。」言訖返還〔**格哷・博羅特〕，歸時，攜嬉戲中之〔**可汗之〕子格哷森扎而去。知此事，可汗之近臣奏曰：「可汗垂恩賜子，竟爾送歸，今奈何密竊〔**幼主〕而去哉？當追而懲之。」可汗曰：「非臧獲御之也，攜去之善！」遂未往追焉。

13 以下譯文參考烏力吉圖譯《蒙古黃史》（呼和浩特，內蒙古大學，二〇一四），依岡田原書改寫，部分音譯依《對音字式》例改寫。

烏達·博羅特待（格哷森扎）若己子，為聘二女：烏濟葉特部（Öǰiyed）蒙庫齊部長（Mönggüčei daruγa）之女哈通海（Qatungqai）、兀良罕部門都（Mendü）之女蒙固依（Mönggüi）。於迎娶兀良罕之女（?·烏濟葉特之女哈通海）時，使之乘白駝，著黃羊之齊肩女朝褂。烏達·博羅特之長子托克塔呼（Toγtaqu）遂集氈、木，築一小屋，湩家畜（**之乳）。烏達·博羅特待之若兒媳故，遂不入屋，取已搾之乳通壁孔自外致於屋內以度日。

門都之女（蒙固依）為察哈爾所掠。於彼處察哈爾與一人有私[14]，謂曰：「妾昔已字喀爾喀之烏達·博羅特矣！」遂亡歸喀爾喀。烏達·博羅特使其嫁與格哷森扎。於是使格哷森扎另與成婚焉。大妃子（哈通海）寢於北側，小妃子（蒙固依）寢於東側以度日，大妃子曰：「吾豈忍見汝二人樂而同寢！請俱出吾之營帳。」言已，無屋，遂寢於戶外焉。烏達·博羅特使之入己之小屋，與共食度日，大妃子復來托克塔呼屋外大聲而哭曰：「汝等皆與蒙固依同氣矣。吾奈何遂與汝等離異耶！」此即札剌亦兒皇太子成為喀爾喀之主之原委(15)。

在此故事中，雖言兀良罕門都之女為察哈爾所奪，但察哈爾為博迪·阿拉克·汗之直領萬戶，故顯然此事件發生於始於一五二四之戰爭之際。蒙固依·可敦於壬寅年（一五四二年），誕育長女阿勒泰·阿拜（Altai abai），故而其為察哈爾奪去又逃還一事必須在此之前。

達延·汗之第十一子格哷森扎生於癸酉年（一五一三年），與大妃哈通海（或作杭圖海，Qangtuqai）間育有六男，與小妃蒙固依間育有一男三女。格哷森扎於戊申年（一五四八年）三十六歲時死於克魯倫河之波隆（Borong）。其所領之十三鄂托克（otoγ，部）之一曰兀良罕，格哷森扎死後由第七子薩木·貝瑪（Samu buyima）繼承。

---

14 有私（qobtai=qubitai），有緣分的、有私情的。日譯「恋仲」：相戀。

薩木・貝瑪之母即兀良罕部門都之女蒙固依・可敦。薩木・貝瑪生於甲辰年（一五四四年），共有七子，其第四子名為沁達罕・賽因・瑪濟克・卓力克圖（Čindaγan sayin maǰiγ ǰoriγtu），生於甲戌年（一五七二年）[16]。薩木・貝瑪之家系屬喀爾喀右翼，在扎薩克圖・汗（J̌asaγtu qaγan）的管轄之下[17]。首任扎薩克圖・汗賚瑚爾（Layiqur，一五六二年生）有一位堂弟名叫碩壘・賽因・烏巴什皇太子（Šoloi sayin ubasi qong tayiǰi，一五六七年生）。烏巴什皇太子屢次率領喀爾喀・蒙古軍討伐四瓦剌（Dörben Oyirad），一六二三年卻受反攻而敗死。在敘述該戰爭之始末的瓦剌故事《烏巴什皇太子傳》（*Mongγoliyin Ubaši xun tayiǰiyin tuuǰi oršiboi*）中，兀良罕之賽因・瑪濟克以主角的副將之姿登場，與烏巴什皇太子在戰略上起衝突，於戰鬥開始前即旋師而歸[18]。

賽因・瑪濟克之子孫於入清之後，成為喀爾喀・扎薩克圖・汗部中右翼末旗與中右翼左旗之扎薩克。唯該二旗之牧地因一六八八年準・噶爾（J̌üün γar）之噶爾丹・博碩克圖・汗（Galdan bošoqtu xaan）入侵喀爾喀及其後之國際關係之影響，雖位在北蒙古內部，但原本賽因・瑪濟克一族之牧地遠在西方之阿爾泰山西。清代住於該區之突厥系居民稱作烏梁海，其名稱由來即因該地曾為喀爾喀・兀良罕・鄂托克之薩木・貝瑪之子孫所管轄之故[19]。

最後，關於一五三八年遭解體而消亡前，盤據於北蒙古之兀良罕萬戶之起源，再說一點。

達延・汗於一五一〇年率左翼三萬戶之軍，與右翼三萬戶會戰於達蘭・特哩袞（Dalan terigün），大破敵軍。敘述該戰始末之《蒙古源流》之記事中，載有達延・汗之軍令。其中可汗稱敵軍之鄂爾多斯為「守護主上八白室，受大命之國也」，稱自軍之兀良罕為「守護主上金柩（altan kömörge），亦受大命之國」[20]。與鄂爾多斯之成吉思・汗八白室有同等重要地位之成吉思・汗「金柩」，除葬在肯特山中之成吉思・汗陵墓外不作他想。

依拉施特・丁（Rashīd al-dīn）之《史集》（*Jāmi' al-tavārīkh*）記載，不僅是成吉思・汗，其子孫亦葬於肯特山中，而守護山中禁地的是兀良合惕（Ūriyankqāt）之諸異密（'amīr）[21]。據《元史》，成吉思・汗之部將速不台（Sübegedei）是兀良合人，其先祖於鄂嫩（Onon／斡難）河上狩獵時遇屯必乃・汗（Tumbinai qayan／敦必乃皇帝），因相結納，至成吉思・汗（太祖）時已五世[22]。屯必乃是成吉思・汗之四世祖先。

如是，兀良罕部族於成吉思・汗之前即已住於鄂嫩河之溪谷而仕於其先祖，成吉思・汗死後，遂於肯特山中守護成吉思・汗一族之陵墓。十五、六世紀據北蒙古而勢力大振之兀良罕萬戶，當即此守陵諸異密之後裔。此萬戶於一五三八年遭博迪・阿拉克・汗與其諸從弟所征服而解體後，格哷森扎之喀爾喀・蒙古族發展至其故地而占據之。

以上即為今日幾已遭遺忘之北蒙古之金髮遊牧民族，兀良罕族之滅亡始末[22]。

第十一章　關於綽克圖皇太子

生於一五八一年之喀爾喀圖蒙肯・綽克圖皇太子(1)為藏傳佛教噶瑪派之虔誠信徒，呼應北元宗主林丹・汗而欲自青海入藏，於一六三七年敗於衛拉特[1]和碩特部首領顧實・汗而死。藏語史料中詳細述有此戰鬥之過程。綽克圖皇太子在蒙古十分有名，第二次世界大戰終戰未久，便有一部以他為主角的電影。既是達延・汗之子孫，也即是成吉思・汗子孫之綽克圖皇太子，不僅建立有六座佛教寺院，更建構了名為察罕板升（Čayan bayišing 白城）之居城，並經營農園，收集許多書籍。但他至今仍受許多蒙古人喜愛之最大理由，則在於他為自己所愛慕卻遙隔兩地的伯母所歌詠的韻文，刻在立於蒙古草原上之摩崖而保留下來。本章最後會將該詩文全文譯出。為理解十七世紀蒙、藏間有如何緊密之關係，以及新蒙古文化如何受到藏傳佛教文化影響，綽克圖皇太子誠為極佳之題材。

一六三四年為蒙古歷史上值得紀念的一年。該年五月，在後金國之淑勒・汗・皇太極（sure han hong taiji 其後之清太宗）率八旗兵自盛京（Mukden）親征察哈爾之途中，不斷聚集外藩蒙古之兵而西進，七月二十五日，其前鋒至歸化城（Köke qota）。察哈爾之林丹・庫圖克圖・汗（Lindan qutuγtu qaγan）未及一戰即先遠遁，於西奔藏土途上，得天花而死於距西海（Köke naγur）十日程之打草灘（Sira tala）。

翌年一六三五年四月二十八日，後金國之和碩・墨爾根・戴青・貝勒・多爾袞之兵於河西托里圖地方收降林丹之嗣子額哲・額爾克・洪果爾（Eǰei erke qongγor），盡收察哈爾之餘眾，至此北元三百年正統失墜；一六三六年，皇太極繼元室而稱大清寬溫仁聖皇帝，由之而南蒙古方面呈權力真空狀態，為填

1 自本章起，Oyirad 一詞改譯作「衛拉特」，而實際上與前述「瓦剌」為同部族。

補此空缺而意圖擴張者，首先第一即為漠北喀爾喀之碩壘・馬哈撒嘛諦・車臣・汗（Šoloi maqasamadi sečen qaγan）[2]。

碩壘首先遺書額哲，勸其歸降於己，之後又連同土默特之博碩克圖・汗（Bošoγtu qaγan）之子俄木布（Ombu）及明人，將後金國人自歸化城逐出。繼而則有喀爾喀之袞布・土謝圖・汗（Gümbü tüsiyetü qaγan）於一六三八年襲擊歸化城，及太宗親征遂驚懼遁去。

另一方面，與南蒙古同處於察哈爾影響下之青海，乃至西藏方面亦另起新的霸權爭奪戰。爭端一方之首領為衛拉特・和碩特（Qosiγud）之圖魯・拜琥・顧實・汗（Törö bayiqu güüsi qaγan），另一方則為此處欲說之察哈爾綽克圖皇太子（Čoγtu qong tayiǰi）。

關於此時代青海之歷史，最佳的研究是山口瑞鳳的〈顧實汗統治西藏之經緯〉(2)。該文精心綜合多種藏文史料而詳述之，以下摘錄其重要事項，首先：

> 一六二八年以來，察哈爾（Cha gwar）內部失序，諸酋逃往漠北喀爾喀，其結果乃致喀爾喀諸酋兵戎相見，因之起內亂。助長此情勢之綽克圖（Chog thu）為諸酋所憎，遂自喀爾喀遭逐至青海（Mtsho kha），於此征服土默特・火落赤（The med Ho lo che）主從。時為一六三四年，與林丹・汗（Len tan han）之死同年。
>
> 約莫同時，一則下部（Smad）之白利王（Be ri rgyal po）迫害一般喇嘛教徒而居，另則綽克圖・汗（Chog thu han）亦新加入而始脅格魯派（Dge lugs pa），格魯派信眾由此地區通往衛藏（Dbus Gtsang）之路遂絕。

2 碩壘・車臣・汗：其稱號 maqasamadi 似當指 rājā Mahāsammataḥ（摩訶三摩多王，大平等王），而非 Mahāsamādhi（摩訶三摩地，大定）。此處譯字「馬哈撒嘛諦」採《清太宗實錄》。亦參見烏蘭《蒙古源流研究》第一卷註一。

以此起始，繼之引用松巴勘布・益西班卓（Sum pa mkhan po Ye shes dpal 'byor）之《青海記》（*Mtsho sngon gyi lo rgyus sogs bkod pa'i tshang glu gsar snyan shes bya ba bzhugs so*）[3]，記述格魯派領袖們遣使至準・噶爾（Jo'un gwar）求援之始末，如下：

世系圖九　察哈爾、土默特、漠北喀爾喀三者之關係

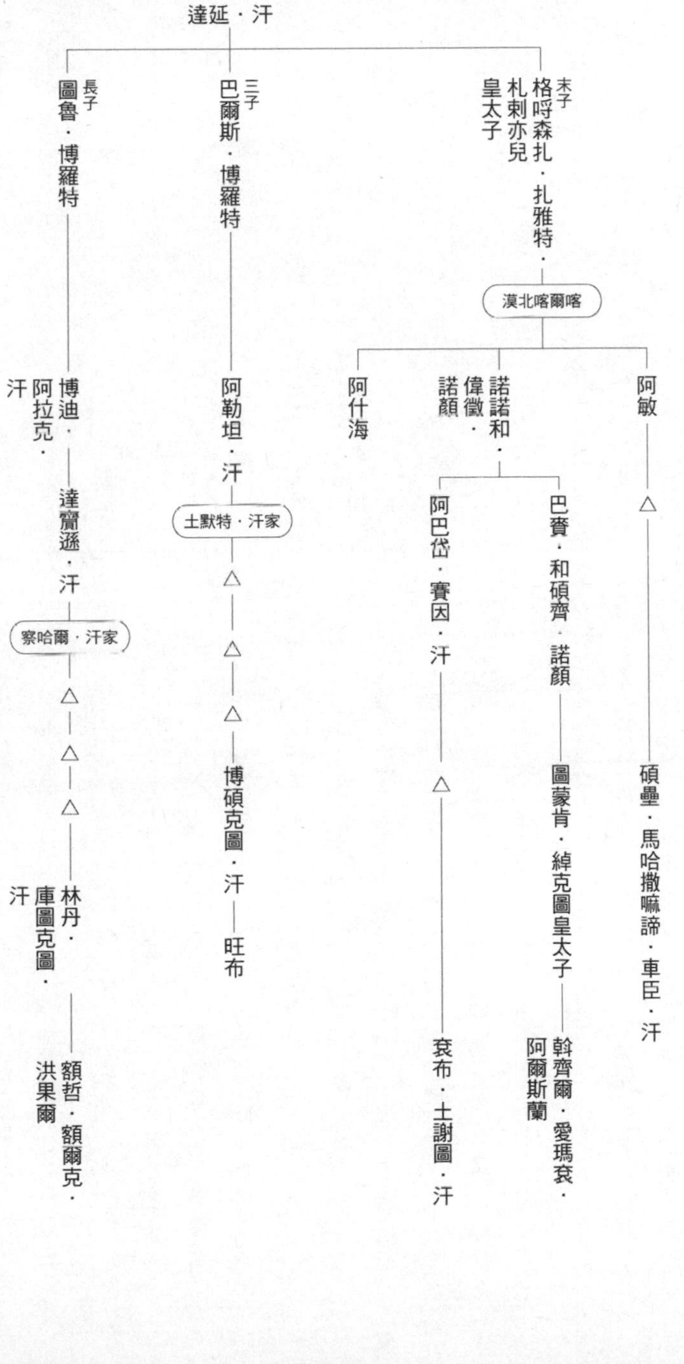

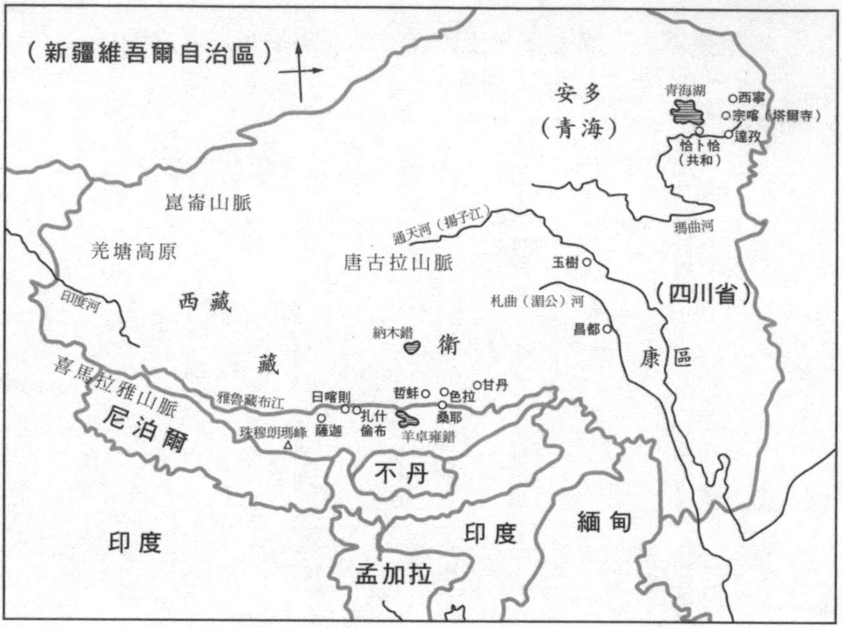

地圖十三　大西藏地圖

由是準・噶爾對格魯派之請求，諸酋商討對策之結果，顧實・汗（Gushri han）挺身請纓言欲赴藏。……乙亥（一六三五）年，依上述西藏側之請求，可汗與親隨數人共，於十一月出發，翌丙子（一六三六）年抵拉薩。

約莫同時，即乙亥（一六三五）年秋，綽克圖應藏地之沙瑪爾・嵐占巴（Zhwa dmar Rab 'byams pa）之要求，遣其子阿爾斯蘭（Ar sa lang）伴以越一萬之軍勢至衛、藏，欲殺害達賴・喇嘛並其他高位喇嘛，殲滅格魯派。又據一說（《青海記》如是說），阿爾斯蘭行至通天河（'Bru chu）[3]之西（stod）時，恰遇自準・噶爾至拉薩，名為參詣，實為調查情勢之顧實・汗主僕。彼等同行之途中，顧實・汗訓諭以迫害格魯派非善，阿爾斯蘭謹記於心而往西藏，云云。阿爾斯蘭並其眾軍雖到達西藏，卻不依父令而動，乃與衛軍戰於葉茹約茹（G.yas ru G.yon ru）[4]，既至羊卓

3 通天河：通常作འབྲི་ཆུ／'Bri chu，此處作འབྲུ་ཆུ／'Bru chu。

4 葉茹約茹：當指「葉茹／གཡས་རུ（右茹、右部，約今日喀則江北）」與「約茹／གཡོན་རུ（左茹、左部，約今山南）」之交界。

（Yar 'brog）又與（同盟軍）藏軍大決戰。此時，謠言西藏大軍將至，蒙古軍遂急行至吉雪（Skyid shod）。丙子（一六三六）年一月，阿爾斯蘭等獲允拜謁達賴．喇嘛五世，非但未摧殘格魯派諸寺院，反參拜供養之。繼而，及藏王所召集之西藏大軍駐陣於北方納木錯（Gnam mtsho）近處時，蒙古軍亦北向就戰鬥位置；恰當此時，藏方據古法咒術施強力厭詛降於阿爾斯蘭，阿爾斯蘭遂狂，於戰場上巡迴雷奔電馳，蒙古軍因而休戰，西藏軍亦退散。《青海記》於上述記載後，繼言藏王側之沙瑪爾．嵐占巴等驚於事態之意外，遣急使至青海（Mtsho sngon）向綽克圖抗議，綽克圖覆信道：「誘而殺之」，遂謀殺阿爾斯蘭，云云。……

再回到《青海記》：一度歸國之顧實．汗，聯合準．噶爾．巴圖爾太子（Pā thur the je）之軍，利用丙子（一六三六）年秋冬之結冰期，越伊犁、塔里木、噶斯山（Has tag）大河[5]、大沼，至青海之地、端之布隆吉爾（Sne'i bu lung ger）[6]，於此休整。翌年丁丑（一六三七）一月（Hor zla），至青海之西（stod），率不足一萬之兵於一日內殲滅綽克圖之三萬兵。該地（大小）二山為鮮血所染，自此遂被稱作大小烏蘭．霍碩（che chung U lan ho sho）[7]。顧實之子達延太子（Tā yan the'i je）等逐綽克圖之殘兵至哈爾蓋（Har gel）[8]之冰川上（Khyags rom steng），使之覆滅。於土鼠窟中捕獲綽克圖而誅之云。

---

5 噶斯山：此處譯文依佐藤長說，視Has tag為Γasiγu（Γasiγun、Γas）tag，即噶斯山、通噶斯口入青海。參考佐藤長著，孟秋麗譯〈青海衛拉特諸部落的起源〉，載於《西藏民族學院學報》第三一卷第一期，二〇一〇。於《十三排圖》中，以「噶斯」名者僅一，即「噶斯淖爾」，在九排西三，西二七—二八，北三九—四〇。

6 「端之布隆吉爾」暫譯。此名衍伸自蒙語bulunggir（混濁的），前方姑依藏語意譯。疑為emüne bulunggir之訛？

7 大小烏蘭霍碩：此名混藏蒙二語。前半ཆེ（che）ཆུང（chung）為藏語「大小」，後半為蒙語ulaγan qošiγu「紅山頭」。

8 哈爾蓋：此處譯文依佐藤長說，視Har gel為Qayirgi。見佐藤長前揭文。

據山口氏說，平定青海之顧實．汗舉所部族移牧於此，遂於一六三九年滅康區之白利土司、一六四二年滅藏巴之噶瑪．丹迥旺波（Karma Bstan skyong dbang po），收服西藏全境，自登西藏國王之位。這個於一六三七年為和碩特顧實．汗所滅之青海之主喀爾喀之綽克圖，於蒙文史料中又是如何記載？北蒙古．喀爾喀之編年史中，最古老且最可信者，為一六七七年，即烏蘭．霍碩之戰後四十年，由善巴．額爾克．岱青（Byamba erke dayičing）所著之《阿薩喇克齊史》（*Asarayči neretü teüke*）(4)。按據此書之系譜，北元中興之祖達延．汗（Dayan qayan, 1464-1524）共有十一子，其末子格哷森扎（Geresenǰe）被人稱為札剌亦兒皇太子（J̌ayayatu ǰalayir-un qong tayiǰi），封於漠北喀爾喀，是其王公之祖。

格哷森扎生於癸酉年（eme qara takiy-a-tai），當即一五一三年，於三十六歲時卒於克魯倫河之波隆（Borong），故而迄一五四八年仍在世。格哷森扎共有七子，七子各自分領父親所遺之十三部，自此遂有七旗喀爾喀（doloyan otoy Qalqa）之稱。其中第三子諾諾和．偉徵．諾顏（Noyonoqo üiǰeng noyan）生於甲午（köke mori）即一五三四年，受封以克哷特（Keregüd）與郭爾羅斯（Γorlos）二部。

諾諾和之六子中，長子即有名的阿巴岱．賽因．汗（Abadai sayin qayan），一六八六年，晉見第三世達賴．喇嘛．索南嘉措（Bsod nams rgya mtsho），獲授斡齊爾．汗（Vačir qayan，或Včirai qayan）之稱號，以之聞名。其第五弟為巴賚．和碩齊．諾顏（Bayarai qosiyuči noyan）。巴賚之子於書中記載作圖蒙肯．綽克圖皇太子（Tümengken čoytu qong tai-ǰi），當即此處所關心之喀爾喀之綽克圖其人。

綽克圖皇太子之子孫世系詳見世系圖十。

其中圖蒙肯．綽克圖皇太子之長子斡齊爾汗部之阿爾斯蘭皇太子[9]處，特別註有「絕嗣」（köbegün ügei），若此即《青海記》中因父命而遭謀殺之阿爾斯蘭，也並非不可思議之事。

9 汗部／ayimaγ，此譯從烏雲畢力格《阿薩喇克其史研究》頁一三二。

繼而看其他蒙古編年史之相應處。作者不詳之《青春喜宴》（*J̌alaγus-un qurim*）(5)，將素泰伊勒登皇太子記作鎮國公素泰伊勒登，洪果爾・額爾克・阿海（Qongγor erke aqai）記作扎薩克台吉洪果爾，又於洪果爾之子處列有公爵阿努哩之名（參照世系圖十一）。由此可知，此系統之作成乃在一七二五年土謝圖汗部中另分出一部，成為清代賽因・諾顏部中前旗扎薩克部之後。若據《皇朝藩部表》(6)，初代素泰伊勒登（Sutai ildeng）於康熙三十（一六九一）年封鎮國公，四十二（一七〇三）年卒；其子洪果爾（Qongγor）降襲一等台吉，四十五（一七〇六）年卒；孫阿努哩（Anuri）初襲一等台吉，五十（一七一一）年封輔國公，雍正九（一七三一）晉固山貝子。再觀《欽定外藩蒙古回部王公表傳》(7)之對應部分，卷六十九〈喀爾喀賽因諾顏部總傳〉記載：

> 元太祖十七世孫偉徵諾顏諾諾和（Noyonoqo üiǰeng noyan）有子五，長阿巴岱（Abadai），次阿布和（Abaqu）為土謝圖汗（Tüsiyetü qaγan）部祖。次塔爾呢（Tarni）無嗣。次圖蒙肯（Tümengken），次巴賚（Bayarai）……巴賚子一，曰噶爾瑪（Garma），為扎薩克輔國公素泰伊勒登一旗初祖。

卷七十二〈扎薩克鎮國公素泰伊勒登列傳〉中則為：

> 為賽因諾顏圖蒙肯弟巴賚之曾孫。

噶爾瑪並非巴賚之子而為其孫，〈總傳〉脫漏綽克圖皇太子一代。唯〈列傳〉所載則正確。

再，增補《青春喜宴》，同樣作者不詳之《黃史》(8)中有如下一條：

世系圖十　綽克圖皇太子之世系圖

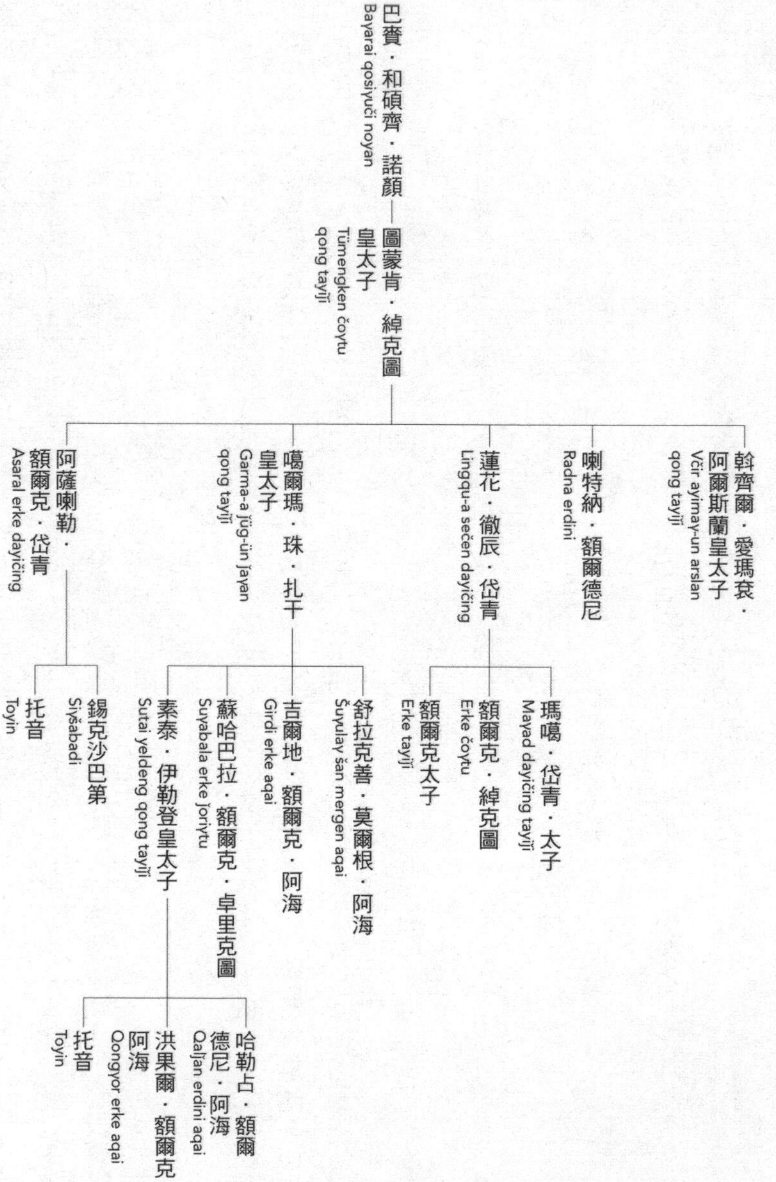
巴賚・和碩齊・諾顏
Bayarai qosiγuči noyan
圖蒙肯・綽克圖皇太子
Tümengken čoγtu qong tayiǰi
斡齊爾・愛瑪袞・阿爾斯蘭皇太子
Včir ayimay-un arslan qong tayiǰi
喇特納・額爾德尼
Radna erdini
蓮花・徹辰・岱青
Lingqu-a sečen dayičing
噶爾瑪・珠・扎干皇太子
Garma-a ǰüg-ün ǰaγan qong tayiǰi
阿薩喇勒・額爾克・岱青
Asaral erke dayičing
瑪噶・岱青・太子
Mayad dayičing tayiǰi
額爾克・綽克圖
Erke čoγtu
額爾克太子
Erke tayiǰi
舒拉克善・莫爾根・阿海
Šuγulay šan mergen aqai
吉爾地・額爾克・阿海
Girdi erke aqai
蘇哈巴拉・額爾克・卓里克圖
Suγabala erke ǰoriγtu
素泰・伊勒登皇太子
Sutai yeldeng qong tayiǰi
錫克沙巴第
Siγšabadi
托音
Toyin
哈勒占・額爾德尼・阿海
Qalǰan erdini aqai
洪果爾・額爾克・阿海
Qongγor erke aqai
托音
Toyin

世系圖十一　賽因・諾顏部中前旗扎薩克之祖

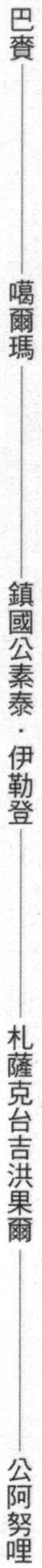
巴賚
噶爾瑪
鎮國公素泰・伊勒登
札薩克台吉洪果爾
公阿努哩

巴賚．和碩齊．巴圖爾妃，翁牛特[10]之伯爾克之女太后可敦（Tayiqu qatun）所出之綽洛郭勒．綽克圖（Čoroɣol čoɣtu）生於辛巳年（tumūr moɣai-tai，一五八一年）。

前述《阿薩喇克齊史》亦載巴賚之子僅綽克圖皇太子一人，故知此綽洛郭勒應即圖蒙肯之別名。依此可知其誕生於一五八一年，恰在土默特之阿勒坦．汗之卒年中，較一五八二年生之日後敵手顧實．汗長一歲，而可算定其敗死之年為五十七歲。

鑲紅旗蒙古都統羅密（Lomi）於一七三五年以滿文撰就之《蒙古博爾濟吉忒氏族譜》（*Monggo borjigit halai giyapu bithe*）(9)，今僅存蒙、漢譯本，其蒙文本敘格呼森扎之子孫曰：

> 第三子偉徵．諾顏之裔分散四方。……一派為Köke naɣur[11]之綽克圖．汗諸孫，公阿努哩等。

漢文本亦作：

> 三子諾和努呼魏徵諾音（Noqonuqu ǖijeng noyan）之後凡四支。……一為庫庫撓爾（Köke naɣur）綽克圖汗（Čoɣtu qaɣan）之孫，公阿努力（Anuri）等是也。

至此吾人可得見圖蒙肯．綽洛郭勒．綽克圖皇太子即是青海綽克圖．汗之明證。

又，此處有一小冊子，於本篇主角之居城加以簡單說明。英文之本文僅二頁，插入五頁照片，推測這或許是在Raghu Vira之斡旋下，印刷於印度。書名並封面封底之題詞如次：

---

10 翁牛特：《黃史》作Ongnid，日譯亦改作オンニト，譯者逕譯「翁牛特」即為「Ongliyud」。

11 Köke naɣur：即「青海」之蒙語讀法。

Ruins of Khung Taiji Castle. By T. Dorjisoren. Published by the Committee of Sciences and Higher Education, Mongolian People's Republic, Ulan Bator. Printed by D. P. Sinha, New Age Printing Press, Rani Jhansi Road, New Delhi 1.

因冊子極薄，恐怕何處皆無法長期保存，為防其散佚，茲迻錄其全文如次：

Ruins of Khung Taiji Castle

Tsokto Taiji, a nobleman descended from the Khalkha Mongols and born in 1581, was a staunch protagonist of Buddhism when it spread to Mongolia. Being a representative of the feudal intelligentsia, Tsokto Taiji was then considered a well-educated man. He attached great importance to the collection of rare books and was himself fond of reading.

A number of fortified monasteries and castles were erected under the lead of Tsokto Taiji. Starting from 1601, for instance, he constructed six monasteries and castles. It took 17 years to complete these fortifications. One of them was a temple called "Sitgeshgui Chindmana", situated on the southern slope of the Halun Zurkh Mountains in the Tansog Tal vale along the Tola River. Tsokto Taiji's own castle was at this place. At resent it is known as "The White House on the Tola" or "Tsukto Taiji's White House". The castle has walls 4 metres high, and towers 6 metres high, and is more than 40 metres long.

In 1930 superficial excavations were conducted on the ruins of "Tsokto Taiji's White House". These indicated that there were ruins of a large number of dwelling and religious buildings with artistic decorations. The archaeological excavations also yielded specimens of architectural decorations like figures of dragons, of flowers, ornaments, etc. A huge stone roller for grinding grain, and traces of irrigation canal system have been discovered here which show that people were engaged in agriculture.

Inscriptions in Tibetan and Mongolian, fixed on the back of a stone tortoise to the south of the castle, have been deciphered by archaeological experts.

They have also discovered two different groups of inscriptions about Tsokto Taiji, carved on a rock standing quite near the castle in the surroundings of "Dukhmin dut nur".

One of the temples built by Tsokto Taiji is to the east of the Kharukhin River (or Khar Bukhin) of the way from Ulan Bator to Tsetserlik. It is known as "Kharukhin Balgasun" or "Khung Taiji Castle". There are 7 or 8 large and smack slate buildings and the remains of stupas on this site. This temple was raised on the ruins an ancient city, which is a relic of the Kidan State which existed in C century. The walls of the age-old ruins were made out of rammed earth. Inside the walls there was a large number of buildings. Some excavations carried out in 1930 and 1949 resulted in establishing the period of history to which they belonged.

These ruins of ancient temples and castles are important value for any study of Mongolian towns.

次則為照片之題名。

Tsokto Taiji's inscriptions on a stone known as *Dutin Khara Chulu*

Ruins of the "White House on the Tola"

Model of the "White House"

Architectural decorations and stone ledges found during excavations at the "White House on the Tola"

Stone wall of Kharukh Gol Temples

此處所載之事實，無論何者皆為不可失之貴重資訊，而其中瞬即引人注目者，厥為綽克圖皇太子建構居城而經營農園一事。此即所謂板升（bayising），為蒙古極具特色之都市形態。順道一提，T. Dorjisoren 譯作「White House」者其原文為察罕・板升（Čaγan bayising）。詳見一八九四年刊行，以德語撰就之胡特（Georg Huth）《察罕・板升之碑文》[10]。

綜合載於該碑之蒙、藏兩語文之碑文，可發現者如下所述。

達延・汗（Dayan qaγan/ Ta yan zhe byas rgyal po）之妃濟密斯根・可敦（J̌imisken qatun）[12]有二子，弟札剌亦兒皇太子（J̌alayir qong tayiǰi/ Ge re sen ji ca la'ir tha'i ji）有杭愛山（Qangγai qan）之牧地而為喀爾喀（Qalq-a/ Hal ha）萬戶之主，生有七子，第三子為偉徵太子（Üiǰeng tayiǰi/ U'i cen zhe byas tha'i ji）。偉徵太子有六子：斡齊爾・汗（Včir qaγan/ Rdo rje rgyal po）、達利青（Daričing）、伊勒登（Yeldeng）、楚琥爾（Čögekür）、和碩齊太子（Qosiγuči/ Ho shu'u chi tha'i ji）、博迪薩都（Bodisdv）。和碩齊太子妃青・必錫呼勒圖・賽因・瑪第・泰哈勒・可敦（Čing bisireltü sayin madi tayiγal qatun/ Ching tha'i hu rgyal mo）與其子綽克圖皇太子（Čoγtu tayiǰi/ Chog thu hong tha'i ji）二人，於土拉（Tuγula）河唐素克・塔拉（Tangsuy tala）之西，名為噶勒圖・濟魯肯（Γaldud-un ǰirüken/ Kal tun snying po）之山南乾地（egsiyergü），自辛丑（temür üker）年起著手搭建不可思議如意珠寺（Sedkisi ügei čindamani süme）等六寺，費十七年而於丁巳（γal moγai）年落成。

此處可加以補注者，碑文所言之偉徵太子，當然即諾諾和・偉徵・諾顏。其六子斡齊爾・汗即阿巴岱・賽因・汗；達利青為阿布和・墨爾根・諾顏；伊勒登為乞塔惕・伊勒登・和碩齊；楚琥爾為圖蒙肯・昆都楞・楚琥爾；和碩齊為巴賫・和碩齊・諾顏；博迪薩都為博迪薩都・鄂特歡・諾顏。而青・必

---

12 格哷森扎兄弟之生母，《蒙古源流》作「蘇密爾／Sümir」，亦參見烏蘭《蒙古源流研究》第六卷註一。

錫呼勒圖・賽因・瑪第・泰哈勒・可敦又名青太后可敦，當即《黃史》所言之翁牛特伯爾克之女太后可敦。六寺建造之起始年辛丑為一六〇一年，綽克圖皇太子時為二十一歲，其父巴賚已歿，當時應係由其母執部政。十七年後，至綽克圖皇太子三十七歲之一六一七年，六寺盡皆落成。

繼而轉寫胡特所錄之原文並揭載之。首先為藏文：

世系圖十二　綽克圖皇太子之伯母、叔母

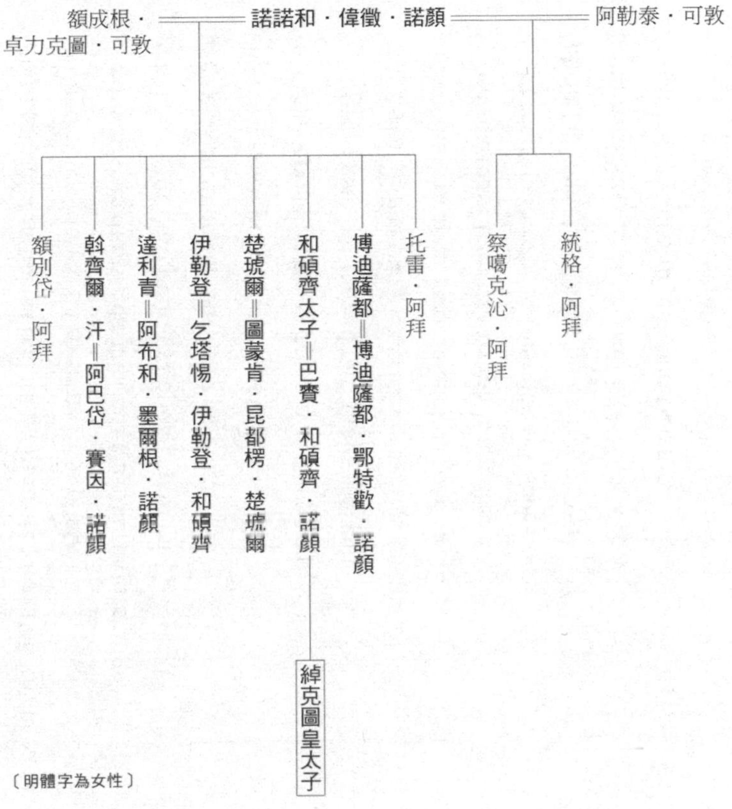

//oṃ badzra sa twa hūṃ//
oṃ ni laṃ bha ra bha ra badzra pa ṇi hri ta ya ma hā krō ta sa twa hūṃ phaṭ//
oṃ badzra caṇḍa ma hā ro ṣa na hūṃ phaṭ// //
//thams mkhas thugs rjes shākya'i rigs 'khrungs shing/
gzhan gyis mi thub bdud kyi dpung 'jom ba/
gser gyis lhun po lha bur brjid pa'i sku/
shākya'i rgyal po'i zhabs la phyag 'tshal lo//
rigs gnas chos kun gzigs pa'i spyan yangs pa/
thub bstan gsal bar mdzad pa'i thugs rjes can/
gangs can mkhas dang grub pa'i brgyan gcigs pu/
ngo mtshar sprul pa'i sku la gsol ba 'debs//
rgyud sde rnam bzhi rtsa ba rab brtan zhing/
tshad med rnam bzhi lo 'dab phyogs bcur rgyas/
'phrin las rnam bzhi 'bras bu lhun grub pas/
gling bzhi 'dren mchog grub thob bla ma rgyal/
dpag med rgyal ba rgya mtsho rnam gyis ni/
chos 'khor rgya chen rab tu bskor ba'i gnas/
'jig med rdo rje gdan gyi byang gis phyogs/
bod yul kha ba can gyi zhing khams su/
rgyal ba'i bstan pa lhag par dar rgyas 'gyur/
de nas rim bzhin byang phyogs yul khams su/
bstan pa rin chen dar bar gyur ro zhes/

rgyal ba nyid kyi yang yang lung bstan ltar/
byang phyogs yangs pa nor ’dzin lto ba ’dir/
sangs rgyas bstan pa dar zhing rgyas slad du/
lha bu ching gis rgyal po rab ’khrungs nas/
dmu rgod ’dul dka’ sems can dpag med rnams/
stobs kyi sgo nas dbang bsgyur ’og tu bcugs/
lugs gnyis khrim gyi rngo chen rab brdung shing/
phyogs ’dir bstan pa’i rgyal mtshan legs par btsugs/
mnga’ ’bang bde skyid dpal dang ldan par byas/
de nas bzungs te rgyal rab bco lnga’i bar/
bstan pa’i nyi ma nam mkha’i dkyil du shar/
thub bstan pad mo’i tshal chen ’dzum dkar bzhad/
skal ldan rkang drug tshogs rnam rol shing brtse/
rnam kar dge tshogs rgya mtsho gong du ’phel/
khyad par chos rgyal de rnams nang na ni/
se chen zhe byas chos rgyal de nyid kyi/
rgyal ba’i bstan pa spyi bor rgyan du mchod/
lo paṇ byang chub sems dpa’ man grab byon/
rgyal ba’i bka’ dang bstan chos mang bsgyur nas/
rgyal blon thams cad blo kha chos la bsgyur/
rgyal srid chos bzhin legs par skyangs nas ni/
sangs rgyas bstan pa dar rgyas byas zhi thos/

ching gis zhe bya'i rgyal po nas bzungs te/
chos ldan rgyal po rim dang rim pa la/
mnga' 'bang sde bcas bya ba bzang la bkod/
phyin ci log gi bya ba rab spangs nas/
sems can rnams ni bde skyid ldan par byas/
rgyal srid chos dang mthun par legs par skyang/
thams cad gsal byed bstan pa'i nyi ma shar/
mun pa gtan bcom dge las gsal bar byas/
chos ldan rgyal po'i bstan pa dar rgyas byas/
phul tu 'byung ba'i dkar po dge las bsgrubs/
skal ldan rgyal po rnams kyi rgyal srid bzung/
skal med rgyal po ring la dam chos nub/
de nas rim bzhin lo mang song ba'i dus/
sde chen mang po 'jom 'gros byed pa'i dus/
thabs rtsod 'khrugs lod rang mgo su thon dus/
sems can de dag 'dul ba'i dus bab tshe/
ta yan zhe byas rgyal po rab 'khrung nas/
mnga' 'bang sde bcas bde la rab bkod nas/
rgyal khrim gser gyi rnga chen rab brdung zhing/
lugs bzhin rgyal srid tshul dang ldan par byas/
mi bdang ta yan rgyal po zhe byas bu/
ge re sen ji ca la'ir tha'i ji ni/

hal ha zhe byas sde chen steng du bzhag/
phyi yi sde cen mang pod bang du bsdus/
de sras u'i cen zhe byas tha'i ji yin/
dpon po de sras rdo rje rgyal po yin/
de'i mched ni ho shu'u chi tha'i ji yin/
tha'i ji de'i btsun mo ching tha'i hu rgyal mo yin/
de sras chog thu hong tha'i ji zhes bya ba'i/
yum sras gnyis kyi dad gus rab byas nas/
khyad 'phags chos kyi bya ba 'di ltar bsgrub/
gtsug lag khang chen bzheng pa'i sa dpyad ni/
'khor lo brtsib brgyad ldan pa'i nam mkha'i 'og/
sa gzhi pad ma 'dab brgyad sde ba'i steng/
log rnams bkra shis rtag brgyad yongs bskor ba'i/
klu'i rgyal po'i mdzod ldan gnas mchog der
dbus su bsam yas gtsug lag khang zhes bzheng/
rgyab ri kal tun snying po zhe nyas ri/
shar gyi phyogs nas phung tshogs thang chen la/
mngon par mtho ba'i 'bur tho drug gis brgyan/
pur han kal tud zhe byas ri rgyal nas/
thu'u la zhe byas chu chen rab bab nas/
phun tshogs bde chen thang gi nub phyogs nas/
lha khang mdun du 'dab tshal mtsho nang du/

ngang ngur la sogs bya tshogs mang po kyang/
ca co sgrog cing rgyod 'jog rol zhing rtse/
gshogs gnyis rgyal shing phan tshun 'phur zhing steng/
lhan du tshogs cing skad snyan sna tshogs sgrog/
sa dpyad legs bar tshang ba'i gnas mchog der/
dbus gyi gtsugs lag khang chen mang nyid du/
dus gsum sangs rgyas sems dpa' brgyad bskor bzheng/
g.yas kyi lha khang chen po'i nang du ni/
rgyal ba byams pa'i sku ni yongs rdzogs bzheng/
dbus kyi g.yas zur rim bzhin bsgrigs pa yi/
so sor bzhengs pa'i lha khang nang nyid du/
gsang ba 'dus pa mi bskyod rdo rje dang/
bcom ldan kyis pa rdo rje sku rnams bzheng/
lha khang dbus ma'i g.yon gyi mdun zur nas/
bzheng pa'i lha khang gnyis kyis nang du ni/
spyan ras gzigs dang sgrol ma'i sku gnyis dang/
rdo rje 'jig byed sku ni yongs rdzogs bzheng/
lha khang nang bzhugs gsung brten bzheng tshul ni/
chos kyi phung po brgyad khri bzhi stong gi/
snying po don rnams lhan cig bsdus pa yi/
rgyal ba'i yum chen dum pa bcu gnyis kyis/
gtso mdzad rgyal ba'i bka' ni du ma bzhugs/

'di ltar rten bzheng mdzad pa'i lo rgyus dang/
gnas bshad gtsug lag khang gi zhing bkod rnams/
yum sras gnyis kyi dad pa'i skul ba'i ngor/
shākya'i btsun pa shri shi la shwa ra ba/
ming gzhan byang phyogs hor gyi yul khams 'dir/
paṇ ḍi ta shi rē thu chos rje zhes grags pas/
legs par brtsam ste yi ger bkod pa yin/
dge ba rgya mtsho lta bu 'di yi mthus/
yum sras gnyis dang rgyal rigs 'khor bcas rnams/
tshe ring nad med bde srid dpal dang ldan/
mthun skyen bsam don chos bzhin lhun grub cing/
mi mthun phyogs la rtag tu rgyal 'gyur cig/
ching tha'i hu chog thu hong tha'i ji yi/
gtso mdzad sras pho sras mo blon 'bang rnams/
gnas skabs su yang bkra shis phun sum tshogs/
mthar thugs sangs rgyas go 'phang myur thob shog//
dge bsnyen karma ting 'dzin grags ba nor bu/ rgya'i mkhas pa rdo bzo gnyis ka rdo ring la yi ge rkos pa'o//
dge'o// legs s.ho mangga lam//

繼之則為蒙文部分：

//oṃ a mi tā bha a yu si dhi hūṃ//

oṃ ma ṇi pad me hūṃ//

hri padma ta kri ta badzra kro ta hā ya gri ba hū lu hū lu hūṃ phaṭ//

oṃ ā hūṃ: badzra ghu ru padma si dhi hūṃ:

oṃ ā hūṃ: badzra ghu ru padma si dhi hūṃ:

oṃ ā hūṃ: badzra ghu ru padma si dhi hūṃ:

nama'u mani γayiqamsiγ-tu om:

γurban čaγ-un qamuγ burqad-un: beyes ǰarliγ sedkil-ün mön činar: ergil nögčil-ün erdem čoγ tegüsügsen: erdeni ǰarliγ-un ündüsün-e mörgümü::

blam-a burqan blam-a om:

tegünčilen blam-a qoyar-a kiged: blam-a tegüs čoγ-tu včir bariγči: γurban oron tegüs tegüsügsen blam-a bui: blam-a-duriyan maγtan mörgümü::

asanggi olan galab-ud-tur:

asuru yeke buyan-i čiγulγan quriyaγsan-ača bolǰu:

aγui mongγol-un ene γaǰara γatumsiγ qari-tu bey-e töröged:

arban ǰüg deger-e qan anu boluγsan:

tere boγda činggis qaγan-ača inaγsi:

degedü qan oron-i üy-e γučin nigen boluγsan-du:

tede gün delgeregülugči dayan qaγan-i:

tegüs üǰesküleng-tü ǰimisken qatun-u qoyar köbegün-ü baγa inu ǰalayir qong tayiǰi:

qangγai qan nutuγ-tu qalq-a tümen-ü eǰen boluγsan: tegün-eče doloγan köbegün-ü qoyar-ača inu degü: üiǰeng tayiǰi-ača ǰirγuγan köbegün törögsen inu: včir qaγan: daričing: yeldeng: čögekür: qosiγuči: bodisdv: teden-ü dotora-ača naran saran metü nom yirtinčü qoyara: ülemǰi tusatu boluγsan qaγan čögekür qoyar-un ǰirγaγuluγsan sayin čaγ-tur: qosiγuči tayiǰi-yin čing bisireltü sayin madi tayiγal qatun čoγ-tu tayiǰi eke köbegün qoyar: toγ-a tomsi ügei amitan-u tusa-yi sedkiǰü: tuγula mören-ü tangsuγ tala-yin öröne ǰüg: γaldud-un ǰirüken neretü aγula-yin emünetü egsiyergüdü: temür üker ǰilün kökege sarayin arban tabun-ača egüsčü: sedkisi ügei čindamani süme-eče ekilen ǰirγuγan süme-yi arban doloγan ǰil boluγad: γal moγai ǰilün ǰun-i ekin kökege sara daγusba::

qamiγ-a-bar töröl tutum-dur-iyan sayin ečige eke kiged taγalaltu γaǰara:
qabiyatu öber busud-un arban učiral-nuγud büridüged:
qataγuǰil sedkil-ün erdem-üd sayitur tegüsčü:
qamuγ-tur örösiyegdekü kümün-i bey-e-yi olqu boltuγai::
tengsel ügei degedü adistidtan ǰarliγ-un ündüsün-e učiraǰu:
tegüderel qaγačal ügei yabuγad γurban kündelel-iyer bayasqan:
degedü sanvar tangγariγ-yi yosuγar sakin čidaǰu:
teǰiyede ǰirγuγan baramid-iyar nasuda yabuqu boltuγai::
egüskelün ǰerge gǰii včir-un mandal-un ǰirγuγan bölüγ-yi:
endegürel ügei iddam-luγ-a sedkil-i ilγal ügei eǰelen:
egenegte dörben üyesi ülü osoldan sanaǰu:
erketü oγtarγui-bar yabuqu ekilen neyite amitan sides-ber bütükü boltuγai::
daγusqal-un ǰerge ǰirγuγan nom kiged maq-a mudura-dur:
dusul kei sudasun-u erdem-üd-i sayitur medeǰü:
todorqai-a arban belge nayiman erdem ile boluγad:
tung sačalal ügei degedü sidis bütükü boltuγai::
kilingten-ü qan baǰar bani tere yeke bodisdv:

kiǰaγalal ügei-eče yambar-iyar yabuγsan bügesü:
kilinčeten nigülten öber busud-un tula biber:
kinaǰu tegünčilen qamuγ amitan-i tusalaqu boltuγai::
aldarsiγsan boγda naro bandida tere ber:
asanggi olan galab-tur yambar-iyar yabuγsan bügesü:
arban ǰüg-ün qamuγ amitan-i tusayin tula biber:
aburida büri tegünčilen yabuqu boltuγai::
maq-a gargasudi terigüten ünen daγusuγsad burqad ber:
mayidari ekilen arban ǰüg-ün bodisdv-nar ba:
masi yeke sididen kiged arqad-nuγud ber:
maγad-iyar egenegte busud-un tusa-yin tulada::
tung qarangγui-yin ǰobalang-yi geyigülügči inu:
tügemel gerel-tü naran tengri tere büged:
toγoriǰu dörben tiib-tür toγtaqu-bar ügei metü:
toγalasi ügei amitan-u tula tegünčilen biber tusalaqu boltuγai::
qamuγ amitan ǰirγalang kiged: ǰirγalang-un siltaγan-dur tegülder boltuγai:
qamuγ amitan ǰobalang kiged: ǰobalang-un siltaγan-ača qaγačaqu boltuγai::
qamuγ amitan ǰobalang ügei: ǰirγaγsan ǰirγalang-ača ülü qaγačaqu boltuγai:
qamuγ amitan tačiyangγui ǰuγalaqui alaγčilaqui-ača qaγačaγsan: tegsi sedkil-tü-dür anu boltuγai::

mergen ubasi ekilen: γorlosun aldarsiγsan čindamani ubasi kiged: kitad-un mergen čilaγuči qoyar bičiǰü uquγsan bui::

manggalam bavandu:: : ::

ene ǰirγuγan sümedü küčün-iyen ögügsen kerigüdün bintü darqan: γorlosun čimegtü darqan: eriyemčiüdün činggirsanǰi ekilen qolo-či külüg buyima dörben ǰasaγul bülüge::

內容概要已如上述，故此處不再附譯文。其中藏文版將作者書作噶瑪・定津扎巴諾布（Karma ting 'dzin grags ba nor bu），噶瑪為綽克圖皇太子第五子之名，加之其後綽克圖太子應藏地之沙瑪爾・嵐占巴之邀派兵欲殲滅格魯派，合而思之可見得綽克圖皇太子所信奉者為噶瑪・沙瑪爾巴，即所謂紅帽派。又，自ting 'dzin grags ba nor bu[13]之語義觀之，其蒙文作者作郭爾羅斯之aldarsiγsan čindamani[14]，應指同一人。此郭爾羅斯之部名，亦冠於文中所載建立六寺與有力之四扎薩烏勒[15]之一人齊墨克圖・達爾罕（Čimegtü darqan）之前，此與賓圖・達爾罕（Bintü darqan）之克哷特（Kerigüd）相同，俱為綽克圖皇太子祖父諾諾和之封地已如前述，至於與之同載之Eriyemčiüd部，則不得而知。

然而，綽克圖皇太子至今最為人所記憶者，並非在於其在政治上、宗教上之活動。實因其所撰作之美麗韻文，在蒙古文學史上占有不朽地位之故。該韻文刻於都赫敏・都特・諾爾（Dukhmin dud nur、Духмин дуд нур）湖畔之岩上，摩崖以嚮黑岩（Daγutin qara čilaγu）見稱，歌詠對伯母的思慕切切之情。如今據手頭所有之達木丁蘇隆所撰《蒙古文學百選》介紹其原文，繼而揭載其譯文[11]：

（I）čaγan takiy-a ǰil-ūn narmur-un ekin saraγin qorin nigen-e: čoγ-tu tayiǰi qangγai qan-u čečerlig- ün qoyitu aγulan-du:

---

13 ting 'dzin grags ba nor bu／ཏིང་འཛིན་གྲགས་པ་ནོར་བུ，等持馳名摩尼寶珠。

14 aldarsiγsan čindamani，馳名之摩尼寶珠。

15 ǰasaγul，通常意為摔跤場之監場人、裁判員，字根與「ǰasaqu／修正、治療、治理」有關。

abalan quyaγ-tu qaltar-iyan unuγad öndör degere γarču bayiqudaγan ǰegün ǰüg qaran sedkil-iyen masi uyaraǰu qalaγutu abaγa egeči-yügen sanaǰu eyin ügüleged uyila-luγ-a::

degere tengri qan-u aqu kiged:
delekei-deki qan boγdosun aqu γaǰar:
degere doroyin ilγal bolbasu ber:
ǰirγal qayiralal qoyar-un aγar-a nigen bui::
aγanistayin aγui-daki bodisdv-nar kiged:
altan delekei-deki bodi sedkil-ten qoyar-un:
aqu γaǰar anggida bolbasu:
asaraqu nigüleskü i aγar-a nigen bui:
ende qan boγdosun sayin tüsimed kiged:
eregülügči erlig qaγan-u yeke noyad qoyar-un:
yosu öngge öbere bolbasu:
ǰöb buruγugi ilγaquyin aγar-a nigen bui::
olǰa idesi olun yadaγči kümün kiged:
aγulas modun-du yabuγči ariyatan qoyar-un:
aqu bey-e anggida bolbasu:
alan ideküyin aγar-a nigen bui::
qola oyira-ača qulaγai kigči kümün kiged:
qoto-yi ergin getegči činu-a qoyar-un:
ilete bey-e düri öbere bolbasu:
idekü i küsekü sedkil-ün aγara nigen bui::

onon mören-dü aqu qalaγutu egeči mini kiged:
orqon tuγuladu aγči ebečitü bida qoyar:
qalq-a ongniγud-un γaǰar qola bolbasu ber:
qayiralan sanalčaqu-yin aγar-a nigen bui ǰ-a::
ene beyedegen ese ǰolγolčabasu:
egün-eče qoyitu töröl tütüm-düriyen:
eke inu γaγča keüken-iyen qayiralaqu metü:
eldeb üile-ber tusalčaqu boltuγai::

kemen qayilan ügülegsen-i inu qamtu aγsan erke kiy-a toγtoγoǰu sudurlan abuγsan-i:: qoyina dörben ǰil boluγad mön quluγuna ǰil-ün nigen sarayin arban nayiman-a....dayičing kiy-a güyeng baγatur qoyar qadan-dur bičibei::

（II）samantabadari kiged amindiu-a ba sigamuni burqan-a mörgümü:
gii včir kiged varakai eke ba baǰara pani-du mörgümü:
degedü tngri kiged qaγan qatun ba aliba ačitan kümün-e mörgümü:

oom mani bad me qung: oom mani bad me qung: oom mani bad me qung: oom mani bad me qung: oom mani bad me qung: oom mani bad me qung:

činggis qaγan-u üre. včir qaγan-u ači qalqayin čoγ-tu tayiǰiyin ǰarliγ-iyar: dayičing kiy-a güyeng baγatur qoyar: mongγolun qutuγ-tu qaγan-u učira: činggis qaγan-i törögsen usun morin ǰil-eče inaγsi dörben ǰaγun ǰiran dörben ǰil boluγsan-a: ǰil-ün eki modun quluγuna ǰil: sarayin eki γal bars sarayin arban tabun yeke čaγan edür-e: qas erdeni metü qadan-dur bičibei:

圖五　綽克圖皇太子之摩崖
左起（一）、（二）
攝影：杉山晃造（JPS）

（一）辛酉年孟秋月二十二日，綽克圖太子至杭愛山之齊齊爾里克北山狩獵，身著甲冑，乘粉嘴棗騮馬登高，當其時，忽而望東，悲從中來，思及摯愛之伯母，泣而作是語：[16]

「在天有上帝，
人界則為帝王之居處，
上下雖有別，
幸福與慈愛其性則同。
　住於廣大色究竟天之諸菩薩，
住於黃金人間界之有菩提心者，
居處雖異，
慈悲之性則同。
　此世之諸帝王眾賢臣，
與司刑獄之閻魔王之群官，
雖面孔各異，
明斷善惡之性則同。
　以收獲為食而未能得之人，
徬徨山林之諸猛獸，
雖生身互異，
殺生捕食之性則同。

16 以下譯文參考改寫自烏云畢力格，〈關於綽克圖台吉〉，《內蒙古大學學報》（一九八七年第三期）。

遠偷近盜為業之人，
覬覦牲圈之豺狼，
雖外相不同，
欲食之性則同。
居於鄂嫩河上我摯愛之伯母，
與處在鄂爾渾、土拉河之寡人，我等二人，
喀爾喀、翁牛特相距雖遙，
相愛思念之性則同。
縱使此生不能再相逢，
今後各來世，
當如同母愛獨女，
以種種行相助相佑。」
綽克圖太子且泣且語，同行之額爾克．轄將之整理錄下，越四年，於此子年一月十八日，岱青．轄與古英．巴圖爾書之於岩上。

（二）歸命普賢、無量光與釋迦牟尼佛。
歸命空智金剛、亥母及金剛手。
歸命上天、可汗、可敦並一切恩人。
唵嘛呢叭咪吽。
唵嘛呢叭咪吽。
唵嘛呢叭咪吽。

唵嘛呢叭咪吽。
唵嘛呢叭咪吽。
唵嘛呢叭咪吽。
奉成吉思・汗後裔斡齊爾・汗之姪，喀爾喀綽克圖太子之命，岱青・轄與古英・巴圖爾在蒙古庫圖克圖・汗治世中、自成吉思・汗出生之壬午年以來，歷四百六十四載，時惟甲子年，丙寅月之十五日，於大白之日，書於如寶玉之岩上。

以下加以解說。此摩崖分別刻於二處，分別對應前述（一）與（二）之內容。其年代於（一）之末尾作子年，（二）之末尾作甲子年，此為一六二四年。至於月份，（一）作一月，（二）作丙寅月，以夏正建寅觀之是正月無誤。即，此摩崖為綽克圖皇太子四十四歲時所刻。又碑文所記其於齊齊爾里克北山悲嘆，在距此三年前之一六二一年。可以推測，綽克圖之母青太后可敦當時已然過世，身為父親巴賚・和碩齊之獨子，又無兄弟姊妹，綽克圖皇太子愛慕遠隔之骨肉親人伯母，想來較一般人更為深刻。有趣的是，從韻文中可以看出，綽克圖皇太子的伯母嫁到了鄂嫩河畔的翁牛特部。《黃史》列出了諾諾和的子女，記載如下（參照世系圖十二）。

諾諾和・偉徵・諾顏之妃，即克魯特部（Kilüyed）別吉（Beki）之女額成根・卓力克圖・可敦（Ečengken J̌oriy-tu qatun）所出之額必岱・阿拜（Ebidei abai）嫁與諾穆（Nom）之子必克圖（Biytu）。
阿巴岱・賽因・汗甲寅年生。
阿布和・墨爾根丙辰年生。
乞塔惕・伊勒登庚寅年生。
布里雅台・徹辰・楚琥爾辛酉年生。

巴賚・和碩齊・諾顏、鄂特歡・博迪薩都乙丑年生。

其小妃子，即卓力克圖・可敦之姪女阿勒泰・可敦（Altai qatun）所出之察噶克沁・阿拜（Čaγaγčin abai）嫁與諾穆之子布里雅台（Buriyadai）。

統吉・阿拜（Tünggii abai）嫁與翁牛特（Ongnid）之圖們・扎薩克圖（Tümen ǰasaγ-tu）。

巴賚・和碩齊與博迪薩都・鄂特歡為雙胞胎。

托雷・阿拜（Toloi abai）嫁與扎薩克圖之叔布克（Böke）。

由此可知，有資格稱作綽克圖皇太子伯母或叔母者為額別岱・阿拜、察噶克沁・阿拜、統格・阿拜及托雷・阿拜四人。前二者所嫁之諾穆兩子，無疑是阿巴噶部之諾穆・特默克圖・汗（Nom temege-tü qaγan）之子巴克圖（Baγtu）與布里雅台。後二者則確實嫁入翁牛特部。綽克圖皇太子本身之生母亦來自翁牛特部，從中可窺得當時北蒙古之勢力關係與通婚政策之一斑。

綽克圖皇太子於摩崖刻成後十三年，敗死於和碩特之顧實・汗，其事業亦歸於湮滅，唯此篇悲歌，則將永留於人們心中之記憶。

第三部　蒙古之敵手
——西蒙古衛拉特

第十二章　四衛拉特之起源

元朝於一三六八年失去大都退回蒙古高原後之北元時代，蒙古編年史中不斷上演蒙古與衛拉特對立抗爭的歷史故事。可說是蒙古勁敵的衛拉特，是個什麼樣的遊牧民族呢？本章前半記述衛拉特從一二〇二年首度於歷史舞臺登場，於進入北元時代之一三八八年擁立忽必烈之弟阿里・不哥之子孫為可汗，又於脫歡、也先時代構築了衛拉特帝國。後半則涉獵後世衛拉特編年史及其他史料，以解明十六世紀後半，為對抗重新集結於達延・汗之下之蒙古各部族，他們被稱作都爾本・衛拉特（四衛拉特）。元朝崩壞後，蒙古高原北西部之四大部族：衛拉特、巴爾虎、乃蠻、克烈組成反忽必烈家聯盟，此即四衛拉特部族聯盟之起源。而後又加入東蒙古三衛系之和碩特。本章很早就在中國有漢譯版，作者本人亦將本論文英譯發表。

一、衛拉特之起源

衛拉特（Oyirad）[1]此一種族初登場於歷史，在一二〇二年。據拉施特・丁《史集》中〈成吉思・汗紀〉(1)，該年，衛拉特首領忽都合・別乞（Kutuka-beki）加入乃蠻（Naiman）首領之弟不亦魯黑・汗（Buyuruk-khan）、篾兒乞（Merkid）首領脫黑台・別乞（Toktai-beki）[2]等之聯軍，對克烈（Kereyid）之王・汗（On-khan）與蒙古之成吉思・汗進軍，惟因大寒而鎩羽而歸。

1 元譯常作「斡亦剌惕」，明譯常作「瓦剌」，清朝改譯作「衛拉特」（或依《對音字式》作「衛喇特」）。本章通作「衛拉特」。

2 脫黑台・別乞：《秘史》作脫黑脫阿・別乞。

翌年，成吉思·汗滅王·汗而併吞克烈，一二〇四年，以乃蠻首領泰·不花·太陽·汗（Tai-Buka Tayan-khan）為中心，糾合篾兒乞之脫黑台、克烈之阿鄰·太師（Alin-Taishi）、衛拉特之忽都合·別乞、札只剌（Jajirad）[3]之札木合（Jamuka）等，與成吉思·汗軍戰於杭愛山，聯軍大敗，太陽·汗戰死，其子屈出律（Kushluk）逃奔叔父不亦魯黑·汗處。繼而成吉思·汗平定篾兒乞，脫黑台同樣逃奔不亦魯黑·汗處(2)。

一二〇六年之即位式之後，成吉思·汗襲殺不亦魯黑·汗，屈出律與脫黑台逃往額爾齊斯河。

一二〇八年，成吉思·汗進軍額爾齊斯河，衛拉特之忽都合·別乞遭遇成吉思·汗於路上，遂降，出兵助成吉思·汗征討屈出律、脫黑台。脫黑台戰死，屈出律走西遼。

自此以來，衛拉特王忽都合·別乞得以保全其所領，帥四千戶臣事成吉思·汗(3)。而據拉施特·丁〈部族篇〉(4)云，此衛拉特之居住地為八河（Sekiz-muren），乃禿馬惕（Tumad）之故居。八河匯流後成為謙（Kem）河，謙河流入昂可剌河（Ankara-muren）[4]。八河之名則為闊闊·沐漣（Kok-muren）、溫·沐漣（On-muren）、合剌·兀孫（Kara-usun）、散畢·敦（Sanbi-tun）、兀黑里·沐漣（Ukri-muren）、阿合兒·沐漣（Akar-muren）、主兒扯·沐漣（Jurche-muren）、以及察罕·沐漣（Chagan-muren）。

八河匯流而成之謙河為葉尼塞河之突厥名，因此，八河之地必在葉尼塞河上游。《元朝秘史》卷四（一四四節）將一二〇二年之戰爭記作一二〇一年，云聯軍敗退，衛拉特之忽都合·別乞（Quduqa beki）向「失思吉思」退兵；又卷十（二三九節）將一二〇八年之征討記作一二〇七年，抑且記率軍者非成吉思·汗本人，乃其長子朮赤，征伐之對象亦非乃蠻、篾兒乞之殘黨，而為乞兒吉思，此時忽都合·別乞作為朮赤之先導，引之識悉自己的衛拉特，而進入「失黑失惕」云。

3 札只剌惕：《秘史》第四十節：札只剌歹之子孫為札答闌氏。《史集》作札只剌。
4 昂可剌河：今譯「安加拉河」，下文俱作「安加拉河」。

葉尼塞河源位於蒙古國之庫蘇古爾省（Khövsgöl aimag），約當在庫蘇古爾湖西鄰之達爾哈特（Darkhad）盆地。自南向北貫穿達爾哈特盆地之錫什希德河（Shishkhid gol）西折而入俄羅斯之圖瓦共和國，為克孜勒・赫姆（Kyzyl-Khem）[5]，而與小葉尼塞河（Ka-Khem）匯流。小葉尼塞河於首都克孜勒與大葉尼塞河（Bii-Khem）匯流，成為上葉尼塞河（Ulug-Khem），與自西而來之克穆齊克河（Kemchik）[6]匯流成為葉尼塞河，橫越薩彥嶺向北流。

據《元史》卷六十三〈地理志・西北地附錄〉，大葉尼塞河之溪谷似為撼合納（Qabqanas）之居住地，而克穆齊克河之溪谷則為謙州（Kemčigüd）之居住地。因而衛拉特人所居之八河當即自錫什希德河延伸至克孜勒・赫姆、小葉尼塞河、上葉尼塞河之葉尼塞河上游及其支流。而《元朝秘史》之「失思吉思」與「失黑失惕」所指亦即此地區，二者皆為「失思吉惕」之訛，當即是錫什希德。

如是，據今圖瓦之地之十三世紀衛拉特，北隔薩彥嶺與乞兒吉思住地相接，南以唐努山脈為界而鄰乃蠻。東方與色楞格河之篾兒乞相連，東北方近於安加拉河之禿馬惕。拉施特・丁所言之八河為禿馬惕故居當為事實。其故在於自安加拉河畔之伊爾庫次克沿伊爾庫特河而上，出庫蘇古爾湖北端之圖爾特（Turt），有自湖西岸入達爾哈特盆地之交通路（參照地圖三）。

與此鄰接之諸部族中，禿馬惕為巴爾虎（Baryud）之一部，與篾兒乞同，皆屬與蒙古人同系之韃靼。與之相對，自南北二方夾衛拉特居地之乃蠻與乞兒吉思則屬突厥系，故而突出其中之衛拉特似別具特色。拉施特・丁記載，衛拉特之語言為蒙古語，惟與其他蒙古族稍有出入，例如不稱「小刀」為kituga而稱mudaga云云。

若據拉施特・丁〈部族篇〉，衛拉特人口眾多，分為許多部，約與成吉思・汗同時期之衛拉特諸王

5 克孜勒・赫姆：紅色謙河。

6 克穆齊克：俗作「赫姆奇克」、「克姆契克」，不佳；「奇／契」皆ki非chi。茲改。

之一之忽都合・別乞有二子亦納勒赤（Inalchi）、脫劣勒赤（Torelchi）與一女斡兀立・海迷失（Ogul-Kaimish）。成吉思・汗將自己女兒扯扯干（Chichigan）嫁與脫劣勒赤，生有三子：不花・帖木兒（Buka-Timur）、八立托（Burtoa）、巴兒思・不花（Bars-Buka）。

至於脫劣勒赤之女，〈部族篇〉中載有二說。據第一說，脫劣勒赤有女二人：亦勒赤黑迷失・可敦（Ilchikmish-khatun）為阿里・不哥之元妃，十分得寵而無子；另一女斡兒吉納・可敦（Urkene-khatun）嫁與察合台家之合剌・旭烈兀（Kara-Hulagu），生木八剌・沙（Mubarak-shah），長期治理察合台家之兀魯思。另，脫劣勒赤之長子不花・帖木兒亦有二女，完者・可敦（Uljei-khatun）為旭烈兀・汗之妻，

世系圖十三　衛拉特王家與成吉思汗家之通婚關係

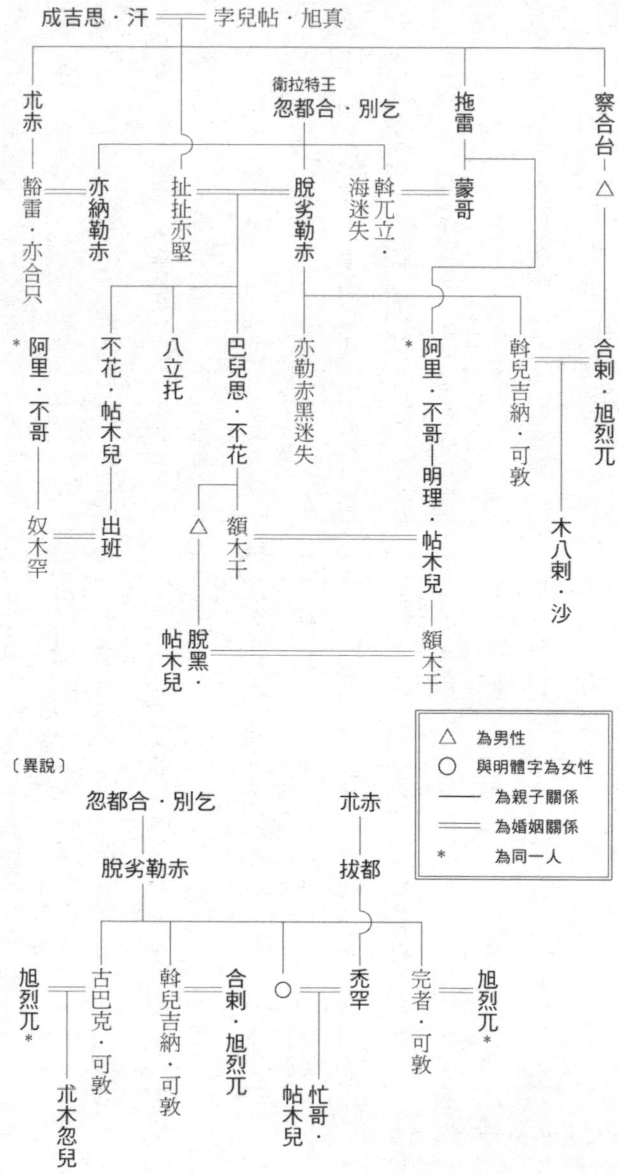

〔出處：宮脇淳子，《最後的遊牧帝國》，講談社選書，1995年〕

而失名之另一女則嫁與拔都（Batu）家之禿罕（Tukan），生忙哥・帖木兒（Mengu-Timur）。

據第二說，則上述後二女並非不花・帖木兒之女兒，乃脫劣勒赤之女兒。即，不花・帖木兒共有姊妹四人，其一名古巴克・可敦（Kubak-khatun），為旭烈兀・汗之元妃，朮木忽兒（Jumkur）之母；其二為斡兒吉納・可敦，木八剌・沙之母；其三失名，為忙哥・帖木兒之母；其四為完者・可敦，乃旭烈兀・汗之妻。拉施特・丁本身認為第二說較正確。

無論如何，〈部族篇〉中忙哥・帖木兒之母蓋失其名，惟〈朮赤・汗紀〉[5]中記載，禿罕為拔都之次子，禿罕之次子忙哥・帖木兒與第三子脫脫・蒙哥（Tuda-Mengu）之母為衛拉特之忽出・可敦（Kuchu-khatun），又稱該可敦為完者・可敦與不花・帖木兒之姊妹，故而正如〈部族篇〉中拉施特・丁所言，完者・可敦並非不花・帖木兒之女，而是脫劣勒赤之女無誤。又，〈旭烈兀・汗紀〉[6]亦記載旭烈兀之妻完者・可敦為衛拉特脫劣勒赤之女。惟此處將古巴克・可敦書作古由克・可敦（Guyuk-khatun），後者應較正確。

據〈部族篇〉，脫劣勒赤之長子不花・帖木兒之子朮撚（Junen）尚阿里・不哥之女奴木罕（Numugan）。〈忽必烈・汗紀〉[7]書作出班（Chupan）。

脫劣勒赤之次子八立托之二子兀魯黑（Ulug）與欣（Khin），第三子巴兒思・不花之二子失剌卜（Shirap）與別克列迷失（Beklemish），皆臣事忽必烈・汗。以上為拉施特・丁〈部族篇〉中之所載。《元史》卷一百九〈諸公主表〉中「延安公主位」欄內記載，別里迷失駙馬與沙藍駙馬各自尚失名之公主。別里迷失無疑即別克列迷失，而沙藍則為失剌卜。

關於忽都合・別乞之另一子亦納勒赤，拉施特・丁言其娶拔都本身之姊妹之一，亦即朮赤之女豁雷・亦合只（Kului-Ikachi），生有一子兀勒都（Uldu）。〈諸公主表〉之火雷公主即此豁雷・亦合只，惟其所適對象哈答駙馬則不相合。《元朝秘史》卷十（二三九節）則更不相符，稱亦納勒赤所娶者為扯扯亦堅（Čečeyiken），而脫劣勒赤所娶者則為朮赤之女豁雷罕（Qoluyiqan），全然非是。

話題回歸拉施特．丁。忽都合．別乞一族中有一人名為騰吉思．古列堅（Tengiz-gurgen）[7]，尚貴由．汗之女。貴由．汗死後蒙哥．汗即位時，騰吉思坐謀逆而遭處以杖刑，因公主之哀訴而保住性命。阿魯渾．汗（Argun-khan）之元妃忽都魯．可敦（Kutlug-khatun）即此騰吉思與公主間所生。

〈部族篇〉中，成吉思．汗原欲自娶忽都合．別乞之女斡兀立．海迷失，卻遭其拒絕，遂由蒙哥．汗娶之。斡兀立．海迷失稱夫君之諸弟忽必烈、旭烈兀為子，以示對彼等至高之敬意。然而〈蒙哥．汗紀〉[8]中載同一事卻稱蒙哥之妻為斡兀立．土都迷失（Ogul-Tutmysh），故而〈部族篇〉中之斡兀立．海迷失當有誤。至少貴由．汗之皇后，於貴由．汗死後監國，後為蒙哥處刑者必為斡兀立．海迷失。如前所述，完者．可敦為脫劣勒赤之女，其與忽都合．別乞之女斡兀立．土都迷失不可能為姊妹。且不論忽必烈，斡兀立．土都迷失之所以稱旭烈兀為子，乃因其本身之姪女完者．可敦與旭烈兀結婚故。〈蒙哥．汗紀〉恐怕係因斡兀立．土都迷失乃完者．可敦夫婿旭烈兀之嫂，故而誤兩者關係作姊妹。

以上顯而可見者，十三世紀之衛拉特王家與成吉思．汗子孫之朮赤家、察合台家、窩闊台家、拖雷家俱通婚姻，尤其與拖雷家四兄弟蒙哥、忽必烈、旭烈兀、阿里．不哥皆是姻親，在當時之蒙古帝國乃顯赫之名家。此點或與衛拉特之女子以美貌聞名有關，惟最大之理由仍在其住地東南為拖雷家、西南為窩闊台家、察合台家、西北又與朮赤家封地相連；即便帝國事實上分裂為元朝、察合台．汗國、伊兒．汗國、黃金斡耳朵四大兀魯思後，位於四者之接點仍為戰略上之要衝故。

造成帝國分裂之契機，發生於一二六〇至一二六四年之阿里．不哥之亂，衛拉特亦與之關係甚深。此乃因阿里．不哥之領地與衛拉特住地尤近之故。拉施特．丁之〈忽必烈．汗紀〉[9]中記，阿里．不哥之夏營地在阿爾泰，冬營地則在帖客（teke）與乞兒吉思，相距三日路程。帖客雖不知為何處，而若往返

7 古列堅／gurgen：意為女婿。皇室之女婿即駙馬。

於阿爾泰與乞兒吉思間，因當時乞兒吉思之住地在薩彥嶺之北故，其南方衛拉特之住地正好入阿里・不哥之領地內。亦即當時之衛拉特為阿里・不哥之兀魯思所含括。

阿里・不哥與衛拉特之關係亦微見於前引之〈部族篇〉，以下更據〈忽必烈・汗紀〉(10)以進一步檢視之。

阿里・不哥之妻於衛拉特之亦勒赤黑迷失（脫劣勒赤之女）外，又有出身於古出古兒・乃蠻之忽禿黑塔・可敦（Kutukta-khatun），所生之女奴木罕嫁與衛拉特之出班・古列堅（Chupan-gurgen）。出班是〈部族篇〉中之朮撚，為脫劣勒赤長子不花・帖木兒之子。阿里・不哥之次子明理・帖木兒（Melik-Timur）之女額木干（Emugen）嫁與衛拉特巴兒思・不花（脫劣勒赤之第三子）之孫禿黑・帖木兒・古列堅（Tuk-Timur-gurgen）。又明理・帖木兒之六子中，長子明罕（Mingkan）、次子阿只吉（Achigi）、第三子也孫・土哇（Yisun-Tuva）、第四子巴里台（Baritai）四人皆由衛拉特之巴兒思・不花之女額木干・可敦（Emugen-khatun）所生。餘二子，第五子斡亦剌台（Oiratai）、第六子馬合木（Maḥmūd）為朵兒邊氏（Dörben）之昔里吉（Shireki）之女不剌（Bura）所生。

以具如此密切關係之故，內亂時，衛拉特立於阿里・不哥側亦屬當然。據〈忽必烈・汗紀〉(11)所言，決定戰爭命運之一二六一年析門台（Shimultai）湖[8]之戰，為忽必烈軍所粉碎之阿里・不哥軍多數由衛拉特兵所組成。《元史》卷一百二十〈朮赤台列傳〉中，亦稱「石木溫都（Shimultu）」之戰中之阿里・不哥軍為「外剌（衛拉特）之軍」。

阿里・不哥於一二六四年降忽必烈後，復又有窩闊台之孫海都（Qayidu）起而威脅元之西北邊境。忽必烈於是於一二七一年遣第四子那木罕（Nomuɣan）駐屯伊犁河之阿力麻里，附之以蒙哥之第四子昔里吉

8 析門台湖：《元史・世祖紀》等作「昔木土腦兒」。參見余大均譯《史集》第二卷頁三〇〇註一一。

（Shireki）、阿里．不哥之長子藥木忽兒（Yubukur）、次子明理．帖木兒、拖雷之第十子歲哥都（Suktu）之子脫黑．帖木兒（Tuk-Timur）以防海都。一二七七年，昔里吉與脫黑．帖木兒共謀，劫那木罕而叛忽必烈。忽必烈召回當時正從事征服南宋之巴阿鄰部（Bayarin）之伯顏（Bayan），命其討伐昔里吉，於鄂爾渾河擊破之。此時身為元軍先鋒而急行至現地者，正是衛拉特巴兒思．不花之子別克里迷失[12]。

據《元史》，別克里迷失常以伯顏部將身分而行動。一二七五年，招討「別里迷失」參與攻擊淮安[13]；一二七六年，淮東行樞密院「別乞里迷失」為中書丞相[14]。昔里吉之亂起，一二七八年，駐兵呵剌牙而與外剌台（衛拉特）之寬赤哥思等軍交戰，此戰中拔其大將塔斯不花之壁壘者為阿速部（Asud）之伯答兒，而以此先登之功上聞者即「別吉里迷失」[15]。一二七九年，中書左丞「別乞里迷失」為同知樞密院事[16]；又同年，討昔里吉之孔元從行院「別乞里迷失」追其眾至兀速洋而還，分軍之半，扼其要害地，昔里吉之餘眾遂潰，獲輜重、牛馬[17]。王寧從「別急里迷失」等擊賊外剌，斬首百餘級，此或亦為一二七八、一二七九年間之事[18]。

該叛亂因內鬥與分裂而以失敗告終，至一二八四年，那木罕遂得歸元，約此際別克里迷失似已見殺。「別吉里迷失」雖曾誣伯顏以死罪，未幾其本身則以他罪誅，行刑時伯顏臨視之。時為一二八二年阿合馬（Ahmad）遭暗殺之後、一二八五年以前之事[19]。

由此處所引之《元史》記事可窺得，「外刺」即衛拉特而加入叛軍。因藥木忽兒與明理．帖木兒附於昔里吉一方，而後黨於海都亦屬理之當然。

二、元朝崩壞後之衛拉特

衛拉特人別克里迷失與附從阿里．不哥家之衛拉特兵於以血洗血之惡戰後，雖奮忠勤於忽必烈，反遭處死，衛拉特對忽必烈家之元朝自無抱好感之理。然而一三〇一年以海都死故，該區域持續和平，約一世紀之間，衛拉特之動靜未見於史上。至一三八八年衛拉特再登場時，仍復支持阿里・不哥家以對抗忽必烈家。

該年，忽必烈子孫之北元末主脫古思・帖木兒・兀思哈勒・汗（Toquz temür usqal qaγan／天元帝）於貝爾・諾爾湖畔之本營遭明軍奇襲而大敗，逃亡途中遭倒向也速迭兒（Yesüder）之眾軍所殺，《明太祖實錄》敘此事如次：

> 脫古思帖木兒在捕魚兒海（貝爾・諾爾）為我師所敗，率其餘眾欲還和林，依丞相咬住，行至土剌河，為也速迭兒所襲擊，其眾潰散，獨與（知院）捏怯來等十六騎遁去，適遇丞相咬住、太尉馬兒哈咱領三千人來迎。又以闊闊・帖木兒人馬眾多，欲往依之，會天大雪三日不得發。也速迭兒遣大王火兒忽答孫、王府官孛羅追擊之，獲脫古思帖木兒，以弓絃縊殺之，并殺其太子天保奴(20)。

此時捏怯來恥事也速迭兒而降明，其報告據甲種本《華夷譯語》之〈捏怯來書〉觀之，「阿里孛可（阿里・不哥）之子孫也速迭兒等與斡亦剌惕（衛拉特）一同造反，弒殺我等之可汗，奪取大寶，盡將百姓殺害。」

此處正如「奪取大寶」（yeke tamγa-yi abču）一句所示，此時阿里・不哥家之也速迭兒，於衛拉特之支持下，取代忽必烈家而即蒙古之可汗位。羅卜藏丹津國師之《黃金史》以卓里克圖・汗（J̌oriγtu qaγan）之號稱也速迭兒，記其統治期間作一三八八－一三九一年(21)。

繼也速迭兒而立之可汗，據《黃金史》為恩克・汗（Engke，一三九一－一三九四年在位）。克羅瓦之《大成吉思・汗史》大抵即據兀魯伯《四兀魯思》，而記此人作也速迭兒之子。

繼恩克者為額勒伯克・尼古埒蘇克齊・汗（Elbeg nigülesügči qaγan）或作nigülesküi qaγan，

一三九四－一三九九年在位），各蒙古編年史一致記載，該可汗統治期間，蒙古與衛拉特間起分裂且對立，其故事如次。

《黃金史》中之大要為：可汗為衛拉特浩海太尉（Γooqai tayu）之甘言所惑，貪戀己子哈爾古楚克・都古楞・特穆爾（Qarγučuγ dügüreng temür）之妃子完者圖・豁阿（Öljeitü γuu-a）之美貌，殺都古楞・特穆爾而娶完者圖・豁阿。完者圖・豁阿以詭計使可汗相信浩海太尉對己無禮，可汗遂與浩海戰而殺浩海。其後，可汗為浩海之子巴圖拉丞相（Batula čingsang）所殺（詳本書第二部〈第八章　達延・汗之先世〉）。

此巨變後之可汗為坤・帖木兒（Kün temür），《黃金史》稱之為托歡（Toγoγan），一三九九－一四〇三年在位。同一在位期間，《蒙古源流》並其餘蒙古編年史皆記此時可汗作坤・帖木兒，而據《明太宗實錄》，一四〇〇年，獲諜報知蒙古軍欲犯邊時，明之燕王（太宗、成祖）遣書與蒙古（韃靼）可汗坤・帖木兒並衛拉特（瓦剌）王猛哥・帖木兒（Möngke temür），故知正確者當為坤・帖木兒[22]。然而問題在於，似亦因受兀魯伯所影響，佚名之《諸突厥之系譜》（*Shajarat al-Atrāk*）在相當於坤・帖木兒處之可汗載作圖蘭・帖木兒（Tūrān Tīmūr），且標註「大位再移至成吉思・汗其他子孫之手」[23]。註記中未寫明究竟為該可汗開啟新一帝系，抑或古帝系至該可汗而終，惟自「其他」一語觀之，應解作後者，故自也速迭兒至該可汗為止共四代皆阿里・不哥家之人，繼之之可汗則非。

若上述為然，則《諸突厥之系譜》中之「圖蘭・帖木兒」顯然即蒙古編年史中之「都古楞・特穆爾」，為額勒伯克・汗所殺之皇子名。以此推想，或者意外可知坤・帖木兒與都古楞・特穆爾即是同一人，而即便妃子為其父額勒伯克・汗所奪是真，被殺則屬故事性之誇張，實情則為一三九九年方為衛拉特人所廢。順此思路即可理解，《黃金史》中於此填入「托歡」此一罕見可汗名之理由。或許《黃金史》所用史料之一之王名表中，此處原作「都古楞・特穆爾」，惟因採自其他史料之文本之故事於該處都古楞・特穆爾已被殺，故而不得不更據其他史料改書作「托歡（Toγoγan）」。而「托歡」或即自「脫歡（Toyan）」而來，「脫歡（Toyan）」則為「都古楞（Düren）」之誤讀。

據《明太宗實錄》，繼坤・帖木兒之可汗為鬼力赤，一四〇三－一四〇八年間有其蹤影。即，明成祖（太宗）於一四〇三年，一面遣使至蒙古可汗鬼力赤、太師右丞相馬兒哈咱、太傅左丞相也孫台、太保樞密知院阿魯台（Aruγai）處，另一面又遣使至衛拉特之馬哈木、太平、把禿孛羅處，通告即位之事[24]。亦即於鬼力赤時代，蒙古與衛拉特間分裂已啟，且衛拉特之首領自一人增為三人。顯示衛拉特內部亦有重大變化，此事後文將論及。

至於鬼力赤可汗，實非阿里・不哥家之人。《諸突厥之系譜》將相對應處之可汗稱為兀魯克・帖木兒（Uruk Tīmūr <Örüg temür），並記其作窩闊台・汗之子合喇黑・斡忽勒（Qarāq oγul）之子訥必牙（Nubiya）之子。合喇黑・斡忽勒即為《元史》卷一百七〈宗室世系表〉中太宗皇帝之第六子合丹大王，亦即拉施特・丁〈窩闊台・汗紀〉[25]中窩闊台之第六子合丹・斡忽勒（Kadan-ogul）。其子訥必牙似是拉施特・丁所言之合丹・斡忽勒第六子耶耶（Yaya）之異讀，耶耶之長子確為兀魯克・帖木兒。然而此兀魯克・帖木兒乃十三世紀之人，不可能與十五世紀初之可汗為同一人。無論《諸突厥之系譜》之作者抑或該原史料之編者，或許皆不過是基於該可汗為窩闊台家之人之故，檢索拉施特・丁之書而發現此一世系圖而已。

據《明太宗實錄》，此窩闊台之了孫兀魯克・帖木兒（鬼力赤）屢屢與衛拉特交戰，其部下重臣名阿魯台。一四〇八年，皇子本雅失里（Puṇyaśrī）自撒馬爾罕經別失八里歸來，兀魯克・帖木兒為部下所廢殺，阿魯台遂迎立本雅失里，協力對抗衛拉特。

本雅失里於蒙古編年史中稱作完者・帖木兒（Ölǰei temür），《明太宗實錄》[26]則稱之為完者禿王（Ölǰeitü ong），言其本名本雅失里，為「元遺裔」。惟此並不意味其為忽必烈之子孫，但言其出自拖雷家而已。《諸突厥之系譜》於相當此人處之「太子」（Tāyzī）記作阿里・不哥之子孫。據雅茲迪（Yazdi）之《武功記》（*Ẓafar nāmah*），該「太子」與可汗相爭，自衛拉特亡命至異密帖木兒之宮廷。

又據Shami之《武功記》，該事件發生於一三九八年。時恰為額勒伯克・汗橫死之前一年。

由是觀之，完者・帖木兒即本雅失里即是額勒伯克・汗之皇子，或因衛拉特之實權過於強大而出奔，其後或者衛拉特遂殺額勒伯克而擁立坤・帖木兒。由此原委亦可了解，完者・帖木兒雖出身阿里・不哥家，卻與北元之遺臣阿魯台聯手，與殺父仇敵衛拉特對立之情況。

完者・帖木兒於一四一〇年遭明成祖之親征軍擊破而西奔，至一四一二年，衛拉特之馬哈木等向明廷報告，表示已滅完者・帖木兒並取得傳國璽。此時，馬哈木等人請求明廷歸還滯在中國之脫脫・不花王（Toγtoγa buqa ong）[9]，明成祖未允(27)。

脫脫・不花初與阿魯台同為兀魯克・帖木兒之部下重臣(28)，兀魯克・帖木兒被殺、完者・帖木兒即位，脫脫・不花隨於一四〇九年歸明而止於甘肅邊外之亦集乃[10](29)。自此以來，終完者・帖木兒在位期間，從未回返漠北。

一四一三年，衛拉特之馬哈木等立答里巴（Dalbag）為主，為明所聞(30)。此答里巴・汗無論於《諸突厥之系譜》、Khwāndamīr抑或克羅瓦，皆認為其乃阿里・不哥之子孫。衛拉特此時再度侍奉阿里・不哥家，一四一四年，明成祖第二回親征，於忽蘭忽失溫（Hulaγan qosiγun）遭擊敗之馬哈木、太平、把禿・孛羅之衛拉特軍即擁戴答里巴・汗為可汗。此戰敗後，再未見答里巴之身影，據蒙古編年史，則答里巴死於一四一五年。一四一六年馬哈木亦死去，其子脫歡（Toγon）繼嗣。

繼答里巴・汗而立者為斡亦剌歹（Oyiradai），《黃金史》記其於一四一五－一四二五年在位。Khwāndamīr將斡亦剌歹視作是阿里・不哥之子孫，《諸突厥之系譜》視其為阿里・不哥裔之明理・帖木兒（Malik Tīmūr）之子，克羅瓦則視其為明理・帖木兒（Melic Timur）之子斡兒歹（Orday）之子。如前所

9 似為請還脫脫不花之子。
10 亦集乃：今額濟納，原為党項語。

述，阿里・不哥之次子為明理・帖木兒，其第五子為斡亦剌台。此或亦與鬼力赤即兀魯克・帖木兒之情況相同，檢索拉施特・丁之結果，即作如此記述，故姑且相信此斡亦剌歹・汗乃阿里・不哥後裔一事為佳。

似因斡亦剌歹・汗為衛拉特方所擁立之可汗，故而與之相對，蒙古方之阿魯台則另奉他人為可汗，此可由《明太宗實錄》中言及一四二三年阿魯台殺主一事窺探而得(31)。繼而為可汗之阿岱（Adai），顯然為阿魯台所擁戴者。《黃金史》記載阿岱之在位期間為一四二五－一四三八年，《諸突厥之系譜》、Khwāndamīr、克羅瓦三者皆認為阿岱乃儿魯克・帖木兒（即鬼力赤）之子，亦即窩闊台家之人。

一四三一年，衛拉特之脫歡大破阿岱、阿魯台，奪其根據地克魯倫河流域。一四三二年，脫脫・不花離其已住二十餘年之甘肅邊外，一四三三年，為脫歡拱上可汗位，一四三四年，率兵討阿魯台，再度使彼等之勢力粉碎。阿魯台於同年滅於脫歡之手，阿岱・汗則於一四三八年為脫脫・不花・汗所滅。在此前後，太平、把禿・孛羅亦遭脫歡所合併，於此，實質上由脫歡完成統一，惟克魯倫河以東之蒙古故土則委以脫脫・不花・汗統治。

脫脫・不花・汗出於忽必烈家一事，反而可由《朝鮮世宗實錄》立證。朝鮮世宗二十四年，一四四二年五月戊辰條，引用此時傳於半島之脫脫・不花之蒙古字敕書，曰：「太祖成吉思皇帝統馭八方，祖薛禪皇帝即位時分，天下莫不順命，內中高麗國交好倍於他國，親若兄弟。世衰遭亂，棄城依北，已累年矣。今我承祖宗之運，即位今已十年，若不使人交通，是忘祖宗之信意也。今後若送海青及賀表，則朕厚賞厚待」(32)。

亦即脫脫・不花數及蒙古與高麗國友好之歷史，欲其思及成吉思・汗與忽必烈・汗之故實，尤其強調忽必烈時代兩國之友誼，正因其為統緒久失之忽必烈家所出而正位之可汗，故而如此書寫。

脫歡死於一四四〇年，長子也先（Esen）嗣。至一四五一年，脫脫・不花・汗與也先間起裂痕，脫脫・不花・汗於一五四二年一月十九日為也先所攻殺，也先於一四五三年自登汗位，一四五四年因部下叛亂而被殺。

三、四衛拉特

也先一死，衛拉特亦同時失勢而退向西北方。東南方之蒙古人則先後擁戴脫脫・不花之幼子馬兒可兒吉思（Markörgis，一四五五－一四六五年在位）、其異母兄莫蘭（Muulan，一四六五－一四六六年在位）為可汗，二者皆為部下所殺。君位虛懸之後，被說是脫脫・不花異母弟之察哈爾萬戶長滿都魯（Manduγulun，一四七五－一四七九年在位）即位。然而滿都魯亦敗歿於內亂中，死後由鄂爾多斯萬戶長巴延・蒙克・博勒呼晉王（Bayan möngke bolqu ǰinong）為登可汗之位而積極行動，但仍被殺。直至博勒呼晉王之子巴圖・蒙克・達延・汗（Batu möngke dayan qaγan）統治期間（一四八七－一五二四年），蒙古系統之六萬戶方首度成立聯合體。而後達延・汗之孫，土默特之阿勒坦・汗（Altan qaγan），於一五四一年其長兄鄂爾多斯之袞・必里克・墨爾根晉王（Gün bilig mergen ǰinong）死後隨即掌握大部分蒙古之指導權，不斷發動征伐，迄一五八二年其死前已完全征服衛拉特。蒙古編年史中，出現可一窺衛拉特實情之記述，始自阿勒坦・汗時代。

據《蒙古源流》[33]，阿勒坦於一五五二年向四衛拉特（Dörben Oyirad）出馬，於空歸、札卜罕兩河畔，擊殺八千輝特（naiman mingγan Qoyid）之首領瑪尼・明阿圖（Mani mingγatu），其妻子、人民悉降。繼之於一五六二年，鄂爾多斯之庫圖克台・徹辰皇太子（Qutuγtai sečen qong tayiǰi）向四衛拉特出馬，於額爾齊斯河畔襲土爾扈特（Turγaγud），殺其首領喀喇・博兀喇（Qara buγura），於彼等竈前樹起己之黑纛，收服失勒必思（Silbis）、土爾扈特二部之半而班師還營。一五七四年，仍為鄂爾多斯之布延・巴圖爾皇太子（Buyan baγatur qong tayiǰi）復向四衛拉特出馬，於哈爾該山南，悉降以額色勒貝・恰（Eselbei kiya）為首領之八千輝特萬戶。與此同時，於錫爾河畔破哈薩克王之兵，凱旋中之庫圖克台亦置輜重於巴里坤之地，加入征伐，於扎勒滿山北，收降以喀木蘇（Qamsu）、都哩圖（Düridkü）二人為首之巴圖特部（Baγatud）。庫圖克台之子鄂勒哲・伊勒都齊（Öljei ildüči）追敵軍達三月，於圖巴罕山之南，收降以綽羅斯（Čoroγas）之必齊呼舍人（Bajira sigejin）為首之杜爾伯特部（Dörbed otoγ）而歸。此外，北蒙古之編年史記載，喀爾喀之阿巴岱・賽因・汗（Abadai sayin qaγan）於闊不客兒之戰中破和碩特部（Qosiγud），殺其首領哈尼・諾顏・洪果爾（Qanai noyan qongγor），此時期可推定為一五八〇年代。

如是蒙古屢屢征伐，衛拉特勢力銳減，至一六二三年止，衛拉特尤其無法擺脫隸屬於喀爾喀之狀態。衛拉特文學作品《烏巴什皇太子傳》中，該年，四衛拉特聯軍攻殺蒙古首領之一之碩壘・賽因・烏巴什皇太子，而四衛拉特之構成單位則列舉有輝特部、準・噶爾部（J̌egünγar）、土爾扈特部、和碩特部以及杜爾伯特部，共五個集團。

此處成問題者，在於「都爾本・衛拉特」即四衛拉特之稱呼。略數此處出現之集團，有：（一）輝特、（二）土爾扈特、（三）巴圖特、（四）杜爾伯特、（五）和碩特、（六）準・噶爾，已有六個。惟既稱作四衛拉特，衛拉特應由四部分所組成。此四部究竟為何者?

實則若依衛拉特人本身之記述，四衛拉特之構成單位更多於六，而仍可分類成四部。現在可利用之衛拉特編年史中其最古者，為伏爾加・卡爾梅克之土爾扈特之額穆齊・噶旺沙喇布（Emči Γabang šes rab）於一七三七年撰就之《四衛拉特史》(34)，其中將下列九集團分為四類。

（一）厄魯特（Ölöd < Ögeled）

（二）輝特（Xoyid）
　巴圖特（Bātud <Bayatud）

（三）巴爾虎（Baryu）
　布里雅特（Burād < Buriyad）

（四）杜爾伯特（Dörböd）

準・噶爾（J̌öün γar）
和碩特（Xošōd < Qosiγud）
土爾扈特（Toroγoud）

同為伏爾加・卡爾梅克，和碩特之巴圖爾・烏巴什・圖們（Bātur ubaši tümen）於一八一九年撰就另一本《四衛拉特史》[35]中，分類相同，僅將土爾扈特處改之以土默特（Tümed），將土爾扈特單獨處理。

然而，該十個集團並非悉數於十八－十九世紀持續存在。前已言及，喀爾喀・蒙古之烏巴什皇太子自一六一七年至一六二三年其敗死為止，連年向衛拉特實行激烈征伐，烏巴什皇太子戰死之後，一六二五年衛拉特又環繞遺產分配問題而發生內爭，轉瞬間遂形成所有集團皆捲入之大混亂。內戰於一六二八年終於結束，而此期間輝特之首領賽因・卡（Sayin kā）被殺，輝特部式微，巴爾虎部、巴圖特部遭消滅。一六四〇年喀爾喀、衛拉特之眾首領所簽訂之《蒙古衛拉特法典》第三條中針對一六一七－一六二八年間所捕獲之俘虜作交換協定，但唯有巴爾虎、巴圖特、輝特人不必送還，從中可窺得端倪。自此以後，實質上僅剩杜爾伯特、準・噶爾、和碩特、土爾扈特四集團，亦即噶旺沙喇布所言之第四集團，視此為四衛拉特，實為新變化後而成，與原本「都爾本・衛拉特」所指全然相異。為探明此點，以下試將上述十集團，各自溯其起源。

（一）厄魯特（Ölöd/Öyilöd<Ögeled）

滿洲人視厄魯特為衛拉特之同義詞，漢字寫作「額魯特」或「厄魯特」，原本或為過去已滅亡之集團名稱。噶旺沙喇布稱「厄魯特受黃魔（šara šumu）之挑唆而遷去」，又稱「厄魯特成為哈咱勒巴什（Xazalbaš）氏而離散」。巴圖魯・烏巴什・圖們則寫道「厄魯特，彼等受黃魔（šara šuman）所挑唆，遂率意離衛拉特而去，取名厄魯特。厄魯特遂入於哈咱勒巴什」，並舉溫咱・阿勒達爾・噶布楚

（Unzad Aldar kabču）之史書為典據。

自如此寫法觀之，厄魯特自衛拉特分離之時點似相當早。所謂厄魯特成為哈咱勒巴什者，哈咱勒巴什為突厥語「紅頭／Kızıl baş」之意，初指助波斯薩非朝（一五〇二－一七三六年）建國之土庫曼七部族，後轉指在波斯之突厥系遊牧民。想來伊兒・汗國創建之際衛拉特人移居波斯之記憶，便以如此形式保存留傳，厄魯特一名或亦可追溯至更早之時代。此點之後將再論述。

蒙古編年史《黃史》[36]，由較古老之文本部分與新追補之部分所構成，自其系譜所載人考察之，該文本或為喀爾喀賽因・諾顏部中前旗於一七〇三－一七〇六年間寫成。當中亦列舉四衛拉特之集團名，而記載厄魯特作「如今成為薩爾吉斯（Sargis）國人」。此薩爾吉斯當即哈咱勒巴什之訛。

（二）輝特（Xoyid< Qoyid）

（三）巴圖特（Bātud<Bayatud）

《黃史》本文中言及衛拉特之系譜曰「輝特一族為牙霸干・墨爾根（Yabayan mergen）之裔。輝特部忽都合・別乞（Qudaqa beki）之子亦納勒赤（Inalči）娶成吉思・汗之女兒扯扯亦堅（Čečei-ken）。亦納勒赤之兄脫劣勒赤（Törölči）則娶朮赤之女豁雷罕（Qolui-qan）。」此處雖受《元朝秘史》所拖累而錯置兄弟二人，要之，輝特部自成吉思・汗時代以來即為衛拉特王家之直系。同一事於《黃史》追補部分則云「輝特眾首領為亦納勒赤、脫劣勒赤之後裔。」

據帕拉斯（P.S. Pallas）《蒙古民族史料集》[37]，[11]輝特的始祖岳博歡・墨爾根（Joboghon Mergenn）[12]為較成吉思・汗早三世代之英雄，應苦於內亂之中國之請而前往救援，建鎮壓之功，反遭中

11 邵建東、劉迎勝二教授譯此書，該書名稱《內陸亞洲厄魯特歷史資料》（昆明，雲南人民，二〇〇二）。

12 德語 j- 字音近英語 y-，與滿蒙拉丁字母轉寫之 j /ʤ/ 相異。此「岳博歡」顯然即上述「牙霸干」之異讀。

國人之忌而遭毒殺。其歸國之五部將分衛拉特為五部，其一成為後來之準・噶爾與杜爾伯特。據輝特人所言，所謂巴圖特乃中國人因彼等驍勇善戰而給予之尊稱。

此傳說不禁令人思及元朝時代衛拉特助阿里・不哥家對抗忽必烈家之事。元朝事則姑置不論，該傳說亦顯示巴圖特與輝特為同祖關係，噶旺沙喇布置二者於同一類或即以此故。

又，噶旺沙喇布稱「輝特入於回部（Xoton）與準・噶爾。……巴圖特之大部分入於青海之衛拉特與土爾扈特。」意即，輝特為準・噶爾所吸收，而巴圖特則為和碩特所吸收。

（四）巴爾虎（Barγu / Barγa < Barγu）

（五）布里雅特（Burād < Buriyad）

（六）土默特（Tümed）

若依拉施特・丁之〈部族篇〉(38)，十三世紀時，貝加爾湖東之巴兒忽真溪谷（Barγujin tokum）地方有巴兒渾（Bargut）、豁里（Kori）、禿剌思（Tulas）三部族，總稱巴兒渾。另，湖西有自巴兒渾分出之禿馬惕（Tumat）部族，與乞兒吉思相接。作為衛拉特住地之今日圖瓦，為禿馬惕之故居，前文已提及。

十七世紀進入西伯利亞之俄羅斯人，溯安加拉河而上，一六二九年，於奧卡河口、今日布拉茨克（Bratsk）地方，與布里雅特人首度接觸。此地方昔為禿馬惕人之住地。即如帕拉斯所載，禿馬惕人、豁里人後來成為布里雅特人。迄一六二三年之戰爭，輝特部賽因・恰納貢對象之布里雅特人（Burāten），當即此安加拉河禿馬惕後裔之布里雅特。意即，遭蒙古侵伐至窮途末路之輝特，逃至西伯利亞往依布里雅特。

另，巴圖爾・烏巴什・圖們所列舉之土默特，並非與布里雅特同時存在之實際集團，其所指應當為流傳為衛拉特原住民族之禿馬惕。帕拉斯記載，土默特（Tümmüt）或禿馬惕（Tummut）受黃魔（Scharaschulma）所誘而離其他衛拉特而去，與厄魯特有同樣傳說，即其證據。

如是，噶旺沙喇布所歸為一類之巴爾虎與布里雅特，其由來皆為昔日之巴兒渾（Barγud）。

（七）杜爾伯特（Dörböd < Dörbed）

（八）準・噶爾（J̌öün γar < J̌egün γar）

噶旺沙喇布曰：

「據云，杜爾伯特、準・噶爾一族乃自天而降。其故為：獵人於帶瘤樹下拾獲一嬰兒。樹形如管（čorγo）狀，故稱綽羅斯（Čorōs）。樹液滴入幼兒之口。稱作帶瘤樹與鴞鳥所生。自阿彌尼（Amini）與朵末訥（Dömönö）所出[13]。阿彌尼有十子，朵末訥有四子。杜爾伯特、準・噶爾之族人，因嬰兒居於樹根，言自天而降即此緣故。」

此文著實不清不楚，難以理解其所欲言者何，參照帕拉斯所載，古昔住於西藏西方之厄魯特眾首領間，有一長於巫（Böh < böge）術者，人稱孛・諾顏（Böh-Nojon）或龍王（Loussun Chan）。輝特之岳博歡・墨爾根於狩獵途中遭逢一美麗女孩[14]，該女孩乃因罪遭上天驅逐之天女（Tänggrin）。岳博歡・墨爾根與此女孩結婚。惟因天女於地上無法滿足於僅一男子，遂趁岳博歡・墨爾根出征不在家時，與孛・汗發生不正當之關係。女孩於丈夫歸來前生下一男兒，將之棄於某樹下。知道此事之孛・汗，因己無子嗣，遂前來尋找，於霧（Budun）中發現男嬰。因貓頭鷹（Ooli Schabuun）飛舞盤旋於其上，故將該兒命名為斡鄰答・布敦（Oolinda- Budun），使之為己之後繼者。斡鄰答・布敦太師幼時為母棄於樹下，以口含彎曲樹枝之末端吸樹液以獲取養分。以樹枝形狀酷似卡爾梅克人蒸餾乳酒時使用之彎管（Zorros）故，其子孫遂被稱作綽羅斯。

13 此處岡田教授對托忒字之音讀判斷並句讀與其他學者未必盡同。譯文依日文原書處理。

14 德文Mädchen，日譯「おとめ」，姑娘、女孩。

與此相同之故事亦見於《皇輿西域圖志》卷四十七：「孛．汗背正妻與他婦野合生子，婦棄之澤中。孛．汗收養之。後嗣統厥部，所稱烏林台．巴丹太師也。」《西域同文志》卷七中亦以孛．汗（Bohan）為綽羅斯之始祖，其子烏林台．巴丹太師（Ulintai badan taiši）為第二世。

再，鄂爾多斯之成吉思．汗廟所流傳之〈成吉思．汗大祝詞〉(39)中有一節歌詠「以鴞為父、以有瘤樹為母，畏兀台（Uyiyudai）之巴當太師（Badang tayisi）」，此「畏兀台」即畏兀兒，應為衛拉特之誤寫。綜合以上所述，杜爾伯特與準．噶爾皆為綽羅斯氏之分脈，其始祖孕於樹而生，自如母之樹吸吮樹液為乳以育，其父為貓頭鷹。至於孛．汗（Bö xān < böge qayan）之名意為「巫王」，但與綽羅斯始祖之關係則曖昧不明。

此說使人思及天山畏兀兒（回紇）王國之始祖傳說。《國朝文類》卷二十六所收虞集之〈高昌王世勳碑〉作如是說：

「畏吾而之地有和林山，二水出焉，曰秃忽剌，曰薛靈哥。一夕，有天光降于樹，在兩河之間。國人即而候之，樹生癭，若人妊身然。自是光恒見，越九月又十日，而癭裂，得嬰兒五，收養之。其最稚者曰卜古可罕。既壯，遂能有其民人土田，而為之君長。」

與此相同之故事，志費尼（Juvayni）《世界征服者史》(40)中唯細部稍異。其樹有兩棵，而樹瘤改為兩樹間之丘陵[15]：

「當時，哈拉和林有兩條河，一名秃忽剌（Tughla），一名薛靈哥，匯流於合木蘭朮（Qamlanchu）

15 以下譯文據何高濟譯，《世界征服者史》（南京，江蘇教育出版社，二〇〇五）第一部第七章，修改少數文字。

之地。兩河間長出兩棵緊靠的樹。其中一棵，他們稱為忽速黑（qusuq），形狀似松，樹葉在冬天似柏，果實的外形和滋味都與松仁相似。另一棵他們稱為脫思（toz／樺）。兩樹中間冒出個大丘，有道光線自天空降落其上。丘陵日益增大。眼見這個奇蹟，畏兀兒各族滿懷驚異，他們敬畏而卑躬地接近丘陵，他們聽見歌唱般美妙悅耳的聲音。每天晚上都有道光線照射在那座丘陵三十步周圍的地方，最後，宛若孕婦分娩，丘陵裂開一扇門，內部出現了五間像營帳一樣分開的內室，室內各坐著一個男孩，嘴上掛著一根供給所需哺乳的管子，帳篷上則鋪有一張銀網。部落的首領們來觀看這椿怪事，畏懼地頂禮膜拜。當風吹拂到孩子身上，他們變得強壯起來，開始走動。終於，他們走出石室，被交給乳母照管。同時，人們舉行種種崇拜的典禮。他們斷了奶，能夠說話，馬上就詢問他們的父母，人們把這兩棵樹指給他們看。他們走近樹，像孝子對待父母一樣跪拜，對生長這兩棵樹的土地，也表示恭敬和尊敬。這時，兩棵樹突然出聲：「品德高貴的好孩子們，常來此地走動，克盡為子之道。願你們長命百歲，名垂千古！」當地各部落紛紛來觀看這五個孩子，猶如對王子一樣尊敬他們。大家離開的時候給每個孩子各取一名，長子叫孫忽兒．的斤（Sonqur Tegin），次子叫火禿兒．的斤（Qotur Tegin），三子叫脫克勒．的斤（Tükel Tegin），四子叫斡兒．的斤（Or Tegin），五子叫不忽．的斤（Buqu Tegin）。」

而後經推舉，最幼之不忽．的斤成為不忽．汗（Buqu Khan），是畏兀兒王家之始祖而征服世界。非但天山之畏兀兒王國，陰山之汪古（Önggüd）王國似亦有一不忽．汗之傳說。《國朝文類》卷二十三，閻復〈駙馬高唐忠獻王碑〉寫道「始祖卜國（**Buγui），汪古部人，世為部長。」無論如何，不僅不忽．汗之母為樹，藉管吸樹液而成長該點，與綽羅斯之始祖完全相同；孛．汗亦無疑為不忽．汗之訛。

此處應思考者，八四〇年回鶻（畏兀兒）帝國因黠戛斯（乞兒吉思）入侵而崩壞時，四散之畏兀兒移居處為何。且不論其入室韋地者，遷往南方陰山以西、甘肅、天山，以及葛邏祿（Qarluq）之地亦可知。入陰山者成為汪古，入甘肅者為西夏帝國吸收，入天山者成為所謂高昌王國，葛邏祿則建有喀喇汗國，後為西遼所征服，入蒙古帝國後，屬察合台家之所領。

以是觀之，除與綽羅斯有相同始祖傳說之天山畏兀兒外，陰山之汪古亦為回鶻帝國之分支，而綽羅斯乃彼等其中某部之後繼者亦可知。然而汪古於元朝崩壞後仍遊牧於陰山，以蒙郭勒津（Mongyolǰin）又名土默特（Tümed）[16]而為人所知，為蒙古達延・汗六萬戶之一；則甘肅之西夏遺民由窩闊台・汗次子闊端之永昌王家管轄，元朝以後仍以甘肅邊外為根據地，為人稱作永謝布（Yöngsiyebü）[17]，與土默特同為達延・汗六萬戶之一。天山之畏兀兒王國於元朝時代已為察合台・汗之子孫所吸收。

是則，所餘者，以住地觀，可推定仍在回鶻帝國一角者僅存乃蠻（Naiman）。自其後成為四衛拉特中心聖山之博格多敖拉所在之阿爾山脈東西起，乃蠻東向跨杭愛山脈之南面而散布之。乃蠻之語言被認為與畏兀兒同屬突厥語，若其為回鶻系則乃蠻亦應有不忽・汗傳說。住其故地、具不忽・汗傳說之綽羅斯之杜爾伯特與準・噶爾，當為昔日乃蠻王國之遺民。

惟杜爾伯特與準・噶爾雖同為綽羅斯氏，兩者之關係則未必明顯。案其系譜，噶旺沙喇布於自樹而生之始祖後，忽而提及阿彌尼與朵末訥二人，繼而記述如次之世系：

1 脫歡太師（Toyon tayiši）

2 也先（Yesen）

3 斡失脫莫・達兒罕・諾顏（Öštömöi dar-xan noyon）

16 明人譯作「滿官嗔」與「土蠻」，茲從清譯。

17 明人譯作「應紹卜」、「永邵卜」等，茲從清譯。

4 布鄰・阿由勒哈（Burin ayoulya）
5 斡羅闊諾亦太師（Ölökönöi tayiši）
6 達兒罕・諾顏（Darxan noyon）
7 克失・斡羅客（Kešiq öröq）
8 哈木克太師（Xamuq tayiši）
有三子：烏什哈納太師（Ušxana tayiši）、阿喇噶丞相（Arayačingsen）、翁郭伊（Ongγoi）。
9 阿喇噶丞相
有二子：翁郭綽（Ongγočo）、翁郭伊（Ongγoi）。
10 翁郭綽
11 阿必達・布鄰太師（Abida bulīn tayiši）
12 哈喇・忽剌（Xara xula）
有十子，其長為：
13 巴圖爾皇太子（Bātur xon tayiji）
其十子中之二人為：
14 僧格（Sengge）
博碩克圖・汗（Bošoqtu xān）

關於脫歡太師及其子也先不必贅言，視為也先之子之斡失脫莫即傳為於一四五〇年代，於錫爾河上擊敗烏茲別克阿布勒海爾・汗（Abulkhair Khan）之斡茲・帖木兒太師[41]（Uz Timur Taishi），亦即《明憲宗實錄》[42]中，於一四六六年遣使於明之瓦剌太師阿失・帖木兒，亦即一四六九年部下作亂之斡失帖木兒。明帝勅書云「爾祖脫歡」，可見其為也先之子，《明史》卷二百一十六〈瓦剌列傳〉作「也先之孫」蓋誤。

斡失脫莫之玄孫克失・斡羅客當即《明憲宗實錄》[43]中，於一四八四年言欲與蒙古可汗連和之克失，當亦即一四八六年死而部下立其弟阿沙為太師之克捨太師。若然，則自年代觀之，中間三代之實在性則成疑，視克失・斡羅客為斡失脫莫之子較恰當。繼而《黃史》之本文中自脫歡太師以前之世代起載有如下之系譜：

1 浩海太尉（Γooqai dayu）
2 巴圖拉丞相（Batula čingsang）
3 脫歡太師（Toγon tayisi）
4 也先太師（Esen tayisi）
5 阿喇罕太師（Araqan tayisi）
6 翁郭察（Ongγoča）
7 布拉太師（Bula-n tayisi）
8 闊莫齊・哈喇・忽剌（Kömeči qara qula）
9 呼圖克沁・巴圖爾皇太子（Qotoγčin baγatur qong tayiǰi）
10 僧格（Sengge）
11 噶爾丹・博碩克圖（Galdan bosiγ-tu）

此系譜最初所見之浩海、巴圖拉二代，為弒殺蒙古額勒伯克・汗傳說中之登場人物，惟脫歡之父乃馬哈木而非巴圖拉。此二代或採自傳說而接合於脫歡之前。再，也子之子徑作阿喇罕（阿喇噶），惟活躍於一四一六－四〇年之脫歡、活躍於一四四〇－五四年之也先，與出現於十七世紀初、死於一六三四年之哈剌・忽剌之間，並非三代而應有六代。因此《黃史》之系譜於也先與阿剌罕之間或當有所脫落。

《西域同文志》卷七之系譜中雖於此處恰當載有六代，內容則稍混亂，且於《黃史》所載上更接合之以始祖傳說之人物：

1 孛・汗（Bohan）
2 烏林台・巴丹太師（Ulintai badan taiši）
3 郭海太尉（Goohai dayoo，譯按：即浩海）
4 鄂爾魯克・諾顏（Orluk noyan）
5 巴圖蘭丞相（Batulan cingsen）
6 額森・諾顏（Esen noyan，譯按：即也先）二子
7 額斯墨特・達爾汗・諾顏（Esmet darhan noyan）
8 額斯圖米（Estumi）
9 哈木克太師（Hamuk taiši）三子
10 阿喇哈丞相（Araha cingsen）
11 翁郭楚（Onggocu）
12 布拉太師（Bula taiši）
13 哈喇忽剌（Hara hūla）
14 巴圖爾皇太子（Batur hon taiji）
15 僧格（Sengge）
噶勒丹（G'aldan）

此處浩海太尉與巴圖蘭（巴圖拉）之間嵌入不必要之鄂爾魯克・諾顏，而於也先之前遺漏脫歡。也

先之後之額斯墨特、額斯圖米二代即斡失脫莫（斡茲・帖木兒／阿失・帖木兒／斡失・帖木兒）之訛而分作二人。

要之，綽羅斯系譜之原形想係始自脫歡太師，經也先、斡失脫莫、克失・斡羅客而連至哈木克太師以下。由自哈木克太師之下另生旁支觀之，此後之世代當為確實之部分，此前則或乃基於傳聞而追記者。

至若杜爾伯特之世系與此系譜如何連結，《西域同文志》設定額森（譯按：即也先）之長子名博羅・納哈勒（Boro nahal）者為杜爾伯特之祖。然據帕拉斯云，一般似皆認為有翁郭湊（Ongozo）與翁郭爾輝（Ongorchoi）兄弟二人，翁郭湊之子孫即準・噶爾，而翁郭爾輝之子孫即杜爾伯特。至於該兄弟為誰之子則眾說紛紜，莫衷一是。一說以其為斡鄰答・布敦太師之二子，另一說則以其為阿爾哈尼丞相（Archani Tschingsän）之二子，此似即相當於噶旺沙喇布所言，阿喇噶丞相之二子翁郭綽（Ongγočo）與翁郭伊（Ongγoi）。又一說則記此二人作相當於斡失捝莫之阿失特墨・達兒罕・諾顏（Aschtämä Darchan Nojon）之二子。

以上諸說皆不可靠。翁郭爾輝且不論，翁郭湊乃阿爾哈尼（阿喇噶）丞相之子，則於準・噶爾各系譜之所載皆一致。噶旺沙喇布在相當於翁郭爾輝處載作翁郭伊，記其子孫，再《西域同文志》中哈木克太師之第三子、噶旺沙喇布之另一翁郭伊，則書作翁郭爾輝（Onggorhūi）而載其子孫，惟無論何者皆屬準・噶爾，與杜爾伯特無任何關係。加之噶旺沙喇布更斷言「杜爾伯特一族雖與準・噶爾同姓，其出自何首領則難以分曉，故不載」，而巴圖爾・烏巴什・圖們記杜爾伯特系譜時，又僅舉始祖烏敦台・巴丹太師（Uduntai badan tayiši）之名，遂徑移至十七世紀初之達賴太師（Dalai tayiši）而敘其子孫。意即達賴太師以前之世系全屬偽作。

（九）和碩特（Xošōd/Xošoud/Xošuud< Qosiγud）

和碩特首領之家系出自成吉思・汗同母弟拙赤・合撒兒，此事於所有史料之記載皆一致。噶旺沙喇布載有如次之系譜：

1 哈布圖・合撒兒（Xabutu xasar）

2 恩克・蘇墨爾太子（Engke sümer tayiǰi）

3 阿朵失里・噶勒柱・辰太子（Adšri γalǰou čang tayiǰi）

4 克・謙尼噶圖（Kē kemneqtü）

5 布兒罕・薩只（Burxan sagyi）

6 薩巴・失兒門（Saba širmen）

7 阿克蘇古勒第・諾顏（Aqsu-γuldi noyon）

有二子：阿魯克・特穆爾（Aruq tömör）與斡羅客・特穆爾（Öröq tömör）。

8 斡羅客・特穆爾

「未自其兄處分得財產，往依厄魯特・衛拉特之脫歡太師」

9 都楞・朵辰（Döüren döčin）

10 特古岱丞相（Tögüdei čingsen）

「三族噶勒戛斯（γurban ečige Γalgās）自彼而成。」

11 薩木勒忽・徹辰（Samulxu čečen）

12 阿克台海（Aqtayixai）

13 阿古第（Aγudi）

有八子，其長為：

14 庫色（Küsei）

有二子：烏巴克丞相（Ubaq čingsa）、博克伊・密爾咱（Bököi mirǰa）。

15 博克伊・密爾咱

16 諾顏・洪果爾（Noyon xongγor）

自其阿海・可敦（Axai xatun）生有稱作五虎（tabun baras）之五子：阿勒布圖・阿噶（Albutu aγa）有二子，五虎之第三為：

17 圖魯・拜琥大國師持教法王（Törö bayixu dai güüši šaǰin bariqči nomiyin xān）

即征服青海與藏土之顧實・汗（一五八二－一六五四年）。

和碩特人巴圖爾・烏巴什・圖們之記載稍異：

1 哈布圖・合撒兒（Xabutu xasar）

2 恩克・蘇穆爾太子（Engke sömör tayiǰi）

3 阿達失里・噶勒杜・晟太子（Adašri γalǰuu čing tayiǰi）

4 克伊・謙尼噶圖（Kei kemneqtü）

5 布兒罕・散只（Burxan sanǰi）

6 薩巴・什爾曼（Saba širman）

7 阿克薩爾古勒代・諾顏（Aqsarγuldai noyon）

有二子：斡羅客・特穆爾（Öröq tömör）、阿喇克・特穆爾（Araq tömör）。

8 斡羅客・特穆爾

有三子：都楞・朵辰（Döüreng döčin）、公都古第（Küng Tügüdi）、丞相特穆爾（Čingsa Tömör）。

（9）都古第

有六子：薩木忽（Samuxu）、阿台海（Ataxai）、納古第（Nagudi）、庫色（Küsei）、烏布克丞相（Ubuq čingsa）、博可・密爾咱（Bökö mirǰa）。

9 博可・密爾咱

10 汗・諾顏・洪果爾（Xān noyon xongyor）

有八子，其第四子為：

11 法王國師（Nomiyin xān güüši）

即顧實・汗。

松巴堪布（Sum pa mkhan po）之《如意寶樹史》[44]（*Dpag bsam ljon bzang*）有如下系譜：

1 哈巴圖・合撒兒（Ha-pa thu ha-sar）

2 恩克・薩木爾（Eṅ-khe sa-mur）

3 安第師利（An-ti shrī）

4 格格・克梅尼克圖（Ge-ge khe-me-nig-thu）

5 孛兒干，或稱桑傑（Por gwa-nam Sangs rgyas）

6 薩比・師里門（Sa-pi shri-mun）

7 阿薩噶勒岱（A-sa-gwal-ta'i）

其長子為阿魯克・特穆爾（A-rug the-mur），次子為，

8 鄂羅克・特穆爾（O-rog the-mur）

9 都固鄰・圖齊根（Tu-ku-rin thu-chi-gin）

10 博羅特・布哈（Po-lod pu-ha）

11 阿難岱（A-nan-ta'i）

12 特古岱（The-gu- ta'i）

13 阿圖海（A-thu-ha'i）

14 賽馬勒古・齊格齊（Se'i-mal-gwu chig-chi）

有八子，其第六為：

15 庫伊丞相（Khu'i ching-sang）

有二子：鄂博克丞相（O-pug ching-sang）、博貝・瑪爾咱（Po-po'i mar-dza）。

16 博貝・瑪爾咱

有二子：哈奈・諾顏・洪果爾（Ha-na'i no-yon hong-gor）[18]、哈穆克（Ha-mug）。

17 哈奈・諾顏・洪果爾

大妃有二子，次妃阿海・可敦（A-ha'i ha-thun）之五子稱作五虎（tha-bon bar），其第三子為：

18 圖魯・拜琥國師格堅・汗（Tho-ro be'i-hu gu'u-shrī ge-gen han）

《西域同文志》卷十之系譜又有異同：

1 阿克薩噶勒代・諾顏（Aksagaldai noyan）

2 烏魯克・特穆爾（Uruk temur）

3 博羅特・布古（Bolot bugū）

18 「哈尼」、「哈奈」同音異譯，哈奈譯音似較貼，而哈尼較常見。以下正文行文普通以哈尼譯之，引文作哈奈。

4 博羅特・特穆爾（Bolot temur）
5 都楞大夫（Dureng daibo）
6 圖古堆（Tugudui）
7 那郭代（Nagodai）
8 賽謨勒呼（Saimolhū）
9 庫綏（Kusui）
有二子：鄂博克（Obok）、博貝（Bobei）。
10 博貝
有二子：哈那克・圖西野圖（Hanak tusiyetu）、哈奈・諾顏・烘郭爾（Hanai noyan honggor）。
11 哈奈・諾顏・烘郭爾
有五子，其第三為：
12 國師汗（Guši han）

比較以上四種系譜即知，僅自哈布圖・合撒兒至阿克薩噶勒代之最初七代為全體一致。該部分實為以合撒兒子孫立場借自本家蒙古科爾沁系譜者，科爾沁之系譜載有阿克薩噶勒代之子阿魯克・特穆爾，其弟烏魯克・特穆爾則全然無聞。以其名之類似為依，烏魯克・特穆爾之作為阿魯克・特穆爾之弟乃後來附加之物。《黃史》本文中另有所載如下：

1 察合台丞相（Čaγadai čingsang）
2 車布登丞相（Čebden čingsang）
3 鄂魯克・特穆爾（Örüg temür）

4 多禪・杜棱（Dočiyen dügüren）
5 博羅特・布古（Bolod buγu）
6 納噶岱（Nayadai）
7 特古岱（Tegüdei）
8 那郭代丞相（Naqudai čingsang）
9 賽謨勒呼・青齊（Sayimalqu čingči）
10 庫綏丞相（Küsüi čingsang）
11 博貝・密爾咱（Boboi mirǰa）
12 哈奈・諾顏・洪果爾（Qanai noyan qongγor）
13 圖魯・拜琥國師汗（Törö bayiqu güüsi qaγan）

由此可了解，此系譜最原始之形式似自烏魯克・特穆爾始，後再假托其父而撰入。又，自斡羅客・特穆爾／烏魯克・特穆爾起比較其後之部分，可知其雖有許多共通人名，順序則參差不齊，完全一致則在庫色／庫綏及其二子之後。至於庫色之長子烏巴克／鄂博克，無論何系譜皆持續記載其後世子孫，顯示自庫色之後為確實之部分。唯有巴圖魯・烏巴什・圖們例外，或因其將原據史料之父子誤讀為兄弟所致。

而問題在於，何以合撒兒之子孫居於衛拉特？成吉思・汗封其諸弟於東方之大興安嶺一帶，屬左翼萬戶。如今合撒兒子孫之科爾沁（Qorčin）、四子部落（Dörben Keüked）、烏喇特（Urad）、茂・明安（Muu Mingγan）；合赤溫子孫之翁牛特（Ongniud）；別里古台之阿巴嘎（Abaγa）、阿巴哈納爾（Abaγanar），皆分布於自遼西至南蒙古一帶。然則何以僅和碩特屬右翼萬戶而在阿爾泰一帶？線索之一，在於和碩特一度亦稱作烏濟葉特（Öǰiyed）。《黃史》追補部分有下列一段記載：

諾爾・衛征（Naγur üǰeng）之父為雅代（Yadai），母為阿海罕・可敦（Aqayiqan qatun）。雅代歿後，哈奈（Qanai）所生拜巴噶思（Bayibayas）等二人為烏濟葉特氏（Öǰiyed omoγ-tai），賽因・汗（Sayin qaγan）殺哈奈於闊不客兒（Köbker）戰役。

阿海罕・可敦即阿海・可敦，初嫁烏巴克／鄂博克丞相之子雅代，生諾爾・衛征。夫死後，改嫁其從弟哈尼・諾顏・洪果爾，生五虎。拜巴噶思為五虎中之長子。意即烏巴克丞相、博可／博貝・密爾咱兄弟為烏濟葉特氏。

言及烏濟葉特，令人思及一三八九年明太祖於大興安嶺東之地設置三衛一事。三衛之一，福餘衛置於嫩江流域之齊齊哈爾一帶，據《武備志》卷二百二十七，其土名為「我着」，即「烏濟葉特」。明人稱三衛中最南者之朵顏衛作「兀良哈」，即其本名「Uriyangqan」，蒙古人則以其最北之福餘衛代表三衛，《黃金史》[45]中，俗說三衛於靖難之役助明成祖之蒙古版，便稱三衛作「山前之六千烏濟葉特」（ölge-yin ǰirγuγan mingγan Öǰiyed）。

三衛歸附衛拉特，始自脫歡與脫脫・不花・汗滅阿魯台之一四三四年。脫歡誘三衛侵寇遠西之獨石、宣府、大同、延安、綏德等明邊，其子也先時，更移三衛使居五原地區，乃至亦集乃（額濟納）西方。也先死後，雖一部遭放回[46]，大多數恐仍留居衛拉特。而此屬遂為稱作烏濟葉特，應即其後之和碩特。噶旺沙喇布云，烏魯克・特穆爾始仕脫歡太師，又云「和碩特之名為脫歡太師所予」。同一事帕拉斯載為：與不里阿耳・汗（Bulgari Chan）作戰有功遂受此名。[19] 不里阿耳・汗即烏茲別克之阿布勒海爾・汗，故此非脫歡時代，乃其孫斡失脫莫（斡茲・帖木兒／斡失帖木兒）之世。無論如何，此皆顯示和碩特加入衛拉特為十五世紀中葉之事。

---

19 蒙語 qosiγu／喙、尖角，qosiγuči／先鋒，或與此有關。帕拉斯似主張此為俗詞源學下創造之俗說。

（十）土爾扈特（Toroγoud/Torγoud/Torγuud < Turγaγud）

噶旺沙喇布曰：

「阿勒達爾·噶布楚撰著曰：『巴伊爾（Bayiri）乃藏語（Tangγad）。達賴·汗（Dalai xān）嘗言，王·汗（Vang xān）與成吉思貴為同姓，向清之將軍多爾濟喇布坦（Rdo rje rab tan）道：「汝出自王·汗，當攜汝歸汝兄弟所。」土爾扈特出自王·汗，見於蒙古之書』，茲不載。」

王·汗當然即克烈（Kereyid）之王·汗（Ong qaγan），而阿勒達爾·噶布楚引為典據之達賴·汗，應即青海和碩特顧實·汗之長孫貫綽克·達賴·汗（Gončoq dalai xān，一六六八－一六九六年在位）。

噶旺沙喇布續道：「土爾扈特初依衛拉特者乃奇旺（Kivang）」，並記載下列系譜：

1 奇旺

2 蘇綏（Susui）

3 巴伊爾（Bayir）

4 蒙克（Mengge）

「蒙克之子九人，長貝果·鄂爾勒克（Boyiγo örölöq），次翁琿·察布察齊（Ongxon čabčāči）[20]，三子……，其餘諸子為瑪哈沁·克烈氏（Maxačiyin Kerēd）。」

5 貝果·鄂爾勒克

有八子，長子為：

6 珠勒札幹·鄂爾勒克（J̌ulǰaγa örlög）

20 翁琿·察布察齊：《王公表傳》作「衛袞察布察齊」，疑有誤，茲改譯。《華夷譯語》例 Ongxon 或可作「汪歡」。

7 和・鄂爾勒克（Xō örlög）

和・鄂爾勒克於一六二八－三〇年率土爾扈特移居伏爾加河流域，征服諾蓋人，一六四四年，追討竄逃之諾蓋人至高加索山中之卡巴爾達，戰死於此處。

噶旺沙喇布釋初代奇旺之名為「賢智而有力」（mergeni erketü）之意，所指應係藏語之客望（mkhas dbang）。繼而關於蘇綏，噶旺沙喇布解釋其名作「保護功德者」（buyani tedküqči），但藏語作索南迥巴（bsod nams skyongs pa），其音不合。第三代之巴伊爾，阿勒達爾・噶布楚亦稱其為藏語，已見於前述引文。此皆不過噶旺沙喇布引自阿勒達爾・噶布楚之書，以藏語解之未必正確。

《黃史》本文之系譜首先明言：「所謂土爾扈特乃克烈部王・汗之裔」，繼而列述各代：

1 蘇古遜（Soyosun）
2 巴雅爾（Bayar）
3 瑪噶齊・蒙格依（Maqači menggei）[21]
4 貝果（Boyiγa）
5 珠勒札噶伊・鄂爾勒克（J̌ulǰaγai örlög）
6 和・鄂爾勒克（Quu-a örlög）

又，《黃史》追補部分有：「琪・墨爾根・特墨訥（Ki mergen temene）為克烈氏」，貝果・鄂爾

21 瑪噶齊・蒙格依：《王公表傳》作「瑪哈齊・蒙克」。茲依岡田教授釋音重新音譯。

勒克之次弟翁琿／翁袞・察布察齊之長子額哲內太子（Ejenei tayiji）之次子為特尼斯・墨爾根・特穆納（Tenes mergen temne），乃土爾扈特有名之領袖。

意即，土爾扈特一度被呼為克烈，視作是王・汗之裔，瑪哈齊・蒙格諸子之子孫被稱為瑪哈沁・克烈氏，故而土爾扈特乃昔日克烈王國之遺民，毋庸置論。

四、結語

伏爾加・卡爾梅克之史書中整理四衛拉特而舉有十集團，去除並非實存之厄魯特與土默特，其餘八集團可分作後述五系統：

（一）舊衛拉特系
　　輝特
　　巴圖特
（二）巴爾虎系
　　巴爾虎
　　布里雅特
（三）乃蠻系
　　杜爾伯特
　　準・噶爾
（四）三衛系
　　和碩特

（五）克烈系

土爾扈特

其中除新加入之和碩特外，考慮其他四系統，其十三世紀之分布為：以葉尼塞河上游為中心之斡亦剌（衛拉特）族向南接續乃蠻，以阿爾泰山為中心之乃蠻族東越杭愛山西而散布，其東方接壤之克烈族自杭愛山東達肯特山西，再向北則有以貝加爾湖為中心之巴兒渾（巴爾虎）族向西延伸，再與衛拉特接壤（參照地圖三）。一三八八年，也速迭兒打倒忽必烈家，樹立阿里．不哥家之新王朝時，此西北四大種族皆競往歸於其麾下而結成聯合體，因其為阿里．不哥家之外戚遂被稱為衛拉特。此應即四衛拉特之起源。衛拉特之首領由一四〇〇年之猛哥．帖木兒一人，至一四〇三年變作馬哈木、太平、把禿孛羅三人，暗示該聯合體成立於十四世紀末。

而問題在於，四衛拉特時或稱作厄魯特。如羽田明所指出者(47)，厄魯特（ölöd）為 ögelen 之複數型（ölöd <ögelen）。該字用作 ögelen kōü「繼子」、ögelen keüked「繼子們」、ögelen ečige 或 qoyitu ögelen「繼父」(48)，ögelen aqa degüü 意指「同母異父兄弟」(49)。如是用以表達母親再婚所衍生之關係，此字 ögelen 與同義之突厥語 ögäy 相同，源自突厥語之 ög「母」。

此事令人思及前引帕拉斯所載有關輝特始祖岳博歡．墨爾根之天女妻子，因不滿足於一夫，遂與厄魯特之孛．汗私通而生下綽羅斯之始祖斡鄰答．布敦太師此一故事。將該故事與噶旺沙喇布或「成吉思．汗大祝詞」中所見，接近回鶻故事原型之單純版本相比，不自然之加工痕跡著實令人注目，顯然是為將綽羅斯之世系攀附舊衛拉特宗家輝特所造成之結果。

與此相關而引人注意者為《蒙古源流》中所載一段脫歡太師之所言。一四三八年，滅卻蒙古之阿岱．汗時，脫歡太師乘馬繞成吉思．汗廟三圈，且斬且罵道：「爾為蘇圖（Sutu）自身之白帳（čaγan ger），我乃蘇泰（Sutai）後裔之脫歡也。」然而脫歡太師終於欲即蒙古可汗位，於成吉思．汗神前奉上供物後正欲退下時，廟中成吉思．汗之箭筒錚然有聲，脫歡太師口鼻流血而暈厥。解衣一見，其背有似箭傷之痕，箭筒中所插之一箭緊附血跡。瀕死之脫歡召其子也先而說道：「男性之蘇圖肇建其男系。女性之蘇泰未能護佑。求蘇泰母而行，為聖主（eǰen boyda）所致如是！我也。」脫歡太師遂死。

「蘇圖」為「傑出」之意，與「聖主」同指成吉思・汗，相對於此「蘇泰」為蘇圖之女性形。自文意觀之，蘇泰必得為加護脫歡太師之綽羅斯之祖先母神。是則此當即帕拉斯所言，輝特始祖之妻亦即綽羅斯始祖之母之天女。換言之，該天女所扮演之腳色即在使輝特與綽羅斯結成同母異父兄弟，此關係若以蒙古語表達即為ögelen，即厄魯特。

因此，於十四世紀末結成之四衛拉特聯合體中，有構成最初核心之舊衛拉特（輝特、巴圖特）與繼之凌越其上之乃蠻系綽羅斯（杜爾伯特、準・噶爾），而厄魯特即涵括諸成員之名稱。由綽羅斯確立統一而將三衛系之和碩特亦取入四衛拉特，因和碩特與綽羅斯間關係密切，故亦涵蓋於厄魯特之內，如是厄魯特一詞遂至於幾乎與衛拉特同義。

第十三章 《烏巴什皇太子傳》考釋

點綴北元時代蒙古與衛拉特對立抗爭史之最終章者，為蒙古諸部中散布於最西方之喀爾喀部貴族，一五六七年生之碩壘·賽因·烏巴什·皇太子。君臨衛拉特之末代蒙古君主烏巴什皇太子，後來敗死於四衛拉特聯軍，衛拉特著名文學作品《烏巴什皇太子傳》即歌詠此故事。本章首先翻譯此一大英雄敘事詩，繼之利用各種蒙古編年史或衛拉特編年史，乃至十七世紀進入西伯利亞之俄羅斯人所留下之文獻，比勘英雄敘事詩中所歌詠之蒙古方與衛拉特方各自之登場人物。最後闡明一事：作為《烏巴什皇太子傳》之題材之蒙古與衛拉特間之戰爭，實際乃發生於一六二三年之史實，因敘事詩十干之誤，遂被錯當成一五八七年之亥年，並敘述至烏巴什之子及孫時之蒙古、衛拉特關係史。

衛拉特著名文學作品《烏巴什皇太子傳》（*Mongγoliyin ubaši xun tayiǰiyin tuuǰi oršiboi*）於一八五八年首度由喇嘛·嘎拉桑·貢布耶夫（Lama Galsan Gomboev）出版而為人所知(1)。但因其以衛拉特文字寫成，極難解讀，因此在日本之蒙古研究中，似未特別受到青睞。幸而，一九五九年，由烏蘭巴托出版、達木丁蘇隆（Če. Damdinsürüng）氏編纂之《蒙古文學百選》中載有以蒙古文字書寫之文本(2)。依編者所言，該本所載乃據上述嘎拉桑·貢布耶夫版並存放於烏蘭巴托國立圖書館之蒙文版參照校訂者，更於文本中插入許多括弧，在難解語句中增添說明，可讀性乃大大提升。以下先據該文本詳細介紹其內容，再試思量其史實性。

〔摘要〕

蒙古之烏巴什皇太子（Ubasi qong tayiǰi）與烏梁海（Uriyangqai）之賽因·瑪濟克（Sayin maǰiγ）二人，自杭愛山（Qangγai）之喀喇·布拉克（Qara bulaγ）出發，為征伐四衛拉特，率八萬兵而進，越納拉呼・烏克爾（Nalaqu üker）山口，來至納勒・喀喇・布魯克（Nal qara bürüg）。雖遣四隊哨兵，仍未能捕捉四衛拉特之所在地。烏巴什皇太子遂召集全員，與賽因・瑪濟克以下諸將領商量對策。

烏巴什云：「未見敵蹤，通知四衛拉特，而後班師，如何？倘汝等同意即班師，若反對即續進。」

對此，賽因・瑪濟克曰：

「蒙古之烏巴什與烏梁海之瑪濟克二人征討衛拉特而來之事，無問遠近敵我皆知。如今驚於風聲鶴唳而逃歸，將成子孫萬世之笑柄。」

蒙古軍眾悉皆贊成此意見，烏巴什反曰：

「四衛拉特之牧地其在前耶？在後耶？將何往耶？」

賽因・瑪濟克曰：

「四衛拉特之牧地縱然廣闊，終究同在此一土地之上。可限以八晝夜內秘密搜索。將往何處，請瞻我馬首。選兵二百、馬四百，依我指示且進且搜索，無論是否覓得敵軍，八晝夜後必將歸來。」

眾皆贊同，賽因・瑪濟克遂率二百哨兵出發，登陣營旁林木蓊鬱之山頂。於是遂對二百哨兵，指四衛拉特牧地之方向而言曰：

「朝此方向而進。爾等面前將可見一名為額爾齊斯（Erčis）之河。下額爾齊斯河而行。上游乃喀喇・毛敦（Qara modun），下游乃沙喇・呼魯遜（Šara qulusun），其二者間有名為瑪尼（Mani）之渡口者。渡彼處。自上游至下游搜索其河灘。如其無所見，自彼而上，登陡坡。朝夕間可飲水休息。額莫勒（Emegel）河口曰沙喇・呼魯遜者，有一山及沼澤而林木蓊鬱。於彼處且進且搜索。若一無所見，該處有沿彼山流來而絕[1]之巴只（Baǰi）、斤只里（Ginǰili）二河之源，來至河源，於該處搜索。於此三處皆

1 沿彼山流來而絕之……二河：tere uuladān šidarxan ireǰi tasurduq baǰi ginǰili xoyor yol，似指二河自山頂沿山流下。

一無所見，則可歸矣。如其可，捕獲當地人而來。如不可，觀察後即歸來。無論發現敵軍與否，八日內盡力行事，返回後報告情況。勉哉！眾孩兒，願遂行任務無事而返，我即可歸隊矣。」

言訖，遂歸去。

而後，依循賽因．瑪濟克之指示，蒙古哨兵渡額爾齊斯河之瑪尼渡口，於其河灘自上而下搜索而一無所見。搜索額莫勒河口之沙喇．呼魯遜，仍未見敵方之牧地。於搜索巴只、斤只里河源時，遇一腰繫綢帶、腳蹬氈靴之七歲男童、乘三歲粉嘴棗騮馬[2]。追該童子自朝至夕方捉獲。拿之置於二百哨兵中央，審問敵情：

「誰之子？所為何事？」

「我乃拜巴噶斯．汗（Bayibayas qayan）之部民。搜尋白駱駝九口而去。」男童答道。

「四衛拉特已備戰耶？否耶？牧地在何處？」

男童曰：「汝等蓋非奉命前來審問者，豈奉命抓拿而來者耶？話應向主人而言，衣應提其領而著，非耶？請活我而攜我以行，將親口道來。」

言已，雖百般威脅誘騙，皆無法使之招供，於是眾蒙古兵乃攜此兒以歸，先遣二人，報知拿獲七歲男童之事。

蒙古軍陣營中，烏巴什皇太子以下眾人，皆知此訊並相與議。於時男童遭攜來。因已聞此兒甚倔強，烏巴什皇太子乃拔刀置於八腳栴檀木桌上。而後該兒遭押入烏巴什皇太子之帳中，跪於桌下，雙手被反綁於背後，賽因．瑪濟克制其右膝，巴罕．徹辰（Baqan čečen）制其左膝使坐。

於是遂答烏巴什皇太子之審問，衛拉特諸酋之情況，乃自男童口中道出：

---

2 乘三歲粉嘴棗騮良馬：yunun xaltar moritēi。此處日文用字為「鼻の白い栗毛の三歳馬に乗っている」。

莽合（Mangγad）之子賽因・色爾登格（Sayin serdengki）率兵二千。

輝特（Qoyid）之額色勒貝因・賽因・恰（Eselbei-yin sayin kiya）率兵四千。

準・噶爾（J̌egün γar）之呼圖果伊特・哈喇・忽剌（Qotoγoyitu qara qula）率兵六千。

衛拉特之賽因・特穆納・巴特爾（Sayin temene bayatur）率兵八千。

五虎（tabun bars）之長兄，和碩特（Qošud）之拜巴噶斯・汗率兵一萬六千。悉皆驍勇善戰，刻不及待欲與蒙古軍一決死戰。

聞迄，烏巴什皇太子下令：

「押此兒出，以之祭纛（tuγ）。」（即殺了男童作軍旗之犧牲祭品）

男童忽又曰：

「仍有事相稟。」

遂再押入而作此言道：

「蒙古之賽因・賚瑚爾・汗（Sayin layiqur qaγan）與四衛拉特之善官人等於額莫勒河口之沙喇・呼魯遜對壘而後議和，班師時寧不有盟耶？為鞫問而見俘之人，誠實以對乃遂殺之，犯此罪者當遭割舌而死，寧不有誓耶？忘崇高之盟、背崇高之誓，殿下以何而殺我？我不過七歲豎子耳。願殿下赦我之命。」

烏巴什皇太子無所答。再欲押之出，男童復言曰：

「衛拉特之情況，有所欲言。」

「但言！」

「性好殺掠、可畏五虎之長兄，和碩特之拜巴噶斯・汗似嘗言道：『將橫烏巴什皇太子之屍，淌其鮮血，當眾折其黑纛而棄之，奪其所愛之達喇・可敦（Dara qatun），吻彼似血之紅頰，擁彼馳名之白皙身軀，以十隻黑爪觸摸彼有筋之白纖腰，以有幸之美髭觸摸彼上妝之紅頰，悉數占有烏巴什皇太子之福與德』，言將以昔日自班巴達（Bambada）處取得之斤塔鋼（ginta bolod）刀，斬彼淬鍛而製之黑鋼火撐子至於火花四濺。聞此言，殿下作何想耶？」

遂命將男童押出祭纛。時蒙古軍中無人能唸誦致纛祝詞，故男童曰：

「我將成纛之靈，由我唸誦何如？」

「小兒，好生禱祝。」

「我亦欲好生禱祝。請殿下仔細聽聞。」

「皇皇軍神，飲食其饗。烏巴什皇太子，鮮血其淌。彼橫其屍。折其黑纛，棄於通衢，捨於大道。彼之所愛，達拉．可敦，萬人之主，拜巴噶斯，是奪是吞。長長黑纛，踐於衛拉特人之足下。彼之所乘，嗜嚙金毛馬（uruγ šarγal mori），紅絹轡頭，曳之以行，衛拉特一人，將以長槍，牽其韁繩，捕之以乘。於巴只河，潰如雪崩，廣闊平原，如覆如傾。於額莫勒之鄂蘭．托羅噶太（Olan toloγatai）失其肝、腎，於哈岱（Qadai γool）河源為石所擲；於有泉之昆岱（Köndei）河口遭粉碎，爾之福、德皆將為衛拉特眾孩兒所奪。至高山遂將仆倒。」

言訖，男童遂絕命。

蒙古軍悉為此凶兆而大憂。烏巴什皇太子反曰：

「臨陣脫返，有損令名。眾人知悉：無論吉凶，但只前進。」

言已，隨進軍。渡額爾齊斯河，進往額莫勒河口之沙喇．呼魯遜，至巴只、斤只里二河之源，八萬大軍下營於彼處，遣自十三歲迄今三十七歲，未嘗誤判敵軍行動之巴罕．博勒巴遜（Baγan bolbasun），限以二晝夜命往偵四衛拉特。

烏巴什皇太子殺卻背負營帳之回部白駱駝[3]，召眾孩兒而勵之以言，眾孩兒高呼至死不離主君而

---

3 回部白駱駝：xotun caγān temegēn。日文譯作「東トルキスタン産の白い駱駝」。xotun：qotung，「回部」，指突厥或穆斯林。

退。

而後巴罕・博勒巴遜歸稟曰：

「四衛拉特布陣集結如蝟豪、如鋸齒。或已知我等之來而嚴陣以待。」

烏巴什皇太子曰：

「以四萬為掠奪隊，以四萬為本隊，向衛拉特而進何如？」

巴罕・博勒巴遜曰：

「與四衛拉特對陣，朝時若逃當可脫出，及至夕刻，欲逃已斷頭矣。」

烏巴什皇太子曰：

「爾何出此言，挫我所珍愛之眾孩兒之銳氣？」

「其待爾如適才之男童！」

言訖，巴罕・博勒巴遜立乘馬飛馳逃去。

而後，烏巴什皇太子與烏梁海之賽因・瑪濟克二人意見相合，欲為後世之令譽而進：

「明朝隨遣掠奪隊」

雖已言已，烏巴什皇太子乃先遣其一己之掠奪隊。烏梁海之賽因・瑪濟克為此甚惱，行至烏巴什皇太子所而作是言：

「自離家出發以來，殿下罣誤已多。而今殿下此舉，我已再無可忍。鞫問拿獲之男童後竟殺之，殿下之凶兆一。斷八腳栴檀木桌之腳而竟擲棄之，殿下之凶兆二（此事並未於前文提及），犧牲回部白駱駝而竟食之，殿下之凶兆三。而今但因不欲敵方家畜入我之手，（搶先）派遣掠奪隊，殿下之凶兆四。對待侍已有如管家之親隨，殿下竟吝於敵之家畜，乃至同於黑犬爭奪血水！吾去矣！」

言訖，遂率己之一萬五千掠奪隊而撤歸。烏巴什皇太子乃朝向四衛拉特而進。

烏梁海之賽因・瑪濟克遣軍二千，每人攜四馬，告知巴罕・博勒巴遜：

「自博呼（Bögere）出行襲擊，自克勒特該（Keltegei）歸來。捕一當地人而告知四衛拉特：『我等牧地在杭愛山之喀喇．布拉克。我等之來，乃為與爾等異族四衛拉特相見。如今，我將率己之四萬人撤返。惟烏巴什皇太子則列隊有如牧群，向汝等而往。彼將何如，一聽爾便。』如是轉達。」

作是言畢而遣人。依賽因．瑪濟克所言，巴罕．博勒巴遜先到著而捕獲駱駝，歸時遂通告。

烏巴什皇太子之掠奪隊分捕牛羊而休止。隨而四衛拉特軍群集而來，烏巴什皇太子進退不得，於是紮營而鏖戰三日三夜。蒙古兵悉皆困憊，為聚喚彼等，烏巴什皇太曳其黑纛，攜其所珍愛之眾孩兒意欲逃脫時，衛拉特之賽因．色爾登格於眾軍中突破重圍，以長槍抵烏巴什皇太子時乃作是言：

「已矣！殿下。我嘗蒙恩賜，著殿下蘊麝香之衣料。嘗蒙恩賜，食殿下以鹽調味之肉品。而今但為異族四衛拉特之令譽，將以鋼槍向殿下蒼灰之腎矣。將以硬刃向殿下之腹矣。殿下，我之首級在此。」

且言且突刺。

而後烏巴什皇太子於重創瀕死前：

「釋我嗜嚙金毛馬！縱之傳言與故國。噫，眾孩兒，爾等亦已不能歸矣。人死留名，奮戰而勿躊躇，毋退縮，一人繼一人相次衝鋒。」

言已，自馬之右側飛去（落馬身亡）。烏巴什皇太子所珍愛之眾孩兒，於主上屍身處斷馬左側鐙之繫紐，於該處寸步未移，與四衛拉特兵激戰而俱歿。四衛拉特破蒙古之故事即如上述。

衛拉特之守護神變為七歲男兒之姿，詛咒蒙古，即此。

此戰在丁亥年（一五八七年）。

〔解說〕

以上近乎以全譯介紹其故事(3)。既則試考證其內容。首先為主角烏巴什皇太子。因本篇始於其自杭愛之喀喇．布拉克進軍，烏巴什皇太子乃遊牧於杭愛山之喀爾喀（Qalqa）蒙古內，隸屬於札薩克圖．

汗（J̌asaγtu qaγan）部之酋長，毋庸置論。喀爾喀初代君主格哷森扎（Geresenǰe ǰaγaγatu ǰalayir-un qong tayiǰi），據喀爾喀編年史《阿薩喇克齊史》（*Asaraγči neretü teüke*）所言，生於一五一三年，三十六歲時卒於克魯倫（Kerülen）河之波隆（Borong），故迄一五四八年猶在世。格哷森扎死後，其所統治之十三鄂托克（otoγ）作為遺產分配與其七子，長子阿什海（Asiqai darqan qong tayiǰi）之孫賚瑚爾（Layiqur qaγan）首度稱汗，為札薩克圖・汗家之祖。即本文曾提及之賽因・賚瑚爾・汗。

格哷森扎其餘六子中，第五子達賴（Darai tayiǰi）無子，第三子諾諾和（Noyonoqu üiǰeng noyan）、第四子阿敏・都喇勒（Amin durayal noyan）之裔各自成立土謝圖・汗（Tüsiyetü qaγan）、車臣・汗（Sečen qaγan）二部而獨立，次子諾顏泰（Noyantai qatan baγatur）、第六子德勒登（Deldeng köndeleng）、第七子薩木（Odqon samu buyima）之子孫皆隸於札薩克圖・汗部之下。

此即札薩克圖・汗部之由來，而本篇之主角烏巴什皇太子，即是阿什海之孫，賚瑚爾・汗從弟之碩壘・賽因・烏巴什皇太子（Šoloi sayin ubasi qong tayiǰi）。據《黃史》（*Sira tuγuǰi*），碩壘皇太子生於一五六七年（參照世系圖四）。

薩木於格哷森扎死後所繼承之鄂托克為烏梁海（Uriyangqan），其七子中，第四子為沁達罕・賽因・瑪濟克・卓力克圖（Čindaγan sayin maǰiγ ǰoriγtu）。即烏巴什皇太子之大臣賽因・瑪濟克，被稱作烏梁海人亦屬當然。《黃史》載沁達噶・卓力克圖（Čindaγ-a ǰoriγ-tu）生於一五七四年。

賽因・瑪濟克之部下巴罕・博勒巴遜恐即沁達罕長兄洪果爾・卓爾固勒・汗（Qongγor ǰorγol qaγan）之長子布勒貝薩・諾木齊（Bolbayisa nomči），即賽因・瑪濟克之姪。布勒貝薩生年未詳，其父洪果爾生於一五六二年，較沁達罕長十二歲，由是觀之，布勒貝薩之生年當在一五八二年前後。

其次則考慮衛拉特之諸酋。

賽因・色爾登格屬於何部雖無記載，惟自其餘四酋分別為輝特、準・噶爾、土爾扈特、和碩特之首領見之，其必為巴圖特（Baγatud）或杜爾伯特（Dörbed）之酋長。據帕拉斯《蒙古民族史料集》，綽羅斯（Čoroγasa）有翁郭湊（Ongozo）、翁郭爾輝（Ongorchoi）兄弟，兄乃準・噶爾之祖，弟則為杜爾伯特之祖(4)。翁郭湊之孫為呼圖該特・喀喇胡拉太子（Chutugaitu Charachula Taidshi），翁郭爾輝之子為莽罕太子（Manghan Taidshi）。賽因・色爾登格之父莽合，多半即此莽罕太子。若然，賽因・色爾登格與呼圖果伊特・哈喇・忽剌間即再從兄弟之關係，恰生存於同一時代。

次則關於輝特。據《青春喜宴》（*J̌alaγus-un qurim*），輝特部乃忽都合・別乞（Quduqa beki）之裔，即元代斡亦剌（衛拉特）王家之直系。斡齊賴・明阿圖（Vačirai mingγ-a-tu）之子為索岱・明阿圖（Sutai mingγ-a-tu），其子為額色勒貝・恰（Eselbei kiy-a），其子為諾木・達賴（Nom dalai），其子為蘇勒丹太師（Sülten tayisi）。和碩特之巴圖爾・烏巴什・圖們（Batur ubaši tümen）撰就之《四衛拉特史》（*Dörbön oyiradiyin tüüke*）中，記同一世系作：額色勒貝（Eselbei）之子為賽因・珈阿（Sayin kā），其子為蘇勒丹太師（Sulten tayiši），故知賽因・珈阿之本名即為諾木・達賴。本傳記中現身之額色勒貝因・賽因・恰即為此諾木・達賴・賽因・恰，無疑係因父名而有此稱呼。其故在於額色勒貝因即是「額色勒貝的」之意。如後所述，額色勒貝・恰於一五七四年鄂爾多斯・蒙古征伐衛拉特之際嘗於史上現身，故其子賽因・恰確定與烏巴什皇太子生存於同時代。

關於準・噶爾之呼圖果伊特・哈喇・忽剌，前已觸及。據帕拉斯所言，哈喇・忽剌之子巴圖爾皇太子（Baatur Chuntaidshi）於其父死後，一六三五年左右，即部長之位。由此可推測，哈喇・忽剌之生年當在一五七三年左右。

賽因・特穆納・巴特爾為土爾扈特（Turγaγud）之首領。據帕拉斯所言，土爾扈特之博額果・鄂爾魯克（Boëgho Örlük）有弟名為翁罕・察布察濟（Ungchan-Tschabtschadshi），其子為額澤納太子（Äsänä Taidshi），其四子中之第二為特努斯・墨爾根・特穆納（Tenüs-Mergen Tämänä）。

巴圖爾・烏巴什・圖們記載，貝果・鄂爾勒克（Buyiγo örölöq）之次弟為翁和・察布察齊（Ongxo čabčači），其子乃額哲內太子（Eǰenē tayiǰi），有四子，其次子為特尼斯・墨爾根・特穆納（Tenes mergen temene）。

又據《欽定外藩蒙古回部王公表傳》卷八十九〈扎薩克一等台吉達爾扎列傳〉，貝果・鄂爾勒克之弟為翁貴，翁貴之子為額濟內，額濟內四子中之第二為特穆納。三者完全一致。

至於貝果・鄂爾勒克之長子則為珠勒札幹・鄂爾勒克（J̌ulǰaγa örölöq），珠勒札幹之子為和・鄂爾勒克（Xō örölöq）。和・鄂爾勒克於一六四四年追討逃亡之諾蓋人而攻入高加索山之卡巴爾達，至戰死該處前持續活躍。故其再從弟特穆納亦必為約當同時期之人。

今據若松寬《喀喇胡拉之生涯》(5)，墨爾根・特穆尼太師（Mergen-temen’-taisha）之名，出現於自一六二一年至一六三〇年間之俄羅斯之史料當中。

推測其生年之線索為《內齊・托音傳》（*Boγda neyiǰi toyin dalai manǰusriiyin domoγ-i todorqai-a geyigülügči čindamani erike kemegdekü orosiba*）(6)。據該傳，內齊・托音（Neyiǰi toyin）為墨爾根・特貝納（Mergen tebene）之子，一六五三年九十七歲入寂。如此看來，特穆納應生內齊・托音在一五五七年時。假設該年特穆納二十七歲，一六三〇年即為九十三歲。然而就前述與和・鄂爾勒克之關係觀之，過於長壽啟人疑竇。恐怕《內齊・托音傳》之「九十七（yeren doloγan）」為「六十七（ǰiran doloγan）」之誤刻，內齊・托音之生年當在一五八七年。若然，其父特穆納於一六三〇年時約六十歲，較為合理。因此，特穆納之生年應約在一五六七年左右。

最後是和碩特之拜巴噶斯・汗。拜巴噶斯・汗乃成吉思・汗同母弟拙赤・合撒兒（J̌oči qasar）之後裔，毋庸多言。其生年雖不確定，惟彼乃人稱五虎之五兄弟之長。若據山口瑞鳳〈顧實汗統治西藏之原委〉，第三弟圖魯・拜呼・顧實・汗（Törö bayiqu güüsi qayan）生於一五八二年(7)。由此推測，拜巴噶斯無疑亦生於一五七三年左右。據《咱雅・班第達傳》(8)所言，咱雅・班第達（J̌aya bandida）為拜巴噶斯之養子，生於一五九九年，十七歲時奉養父之命出家，故而一六一五年時，拜巴噶斯尚在人間。

以上《烏巴什皇太子傳》登場人物之考證至此。結論為，所有登場人物皆生於一五六七年至一五七三年之間。就這些人物之活躍時代而言，應在彼等壯年之一六一〇至一六二〇年代。此處應注意者，文中記載巴罕・博勒巴遜三十七歲此一年齡。先前比定其即為布勒貝薩・諾木齊，其生年在一五八二年左右。以此為計算基準，烏巴什皇太子之戰死在一六一七年左右。

惟此處成問題者，乃文末所記之「丁亥年」。約當此時代之丁亥年僅有一五八七年，而該年烏巴什皇太子僅二十一歲、至若賽因・瑪濟克更僅為二十四歲之小兒，並非能率大軍遠征之年齡。此事在衛拉特諸酋亦然。從而，此「丁亥」必有訛誤。然則，正確年代又當在何時？至此，有必要追溯考查兩族之關係史。

蒙古編年史中，最早出現確定與衛拉特有關之記事，在一五五二年。依《蒙古源流》（*Erdeni-yin tobči*）所言，土默特（Tümed）之阿勒坦・汗（Altan qaγan）於一五五二年向衛拉特出馬，於空歸（Künggei）與扎巴罕（Jabqan）河畔殺八千輝特之諾顏瑪尼・明阿圖（Mani mingγatu），瑪尼・明阿圖之妻、二子，及國人悉降，如是遂征服四衛拉特(9)。瑪尼・明阿圖之名不見於前引之《黃史》，其二子托輝（Toqoi）、布克固岱（Bökegüdei）亦無從考量。此二人多半為斡齊賴・明阿圖之子，索岱・明阿圖之弟。

無論如何，該一五五二年征戰之結果，蒙古勢力似大幅向西延伸，到達杭愛山。其證據為，《阿薩喇克齊史》記載，在此前四年死去之喀爾喀之格呼森扎，其牧地原在肯特山東之克魯倫河，而該年之僅二年後，一五五四年，格呼森扎之孫阿巴岱・賽因・汗（Abadai sayin qaγan）出生時，彼等已於色楞格河（Selengge）畔遊牧。

繼之出現衛拉特之蹤影者，為十年後一五六二年之事。據《蒙古源流》記載，該年，鄂爾多斯（Ordos）之庫圖克台・徹辰皇太子（Qutuγtai sečen qong tayiǰi）於額爾齊斯河畔襲擊土爾扈特，殺喀喇・博兀喇（Qara buγura），將黑纛插於其爐竈上，收服失勒必思（Silbis）與土爾扈特二部，凱旋而歸(10)。

若從帕拉斯與巴圖爾・烏巴什・圖們，土爾扈特部貝果・鄂爾勒克之次子為布喇（Buura），當即喀喇・博兀喇無誤。《王公表傳》卷八十九〈扎薩克一等台吉索諾木喇布担多爾濟列傳〉中，貝果・鄂爾勒克之次子保蘭阿噶勒琥亦即此布喇。總之，至此蒙古之勢力已越阿爾泰山而達於天山之北。

復十二年後，於一五七四年，蒙古對衛拉特展開大規模作戰。仍據《蒙古源流》，該年，鄂爾多斯之布延・巴圖爾皇太子（Buyan bayatur qong tayiǰi）為征伐衛拉特而出馬。恰在此時，於錫爾河畔破哈薩克王軍，凱旋中之庫圖克台・徹辰皇太子聞此消息，亦置輜重於巴里坤（Bars köl），同時遠征衛拉特。

布延・巴圖爾於哈爾該山南悉降額色勒貝・恰（Eselbei kiya）為首之八千輝特萬戶。另一方面，庫圖克台・徹辰皇太子之軍隊於扎勒滿山（J̌alaman qan）北，收服以喀木蘇（Qamsu）、都哩圖（Düridkü）二人為首之巴圖特部（Bayatud）。

徹辰皇太子之子鄂勒哲・伊勒都齊（Öljei ildüči）又復追趕三個月，軍糧悉盡，食名為不喇・禿列格之石而行，於圖巴罕山（Tubqan qan）之南，收服以綽羅斯之必齊哷舍人（Baǰira sigeǰin）為首之杜爾伯特部而歸。

歸途，庫圖克台・徹辰皇太子遣使至布延・巴圖爾皇太子處，勸其將八千輝特萬戶解體，而布延・巴圖爾皇太子未允。額色勒貝・恰於鍋肉中揀選，與使者以馬之長肋骨八根。

使者歸後，布延・巴圖爾皇太子對於額色勒貝・恰擅作主張之舉大為憤怒，以足踏整頭馬之四根長肋骨及其頸部多脂肪之部位，夾額色勒貝・恰之指罰其食之。額色勒貝食該肉後放言曰：「若食如此之物，不如令我食我父索岱・明阿圖之八根肋骨」，頓足而去。而後於當夜中，聚兵出馬，於乞兒察巴黑（Kirǰabay）河畔殺布延・巴圖爾皇太子，額色勒貝・恰遂叛去[11]。

以上為《蒙古源流》之所載。此記事之核心人物額色勒貝・恰，如前所述，為《烏巴什皇太子傳》中登場之額色勒貝因・賽因・恰之父。然而額色勒貝・恰與額色勒貝因・賽因・恰極易混淆，帕拉斯遂將同事件歸功於額西勒貝因・賽因・珈阿（Essilbän Sain Ka），大幅添入故事性之歪曲，所記如下[12]：

「此時或更之前，出身輝特部之英雄卡奮起，成為被征服之衛拉特諸部之解放者。因其父之名，抑或另有理由，其別名為額西勒貝因・賽因・珈阿（額西勒貝之好珈阿），為一極貧弱之首領。以前嘗向布里雅特（Burāten）進貢納賦，於彼時被視為敗者之伍。彼悄然集結眾多敢死士兵，向二、三衛拉特首領告知其意圖，使彼等如是表現：依循彼等往昔之習慣，為向蒙古統治者致上臣從之禮，送交一隊駱駝，扮以飾物、載以禮品、蔽以優雅絨毯。於駱駝兩側所附之巨籃中，藏有珈阿本身與最勇敢之眾戰士，每駱駝各載有二人，每人皆配有寶劍，既無帶領駱駝者，亦無牽駱駝者。衛拉特諸首領之代表伴此隊伍來至鬆懈之蒙古宮廷，所有大人物皆聚集於該處，舉行例行儀式。最末一駱駝正卸下行囊時，潛藏之兵士隨即撲往蒙古人，屠戮至無孑遺。蒙古陣營陷於混亂，衛拉特人之大軍遂往攻之，奪其優勢，逐而出之，迫其承認衛拉特諸首領之自由與平等之同盟。」

此阿里巴巴與四十大盜之母題雖故事之老套，總之額色勒貝攻殺鄂爾多斯首領之故事確實流傳於衛拉特人之間。

相同故事亦見於巴圖爾・烏巴什・圖們之書，差異僅在將其時代置於烏巴什皇太子戰死之後，置此事於其遺孤名為穆呼爾・瑪濟克（Muxur mujǐq）者為復仇而來襲，破衛拉特時；而額色勒貝因・賽因・珈阿（Eselbeyin sayin kā）亦非藏於行李中，係率領駱駝隊往赴穆呼爾・瑪濟克・汗之宮廷；以及蒙古・汗雖遭俘而未見殺，改以訂誓約，誓以子孫代代蒙古永不加害衛拉特。

第一點年代之差異，應是因巴圖爾・烏巴什・圖們已知賽因・珈阿為額色勒貝之子。第二點差異不甚重要，而第三點，穆呼爾・瑪濟克・汗，及其見俘於衛拉特立下和平誓約此一要素，見於後述。

恰於此時左右，喀爾喀之阿巴岱・汗（Abadai qayan）亦頻繁往伐衛拉特。據《阿薩喇克齊史》所言：「自十四歲迄至二十七歲，恆常從事征戰，收服外敵於己之權勢之下(13)。」

阿巴岱・汗十四歲相當於一五六七年，二十七歲相當於一五八〇年。此處所言之外敵蓋指衛拉特，據噶爾丹（Galdan）之《寶貝念珠》（*Erdeni-yin erike*）即可知(14)。

依同書所言，阿巴岱・汗率喀爾喀兵出馬，於闊不闊兒・客哩額（Köbkör keriy-e）之地交戰，大破厄魯特（Ögeled）。厄魯特或死，或抱馬足而乞命。阿巴岱旋師，遣己子舒布固泰（Šubuyadai）[4]任衛拉特之可汗。僅此事雖不能確言，此時之對手似為和碩特。《黃史》稱：「哈奈（Qanai）於闊不客兒（Köbker）之戰中為賽因・汗（Sayin qayan）所殺。」賽因・汗即阿巴岱・汗，哈奈則為和碩特拜巴噶斯・汗之父哈尼・諾顏・洪果爾（Qanai noyan qongyor）。自此始，和碩特遂於歷史舞臺上登場，根據《王公表傳》卷八十一〈青海厄魯特部總傳〉，和碩特於哈尼・諾顏・洪果爾之父博貝・密爾咱時始稱衛拉特・汗，案其年代，恰為一五五二年阿勒坦・汗征服輝特時左右。

恐怕和碩特即趁輝特之衰微而興，遂掌握衛拉特之指導權。然又受阿巴岱・汗之打擊。戰場闊不闊兒或稱闊不客兒，即巴德利（Baddeley）(15)所載雷納特（Renat）地圖中之科布和爾（Kebker），乃位於扎巴罕河南、阿爾泰山北之交通要衝。確切年代雖不明，惟其必得在哈尼・諾顏・洪果爾之第三子圖魯・拜呼・顧實・汗出生之一五八二年之後。

再，戰勝後受封為衛拉特・汗之舒布固泰，即是阿巴岱之長子薩布固泰・鄂勒哲圖皇太子（Sabuyudai öljeyitü qong tayiǰi）[5]，若據《黃史》則生於一五七三年。從而其受封必得於本人成年後之一五九〇年左右。是則闊不闊兒・客哩額之戰之年代即應置於一五八〇年代後半。

然而，舒布固泰最終為衛拉特所殺。《寶貝念珠》曰：「戊子年（一五八八年），達賴・喇嘛・索南嘉措（Dalai bla ma Bsod nams rgya mtsho）與阿巴岱・賽因・汗薨。賽因・汗薨後，衛拉特人即刻俘弒舒布固泰・汗而叛。」(16)

戊子一五八八年，舒布固泰年僅十六歲。另一方面，若據《阿薩喇克齊史》，其有三子，若據《黃

4 舒布固泰：《王公表傳》作「錫布固泰」。茲依岡田教授釋音重新音譯。

5 薩布固泰：此處音譯前半據烏云必力格教授《阿薩喇克其史研究》。

史》，該三子又分別係由不同之妃子所生。娶有三妃、生有三子，據此觀之，十六歲見殺一事甚可疑。恐係因阿巴岱之卒年有誤，故而舒布固泰之橫死亦當求之於一五九〇年代。

阿巴岱死後，從事經營衛拉特者為初代札薩克圖・汗，賚瑚爾。帕拉斯之記載稱，衛拉特諸部與蒙古之賚赫爾・汗（Laicher Chan）數度交戰皆敗，遂承認其宗主權，不得不負擔部分納貢之義務(17)。

正如若松所指出者，該點與《烏巴什皇太子傳》中男童所云，蒙古之賽因・賚瑚爾・汗與四衛拉特之善官人等議和於額莫勒河口之沙喇・呼魯遜之故實相對應。其年代為一六〇六年。

山口記述顧實・汗之略歷，寫道：「二十五歲時喪母，同年，即丙午年，O'i lod（厄魯特）與Hal ha（喀爾喀）間起紛爭，正當其事愈趨嚴重時，大膽深入喀爾喀進行調停。為此，遂自Hal ha諸酋與Stong 'khor chos rje（棟闊爾・綽哲）處獲授Ta'i gu shrī（大國師）之稱號，此後遂以Gu shrī han（顧實・汗）見稱。」(18)

自其經緯推之，此所指為沙喇・呼魯遜和約無疑。其後，衛拉特似即向喀爾喀納貢。據《黃史》，賚瑚爾・汗生於一五六二年，故可算得一六〇六年正值其壯年之四十五歲。

自該和約起似持續有十年間之和平，惟至一六一〇年代終，本傳之主角烏巴什皇太子遂開始活躍。若據若松，烏巴什皇太子於俄羅斯史料中稱為阿勒坦・沙皇（Altyn-tsar'），其名初現於一六〇七年。然而烏巴什皇太子正式征伐衛拉特似自一六一七年始。

若據田山茂《蒙古法典研究》，一六四〇年八月五日，喀爾喀、衛拉特之眾首領所簽訂之「蒙古衛拉特法典」，其第三條有：「自丁巳年後至戊辰年止，巴爾虎（Baryu）、巴圖特（Bātud）、輝特人之在蒙古者歸於蒙古。在衛拉特者則歸於衛拉特。彼等以外之生存者並須立即相互送還。如不歸還，則每人沒收二十馬（群）、二頭駱駝，人逮捕後送還。(19)」該丁巳為一六一七年，即蒙古與衛拉特間進入戰爭狀態之年。

戊辰為一六二八年，該年，察哈爾（Čaqar）之林丹・庫圖克圖・汗（Lingdan qutuytu qayan）舉大軍越大興安嶺西徙，滅喀喇沁（Qaračin）、土默特（Tümed）二部，收服鄂爾多斯（Ordos），威壓青海，直迫漠北喀爾喀。如後所述，翌年，阿勒坦・沙皇遭林丹・汗之攻擊。面對如此危機，喀爾喀與衛拉特或皆不得不捨舊怨以當新敵矣。

一六一七年至一六二八年期間喀爾喀與衛拉特之關係，試舉俄羅斯史料以溯其跡。

一六二〇年，準・噶爾之哈喇・忽剌率兵四千進攻烏布蘇湖畔之烏巴什皇太子之本營（兀魯思），俘掠甚眾。烏巴什皇太子為反擊，遣兵四千向哈喇・忽剌，背後再遣兵三千。遂悉屠哈喇・忽剌之民。僅哈喇・忽剌攜子逃出，至鄂畢河支流楚木什（Chumysh, Чумыш）河口避難，於該處築堡壘以據，另圖再起。

杜爾伯特之達賚太師迄此時止皆住牧於額爾齊斯河東岸，近今塞米巴拉津斯克之雅木什（Yamysh, Ямыш）湖畔，戰敗後遂不得不遠向西北遷移至伊什姆（Ishim, Ишим）河下游之依地克（Itik, Итик）山脈。再，加入哈喇・忽剌軍之杜爾伯特、土爾扈特諸首領，亦皆失其故地，被迫遠徙，雅木什湖遂落入烏巴什皇太子之手。

越三年，至一六二三年，衛拉特大舉圖謀再起。居伊特克山脈之達賚太師等與土爾扈特之和・鄂爾勒克移至伊什姆河畔集結兵力，與楚木什河口之哈喇・忽剌東西呼應以伐烏巴什皇太子，欲恢復額爾齊斯河上游之衛拉特故地。

關於此次戰爭之結果，俄羅斯史料中並無任何記載。僅知翌一六二四年，衛拉特使者來至秋明市，以受阿勒坦・沙皇迫害為由，請求俄羅斯皇帝之保護。帕拉斯與若松皆視此事作衛拉特軍再度沉淪不幸之暗示，但此事可疑。所以言此，蓋自一六二五始之衛拉特內紛之情況見之，事實上或者一六二三年之戰係以衛拉特獲勝告終亦不無可能。

一六二五年，和碩特之青太師（Chin taisha）死去。為爭奪其所遺之部眾一千人，同母異父兄弟之楚琥爾（Chokur）與拜巴噶思間遂啟爭戰，忽而其他衛拉特諸部之眾首領悉皆捲入。楚琥爾與土爾扈特之墨爾根・特墨訥以及巴圖特之首領組織聯軍，大掠家畜，殘殺部眾，收服餘者。於是哈喇・忽剌赴援拜巴噶思。乘此混亂，蒙古諸俘虜自彼等之本營逃歸蒙古。

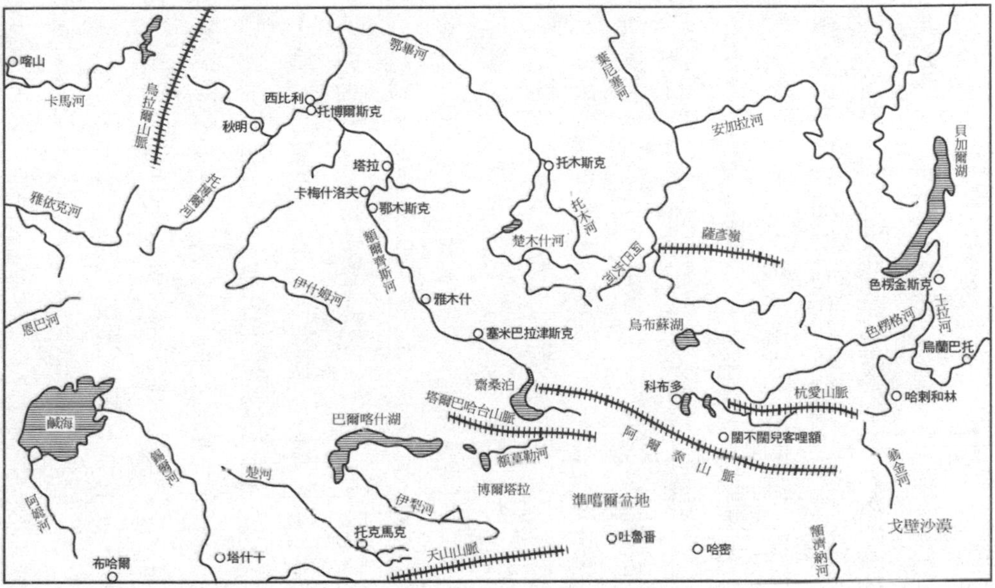

地圖十四　蒙古與衛拉特的戰爭地圖

復三年後之一六二八年，達賚太師與和．鄂爾勒克軍往伐楚琥爾，楚琥爾遂逃往伊什姆河。然而不多時楚琥爾與墨爾根．特墨訥攻殺拜巴噶思，遂成為內亂之勝利者。

以上為衛拉特內紛之經緯。一六二〇年至一六二五年間，衛拉特曾經之大本營雅木什湖再入彼等之手，而蒙古人之為俘虜者則逸去。此二事實或可用以證明一六二三年之戰實以衛拉特之勝利告終。現今之俄羅斯史料中雖有一六二四年衛拉特以阿勒坦．沙皇之迫害為由請求俄羅斯皇帝保護之事，惟自此之後卻全無關於阿勒坦．沙皇之記載。至一六二九年據載遭察哈爾．汗攻擊之阿勒坦．沙皇，已是烏巴什皇太子之第四子，嗣其後之巴特瑪．額爾德尼（Badm-a erdini qong tayiji），即清朝史料中所謂俄木布額爾德尼。若合併考量此事實與《烏巴什皇太子傳》，自然得出之結論為，一六二三年衛拉特軍破喀爾喀軍，而烏巴什皇太子為其所殺。

有助於此推測之佐證為，一六三五年，額爾德尼皇太子之側近達因．墨爾根．蘭祖（Dain

mergen lanzu）致俄羅斯皇帝之書簡中稱：「阿勒坦．沙皇與黑喀爾瑪克交戰七年。我使阿勒坦．沙皇與哈喇．忽剌之子皇太子永遠和睦。」

如字面所云，俄木布嗣立以來七年間，與衛拉特間持續戰爭狀態，而後和約方成立。所以締結和約，多半係因此時乃俄木布自背後受林丹．汗攻擊之一六二九年，腹背受敵之俄木布急遽與衛拉特議和以抵擋察哈爾。而一六二九年向前數七年，正當一六二三年。

此前所引用之《蒙古衛拉特法典》云，戰爭終於一六二八年而非一六二九年，此亦草原戰爭之常軌，戰鬥持續至一六二八年秋冬之交，隨翌年春之到來而正式休戰，是則即便一六二九年並未遂行戰鬥，而仍可謂為持續戰爭狀態。

據以上之考察，幾可論定《烏巴什皇太子傳》之年分並非一五八七年，應為一六二三年，此處應注意者，一六二三年之干支為癸亥。是則《烏巴什皇太子傳》末尾所記之「丁亥」不過是將原應為「癸亥」者之十干誤植而已。一六二三年，烏巴什皇太子五十七歲。

另一方面，似亦有稱該戰在一六二四年之傳承。巴圖爾．烏巴什．圖們書中作是言：

「距今一百八十四年前之丙子年，意圖壞衛拉特之政、教，以衛拉特為俘獲，蒙古之烏巴什皇太子伴以大臣烏梁海（Urāngxan）之賽因．瑪濟克（Saying maǰaq），率領大軍來攻襲四衛拉特。自此側，衛拉特以拜巴噶思．汗為首，衛拉特眾官人、眾戰士出兵迎戰，衛拉特之勇士額倫．賽因．色爾登格（Erēn sayin serdengge）於額爾齊斯河之瑪尼圖渡口（Manitu γatulγan）附近擒殺烏巴什皇太子[20]。」

自其專有名詞之拼法觀之，巴圖爾．烏巴什．圖們利用《烏巴什皇太子傳》之異本必無疑義。巴圖爾．烏巴什．圖們之《四衛拉特史》成書於一八一九年，其一百八十四年前之丙子年相當於一六三六年。然而已如前述，此時已是俄木布．額爾德尼之統治時期，此亦為十干之誤植，實當為十二年前之甲子，即一六二四年。

該一六二三年之戰後，無何，額色勒貝因．賽因．恰似即為其夥伴所殺。帕拉斯曰：

「勝利者珈阿於某種程度上遂成為衛拉特之元首，部分不願歸順於彼者則逃往突厥斯坦〔Bucharei，譯按：布哈爾（布哈拉）〕。當其時，衛拉特眾首領雖欲進而委珈阿以指導權，惟卡易怒嗜酒，自我樹敵。於是某土爾扈特諾顏名阿布達·保齊（Abuda boodshi，意為阿布達射手，最早使用火器故）者，懷憎惡之念，遂襲珈阿而擒之，於其他卡爾梅克諸首領（其中亦有哈喇·忽剌之子，珈阿嘗救其命之舒克爾〔Schüker〕）之援助下，嚴加譴責後，命一地位卑微、名為烏蘭（Ulan）之卡爾梅克人殺之(21)。」

賽因·恰因功遂為衛拉特之元首，巴圖爾·烏巴什·圖們之書中亦稱，賽因·恰受奉載為可汗，惟此皆將賽因·恰與其父額色勒貝·卡混同所致，純屬空穴來風。而當中提及參與謀害賽因·恰之舒克爾即是前述衛拉特內亂時之中心人物楚琥爾，此外別無他想。巴圖魯·烏巴什·圖們亦另舉忘恩之例：「三族之噶勒戞斯（γurban ečege Γalikās）欲殺楚琥爾（Čüükür）時，賽因·恰奪之而去。其後，賽因·恰將見害時，楚琥爾乃與其議(22)。」

想來，一六二五年內戰開始之際，賽因·恰為援助拜巴噶思，遂為楚琥爾所攻滅。據《蒙古衛拉特法典》可窺得，此戰亂中遭受最大打擊者為輝特、巴圖特、巴爾虎三部。輝特徹底式微，巴圖特、巴爾虎之消失無蹤多半亦在此時。

帕拉斯另載有《烏巴什皇太子傳》之後記，如下：

「卡爾梅克之編年史又云，約此時與蒙古人之戰爭中，蒙古之烏什皇太子（Uschi-Chuntaidshi）並其全軍受卡爾梅克人之夜襲而見殺。僅其座騎烏魯克·碩爾哈勒（Uruk Schorchal）返還，向留於後方之婦人們傳報彼等夫君之敗北。於是，當時懷有身孕之烏什之夫人德禮·徹辰·可敦（Deere-Zäzen Chattun），率大部分由武裝婦人所組成之軍隊向卡爾梅克人進軍。然而德禮·徹辰·可敦遭阿布岱·保齊之彈丸擊中下腹部而負傷。該女丈夫其後所產之子，自出生即無右手拇指，終生背負穆和爾·羅烏藏（Muchor-Lousang／殘缺之羅烏藏）之名(23)。」

烏什即烏巴什之訛，其座騎烏魯克・碩爾哈勒即該嗜嚙金毛馬（uruγ šarγal），而德禮・徹辰・可敦即是達喇・可敦。烏巴什皇太子之遺孀、俄木布・額爾德尼之母稱為徹辰・可敦（Tsaritsa Chechen）者，見於一六三五年出使阿勒坦・沙皇之俄羅斯人亞可夫・圖哈切夫斯基之報告，巴德利嘗介紹之。猶有一事未言：土爾扈特之阿布達・保齊即巴圖爾・烏巴什・圖們所云之貝果・鄂爾勒克第四子莽海（Mangxai）之子阿畢岱・布齊（Abidai buuči），與《王公表傳》卷八十九中莽海之子阿畢岱・保齊無疑是同一人，實為和・鄂爾勒克之從弟。

然而，穆和爾・羅烏藏實非烏巴什皇太子之子，乃係其孫。俄木布・額爾德尼卒於一六五九年，嗣其後者為其長子額磷沁・賽因皇太子（Rinčin sayin qong tayiji）。於清朝記錄中作羅卜藏台吉，一六六二年以私憾殺宗家札薩克圖・汗・旺舒克。此事件招致土謝圖・汗之介入，遂致演變至噶爾丹（Galdan）入侵喀爾喀之局面，此為其後之事。清朝記載羅卜藏奔就厄魯特，事實則為遭準・噶爾所俘。一六六七年，出使當時準・噶爾部長僧格（Sengge）之俄羅斯人鮑威爾・庫爾文斯基，恰遇僧格俘獲蒙古之沙皇・羅藏（Lodjan，亦即羅卜藏），凱旋歸來時。據巴德利所載，僧格斬下羅卜藏之右手腕，將狗肉塞入其喉嚨。此即帕拉斯所言殘缺之羅烏藏一名之所起，巴圖爾・烏巴什・圖們所載之穆呼爾・瑪濟克，由其名觀之，亦必為羅卜藏。所言穆呼爾・瑪濟克遭生擒後定立和平誓約，若指羅卜藏，亦是事實。然而達喇・車臣・可敦為亡夫興復仇之師之說，則不過是蒙古常見之女英雄傳說之一型。

以上完成以《烏巴什皇太子傳》為中心，概觀自一五五二年起及至一六六七年之百數十年間之蒙古、衛拉特關係史。

〔追記〕於寫畢本章論文之基礎後，偶然發現刊載於*New Orient*, vol.6, No.2, April 1967 (Czechoslovak Society for Eastern Studies, Prague) 之以The Tale of Ubashi Khungtaiji of the Mongols為題之英譯。可見得此亦基於達木丁蘇隆之文本所寫成，惟無任何解說與註釋。

第四部　繼承蒙古文化的滿洲

第十四章　清太宗繼立考實[1]

住在蒙古高原東方的狩獵民族女直（女真）人，在北元時代接受南方明朝的懷柔，效仿明朝軍制設置衛與所。當中，在建州左衛生於一五五九年之努爾哈齊，合併周遭的女直各部，於一六一六年即位，建後金國。一六二六年努爾哈齊死，八男皇太極繼嗣，一六三五年將戈壁沙漠南方蒙古諸部納入統治，將族名由女直改為滿洲，一六三六年建大清國。皇太極廟號清太宗，努爾哈齊廟號清太祖。滿洲人與蒙古人相同，嫡子們擁有平等的繼承權。努爾哈齊的八個嫡子中，繼位的何以不是最有力的人選次子代善，而是八子皇太極，這一點在作者們於一九五五年－一九六三年以日語譯註而發行的《滿文老檔》中，並未闡明。本章根據之後在臺灣刊行的《滿文老檔》之原資料《舊滿洲檔》[2]，闡明繼承人之爭當中決定的關鍵，那件一六二〇年的大事件之全貌。努爾哈齊與兒子們之間的問答，充滿了滿洲語特有的率直。

清太祖努爾哈齊（Nurhaci）有十六子，其中可稱為嫡子者，即四位大福晉（amba fujin，正妃）所生之八子。那就是佟佳氏（Tunggiya）所生的褚英（Cuyeng）、代善（Daišan）；富察氏（Fuca）所生的莽古爾泰（Manggūltai）、德格類（Degelei）；葉赫・納喇氏（Yehe Nara）所生的皇太極（Hong taiji），即清太宗；烏拉・納喇氏（Ula Nara）所生的阿濟格（Ajige）、多爾袞（Dorgon）、多鐸（Dodo）(1)。滿洲舊俗，不拘長幼，凡嫡子之繼承權皆平等。由是，除努爾哈齊生前——萬曆四十三（一六一五）年八月因罪被處死的褚英外，其餘七人在天命十一（一六二六）年八月十一日努爾哈齊死

1 本章內容參考岡田教授本人親撰之〈清太宗繼位考實〉，刊於《故宮文獻》第三卷第二期（臺北，國立故宮博物院，一九七二），並酌參書中日文與所引用之滿文資料稍事潤飾之。

2 後來已重新照相製版，改名《滿文原檔》（臺北，沉香亭企業社，二〇〇五）。

世系圖十四　清朝皇室略系圖

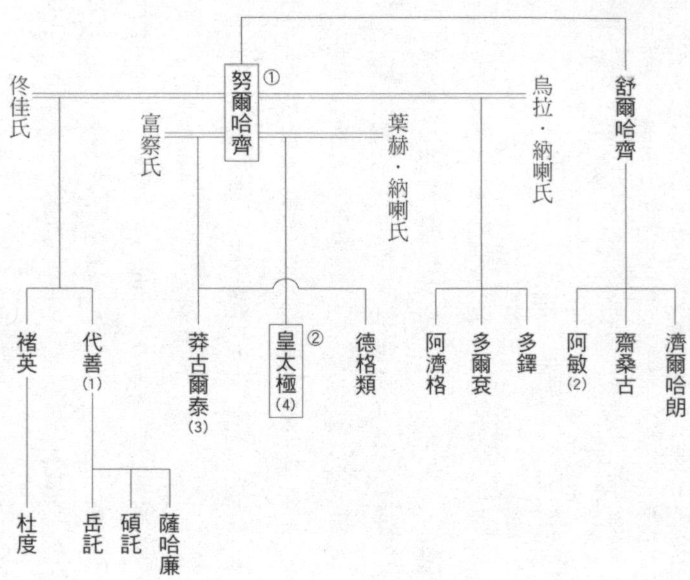

努爾哈齊之所有嫡子依年齡排列。舒爾哈齊則列出其主要嫡子。
□與①－②為大汗，(1)－(4)為努爾哈齊時代之四大貝勒，依序排列。

後，都有機會成為第二代金國汗。然而何以越過四十四歲的代善和四十歲的莽古爾泰兩位老成的皇子，而由三十五歲的第八子皇太極嗣位，至今為止尚不為人知。

原因之一在史料之闕如。幸而最近（一九六九年八月）[3]臺北的國立故宮博物院景印刊行了《舊滿洲檔》十冊，共五三七八頁。該書是乾隆朝編纂《滿文老檔》的原始資料，包含許多滿文古文書及若干其所遺漏的文書。利用該資料，逼近清初歷史真相遂成為可能。下文以《舊滿洲檔》為中心，同時參照其他根本史料，究明清初的繼嗣問題。

環繞著皇太極嗣立的團團疑雲，不僅限於他的年紀輕而已。皇太極的生母是否確為大福晉，換言之皇太極是否為努爾哈齊之嫡子，連這點都存在著重大疑義。

努爾哈齊最初的大福晉佟佳氏本名為哈哈納・札青（Hahana jacin），其父塔本・巴晏（Tabun

3 本文大約初撰於該時期，見書末〈各章出處一覽〉。

bayan），據《八旗滿洲氏族通譜》卷二十云，乃佟甲地方人，與佟養真、佟養性等同族(2)。《滿洲實錄》云，努爾哈齊於萬曆五（一五七七）年十九歲分家時，入贅對象即此佟佳氏(3)[4]。雖無關乎此大福晉卒年之記載，但《實錄》萬曆十一（一五八三）年、十二（一五八四）年條，言及此大福晉所生之長女並二男(4)，她也許是其後不久逝世的。二子分別是褚英與代善，長女為嫁於董鄂部（Donggo）何和禮（Hohori）的嫩哲．格格（Nunje gege）(5)[5]。

繼之的大福晉富察氏本名袞代（Gundai），其父莽色都指揮（Mangse dujuhū）據《通譜》卷二十五云，為沙濟（Šaji）地方人(6)。袞代初嫁努爾哈齊之再從兄威準（Weijun），生有阿蘭泰柱（Alantaiju）、崇善（Cungšan）、昂阿拉（Anggara）三子。威準二十九歲陣亡後，袞代改嫁努爾哈齊。此事在清朝紀錄雖諱莫如深，但若細檢《愛新覺羅宗譜》，便分毫可判(7)。威準為努爾哈齊祖父覺昌安（Giocangga）第三兄索長阿（Soocangga）次子吳泰（Utai）之次子。

威準卒年雖不明，但從阿蘭泰柱生於萬曆十一年，崇善生於翌年十二年，而莽古爾泰誕生於十五（一五八七）年看來(8)，袞代改嫁努爾哈齊約在萬曆十三、四（一五八五、一五八六）年間當無誤。此大福晉於《實錄》萬曆二十一（一五九三）年條以本名登場(9)，天命五（一六二〇）年三月，獲罪被廢(10)。《滿文老檔》中記載袞代與代善暗通款曲，但這是皇太極派史官的曲筆，實則真相應該是袞代顧慮到努爾哈齊死後的安全問題，市私恩於諸王大臣，而觸怒努爾哈齊的。

問題在第三大福晉，葉赫．納喇氏孟古．姊姊（Monggojeje）。萬曆十六（一五八八）年，僅十四歲便來嫁，二十（一五九二）年生皇太極，三十一（一六〇三）年死去(11)。因之，其生存期間與富察氏

4 《滿洲實錄》原文（滿文本）僅提及十九歲時分家。入贅則為三田村泰助之詮釋（頁四三九）。參見本章作者原註三。

5 《清史稿．公主表》，記嫩哲格格作太祖之次女，或誤。《滿洲實錄》作「taidzu sure beile ini amba sargan jui nunje gege be buhe 太祖以長公主嫩哲妻之」。《清史稿》稱長公主作「東果格格」，或係嫁入棟鄂（東果）家後之稱呼。

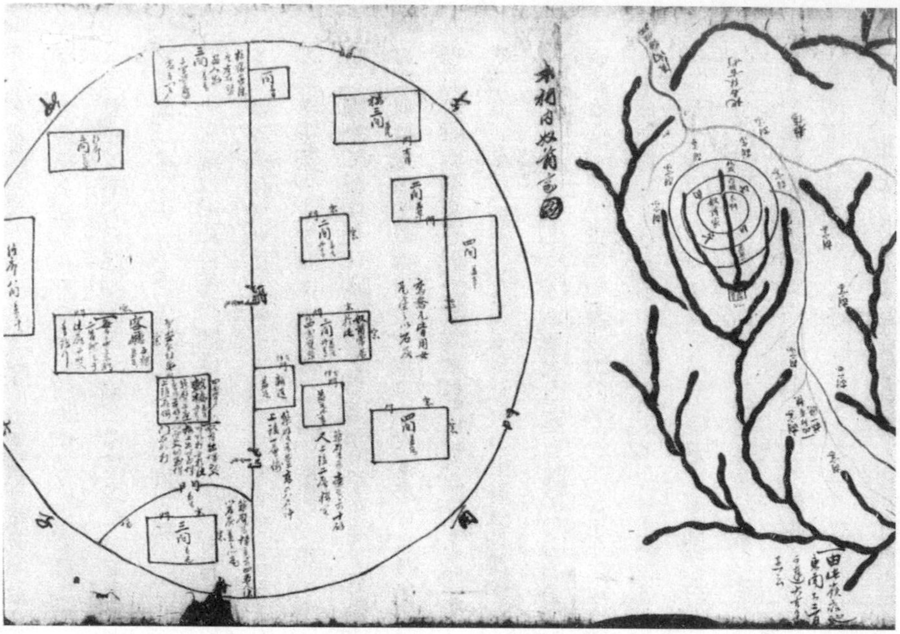

圖六　努爾哈齊府邸之配置圖　（《建州紀程圖記》申忠一書啟）

為大福晉之時期重疊。努爾哈齊即金國汗之位前同時擁有兩位大福晉是很難想像的，因此葉赫．納喇氏的大福晉稱號大概是死後所追尊，生前不過是側福晉（ashan i fujin，側妃）。這是造成皇太極汗位繼承權脆弱的因素。

努爾哈齊最後的大福晉烏拉．納喇氏，本名阿巴亥（Abahai），萬曆二十九（一六〇一）年來嫁[12]。似乎是在富察氏廢位之際同時晉升為大福晉，《實錄》天命十（一六二五）年正月條有她的身影，翌年八月十一日努爾哈齊一死，翌日她便追隨努爾哈齊殉死[13]。《實錄》記載，當時大福晉不欲殉死，但諸王大臣秉持遺命逼令殉死。畢竟還是史官的曲筆。被允許殉死是妻妾的最高榮譽，這裡的記載無疑是為削弱阿巴亥所生的三子阿濟格、多爾袞、多鐸的地位作宣傳而已。

在討論清初繼嗣問題所不可忽略的，除努爾哈齊的親生子外，他的姪子阿敏（Amin）也要顧及。阿敏是努爾哈齊同母弟舒爾哈齊（Šurgaci）之次子。據《老檔》，努爾哈齊與舒爾哈齊兄弟最初地位對等，萬曆三十七（一六〇九）年三月，努爾哈齊悉奪其弟所部，舒爾哈齊自此怏怏不樂，於萬曆三十九（一六一一）年八月十九日死去[14]。《宗譜》云，舒爾哈齊之長子阿爾通阿（Altungga）、三子扎薩克圖（Jasaktu）於萬曆三十八（一六一〇）年因罪處死[15]，無疑是此事件的犧牲品。此時次子阿敏獨免，據《宗譜》蓋因其母出身富察氏之故[16]。天命五（一六二〇）年三月發生廢福晉騷動之際，《老檔》記載努爾哈齊曾言曰：「若念其惡而殺之，我如心肝之三子一女將如何悲傷耶」，但大福晉所生者除莽古爾泰、德格類外，只有嫁給哈達部（Hada）兀爾古岱（Urgūdai）的莽古濟・格格（Manggūji gege）[17]，故而另一子所指便是阿敏，於其父死後成為努爾哈齊之養子，由母親娘家出身的大福晉富察氏扶養。

繼而發生的家庭騷動，與努爾哈齊的長子褚英有關。據《老檔》，努爾哈齊整肅舒爾哈齊後，將所部之大半賜予褚英、代善兄弟，任命褚英為執政。但褚英專橫的行徑甚多，萬曆四十（一六一二）年，努爾哈齊奪褚英所領，平均分配給代善、阿敏、莽古爾泰、皇太極四弟。失意的褚英詛咒乃父與乃弟，被發覺後，於萬曆四十一（一六一三）年三月遭到幽禁。《老檔》中雖然遭到刪除，但根據收錄在《舊滿洲檔》中的〈荒字檔〉原文，褚英於萬曆四十三（一六一五）年八月二十二日被處死[18]。

如此一來，有資格繼承汗位的剩下佟佳系的代善、富察系的阿敏和莽古爾泰，以及葉赫・納喇系的皇太極四人。天命五（一六二〇）年三月，大福晉富察氏的失勢打擊了阿敏和莽古爾泰，無疑引起了勢力關係的重大變動。《老檔》同年九月條所記齋桑古（Jaisanggū）與碩託（Šoto）等的逃亡事件[19]，便像是該事件的餘波。齋桑古為舒爾哈齊之第五子，阿敏的異母弟，因與兄不合，被告發欲與代善次子碩託同往投明。九月十三日，二人遭到幽囚。代善、阿敏各自請親自誅殺二人，皆未獲准。

《老檔》之文在努爾哈齊與諸妃商談應如何處置二人處戛然中斷，參閱《舊滿洲檔》原文相對應之處才發現，〈昃字檔〉末尾四葉[20]各葉表之左端欄外分別標有uju（第一）、jai（第二）、ilaci（第三）、duici（第四）等編頁數，可知原本此事件之所有資料另成一冊，但第四葉表下半脫落，此即《老檔》之文中斷的原因。幸而此脫落與第五葉以下之錯簡、斷片，可由《舊檔》中的〈藏字檔〉、〈無編號殘檔〉補齊(21)。以下為其接合的順序：

第一葉	表	五六一頁	裏	五六二頁
第二葉	表	五六三頁	裏	五六四頁
第三葉	表	五六五頁	裏	五六六頁
第四葉	表	五六七頁＋二五五七頁底	裏	五六八頁
第五葉	表	二五二七頁＋二五三七頁	裏	二五二八頁＋二五三八頁
第六葉	表	二五三三頁＋二五五一頁底	裏	二五三四頁＋二五五二頁底
第七葉	表	二五四九頁頂＋二一九〇頁	裏	二五五二頁頂＋二一九一頁
第八葉	表	二五四七頁頂＋二五三五頁底	裏	二五四八頁頂＋二五三六頁底
第九葉	表	二五三一頁＋二一八七頁	裏	二五三二頁＋二一八八頁
第十葉	表	二五四五頁頂＋二五三九頁	裏	二五四六頁頂＋二五四〇頁

一讀如此復原後之原文，對於齋桑古、碩託之逃亡未遂竟發展成意外的大事件便有所了解。以下採記其大要：

> 努爾哈齊調查代善長子岳託（Yoto）、次子碩託之領民，得知二子所部較異母諸弟為劣，遂命舒爾哈齊之第六子濟爾哈朗（Jirgalang）與之交換領民，而濟爾哈朗不從。努爾哈齊又向代善問之以賜予碩託之領民之名，代善答後並稟告碩託與庶母通姦，代善之妾二人與碩託之妻等三人往代善之莊行去，碩託與一名為叟根（Seogen）者疊騎一馬自後而行（emu morin yalubi），與之會合，名為喀勒珠（Kalju）者可作證。岳託、碩託乃代善前妻之子，努爾哈齊素知其繼母憎恨彼等，遂向代

善言曰：

「爾亦前妻之子。因何不設身處地而思之？因何偏聽爾妻之言，欺虐已長成之諸子？再，於爾，我擇取尤佳之領民命以專管，汝何不效我，以佳隨侍（sain gucu）予岳託、碩託？汝為妻所凌，遂予年長諸子以惡領民，其佳領民悉予爾今取之妻所生諸幼子，使專管焉！」

諸王大臣皆默而不言。莽古爾泰曰：

「父親所言誠是。我輩諸弟、諸子、國之諸大臣皆甚懼兄嫂。」

努爾哈齊曰：

「果其然，其餘諸王大臣何以不言？」

莽古爾泰稟曰：

「我即作眾人心意之代表而言。（bi gemu emu hebei henduhe）」

翌日，努爾哈齊欲賜碩託較佳之領民，取出文檔，喚代善來共同對勘。時代善對父汗跪，脫帽叩頭而訴曰：

「莽古爾泰向我恆無溫顏，其心中必惡我也！」

代善又譖努爾哈齊另一養子扈爾漢（Hūrhan）。努爾哈齊盛怒，默然棄手中簿冊於地下，出外觀施築工事之堂子，歸來門口時，斥責濟爾哈朗，命其與齋桑古、碩託交換領民，方步入室內。於是諸王悉出外，書寫關乎二人領民交換之簿冊，送呈努爾哈齊，而後始調查碩託通姦事件。先傳喚喀勒珠，證實代善所言。努爾哈齊問：

「爾親見女子與碩託共寢之現場耶？」

「現場我未見。聞貝勒（代善）之二妾與碩託之妻乘車先行入莊，碩託與叟根共騎一馬隨後而來。我尾隨其後打探，彼等返回時，於城門外相遇，我與叟根互相詈罵，曰：『碩託乃貝勒欲我等照料之人。碩託至何處我等亦應一齊從之，汝則何故行耶？』又一回，仍此二妾與碩託之妻乘車至莊上，我見之，解車牛之繫而釋去之。」

「爾正直以言。豈福晉（代善之妻）唆使汝，命汝依貝勒吩咐而供？」

「福晉未唆使我。此皆我所確見。」

努爾哈齊復問曰：

「此事爾曾告知誰人？」答以嘗告知代善並岳託。遂傳岳託至眾人前詢問，乃曰此事從未聞喀勒珠言及。於是捕喀勒珠而縛繫之，喚碩託。訊問之間，碩託供稱：

「行向莊上之事全係烏有之言。因感己遭誣，欲出而傾訴，與兄岳託議曰：『此事若公開調查，汗瑪法（努爾哈齊）必聞。如是汝即甘負惡名亦無如之何。我等若為汗瑪法所戮，雖死猶可，其奈父王（代善）遭惡名何？汗瑪法或將殺母妃（代善之後妻）。母妃若見殺，我等今後如何與父王生活？』是以默然不語，煢煢踽踽，五內慘痛，唯恨不如一死。」

繼調查之，事之真相乃愈明。碩託妻、岳託妻、叟根妻，並代善之二妾坐於代善家之窗邊議曰：

「我等五人，人出銀一錢，合買一羊，至莊上殺之同食。」

遂依所議而行事，唯同行者男女達三十餘人。其中索出男女二十名以訊問之，俱證言未見碩託與叟根共行之事。

因之，碩託之遭誣與喀勒珠之偽證彰然昭著，努爾哈齊乃斥責代善曰：

「汝妻之陰謀使喀勒珠出自其口，汝遂為讒言所欺。果若碩託以姦通之誣言而見殺，岳託又將如何存養哉？岳託、碩託皆汝親子。親子亦且因妻之巧言而殺之，諸弟猶存，汝又當何如耶？因妻之唆使而欲害親子並諸弟，汝其得為一國之主耶？再者，莽古爾泰與我，父子覺察大阿哥（代善）之妻之過時，爾諸王大臣窺伺大阿哥之臉色，竟一語不發！爾等自問，若我言舛謬，則爾等——皇太極、阿敏．台吉、達爾漢．轄（Darhan Hiya，即扈爾漢）當即立誓。果若爾等立誓，我與莽古爾泰二人遂自承不是。倘爾等不立誓，何乃坐於阿哥側，徒事敷衍？速離之而至我處！」

如是言已，皇太極、阿敏、扈爾漢三人齊齊起立，移至努爾哈齊側。

充斥緊張之鬥爭後，取得勝利之努爾哈齊盡奪代善太子（taise）之位並所部之臣民，使之與妻二人獨自生活。盡失一切之代善請手刃其妻，努爾哈齊不許。未時（午前十時），集合眾人，當眾釋放碩託，將喀勒珠縛於柱，令碩託剮之。

九月二十八日，代善親殺其妻，遣人至努爾哈齊處告罪：

「我已殺妻矣！我如是殺人，如蒙父汗不殺全生，望父汗准允拜見，叩頭請罪。」

根據《宗譜》云：代善之妻葉赫·納喇氏，布齋·貝勒（Bujai Beile）之女，代善三子薩哈廉（Sahaliyan）、四子瓦克達（Wakda）、五子巴喇瑪（Balama）之母[22]。

努爾哈齊先命代善與莽古爾泰和解，命其與諸弟對天誓禱以往事一若逝水，代善誓曰：

「未恪遵父汗之教訓，不聽弟三人（阿敏、莽古爾泰、皇太極）並轄兄（扈爾漢）之忠言，誤從妻讒，致喪失父汗交託於我之大權，我乃手刃我妻。一若我之鄙劣，多犯過錯，罪當該殺，日後若猶存以非為是，以惡為善之心，懷抱怨望、敵意，甘受天譴地罰，不得善終。」禱罷，書誓言，對天焚化。

對此，其餘諸王亦焚燒誓紙以應，其後半包含尤重要之文句。

……今日爾之罪行為父汗知悉，以未可偏信一人故，立阿敏·台吉、莽古爾泰·台吉、皇太極、德格類、岳託、濟爾哈朗、阿濟格、阿哥、多鐸、多爾袞八王為八和碩貝勒（jakūn hošoi beile）。為汗者受八旗人眾之所與，食其貢獻。政務上汗不得恣意橫行；汗承天命執政，任一和碩貝勒若犯擾亂政治之惡行，其餘七和碩之主集會議處，當辱則辱之，可殺則殺之。生活道德嚴謹、勤勉政事者，雖治國之汗以一己於彼有怨，欲將之罷黜降等，其餘七旗之人對汗不可予以讓步。

這真是值得驚異的大事件。代善曾為「太子」一事是前所未料的新事實，至此他徹底被打倒了，威信一落千丈。而據此文件亦首度可確實判定，八和碩的八王分掌八旗的制度在天命五（一六二〇）年九月間建立。但雖說是八王，實際卻列舉了九人之名。原文多鐸和多爾袞之間無頓點，此時多爾袞九歲，多鐸七歲，如此年幼，大概是二人合管一旗的緣故。

依據《老檔》，努爾哈齊於其後之天命七（一六二二）年三月三日召集八子，討論汗位繼嗣事。汗位選舉可由八王互選，汗與其他七王具有完全平等的地位與權利，國事決策汗與七王合議之制度等事項皆有詳細指示[23]。如是，代善之失位、大福晉富察氏之被廢，伴隨而來的是阿敏、莽古爾泰地位之下滑；相對地，皇太極之成為極有可能之汗位繼承者，自然毫無疑義了。

同據《老檔》天命八（一六二三）年六月條[24]，莽古爾泰妹婿兀爾古岱之收賄罪為代善告發，皇太極及其黨羽德格類、濟爾哈朗、岳託皆連坐受罰，此時努爾哈齊譴責皇太極道：

諸王之中唯汝獨誠實，乃於他人有越分之舉，汝其欲置諸兄於不顧而即汗位耶？爾等聚於官署而分別時，汝送行諸兄，諸兄之子弟回報於爾，當送爾至家，乃合乎禮也。汝雖未送諸兄行，諸兄之子弟乃竟送汝，何竟默然接受耶？

據此可見皇太極之得意與德格類等人之阿附。另，努爾哈齊又謂皇太極乃「為父愛妻（haji sargan）所生唯一之骨肉」，表示待皇太極為嫡子。

天命五（一六二〇）年相繼發生的兩件大事使皇太極占得漁翁之利，輩分上，年長的代善、阿敏、莽古爾泰三王之親屬尚且有向皇太極諂媚的。天命八（一六二三）年，當時代善之子岳託、阿敏之弟濟爾哈朗、莽古爾泰之同母弟德格類皆可斷定是皇太極派的心腹。三人的財產繼承都居於不利的地位，故結託茁壯成蔭的皇太極以為依附，是有相當充分的理由的。

努爾哈齊在生前不曾指定繼嗣者，天命十一（一六二六）年去世後，首先倡導擁戴皇太極的是岳託、薩哈廉兄弟，說動他們的父親代善使之向諸王提案，取得贊同，皇太極乃即位。此為《清太宗實錄》之記載(25)。如前所述，岳託早已是皇太極派的人，薩哈廉母親的祖父布齋是皇太極生母的堂兄(26)，皆屬於葉赫．納喇系的。因此，薩哈廉之成為皇太極的忠臣也是有理由的。

其餘關於伴隨此政治情勢而發展的八旗制度，根據《舊滿洲檔》可以說明清楚的事件尚多，本文就清初史的了解來說，我們只指出家族結構，尤其是母系的關係輕重是不可缺少的。

第十五章　清初滿洲文化中的蒙古元素

清太宗皇太極共有五位正后妃，五人皆蒙古人。三人出自成吉思．汗弟合撒兒子孫之科爾沁部，餘二人乃北元宗主察哈爾林丹．汗之遺孀。皇太極平日似即親好蒙古文學，一六三二年向手下之諸巴克什（漢語「博士」語源之蒙古語，意為「老師」）訓話，顯然即根據以蒙古語流傳之成吉思．汗格言集。本章另將介紹皇太極下詔禁用迄彼時之種族名「女真／女直（Jušen／Jürčed）」，改用「滿洲」。此後「滿洲」遂為指代統治階級之詞。其理由在於「諸申（女真）」帶有「隸屬民」之意，不適於作國族之稱號。

一六三二年三月二十八日（天聰六年二月六日），滿洲汗．皇太極（其後之清太宗）趁副將高鴻中上書的機會，向巴克什（baksi）們訓話。據《滿文老檔》，其全文如下：[1]

上書具陳，何可禁止。然上書輒必援引前事過失，一味讀書，忘乎所以，乃出非前事之言矣。今爾巴克什等，當時時留心，毋妄議前人所行為非也。昔成吉思．汗之子察合台[2]，以鋸刀削檉柳為鞭，遂曰：『此黎民（原文sahahūn ilicaha irgen為淡黑色齊立之民）固父皇所鳩集，此檉柳鞭乃我所創也。』言訖，俄齊爾．蘇勒（Ocir sure）曰：『非父汗鳩工以製此刀，則此檉柳，汝豈以指削，以齒齧耶？』凡此大業，國土人民，一切諸物，皆父汗（努爾哈齊）所獨自創立者。今且以為非，我等遂自作聰明，是遺譏於萬世也。爾等其善加銘記。彼此啟迪焉。」(1)

1 譯文酌參《清太宗實錄》天聰六年二月甲戌條、中華書局本《滿文老檔》譯文並岡田日譯、滿文原文。

2 滿文原文此處多一短牙，作察干台Cagandai。

此記事之原始資料《舊滿洲檔》〈地字檔〉，除拼寫稍異外，內容幾全無異(2)。漢文本《大清太宗文皇帝實錄》中勸諫察合台之賢臣之名不作俄齊爾．蘇勒，而作俄齊爾．塞臣(3)。蒙古語的 sečen 與滿洲語的 sure 同義，即意指「賢能」。

此處皇太極所引用之蒙古故事總稱「必力格（bilig）」，為成吉思．汗本身及其子孫、廷臣其他諸賢人各種格言之出典。一九二五年，汪睿昌（蒙古名為 Temgetü）創立之北京蒙文書社出版了活字本《成吉思．汗傳》（*Činggis qaγan-u čadig*），二年後改版，改題作《聖成吉思．汗傳》（*Boγda činggis qaγan-u čadig*，漢題仍作《成吉思．汗傳》），再版發行。內容包括作者不詳，一般稱作《略本黃金史》之編年史《Qad-un ündüsün quriyangγui altan tobči》，附之以數篇短篇文本，其中一篇即此處所言之格言集。一九二五年版《成吉思．汗傳》與一九二七年版《聖成吉思．汗傳》中，此箴言集皆以三十三章綴成，其第二章內容如下：

察合台皇子自春營地移登夏營地而行時，坐於氈帳前，以鋸刀削檉柳以製鞭柄時，俄齊爾．塞臣（Včir sečin）在其側。「嗟！俄齊爾．塞臣。鳩集暗黑中生活之國民，乃我父汗成吉思．汗之成就也。今我以此鋸刀，亦成二支鞭柄。」俄齊爾．塞臣曰：「且慢」曰：「鳩集暗黑中生活之國民，乃父汗成吉思．汗之成就。大王豈以此木柄為己之所成歟？鳩集鍛造鋸刀之諸工匠，若非大王之父汗成吉思．汗所成就，而今但能以齒嚙檉柳，抑或以指撓斷之耶(4)？」

顯然此即皇太極於一六三二年引用問答之原典。典型的蒙古表現法「暗黑中生活之國民（qaralaǰu borolaǰu bayiqu ulus）」，皇太極將其直譯為「淡黑色齊立之民（sahahūn ilicaha irgen）」，這在滿洲語中是很特殊的表達方式，顯示其出典為蒙古語。

距此訓話三年後之一六三五年九月二十三日（天聰九年十月十三日），皇太極諭以禁用「諸申」

地圖十五　清朝興起時代之情勢。引自：三上次男、神田信夫編，《民族的世界史3：東北亞的民族與歷史》，山川出版社，一九八九年，二五四頁。

（Jušen／女真）之號。據漢文本《大清太宗文皇帝實錄》，其全文如下：

> 我國原有滿洲、哈達、烏喇、葉赫、輝發等名。向者無知之人，往往稱為諸申。夫諸申之號，乃席北超墨爾根之裔。實與我國無涉。我國建號滿洲，統緒綿遠，相傳奕世。自今以後，一切人等，止稱我國滿洲原名。不得仍前妄稱[5]。

與該上諭之趣旨相反，諸申之號歷史與傳統更為悠久。諸申在音韻上對應於蒙古語的主兒扯（Jürčed／Jürčid），是漢語「女直」之原語。元朝以後的諸申分為兩大族群。扈倫（Hūlun）發祥於哈爾濱北方之呼蘭河，出了十二至十三世紀金帝國的基幹世族。於明人以「海西女直」聞名，南下移到遼河三角洲明朝飛地之邊外，建立了哈達（Hada）、烏拉（Ula）、葉赫（Yehe）、輝發（Hoifa）四國。另一大族群為滿洲（Manju），於明人以「建州女直」聞名，發祥於松花江與牡丹江合流點之依蘭附近，同樣南下移到了朝鮮國境。努爾哈齊（清太祖）出身滿洲，首先統一同族，接著逐一合併扈倫四國(6)。其子皇太極於一六三五年之上諭中所列舉的滿洲以下的五個稱號，在此之前都歸於「諸申」的下位集團而並存著，但此上諭以「滿洲」代之為新的總稱而使用「滿洲」一名，此即清代「滿洲」之起源。至於禁止「諸申」的理由，在於與「貝勒」（beile）對比，普通名詞「諸申」（jušen）帶有「隸屬民」之意，不適合用來當作國族的稱號。

有趣的是，皇太極於上諭中提及諸申乃席北超墨爾根之子孫。席北（Sibe）[3]為隸屬於蒙古科爾沁（Qorčin）部族之通古斯人，語言與滿洲語相近。一五九三年，扈倫四國之聯軍進攻努爾哈齊，雙方於古勒山大戰時，與四國結盟來攻之科爾沁兵中有席北從之而來，見於《清太祖實錄》，此為紀錄上席北一名首見。然而，說席北之始祖為超・墨爾根則是一件不可思議的事。此因，超・墨爾根為蒙古文學之成吉思・汗敘事詩中的登場人物。

南蒙古鄂爾多斯伊金霍洛之成吉思・汗陵所藏的《黃金冊》（*Altan debter*）中收錄有〈成吉思・汗大祝詞〉（Činggis qaγan-u yeke öčig），列舉有成吉思・汗「九將」（yisün örlüg）之一的「主兒赤惕之超・墨爾根」（Jürčid-ün Čuu mergen），描繪其英姿的內容如下：

翁金河之，
林與谷，為偵查而往時，
蒙古之主，
於馬上登山。

3 又譯作「錫伯」。

您向之而行時，
邊說著夢話邊逃著，
同意後卻又返回著，
三高越之而行時，
三面黑纛之敵與之遭遇著，
說是泰赤烏嘛，難以辨認，
說是蒙古嘛，難以熟識，
說是斡亦剌惕嘛，難以判斷
邊探究而辨認著，
邊熟識而出馬試著一見，
其先鋒，
血紅的赤馬額頭有星，
身著赤甲，
有濃密黑髯，
其人纓帶之下，
一指幅處，指示著〔覷準〕
遵奉諭旨，
引曳〔弓弦〕，
遵奉訓諭，
抽曳〔弓弦〕，
箭矢射至落地處者，

豈主兒赤歹之超・墨爾根・那顏耶(7)。

此韻文之頌詞中提及超・墨爾根先是臨陣脫逃後又返回英勇奮戰，被稱作《三百主兒赤惕的故事》顯然即以此為基礎。此故事之全文，亦收錄於羅卜藏丹津國師之《黃金史》（*Altan tobči*）(8)，以及《成吉思・汗傳》當中(9)。故事大意如下：

一時，成吉思・汗與九將同出偵察。九將分為三組：者勒蔑、超・墨爾根、失吉・忽禿忽一組，孛斡兒出、孛羅忽勒、木華黎一組，速勒都思之鎖兒罕・失剌、別速惕之者別、斡亦剌惕之合剌・乞魯一組。以最後三人留守，餘六人同出發。行至察合來罕山北側、扎勒滿山南側時，成吉思・汗忽而睏倦不堪，於馬上小睡片刻。一張目，可汗遂將夢境告知六將。言其夢及所向之山，岩崖上有敵三百人持三面黑纛，其先鋒為生有濃黑髯，乘額上有星之血紅色赤馬，身著紅鎧，貌似青年而色黑之人。遂問曰，若此夢果然，爾等當若何？眾人皆答以將以全身本領破敵，唯超・墨爾根曰：「我乃膽怯者，恐將逃亡。彼時主上但斥責之，命我折返，乃將遵從諭旨，無論目標為何，必能精準命中。」

敵軍為三百人之泰赤烏。戰爭初交，超・墨爾根已逃。孛斡兒出回首見之，大呼：「嗟！汝超・墨爾根！主上跟前表現如是，當如何效力耶？逃竄有似寒鴨出巢，奈何哉！」超・墨爾根且笑且返而道：「稟聖主，我之簇矢未磨，請稍賜主上之矢。」成吉思・汗遂於己之黃金矢箙中取彤矢而與之。超・墨爾根引弓放矢，依可汗諭旨，正中敵先鋒下唇與纓帶之間而射殺之。繼而超・墨爾根又捕獲敵所乘之額有星之赤馬，曳之以歸，奉與成吉思・汗乘之。成吉思・汗一乘，馬即乘風飛馳。成吉思・汗喜而笑。

戰爭勝利以終之後，成吉思・汗分別讚揚六員大將而歌之。超・墨爾根之讚歌如下。

我所命而諭之者，
未嘗失誤。
於彼靚人
對其下唇，
於彼佳人
準其冠纓，
射而斷之，
捕赤馬而曳之以來，
逆亂之敵
翦之使少，
前鬥勍敵
殘之使半，
我之主兒赤惕之超・墨爾根也[10]。

就像這樣，蒙古敘事詩文學中的主兒赤惕（女真）人超・墨爾根是一個膽小的神射手。被賦予如此有趣性格的超・墨爾根，到底與成吉思・汗宮廷內哪一號實在人物有所對應，令人好奇。常見的說法是，他或許是耶律楚材。的確，耶律楚材是在金朝仕職的契丹人，中都一淪陷後，受到成吉思・汗所召而伴於左右[11]。然而超・墨爾根與耶律楚材之共通點，就僅有女直的金朝和成吉思・汗的關係而已。超・墨爾根的性格中，既沒有耶律楚材被成吉思・汗稱作「吾圖撒合里」（*Urtu saqal*／長髯）的美鬚，也沒有其所以受成吉思・汗重用的深厚學識和睿智諫言。大概超・墨爾根終究不過是文學創作下的產物吧(12)。

一六三五年皇太極將超・墨爾根稱作是席北始祖的理由，在於尋求自己與科爾沁・蒙古間的深層關係。科爾沁的王公是成吉思・汗同母弟拙赤・合撒兒的後裔。一五九三年，努爾哈齊於古勒山之役中擊破扈倫四國聯軍時，與四國一同敗走的科爾沁，之後與努爾哈齊締和而通婚姻。努爾哈齊之子皇太極於一六一四年娶科爾沁莽古思・諾顏之女（孝端文皇后），一六二五年又娶同為科爾沁部的寨桑・諾顏之女（孝莊文皇后，孝端之姪女），一六三四年再娶孝莊之姊（敏惠恭和元妃）。其後一六三六年，皇太極即大清寬溫仁聖皇帝之位時冊立了五位正后妃，其中三人即此三位科爾沁之夫人。其餘二人仍是蒙古人，皆為阿巴嘎部族出身，是察哈爾林丹・汗之遺孀。科爾沁出身的三位夫人中，孝莊於一六三八年生下福臨（Fulin，世祖順治帝）。

即以此故，皇太極平時周遭即環繞著科爾沁・蒙古人。由之可理解皇太極對蒙古文學多有涉略的理由。再，之所以視主兒赤惕之超・墨爾根為席北之始祖，理由亦可了解。對於科爾沁・蒙古人而言，「主兒赤惕（女真）」是身邊通古斯的席北人，想來敘事詩文學中會將成吉思・汗九將之一的超・墨爾根與席北人連結在一起也是自然不過的事。皇太極所說「諸申（女真）之號乃席北超墨爾根之裔」，反映出科爾沁・蒙古人的看法。

諸申（女真、女直）在元朝統治下高度蒙古化，甚至忘記了自己的文字。一四四四（正統九）年，明廷應女真之請，書信往來之時，廢女真文字，使用蒙古文字。十五—十六世紀，蒙古語成為女真唯一的書寫語言。一五九九年，努爾哈齊命令巴克什們以蒙古文字拼寫女真語，創造滿洲文語，即因有此背景(13)。

清初之諸巴克什為通滿洲、漢、蒙古三國語文的人們。根據《八旗通志初集》儒林傳，額爾德尼・巴克什（Erdeni baksi）明習蒙古文、兼通漢文，努爾哈齊創業之初，即以其才華而為文學侍從，隨大兵所至漢人及蒙古人地，俱能以其本地語言文字傳宣詔旨，招降納款，著有勞績。一五九九年，努爾哈齊欲以蒙古文字製為國語時，受命者即額爾德尼・巴克什與噶蓋・札爾固齊。大海・巴克什（Dahai baksi／

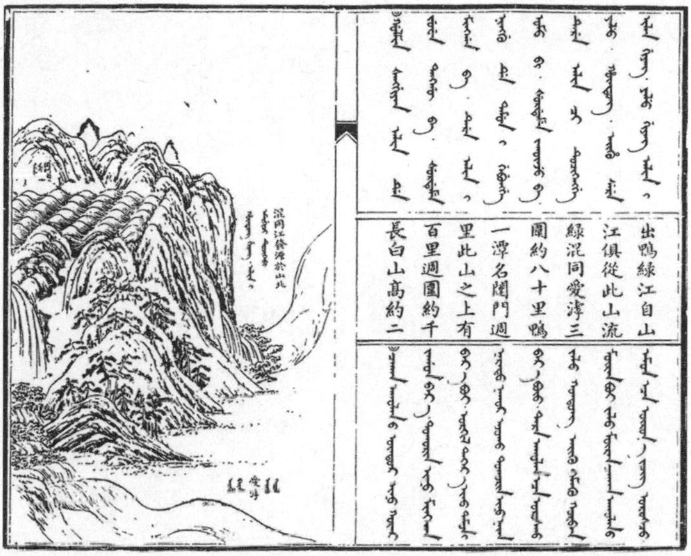

圖七 乾隆年間完成之《滿洲實錄》
自上而下分別以滿、漢、蒙語三體寫成。附有多幅插畫，此為其最初部分。

達海巴克什）生而聰穎，九歲即通滿漢文。初事努爾哈齊，置在內廷機密重地，專司文翰，凡與明朝及蒙古、朝鮮詞命，悉出其手。為補額爾德尼・巴克什等所創滿洲文字之不備，大海於十二字頭正字外，增添與漢字對音之外字，二音節連寫切音之方式亦大海所定。庫爾纏・巴克什（Kūrcan baksi）少時由努爾哈齊養育於宮禁，比長，嘉其識見過人，令於文館辦事。時時出使蒙古，一六三一年，學習漢書，訓誨諸人，於國家大有裨益，與大海並賜巴克什之名(14)。又，儒林傳以外，名臣列傳之希福・巴克什（Hife baksi）與索尼・巴克什（Sonin baksi）皆以兼通滿、漢、蒙文字，而賜名巴克什(15)。

一六三二年皇太極引用察合台與俄齊爾・塞臣之問答故事來向巴克什們訓話，這些巴克什就是通曉滿、漢、蒙古語言文字的人。在論述清帝國的興起時，清初滿洲文化中的蒙古要素，是應該十分重視的問題。

第十六章 征服王朝與被征服文化：八旗、北京官話、子弟書

一六三六年，於萬里長城北側瀋陽建國的清朝，是一個由滿洲人、蒙古人、漢人三個種族組成的共同政權。清朝的統治階層分為八旗滿洲、八旗蒙古、八旗漢軍，在行政上都被視為滿洲人。隨著一六四四年征服中國而南下，移居北京內城稱為胡同的官舍街。開國之初以武勇自豪的八旗滿洲人，到了十八世紀的乾隆時代，也開始在北京內城的社交界內，醉心於學問或興趣等藝能。旗人貴公子們自導自演的曲藝之一為「子弟書」，一開始以「滿漢兼」的形式寫成，每句皆混用滿語與漢語。事實上，後世僅以漢字寫成的子弟書，當中也充滿了滿語。像這樣，北京內城的旗人們將混合滿漢的發音稱作「北京官話」，被認為是最典雅的中國話。以此為基礎，發展出了中國大陸的「普通話」和臺灣的「國語」。這正是在征服王朝之下，中國文化被征服者文化同化的極佳實例。

北京是滿洲人的城市。現在北京的城門和城牆都已經被拆除，但原來的北京城分為北方的「內城」，與南方的「外城」相接。內城是清朝於一六四四年征服中國以來，移居而來的滿洲人的官舍街，外城則是漢人的商業地帶（參照地圖八）。

滿洲人由稱作「八旗」的八個集團所組織，各自在所屬該旗之兵營中與家族同住。所謂八旗，其軍旗分為黃、白、紅、藍四色，各自又再細分為無鑲邊（正）者與鑲邊（鑲）者，成為鑲黃旗、正黃旗、正白旗、正紅旗、鑲白旗、鑲紅旗、正藍旗、鑲藍旗共八旗。而軍旗之色與鑲邊與否，決定了軍團的名稱。八旗中也有順序，最初的鑲黃旗、正黃旗、正白旗是皇帝的直轄領，被稱作「上三旗」，地位最高。

北京內城大致而言，北方是兩黃旗，東方是兩白旗，西方是兩紅旗，南方則是兩藍旗的街區。具體說來，內城中央為「皇城」，南北延伸，其內側所住的是皇帝的僕人、內務府的官員，以及宦官們。皇城中央有一座紫禁城，此處為皇帝之居處及朝廷之所在，如今成為故宮博物院。紫禁城的西側是現

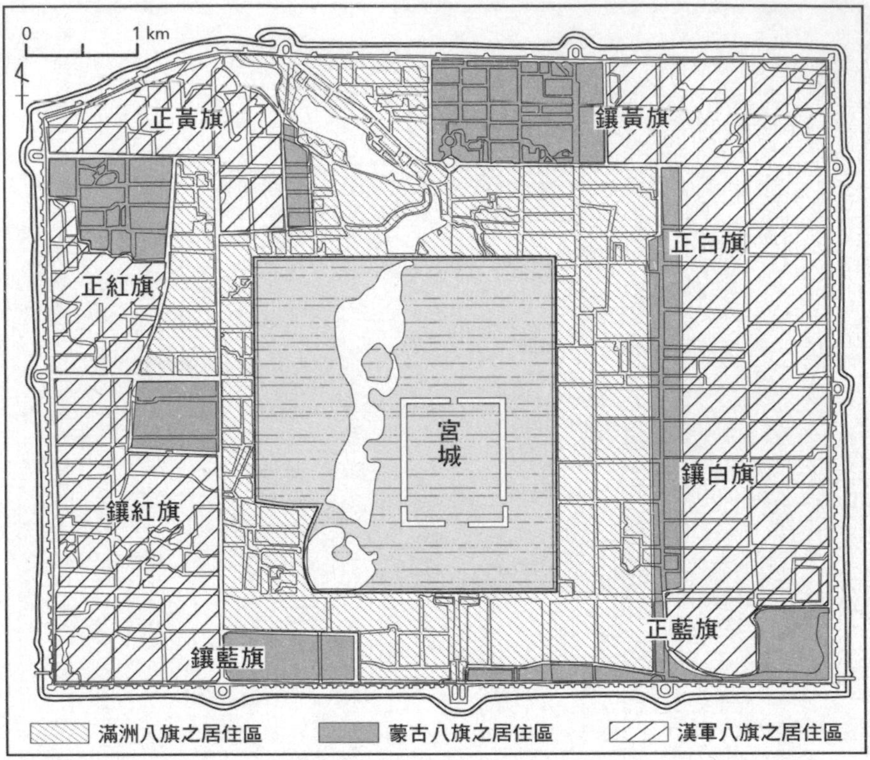

地圖十六　清代北京內城　Mark Elliott, *The Manchu Way*, Stanford University Press, 2001, p.103

在的北海公園，以及共產黨高級幹部居住的中南海，過去是皇城的內部。因皇城之故，將內城的街道分斷成東西區，俗稱「東城」和「西城」。

就東城而言，從北邊城牆向南，直到東直門大街為鑲黃旗的街區，其南方至朝陽門大街為正白旗的街區。再往南至東長安街、東單市場為鑲白旗，南至城牆為止則為正藍旗。因此，北京的銀座街——王府井，過去屬於鑲白旗的領地。

至於西城，北自城牆至西直門大街為正黃旗，再往南至阜成門大街為正紅旗，再向南至西長安街、西單為鑲紅旗，以此南至城牆為止則為鑲藍旗的街區。

就這樣，北京的內城中，圍繞皇城而住的滿洲人——因屬於八旗故亦稱作旗人——就人種而言，並非僅是原來說通古斯系滿洲話的原

圖八　紫禁城

本的滿洲人。當中也包含編入八旗的蒙古人、朝鮮人、漢人、俄羅斯人以及其他種族的人，他們也被視為旗人，待遇同於滿洲人。然而無論哪旗都有「滿洲」（Manju）、「蒙古」（Monggo）、「漢軍」（Ujen cooha）之分，各自編制參領（甲喇／jalan，連隊）、佐領（牛彔／niru，中隊）。可以說，「滿洲」是狩獵民族的各氏族、部族的系統，「蒙古」是原本住於大興安嶺東麓，被清朝所征服的蒙古遊牧民族系統，「漢軍」則是以遼河三角洲高麗裔漢人為中心，加上被漢化的滿洲族、被俘虜的朝鮮人，以及農耕民、都市民的系統。因此，雖然說是滿洲人，但人種不一。這些人住在北京內城，成為征服王朝清朝的骨幹。

然而開國初期以武勇自豪、所向無敵的八旗滿洲人，到了十八世紀的乾隆時代，卻為和平而無聊的日子所苦，開始醉心於學問或興趣等藝能。為此，北京內城的社交圈中，出現了由旗人貴公子自導自演的曲藝，經過不斷地精益求精，逐漸滲入漢人的社會，為中國的傳統藝能奠下基礎，其中之一就是「子弟書」。

根據波多野太郎的研究，十八世紀中葉產生的子弟書是配合三弦[1]伴奏的說唱藝術，由八旗子弟自行創作演出。並非商業行為，而是旗人宴會時的餘興表演，一邊吃飯一邊欣賞。另外，由於城內夜間有宵禁之故，看完後就直接在那裡過夜。之後出現了漢人的專家，開始收取金錢表演。現存的子弟書文本幾乎都是以漢文寫成。僅存極少數較古老的子弟書是以「滿漢兼」的形式撰就。這是以滿洲文為主，穿插漢語，寫本形式如同其他滿文書籍，自各頁左側起直行書寫，與漢文的書籍起始方向相反(1)。

滿漢兼究為何物？波多野太郎所介紹的《螃蟹段兒子弟書》（Katuri jetere子弟書）即其樣本。滿洲語「Katuri」指的是「螃蟹」，「jetere」指的則是「吃」，段子的題名就已經是滿語、漢語各半。內容為，某個滿洲人娶了漢人女子為妻，她非常伶俐，很快就學會了滿洲語。有一天，丈夫買了螃蟹，因為是第一次，不知道該怎麼吃這螃蟹，反而被螃蟹的鉗子夾得哇哇大叫。好不容易制伏了螃蟹，卻不知道要剝殼，結果太硬無法下嚥。「為什麼買了這麼個玩意？」夫婦大吵一架。隔壁的美人出來調停，教他們如何吃螃蟹，因其美味，夫婦也就言歸於好。下面列出最初部分例示參考。滿洲文字以拉丁字母轉寫：

有一個age不知是hala ai
也不知colo作ai niyalma
又不知manju monggo是ujen cooha
更不知那nirui gūsa
tokso de住了二年半
gaiha sargan uthai tubai 蠻子家

1 三弦：乾隆朝《欽定皇朝文獻通考》卷一六四作「三絃」。

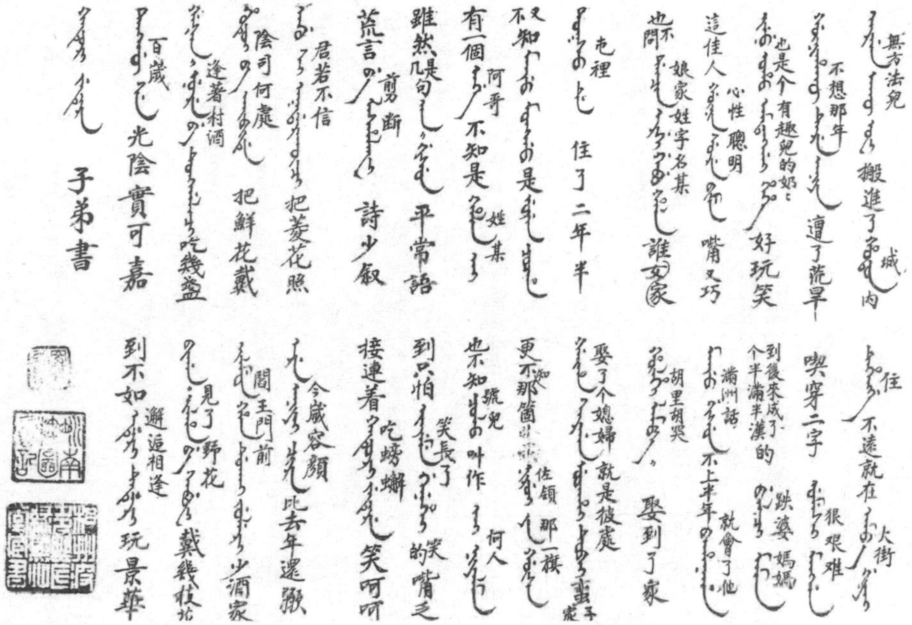

圖九　《螃蟹段兒子弟書》開頭

也不問 dancan ergi gebu hala 誰家女
hūlhi lampa-i 娶到了家

有一個阿哥，不知是姓某，
也不知號兒叫作何人。
又不知是滿洲、蒙古還是漢軍。
更不知哪個佐領哪一旗。
屯裡住了二年半，
娶了個媳婦就是彼處蠻子（漢人）家，
也不問娘家姓字名某誰家女。
胡里胡突娶到了家。

首先，整篇就像這樣，每一句話都摻雜著滿洲語和漢語。這也許就是乾隆時代北京日常語的型態，說來就是原本真正地道的北京話。

而不僅是《螃蟹段兒子弟書》，後世僅以漢字寫成的子弟書文本中也經常可以看到滿洲語摻入。波多野太郎所收集的子弟書當中，《查關子弟書》即其例。

內容講述，漢朝皇太子劉唐建亡命沙

漢，僅有一匹馬、一支槍，月夜露宿岩石上。這時，拿著提燈經過的是丑角番兵梭羅宴，晚上出來巡邏，看到岩石上閃爍紅光嚇了一跳，趕緊去通知女主人小姐（二姑娘）：

楞頭青「阿拉」一聲說不好了

「呼敦軋補」去報姑娘

「阿拉」是滿洲語感嘆詞「ara」，「呼敦」是「hūdun」指「趕快」，「軋補」則是「yabu」意指「走去[2]」[3]。

這番兵一壁裏急行一壁裏嚷，跑到了蒙古鉢（Monggo boo。蒙古的組合式住家，蒙古包）前掀帳房。姑娘問道：「是何人也，為何大驚小怪這般慌？」番兵跪倒說：「梭羅宴，機密事，觸火麼（cohome／特地）前來告訴姑娘。不知亞巴得（yaba／哪裡，de／在）來了奸細，厄母塞拂勒牙哈（emu sefere yaha／一把炭）」燒了個亮堂堂。」

二姑娘吃驚站起說：「在於何處？快些引奴前去看看端詳。」梭羅宴伸手連忙把燈籠提起，二姑娘款步輕盈出帳房。只聽得四圍軍令梆聲兒響亮，又見那一時雲散天氣兒清涼。望著紅光走，走到跟前紅光不見，只有寒沙凝皓月，亂草點嚴霜。見一小小的南蠻（年輕漢人）在石上睡，身傍邊一匹白馬、一條槍。細看他年紀兒，只好與奴同歲，俏龐兒龍顏天表，貴氣非常。二姑娘低聲兒悄喚：「梭羅宴，你與我牽他的白馬，盜他的槍。他醒來時，問他的名姓，是誰家的子？再問他籍貫並家鄉，可有了妻兒，娶過未娶？今自何來，還到哪方？」

2 走去：此處為命令祈使型。
3 以下原書譯作日文，因漢語不甚難，改以摘錄原文。

奉命的番兵偷槍盜馬，拾起根草棍兒捅鼻，太子驚慌。坐起來睜睛，猛見個臊達子（蒙古人），在面前站定像口皮缸。見他面黑髮黃脖項短，眉粗眼大耳輪長。戴一頂臥兔軟沿兒的新帽子，穿一件羊皮無面兒的舊衣裳。蹬一雙牛皮尖靴，猶如鷹嘴，繫一條駝絨窄帶，亞賽羊腸。

儲君驚訝說：「還孤的槍、馬！」番兵說：「摸林阿庫（morin akū／沒有馬）一個，哪裡來的槍？」太子說：「分明是你偷了去。」番兵大怒手高揚。二姑娘連忙擺手在儲君背後，含情翠黛蹙雙雙。

梭羅宴看看姑娘，睄睄太子，說：「使宜你一頓舒拾哈攤他（šusiha tanta／用鞭打），看我的姑娘。那南方的蠻子，哥布矮（gebu ai／名為何），矮哈拉（ai hala／何姓），你要實說，是牛、馬、朱（豬）、楊（羊）？西委居（si wei jui／你是誰的兒子）？西尼阿媽（sini ama／你的父親）是何人也？亞巴衣尼牙拉媽（ya ba-i niyalma／哪裡人）住在哪鄉？五都塞（udu se／幾歲），是七十、八十或三兩歲？矮阿尼牙（ai aniya／哪一年）是狗兒（戌）、兔子（卯）合小猴王（申）？矮逼七雞合（aibici jihe／從哪裡來），是往何處去？最要緊，西你撥得（sini boo de／你的家裡）可有了妻房？你看他，彌尼雞尊（mini gisun／我的話）佯不睬，倒把我牙薩禿溼莫（yasa tuwame／看見）故意裝佯。」

小儲君半晌聽呆全不懂，身後嫣然一笑是二姑娘。

太子回頭魂蕩漾，說：「原來此處是仙鄉！若不然怎生卻有仙人也。難道說乾坤的秀氣，盡在塞北收藏？」

體態兒窈窕之中藏典雅，模樣兒溫柔裏面露端莊。眼含秋水神隱隱，眉橫翠黛蹙雙雙。映著月輪兒不染鉛華天然俏，臨著清風兒未薰蘭麝自來的香。羞煞那漢宮秀女三千紅粉，只她那纖纖玉指就該掌昭陽（做皇后）。常言道：「月下燈前觀美女」，孤今始信不荒唐。見他雲鬢邊金鳳嵌珍珠、寶花廂翡翠，配著紫貂帽綉帶飄揚。披一件海棠春雨猩紅套，玉狐裘錦上添花把領袖廂。宮樣花鞋三寸底，鞋幫兒看不真切，大半是被衣藏。

小儲君似醉如癡呆呆的看，梭羅宴鬍子扎殺臉都氣黃。大罵：「哇布魯（waburu／砍頭的，咒罵語）！真該死！把你那尼牙蠻嘎朱（niyaman gaju／心取了）作醒酒湯！誰許你把彌尼額真（mini ejen／我的主人）胡亂看？剜你的波牛牙薩（bonio yasa／猴眼）理正當。」

二姑娘嬌嗔滿面說：「梭羅宴，就叫他看看有何妨？」向太子說：「奴才無禮，君休怪。」小儲君連忙站起說：「多謝姑娘！」太子說：「他方才說的是何言語？」姑娘說：「問君貴姓與尊芳。」太子說：「我孤姓劉，名唐建。」姑娘說：「不知何處是家鄉？」太子說：「帝業久居龍鳳閣。」姑娘說：「椿萱堂上可安康？」太子說：「蒙天垂佑多餘慶。」姑娘說：「必是現為將相在朝綱？」太子說：「我父大漢為皇帝，深宮母后掌昭陽。」

二姑娘喜上眉梢說：「原來是殿下。」她羞答答一半兒吃驚，抖了抖窪杭（wahan／袖子），向儲君招展花枝輕輕跪，說：「願千歲壽同山岳永，福共海天長。」太子消魂忙攙起，說：「姑娘請起，看沾了衣裳。」姑娘說：「滿地霜華千歲冷，請爺到臣妾的牛皮小帳房。」

太子進帳歸座位，柔氣兒着人陣陣香。見姑娘月下燈前另一番嬌媚，二姑娘玉腕搖金鐲，帶笑把煙裝。太子說：「此乃何物？孤不懂。」番兵笑說：「味道難言，你抽口嚐嚐。」二姑娘玉指尖尖將奶茶獻上，小儲君無奈，接來放在一旁。番兵說：「爺要不喝，一個賞給我！」太子笑說：「拿了去吧！羶氣難當。」這番兵謝賞接茶，出去餵馬，儲君含笑試探姑娘。

說：「夜已深沉，孤往何處去？四圍沙漠，遍地寒霜。孤不然往梭羅宴帳裏歇息了罷。」姑娘說：「不好，太腌臢。」太子說：「這帳房中可倒好，又不方便。況只有姑娘安寢一張床。」二姑年無語，低頭拈綉帶，嬌滴滴紅透香腮醉海棠。羞答答欲語難言好幾次，啟朱唇鶯聲才吐，玉面又遮藏。

太子說：「卿卿不必為難也，孤早知你那聰明的肺腑，伶俐的心腸。怕的是萍水相逢成婚配，教那些朝野多人（草原的人）論短長。我劉唐建天緣有分登金殿，封卿正印掌昭陽。自然的眾口不調無名分，果然是百年大禮有文章（讓你有臉面）。」

二姑娘含羞帶笑將恩謝，小儲君低聲說：「請起，我的娘娘。」姑娘說：「千歲因何來至此？」太子說：「明朝再慢慢訴端詳。」

忽聽得咕咚一聲，梭羅宴也跪倒，說：「阿哈（aha／奴才）也討個差使當當。」太子說：「回朝封你挂將軍印。」番兵說：「彌尼波掖（mini beye／我本身）怕累的慌。我見那牙法哈烏克身（yafahan uksin／警官）真有趣，衣能以達哩拜他阿庫（inenggidari baita akū／每天無事），淨敲梆。就便哈郎阿齋音（harangga janggin／負責的官員）吆喝吆喝，遇見個蘇拉尼牙拉嗎（sula niyalma／陌生閒人）一個更拿糖（即逮捕。譯按：疑「糖」為「他」之叶韻鼻音化，「更拿糖」即「捉拿他」）。」二姑娘袖掩櫻桃難忍笑，太子說：「明朝慢慢再商量。」

番兵「遮遮（je je／是是）」答應忙出去，小儲君呆呆兩眼看姑娘。說：「夜靜，姑娘困乏了，何不安寢入夢鄉？」

你聽聽寒蛩兒周圍聲音兒斷續，也睄睄隔帳兒西斜月影兒冰涼。他二人也不知寢未寢，簡編裏原該如此，莫問端詳。

以上幾乎是《查關子弟書》的全文。

將這個子弟書與《螃蟹段兒子弟書》一比，就會發現滿洲語幾乎都在丑角番兵梭羅宴說話時出現，其他像「蒙古鉢（Monggo boo）」、「窪杭（wahan）」只出現在敘述文中，並不像《螃蟹段兒子弟書》，每一句都混雜著滿洲語與漢語。

話雖如此，這個子弟書的有趣之處，主要在於梭羅宴的木訥和率直，並在太子和姑娘的戀愛裡添加了情色要素。如果聽眾不懂滿洲語，那麼這個子弟書的價值就近乎於零。十九世紀住在北京內城的人們以及當時的旗人們，一定是一面聽著梭羅宴的滿洲語，一面捧腹絕倒。

另外也應注意的是，這個子弟書中完全看不到對人種的偏見。主角劉唐建是漢朝太子，與他山盟海誓的對象則是住在草原帳房裡的公主，明顯假設她是蒙古人。而這個太子答應正式迎娶她，並要封她為皇后，如此一來就不會被別人說閒話。漢朝皇帝的皇后是蒙古人的設定，完全反映出了清朝當時的氛圍。且太子以「乾坤的秀氣盡在塞北收藏」來稱讚姑娘的美貌，承認了北亞女性之美。這個表現方式代表了漢人對穿著旗袍的滿洲美人有著極高的評價。故事應該是發生在蒙古的沙漠，但擔任姑娘奴僕的番兵梭羅宴說的卻是滿洲語，雖說是蒙古人，其實假想的是滿洲人。

如此說來，《螃蟹段兒子弟書》中同樣出現滿洲人男子與漢人女子的夫婦，而且這個妻子十分伶俐，記東西很快，半年的時間就擅長滿洲語而成為「半滿半漢的belci mama」。「belci」指的是模仿人的言行舉止，而「mama」用以稱年長的婦人，相當於「大嬸」。也就是說話與滿洲人幾乎一模一樣的大嬸。從這裡可以看出，在清朝時代的北京，漢人也會說滿洲語。

在此之前，經常可以聽到人們強調中國文化強大的同化力。然而，這應該是辛亥革命之後民國時代的偏見，在歷史上並非事實。毋寧說在征服王朝之下，中國文化被征服者文化所同化，征服王朝倒臺進入民國時期漢人統治時代後，漢人繼承之前統治階層的特權。清朝時代只有旗人可以穿的旗袍成了漢人的禮服，也就是所謂的「Chinese dress」，這就是個好例子。再看語言上的情況。北京內城旗人們的發音為「北京官話」，被認為是最典雅的中國語，以此為基礎發展出現在中國大陸的「普通話」和臺灣的「國語」。實際上，中國語是滿洲人的語言。其他，不僅是子弟書，京劇的源流為金、元的雜劇，到了清朝在北京經過精緻化，原本也是征服王朝的產物，並非被征服的漢族自主創造出的。征服王朝的文化其實才是中國文化的主流。

第五部　書評

第十七章 善巴撰（丕凌列[1]編）《阿薩喇克齊史》[2]

Paringlai, ed., *Byamba, Asaraγči neretü-yin teüke*. Monumenta Historica Instituti Historica Comiteti Scientiarum et Educationis Altae Reipublicae Populi Mongoli, Tomus II, Fasciculus 4. Erdem Shinjilgeenii Khevlekh Üildver, Ulaanbaatar, 1960. 108pp.

本章為作者於一九六五年撰寫收錄於第二部之〈第七章　達延．汗之年代〉、〈第八章　達延．汗之先世〉期間所發表之書評。在日本成為達延．汗爭論焦點的代表性蒙古編年史《蒙古源流》，為達延．汗子孫之鄂爾多斯貴族於一六六二年所編纂之書籍，而《阿薩喇克齊史》則為次早之編年史，由同為達延．汗子孫之北蒙古．喀爾喀部之賽因．諾顏部長於一六七七年所著。及至一九六〇年，由編者親筆直行縱書之蒙文手稿影印本，才終於由當時的蒙古人民共和國正式刊印。本章據清朝史料，記述著者善巴之略歷，並介紹其內容。再者，本章亦將論述書名並非編者所言之《Asaraγči neretü-yin teüke》（慈氏命名之歷史），而應該是《Asaraγči neretü teüke》（名為慈氏之歷史）。順帶一提，二〇〇二年蒙古國烏蘭巴托將原文文本影印並附以拉丁字母轉寫及索引，重新出版，書名改作《Asaraγči neretü-(yin) teüke》，顯然是受到岡田書評的影響。*Byamba-yin Asaraγči neretü (-yin) teüke*. Transcription and Index by Ts. Shagdarsüreng & Lee Seong-Gyu, Edited by Sh. Choimaa Monumenta Mongolica: Tomus 1, Ulaanbaatar, 2002.

1 丕凌列之名以當代蒙古語拼做Perlee（Пэрлээ），然而此名實際上源自藏語（'phrin-las，拉薩音或譯作辰烈，其意為事業），在傳統蒙古拼法上或作Paringlai（Пэрэнлэй），此即此處音譯之丕凌列，其姓為呼德（Ködege）。

2 關於該書，讀者亦可參看烏云畢力格教授之《阿薩喇克其史研究》（北京，中央民族大學，二〇〇九）。

「歷史文獻」（Monumenta Historica）為蒙古人民共和國科學高等教育委員會（今科學院／Shinjlekh Ukhaany Akademi）歷史研究所推出之叢書，主編為那楚克道爾吉（Natsagdorj），收錄於叢書中之《阿薩喇克齊史》（*Asaraγči neretü teüke*）為至今（一九六五年）為止出版的蒙古編年史中最令人玩味的文本之一。

據達木丁蘇隆所說，本書編者丕凌列（Paringlai）著有〈《元朝秘史》地名解〉，發表於一九四八年之《科學》（*Shinjlekh Ukhaan*）雜誌之第二、三號刊(1)，依本書第九十六頁可知，該論文名為「Niγuča tobčiyan-du γaruday γaǰar usun-u nere-yin yekengki-yi qayiǰu oluγsan anu」。此外他似亦另撰有〈未知之三寫本〉、〈關於蒙古革命以前之歷史著述問題〉、〈蒙古史未知的三數編年資料〉等，是新銳的蒙古史學者之一。

此事姑置不論，本書除扉頁二張外，全書概以舊蒙文書寫，悉為編者手稿影印而成。最初六頁乃編者序，予內文以詳盡解說，書末標有日期為一九五九年三月。自第七頁至九十四頁前半為《阿薩喇克齊史》之本文，自九十四頁後半至一〇八頁為編者註，共有一四二條自史學角度書寫之註解。

據丕凌列之序，此版底本之寫本今藏於烏蘭巴托國立圖書館珍本庫，其來歷不明，恐係一九二四年至二六年間之某時納入館藏，書上有該館前館長羅卜桑・忽爾察（Lobsang Qurča）親筆手書之書名「Činggis-eče Uqaγatu Toγon Temür kürtel-e Mongγol-un teüke（自成吉思直至烏哈噶圖・妥懽・貼睦爾之蒙古史）」，本文乃用竹筆墨書於毛邊紙上，可謂顯示出十八世紀初喀爾喀部之書風。

底本未標明書名與作者名，惟編者經種種考證，闡明作者為喀爾喀・賽因・諾顏部長善巴，書名為《阿薩喇克齊史》，於一六七七（康熙十六）年撰就。丕凌列之主張十分出色，故在此介紹。

首先乃關於作者之比定。丕凌列指出，本文後半記載喀爾喀部世系部分有：「bi öber-iyen Byamba erke dayičing（我本人善巴・額爾克・岱青）」一句，此處所指無疑即《欽定外藩蒙古回部王公表傳》卷六十九所載之喀爾喀（Qalqa）賽因諾顏（Sayin noyan）部之扎薩克和碩親王善巴（Šamba）。

今試比較《表傳》所記與本書所載之世系，喀爾喀四部之始祖為北元中興英主巴圖・蒙克・達延・汗（Batu möngke dayan qaγan，達延車臣汗）之第十一子格呼森扎扎賚爾皇太子（Geresenǰe ǰaγaγatu ǰalaγir-un qong tayiǰi，格呼森扎扎賚爾琿台吉）。彼有七子，其第三子諾諾和・偉徵・諾顏（Noγonoqu üiǰeng noyan）之第四子圖蒙肯・昆都楞・楚琥爾（Tümengken köndeleng čögükür，圖蒙肯昆都倫諾顏）之裔繁衍而後遂成賽因・諾顏部。

《表傳》稱，圖蒙肯於紅黃二教相爭時護持黃教，達賴・喇嘛賢之，授之以賽因・諾顏號。姑不論其真偽，圖蒙肯之次子根都斯扎布・額爾德尼・偉徵・諾顏（Kandusǰab erdini üiǰeng noyan），出家後號諾捫・額真（Aldarsiyan nom-un eǰen）。此人無疑即是《表傳》所言之圖蒙肯次子丹津喇嘛（Danǰin lama），繼父業而自達賴喇嘛處獲授諾們・汗之號，一六三八（崇德三）年始遣使通清云。《清太宗實錄》卷四十三，崇德三年八月壬子條所見之衛徵諾顏（Üiǰeng noyan），蓋即此人。一六五五（順治十二）年於喀爾喀置八扎薩克之際，丹津喇嘛領其一。此事見於《清世祖實錄》卷九十五，順治十二年十一月辛丑條。

丹津喇嘛歿於一六六〇年代初，其長子塔斯希布・伊勒登・都爾格齊（Yeldeng dügürgeči）嗣，似未幾而歿。一六六七（康熙六）年，善巴嗣扎薩克，遣使告清，受賜信順額爾克・岱青號。此稱號之蒙文，丕凌列記作「itegemǰitü eyetei erke dayičin」，而《黃史》則將信順書作「itegeltü nayiratu」(2)。

無論如何，此次遣使應相當於《清聖祖實錄》卷二十三，康熙六年八月丁酉條所記喀爾喀之額爾克戴青台吉進貢事。至一六八八（康熙二十七）年，遭準・噶爾之噶爾丹入侵而敗之善巴，率部眾投清，居於烏喇特界外之和勒博津。一六九一（康熙三十）年，善巴參加多倫・諾爾之會盟，受封為多羅郡王。一六九六（康熙三十五）年，於昭・莫多之戰中亦甚活躍，晉封為信順和碩親王。一六九七（康熙三十六）年，噶爾丹亡後歸於舊牧，一七〇七（康熙四十六）年卒。賽因・諾顏部於一七二五（雍正三）年獨立。

既已如是比定作者其人，本書之正確書名，則見於卷末（九二頁）韻文跋中之下列二行：

ulaburi sira moγai ǰil-ün gardig sarayin ider edür-e:
ulam qoyitusi uqaqu-yin tula asaraγči neretü teüke bolγan bičibe::

於丁巳年昴宿月[3]壯日，
為後生之覺悟，撰就「名為慈氏之歷史」

阿薩喇克齊（asaraγči）乃彌勒之蒙古名，以藏語言之則稱作善巴（byams pa）。丕凌列因此認為，當中寓有作者之名。如是，因編者認為「阿薩喇克齊」所指即作者，或以此故遂將該版之書名寫作「Asaraγči neretü-yin teüke」，即「名為慈氏者之歷史」（慈氏と名づくるものの史），惟嚴格言之似應作「Asaraγči neretü teüke」即「名為慈氏之歷史」（慈氏と名づくる史）。

再，作者所標示之「丁巳」為一六七七年，即康熙十六年，此點亦可自其他記事中獲得確認。本文（七八頁）記述關於喀爾喀初代可汗阿巴岱之興教時寫道：

乙酉年夏，於尚呼圖（Šangqu-tu）山陰之故城動土築基，當年建起寺廟。自該寺廟之建迄今，第十一周期（sayitur boluγsan，藏語繞迴 rab byung）之丁巳止，已九十三年矣。

此寺廟即著名的額爾德尼召。乙酉則相當於一五八五（明朝萬曆十三）年，與自一六二七年始之第十一個繞迴之丁巳（康熙十六年）相距恰為九十三年。據此即可明瞭：《阿薩喇克齊史》是在

3 昴宿月：梵語「kārttika 歌栗底迦月 < kṛttikā 昴宿」，約當漢土陰曆之八月十六至九月十五。

一六七七年十月，善巴嗣扎薩克後又十年，噶爾丹入侵前於北蒙古喀爾喀撰就。一六七七年此一年分乃繼一六六二年成書之《蒙古源流》後第二古老的蒙古編年史。

與此相前後者，為國師羅卜藏丹津之《黃金史》（*Altan tobči*）。該編年史前半之最後述察哈爾親王之世系，寫道：

阿布奈王之可敦公主生布爾尼王、羅卜藏太子二人(3)。

云云。《阿薩喇克齊史》（六三頁）中亦有相同記述。

一六六九（康熙八）年，康熙帝藉政變剷除鰲拜，同時削去阿布奈之爵位，將之監禁於瀋陽，阿布奈與馬喀塔・格格（公主）間所生之布爾尼繼承察哈爾親王。事見《清聖祖實錄》卷二十九，康熙八年五月己未條。一六七三（康熙十二）年三藩之亂起，一六七五（康熙十四）年布爾尼對清發動叛變，布爾尼兄弟敗逃後遭射殺。事見《清聖祖實錄》卷五十五，康熙十四年五月辛酉條。

羅卜藏丹津國師亦為一六六七（康熙六）年出版之《五臺山志》（*Uta-yin tabun ayulan-u orosil süsügten-ü čikin čimeg orosiba* 文殊志）之作者(4)，與善巴為同一時代之人。總而言之，該三種編年史乃現今已出版之編年史中歷史最悠久且極富價值之史料。

至於《阿薩喇克齊史》之內容，本書大抵可分為二部，前半敘（七－七二頁）自蒙古始祖孛兒帖赤那始、經博爾濟錦氏之祖孛端察兒、成吉思・汗，至巴圖・蒙克・達延・汗及其十一子中年長之十子之子孫止。後半（七二－九五頁）自達延・汗之第十一子格哷森扎初為喀爾喀之君始，記至阿巴岱・汗之統治，乃至敘及作者同時代人之喀爾喀系譜。二部之首各自皆冠以頂禮上師Namo gurave[4]此一呼文殊之

4 頂禮上師：namo < namas：頂禮、皈依、歸命；gurave < guru：上師（單數、為格 sg, dative）。蒙文似作namo guru（namuva gürü）。

冠語，一見即知其分為二部。其中後半悉屬其他書所無可比擬之一等史料，於治喀爾喀史者誠為幸事。本書價值之大半雖多在於後半部，惟前半部亦有諸多意趣盎然之記事。

首先惹人注目者厥為開卷劈頭以「達賴．喇嘛所著《圓滿史》（*Sjovags ldan debter*）[5]中引有譬喻……」為開端所載之七行話[6]。此處達賴．喇嘛即第五世阿旺洛桑嘉措（Ngag dbang blo bzang rgya mtsho），其著書即著名之《西藏佛教史》（*Rdzogs ldan gzhon nu'i dga' ston*）[7]，一六四四（明崇禎十七年，清順治元年）撰就。今以不淩列所引原文作對校，《阿薩喇克齊史》該七行乃極忠實之逐字翻譯，諸如 rlang-un bserü 等難譯之詞彙，亦音譯並插補以藏文原文。

該部佛教史於蒙古以蒙語書名《青春喜宴》（*J̌alaɣus-un qurim*）之名廣為流布。此處不禁令人想起《黃史》開頭亦寫有「達賴喇嘛所著之名為《青春喜宴》之史書云」，而引用當中六行話。試比較此二者，隨即可知，《黃史》僅不過將《阿薩喇克齊史》之引文縮短並改寫使之更淺白而已，絕非獨立譯出者。

此為證明《黃史》之成書年代較諸《阿薩喇克齊史》之一六七七年為晚之重要證據。《黃史》有諸多後世追加之內容，而無此追記之更古老之寫本，其開頭亦因循《阿薩喇克齊史》之引文而題作《青春喜宴》(5)。無論如何，《黃史》與《蒙古源流》之七項史料之一，薩岡．額爾克．徹辰皇太子所列舉之《古代蒙古汗統大黃史》（*Erten-ü Mongɣol-un qad-un ündüsün-ü yeke sira tuɣuǰi*）無疑乃相異二書，此事可由《黃史》所記之系譜中及於十八世紀之人物而獲得確認。

姑置勿論，本書列名而引用之史料另有《青史》（*Kökö debter*），即 Deb ther sngon po，按其本文，似亦另參據不少其他原典。就中尤宜注目者在其與《元朝秘史》之關係，自孛端察兒（九頁）至成吉

5 參看烏云畢力格教授之《阿薩喇克其史研究》頁七七註九。又此處蒙文僅音譯藏文，未譯出其意。
6 七行話：此指烏蘭巴托版第十二行至第十八行。
7 《西藏佛教史》：此為日文簡稱。漢譯簡作《西藏王臣記》，惟岡田教授此處所舉藏文之意實為「青春喜宴」。

思・汗殺唐古特之失都兒忽・汗（三五頁）止，中間雖多少包含異源之記事，惟大體上與《元朝秘史》第四二－二六六節之內容相當一致。抑且異乎見於《黃金史》中之忠實轉錄，而於相當程度之改寫後使之更易理解，加之亦有簡略化之痕跡。

於其上，值得特記一筆者，本書與《黃金史》二者之摘引《元朝秘史》之部分，內容互有出入，絕不可視作是自《黃金史》所抄出者。此事顯示，除似於南蒙古著書之羅卜藏丹津手頭外，北蒙古・喀爾喀似亦存在有《元朝秘史》之蒙文原本。

未受《黃金史》影響一事，亦可於書中講說元朝以後之蒙古部分獲得例證。本書所記各可汗之代數與在位年代悉與《黃金史》相同，加之繫於各可汗之故事內容亦極相似，儘管如此，時而於紀年與故事之分配方法與《黃金史》有所不一致。

試舉一例。本書於敘述太松・汗遭其弟阿噶巴爾濟晉王背叛而敗死之事（五三－五四頁）後，記載有馬嘎・可兒吉思・汗、摩倫・汗[8]、滿都魯・汗三代，而後方敘阿噶巴爾濟晉王復遭衛拉特之背叛而被弑之連串過程（五五－五六頁）。

前舉之時代錯誤，若本書僅為單純祖述《黃金史》者，則不可能發生，而今同樣之故事，《黃金史》則安插於較妥當之位置。欲對此加以說明，唯有一解：記載可汗名並紀年之原史料與其間之故事乃個別自行成立，而《黃金史》與本書則各自獨立結合二者而製作出現今所見之架構。

如上所述，《阿薩喇克齊史》重新為蒙古史研究提供有力之新史料，今後仍望能對之有進一步之研究與利用。

8 摩倫：即第二部之「莫蘭」。《阿薩喇克齊史》原文作Molun，故日文亦依此音譯。

第十八章　瓦爾特．海西希著《佛典蒙古譯史之研究》

Walther Heissig, *Beiträge zur Übersetzungsgeschichte des mongolischen buddhistischen Kanons*. Abhandlungen der Akademie der Wissenschafen in Göttingen, Philologisch-Historische Klasse, Dritte Folge, Nr. 50. Göttingen, 1962.

本章為與第一部所收錄之〈第三章 蒙古史料中的早期蒙藏關係〉同為一九六二年發表之書評，內文在於介紹作者岡田英弘之恩師之一、時為西德波昂大學教授之海西希先生所撰之德文書。本書特別再收錄此書評之理由為，當中含有與十六、七世紀藏傳佛教在蒙古之傳播相關之極重要之論點。敗於清太宗皇太極而於一六三四年病死之北元宗主察哈爾之林丹．汗，以於一六二八－二九年編纂佛教經典之蒙古語譯一事而著名。此等蒙語佛典，於清朝乾隆時代之一七一八－二〇年時於北京刊行。然而研究現今收藏於聖彼得堡之寫本之跋文等即可了解，譯經者們本為在土默特阿勒坦．汗之下活躍者，而林丹．汗之譯經事業，乃有部分蓋屬利用土默特時代之成果，改變其跋文，攘奪前人之功者。抑且所謂阿勒坦．汗之皈依佛教，實亦僅意味自過去之寧瑪派、薩迦派、噶舉派等宗派，改宗至格魯派而已，此事亦因之以明。

海西希博士，無庸贅言，乃德國波昂大學之教授，蒙古文獻學、歷史學之專家，近年（一九六二年）筆耕不綴中所展現之充滿精力之成果，其學識淵博令人瞠目結舌。隨手試稍舉其一斑，首先：

Die Pekinger lamaistischen Blockdrucke in mongolischer Sprache. Wiesbaden, 1954.

網羅有超越二百種蒙文刊本，並收有詳細解說，為蒙古研究奠下文獻學基礎；

Mongγol Borǰigid Oboγ-un Teüke von Lomi (1732). Wiesbaden, 1957.

正式出版滿文編年史《蒙古世系譜》原本之蒙譯本，該書此前僅能透過西齋博明之漢譯而為人所知；

Die Familien- und Kirchengeschichtsschreibung der Mongolien, I. 16-18 Jahrhundert. Wiesbaden, 1959.

目前雖僅有上卷，實已詳述二十二種蒙文編年史，出色地打破過去蒙古無原文史料之定說，更於附錄中收錄可能為薩岡・額爾克・徹辰皇太子《蒙古源流》所依據之史料《白史》（*Čaγan teüke*）、《彰所知論》（*Čiqula kereglegči*）、《青春喜宴》（*J̌alaγus-un qurim*）之原文影本。下卷關於十九世紀以後之部分，不久後亦將出版。再，

Mongolische Handschriften, Blockdrucke, Landkarten. Verzeichnis der orientalischen Handschriften in Deutschland, Band I. Wiesbaden, 1961.

此為不問東、西德，將今存所有蒙文、卡爾梅克文之資料，不遺片紙隻字盡行收錄之一種聯合目錄，實乃龐然巨帙。又，海西希博士更將K. Grönbech死後中斷之*Monumenta Linguarum Asiae Majoris*（《大亞細亞語言文獻》）復刊，自任編輯，已分別以Seria Nova（譯按：新叢刊）之I、II中，各自校刊有：

Altan Kürdün Mingγan Gegesütü Bičig. Eine mongolische Chronik von Siregetü Guosi Dharma (1739). Kopenhagen, 1958.

Erdeni-yin Erike. Mongolische Chronik der lamaistischen Klosterbauten der Mongolei von Isibaldan (1835). Kopenhagen 1961.

二種蒙文編年史，繼而又預計於第三冊校刊Bolor Toli，第四冊則為Altan Erike。海西希博士目前（一九六二年六月—九月）旅居日本，據本人親口所道，他將出版越一千頁之蒙古文學史，已示其校樣與我。而其訪日目的之一，便是為前述*Die Pekinger lamaistischen Blockdrucke*之改訂版作準備，搜索在日本之刊本類之故。

相較於以上大規模之業績，正文六〇頁、圖版一八頁之本書可謂小巫見大巫。然而相對於與其他毋寧更具文獻學色彩者，本書則自文獻學踏入歷史學，且將蒙古政治史上尤其引人玩味之時代中，聚焦於北元末裔、清朝勃興期之察哈爾之林丹・汗（Legs ldan qaγan）之政治情勢加以照明，此點真乃發揮出作

者之本領，令人深感非海西希教授不能為此！

全篇分為三章，第一章以「林丹汗之修改《甘珠爾》跋文並其對應之政治背景」為題。林丹・汗以檀越身分於一六二八—二九年下令編纂《甘珠爾》（佛教經典）一事，眾人皆知，但海西希教授首先指出在此之前已有部分規模之佛典蒙譯事業。其所舉之證據為，列寧格勒（今聖彼得堡）之《甘珠爾》寫本。該寫本之律部與北京刊本之《甘珠爾》內容雖同，卷數分合則不一致。非但如此，該本更附有北京刊本所闕之五種跋文。海西希教授揭載該五種跋文之蒙語原文並其譯文，此處試譯出其中尤重要者Nomuγadqaqu sitügen 之跋文。

……菩薩，
欲興世界眾生之利益與喜樂，
聚於此雪國取人之形，
不滅之救濟者薩迦・阿難答噶爾琶（Kun dga' snying po：譯按：Ānanda-garbha，漢言喜胎）。
其子古敦・阿難陀入嚩羅（Kun dga' 'bar：譯按：Ānanda-jvala，漢言喜焰），
甚高功德、智慧究極之奔攘那迦（Bsod nams rtse mo：譯按：Puṇya-nāka，漢言福頂），
顯執名聲之旗幟者訖利底脱闍（Grags pa rgyal mtshan：譯按：Kṛti-dhvaja，漢言作幢），
具足大吉祥之千光之室利缽婆（Dpal chen 'od po：譯按：Śrī-prabha，漢言祥光），以及
一切善法之勝者薩迦・班智達，
具明察悟性之奔攘脱闍波陀（Bsod nams rgyal mtshan：譯按：Puṇya-dhvajapāda，漢言福幢足），
跪拜一切眾生之師、名喚法王八思巴
玉念珠般連續出現之七文殊師利。
集清淨法三藏諸河之大海，

擴張一切四怛特羅之葉之歡喜花園，
充滿阿含學精髓之善之一切，
向生一切必要物之如意寶珠沙爾巴・呼圖克圖祈念。
具婆伽梵能者之威之釋迦牟尼尊者，
特辭四種諸天之故，
獲讚若最勝、天中天、佛陀，
顯屬人類之具威力者天中天、轉金輪王，
於希望翻譯眾生之所依並具高能者之話語時，
清淨主、文殊師利之化身八思巴・呼圖克圖之
甚明智慧之子大乘法王，
人稱聲明學者之首、灌頂國師，
如無價之如意珠寶，
委託根本上師，
於無知之智力所及範圍內，
烏努克依・必里克圖大國師譯之為蒙古語。

此跋文所列舉之人名中，最初八人為藏傳佛教四大派之一薩迦派之諸教主，其第八人八思巴，毋待多言，即著名之元世祖帝師八思巴。次之，沙爾巴・呼圖克圖[1]，亦如《蒙古源流》中明白述及林丹・庫圖克圖・汗所皈依之薩迦・達克禪・沙爾巴・呼圖克圖一事，其果然亦為薩迦・沙爾巴之喇嘛。

1 沙爾巴・呼圖克圖：Šarba qutuγtu，四庫本《蒙古源流》作「沙喇巴・胡土克土」，此處依道潤梯步本。

一七一八－二〇年之北京刊本中，林丹・汗於其本文幾未更動，僅除去造成妨礙之跋文，而北京刊本之開頭亦言及及沙爾巴・呼圖克圖與林丹・汗之關係如次。

於人間具威力之林丹・庫圖克圖大元薛禪・汗誕降，
根本正與金剛持相連，
教學正與大瑜伽相應，
種姓正為薩迦之子孫，
與如空中旭日之沙爾巴・呼圖克圖相逢，
如旭日般顯揚高貴之法，
導國民入金剛乘之道，
以太平安樂之政而歡喜……。

此處明示沙爾巴・呼圖克圖與林丹・汗之譯經事業有密切關係。然而沙爾巴・呼圖克圖之名之出現，僅於前述Nomuyadqaqu sitügen之跋文中，其餘諸經全未提及。抑且應注意置該經於律部之首一事。正如李蓋提所指出者，林丹・汗之《甘珠爾》確於一六二九年中完成，正當此時，律部之編纂近於尾聲之時，林丹・汗與沙爾巴・呼圖克圖間似起衝突。其證據為一七三九年扎魯特部之錫哷格圖（širegetü；譯按：有座者、首席）國師答里麻以蒙文撰著之編年史《金輪千幅書》（*Altan kürdün mingγan kegesütü bičig*）中如次之記事：

空行母與呼圖克圖遭大肆為難，
逐神聖尊上之喇嘛，
敢棄佛法……。

意即，林丹．汗疏遠沙爾巴．呼圖克圖之結果，在此之後所書之跋文中遂略去沙爾巴．呼圖克圖之名。

海西希博士於第二章「十七世紀初之佛典之部分規模翻譯及其譯者」中，追溯林丹．汗以前之情況。首先舉出林丹．汗以前同樣從事佛典翻譯事業者，有察哈爾之岱青太子（Dayičing tayiǰi）。三種蒙文藏經之跋文中嘗言及其名，其中一種為標有一六二〇年之《大般若經》。

而林丹．汗時代譯經者之一，岱翬大元小國師（Dayigung dayun sikü guosi）曾頻繁現身。收藏於馬爾堡之《Subusida-yin tayilbur》，即薩迦．班智達．貢噶堅贊（Sa skya paṇḍita Kun dga' rgyal mtshan）之名著《格言寶藏論》（Subhāṣitaratnanidhi善說寶藏），其註釋書之跋文中亦出現如下之名：

爾後陸續於國民之中，
誕降具足福分之諸譯經者，
以各國之語言宣揚，
翻譯甚高之諸法。
於不滅之德，薩迦．班智達之《善說》中，
將一切眾賢所著之註釋，
一切之主阿勒坦．汗之曾孫，
依往昔福德之力誕降，
欲使覺悟世間之政、法特質，
具威力之德勒格爾．阿玉錫皇太子（Delger ayusi qung tayiǰi）所望之時，
欲以此理解功德與罪業，
乃如是翻譯，岱翬大元小國師……。

圖十 蒙文與藏文之《八千頌般若經》。攝影：杉山晃造（JPS）。

此處作為翻譯檀越之德勒格爾，正如文中明白寫出者，乃阿勒坦·汗之曾孫，實為第四世達賴·喇嘛·雲丹嘉措之兄弟。毋庸多言，此事應繫於一六二八—二九年林丹·汗西征滅亡土默特部以前，說明該譯經者初隸土默特部而活動，其後方入林丹·汗之庇護下。使其時代愈明者為具一五九二年跋文之《文殊師利結集經》，檀越記作阿勒坦·汗之孫伊拉固克散·布延·額爾克·巴雅固特大皇太子（Ilaγuγsan buyan-u erke bayaγud dai qung tayiǰi）。

話題回歸《格言寶藏論》之譯者岱鞏大元小國師。此人為俄木布皇太子（Ombu qung tayiǰi）亦譯有多部佛典。此俄木布即阿勒坦·汗之孫，阿勒坦嗣子僧格·都古稜之末子。如是，作者海西希攢集可確認於土默特時代活動於歸化城之譯經者之名，與林丹·汗時代之譯經者做比較，指出其中多人重複，因而顯示林丹·汗乃不過繼承自土默特時代已開始之譯經事業。又比較土默特譯本與林丹·汗譯本，發現其間行文、用語之一致，遂使林丹・汗利用土默特時代之業績，僅改變跋文，攘奪前人之功一事因之而明。

第三章「滿洲乾隆帝治下蒙文古書之蒐集與檢閱」中分析矢野仁一於《近代蒙古史研究》中提及下述事件之背景：

乾隆帝知蒙古於成吉思・汗以後之興盛時代，自各地獻納有諸多譯成蒙文之書籍，遂於乾隆七（一七四二）年下詔，令將蒙古可得見之古書悉送致北京……。

矢野博士解釋「此等亦可見清朝蒙漢分離政策之一端」，而海西希更由此看出此另有援助藏傳佛教格魯派，作為清朝一種思想統制之意義。其證據為，收藏於北京故宮博物院之四十九種寫本上所貼附之簽條，皆以滿文書有：

乾隆八年十一月十七日奉旨交章嘉・呼圖克圖閱看覈定後，於白紙上書蒙古字〔經名〕一卷。

章嘉・呼圖克圖・羅勒白多爾濟（Lcang skya hu thog th Rol pa'i rdo rje）[2]屬格魯派，清朝賦與其以南蒙古之宗教領袖地位，毋庸贅言。原本於元朝以後之蒙古為寧瑪派、薩迦派、噶舉派並行，所謂阿勒坦・汗之皈依佛教，亦僅意味其改宗格魯派而已。格魯派之所以具壓倒他派之優勢，乃因統治蒙古之政治上之必要，清朝有意識地加以保護所致。由此觀之，乾隆七（一七四二）年該詔書之意義亦首次為之而明。

以上，以寥寥數語，以閱得重量級好書之喜悅而介紹之，謹此擱筆。

2「羅勒白多爾濟」：三世章嘉呼圖克圖。俗譯「若必多吉」，「吉」字混淆尖團音，並不理想。

作者註

第一章 概說：從蒙古帝國到大清帝國

(1) 一般論述多以為，帖木兒（Tīmūr）死於對明遠征之道中，實則應係在向北元之途中。偶然在此之前未久，西班牙王恩里克三世遣往帖木兒處之人使克拉維霍（Ruy González de Clavijo）之遊記，當中即有此事之證據。

一四〇四年九月八日，克拉維霍於撒馬爾罕宮廷謁見帖木兒時，帖木兒宮廷中亦有乞台皇帝脫古思・汗之使節同席。所謂脫古思・汗此稱號乃「九個帝國之皇帝」之意（譯按：或釋此皇帝作Chayscan，自其釋義作「九」觀之，疑係Togscan即Toquz Khān之訛，岡田教授嘗於文章中引巴托爾德之文釋之，見第八章作者註(6)引Barthold之文），而蒙古人嘲而呼之曰「通古茲・汗」即「豬皇帝」（譯按：tunguz，突厥語「豬」）。乞台皇帝之使節宣稱：帖木兒之領地嘗為乞台領地之一地方，故帖木兒應歲輸貢賦，而此七年間竟一度亦未嘗獻納，即此帖木兒便應將其全額徑行繳清，云云。對此，帖木兒曰：「貢賦我將自攜以納」，遂抑留乞台眾使節，下令將之悉數處刑。乞台於此七年間皆未催徵貢賦，其故在於：乞台之前皇帝死後，三子間相續起爭端，長男殺三男，次男復戰勝長男，長男絕望，遂放火焚己之氈帳而死。獲勝生存之次男乃為皇帝，因已止爭亂之故，遂遣使節至帖木兒處要求其繳納貢賦。

乞台指契丹（遼），此一名稱含括契丹帝國所統治之蒙古高原、滿洲，乃至繼受契丹之後之金帝國所統治之華北亦屬之。故乞台皇帝亦必為以此等地域為根據地之忽必烈家之元朝之可汗。所謂「脫古思・汗」者，係基於北元之脫古思・帖木兒・汗（天元帝，一三七八－一三八八年在位）而作此稱，乃蒙古高原之北元可汗。所謂因乞台之內紛遂致帖木兒於七年間未向乞台皇帝繳納貢賦云者，乃此乞台為北元而非明朝之證據。何以故？因帖木兒一度亦未嘗向明輸貢賦，且明朝皇帝以華南為根

據地，蒙古人應呼之曰「蠻子」（Manzï）可汗而非乞台可汗之故。見岡田英弘著《モンゴル帝国の興亡》，二〇〇一年，一二一—一二三頁。クラヴィホ（山田信夫訳）《チムール帝国紀行》桃源社，一九七九年，二〇〇頁、二五七頁。（譯按：中文版見楊兆鈞譯《克拉維約東使記》，北京，商務，一九八五，頁一二七、一五八—一五九。）

(2) 同時代明方之漢文史料中，書bayising以漢字作「板升」，其最大者呼和．浩特（蒙語「青城」）書作「大板升」。現代蒙語中「bayising байшинг」雖指固定家屋，實則「Bayising」之原義既非城亦非房屋，乃指某種人群而言。其證據在清初之滿語史料。天聰二年（一六二八）二月，為討遼寧省西部之察哈爾而發自瀋陽，途中獲知「於Oo muren，Sereng Cing Baturu並其國人（gurun）baising悉在」（《滿文老檔》太宗、一二三頁）。滿語「gurun」為蒙語「ulus」，滿語「baising」即蒙語「bayising」。亦即此名為色楞．青．巴圖魯之蒙古領主之部眾中，遊牧蒙古人曰「ulus」、農耕漢人曰「bayising」，而「bayising」之語源即為漢語之「百姓」。「bayising」自其本義漢人農民而擴大之，轉指彼等耕作之農園，又指立於農園中之漢式家屋，進而更指其大者，即呼和．浩特之漢式宮殿亦被呼作「大板升」矣。順帶提，此語之書作「板升」者，乃因漢語山西方言大同音中，「百姓」即讀作「pæ:ʃəŋ」之故。

第二章　《元朝秘史》之撰成

(1) 《元朝秘史》十卷，記事始自成吉思．汗先祖之故事，迄於一二〇六年成吉思．汗即位。《元朝秘史續集》二卷，載有即位後迄一二二七年逝世止之成吉思．汗之行動，並至一二二九年第二代窩闊台．汗即位止。於一九〇八年已有該書之日本語譯本，以那珂通世注《成吉思汗實錄》之名由大日本圖書株式會社出版。今日較易取得者則為村上正二譯注《モンゴル秘史》一、二、三，平凡社東洋文庫，一九七〇、七二、七六年；小澤重男《元朝秘史》上、下，岩波文庫，一九九七年等。將僅書有漢字音寫之原本中所有單詞復原為蒙古語並加以注釋者，則有白鳥庫吉譯之《音譯蒙文元朝秘史》（實際將蒙語轉寫為拉丁字母者為竹內幾之助），一九四二年東洋文庫出版。

(2)《遼史》百衲本，商務印書館，一九五八年，卷三十〈天祚皇帝本紀〉四、四葉下。

(3)《金史》百衲本，商務印書館，一九五八年，卷九十三〈宗浩列傳〉十七葉上－十八葉上。婆速火無疑即《元史》卷一百十八，〈特薛禪列傳〉，一葉上所記之姓「孛思忽兒」Bosqur。

(4)《元史》百衲本，商務印書館，一九五八年，卷一百十八〈特薛禪列傳〉一葉上－下。

(5)同上，四葉下。

(6)同上，一葉下。

(7)《元史》卷一百六，〈后妃表〉一葉下。同卷一百十四，〈后妃列傳〉一、二葉上。同卷一百十八，〈特薛禪列傳〉四葉下。

(8)《元史》卷一百十四，〈后妃列傳〉一、二葉上。

(9)《元史》卷一百二十六，〈安童列傳〉一葉上。

(10)《元史》卷一百十九，〈木華黎列傳〉十五葉上－下。

(11) Rashid-ad-din: *Sbornik letopisei*, tom I, kniga pervaia, Moskva-Leningrad, 1952. str.93.

(12)《元史》卷一百六，〈后妃表〉三葉上－下。

(13)以下所說關於元朝之權力構造，見本書〈第一章　概說：從蒙古帝國到大清帝國〉之「三、大元帝國」。

(14)《元史》卷一百二十六，〈安童列傳〉一葉上。惟此處云「中統初……年方十三」計算有所不合。至元三十年，以四十九歲薨之安童，於中統二年父死之際應為十七歲。

(15)《元史》卷四，〈世祖本紀〉一、六葉下。

(16)《元史》卷二，〈太宗本紀〉二葉下。

(17)《元史》卷二百六，〈叛臣列傳〉王文統，四葉上。王文統為當時最大軍閥益都李璮之幕僚，兼為其妻之父。
(18)《元史》卷一百五十八，〈許衡列傳〉八葉上下。
(19)《元史》卷四，〈世祖本紀〉一、二十一葉下。
(20)《元史》卷五，〈世祖本紀〉二、十葉下。
(21)《元史》卷五，〈世祖本紀〉二、十四葉下。
(22)《元史》卷六，〈世祖本紀〉三、四葉上。同卷一百二十六，〈安童列傳〉一葉下。
(23)多桑（d'Ohsson）著，佐口透譯注《モンゴル帝国史3》，東京，平凡社，一九七一年六月，一一三頁。
(24)《元史》卷二百五，〈世祖本紀〉三、十五葉下。
(25)《元史》卷六，〈世祖本紀〉三、十五葉下。
(26)《元史》卷七，〈世祖本紀〉四、十三頁下－十四葉下。
(27)《元史》卷七，〈世祖本紀〉四、十四葉下－十五葉上。同卷二百五〈奸臣列傳〉阿合馬、三葉下。
(28)《元史》卷八，〈世祖本紀〉五、二葉下。同卷一百十四，〈后妃列傳〉一、二葉上－下。同卷一百十五〈裕宗列傳〉四葉下－五葉上。
(29)《元史》卷七，〈世祖本紀〉四、十九葉下。
(30)《元史》卷十一，〈世祖本紀〉八、五葉上。同卷一百八〈諸王表〉一葉下。
(31)前揭《モンゴル帝国史3》一〇八－一〇九頁。《元史》卷一百二十六，〈安童列傳〉三葉上。
(32)《モンゴル帝国史3》一〇九－一一〇頁。《元史》卷九，〈世祖本紀〉六，二十葉下。
(33)《元史》卷十三，〈世祖本紀〉十、三葉上。同卷一百二十六，〈安童列傳〉三葉上。
(34)《元史》卷十，〈世祖本紀〉七、二十五葉上。
(35)《元史》卷十一，〈世祖本紀〉八，十二葉上。同卷一百十四，〈后妃列傳〉一中，應為至元十八年處誤作「十四年」。

(36)《元史》卷二百五，〈奸臣列傳〉阿合馬、七葉下－八葉上。

(37)《元史》卷六十二，〈地理志〉五、十七葉下。

(38)《元史》卷九十九，〈兵志〉二、五葉下。

(39)《元史》卷一百十五〈裕宗列傳〉九葉下－十葉上。江南一如其代表者江西行省，乃皇太子真金個人之勢力圈。

(40)《元史》卷一百十五，〈裕宗列傳〉十葉上。同卷十三，〈世祖本紀〉十、二十三葉下。

(41)《元史》卷一百七，〈宗室世系表〉十二葉上。同卷一百十五，〈顯宗列傳〉十葉上。同〈順宗列傳〉十二葉下。

(42)《元史》卷一百十六，〈后妃列傳〉二、一葉下。

(43)《元史》卷一百十四，〈后妃列傳〉一，四葉上。同卷一百十八，〈特薛禪列傳〉五葉上。據 Rashīd al-Dīn 之 *Jāmiʿ al-tawārīkh*云，南必・可敦為納陳・古列堅之女（John Andrew Boyle, *The Successors of Genghis* Khan translated from the Persian of Rashīd al-Dīn, New York, 1971, p.245）。

(44)《元史》卷一百十五，〈順宗列傳〉十二葉下－十三葉上。

(45)《元史》卷一百十五，〈顯宗列傳〉十一葉上。

(46)那木罕此時已由北平王改封北安王。《元史》卷一百八〈諸王表〉一葉上、二葉下。

(47)《元史》卷十七，〈世祖本紀〉十四、二十葉上。同卷十八，〈成宗本紀〉一、一葉上。

(48)《元史》卷一百二十七，〈伯顏列傳〉十九葉下。

(49)《元史》卷十八，〈成宗本紀〉一，一葉下。同卷一百十六〈后妃列傳〉二，二葉下。同卷一百七十三〈崔彧列傳〉十二葉下。此玉璽據云乃出自札剌亦兒之木華黎國王之曾孫世德家，觀此可怪之物之登場時機，亦可察知鐵穆耳之繼承皇位或已是既定事實。

(50)《元史》卷十八，〈成宗本紀〉一、二葉上、三葉下。同卷一百十六，〈后妃列傳〉二、二葉下－三葉上。
(51) 陳高華，《元の大都》（中央公論社，一九八四年六月，七一、九一－九二頁）。
(52) 該機構之詳情，載於《元史》卷八十九〈百官志〉五，亙一至二十七葉。
(53)《元史》卷二十，〈成宗本紀〉三、六葉下。同卷一百十六，〈后妃列傳〉二、三葉下。
(54)《元史》卷二十，〈成宗本紀〉三、十七葉上。同卷一百十五，〈顯宗列傳〉十二葉上。
(55)《元史》卷二十九，〈泰定帝本紀〉一、一葉上。同卷一百十六，〈后妃列傳〉一、三下
(56)《元史》卷二十一，〈成宗本紀〉四、二十葉下、二十三葉下。同卷一百十四，〈后妃列傳〉一、四葉下。
(57)《元史》卷一百十四，〈后妃列傳〉一、五葉上－下。
(58)《元史》卷二十二，〈武宗本紀〉一、二葉上－下。同卷二十四，〈仁宗本紀〉一、一葉上－二葉下。同卷一百十四，〈后妃列傳〉一、五葉下。同卷一百十六，〈后妃列傳〉二、四葉上－五葉上。同卷一百三十六，〈阿沙不花列傳〉八葉下－九葉下。同卷一百三十八，〈康里脫脫列傳〉二葉上－三葉下。
(59)《元史》卷二十二，〈武宗本紀〉一、三葉下、十六葉下。同卷一百十六，〈后妃列傳〉二、五葉下。
(60)《元史》卷二十二，〈武宗本紀〉一、二十四葉下。同卷一百十六，〈后妃列傳〉二、五葉上。
(61)《元史》卷二十三，〈武宗本紀〉二、二十七葉上。同卷二十四，〈仁宗本紀〉一、三葉上、六葉上。
(62)《元史》卷三十一，〈明宗本紀〉一葉上。同卷三十二，〈文宗本紀〉一、一葉上。同卷一百十四，〈后妃列傳〉一、六葉上。
(63)《元史》卷二十七，〈英宗本紀〉一、一葉上。同卷一百十六，〈后妃列傳〉一、六葉上。
(64)《元史》卷二十七，〈英宗本紀〉一、一葉上。同卷一百十六，〈后妃列傳〉二、六葉上－下。同卷

(65)《元史》卷二十六，〈仁宗本紀〉三，十九葉下。同卷二十七，〈英宗本紀〉一，一葉下、三葉下。

(66)《元史》卷二十七，〈英宗本紀〉一，四葉上。同卷一百十六，〈后妃列傳〉二，五葉下。

(67)《元史》卷二十八〈英宗本紀〉二，六葉下。同卷一百十六〈后妃列傳〉二，六葉下作「至治三年二月崩」，實為二年九月丙辰。

(68)《元史》卷二十八，〈英宗本紀〉二，七葉上。同卷一百三十六，〈拜住列傳〉十六葉上。

(69)《元史》卷二十八，〈英宗本紀〉三，十六葉下－十七葉上。同卷一百三十六，〈拜住列傳〉十七葉上。同卷二百七，〈逆臣列傳〉二葉上－下。

(70)《元史》卷二十九，〈泰定帝本紀〉一，一葉下－四葉下

(71)《元史》卷三十，〈泰定帝本紀〉二，二十四葉上－下。同卷三十一，〈明宗本紀〉二葉下－十葉上。同卷三十二，〈文宗本紀〉一，二葉上－十六葉上。同卷三十三，〈文宗本紀〉二，三葉下－十五葉上。同卷一百三十八，〈燕鐵木兒列傳〉六葉下－十三葉上。

(72)村上正二譯注《モンゴル秘史3》（平凡社，一九七六年八月，三九六頁）中提及「關於泰定帝甲子之忽里勒台（實則忽里勒台之召開在其去年之癸亥，一如本文中所觸及者——岡田），確實僅岡田英弘教授於約三年前之蒙古學會席上言及以外，任何國家任一學者皆未觸及。」

(73) Hidehiro Okada, "*Yüan ch'ao pi shih*, a pseudo-historical novel." *Proceedings of the Third East Asian Altaistic Conference, August 17-24, 1969, Taipei, China*, pp. 194-205. H. Okada, "*The Secret History of the Mongols*, a pseuco-historical novel." *Journal of Asian and African Studies*, No.5, 1972, pp. 61-67. 岡田英弘，〈チンギス・ハーン崇拝とモンゴル文学〉，《歴史と地理》一八二，一九七〇年十一月，二二－二三頁。

(74)《元朝秘史》之故事不似史實者多，參見吉田順一〈元朝秘史の歴史性——その年代記的側面の検討〉，《史観》七八，一九六八年，四〇－五六頁。同〈《元史》太祖本紀研究——特に祖先物語について〉，《中国正史の基礎的研究》（早稲田大學出版部，一九八四年三月，三五七－三八三頁）。

第三章 蒙古史料中的早期蒙藏關係

(1)《元史》卷二，〈太宗本紀〉、卷一百七〈宗室世系表〉、卷一百五十五〈汪世顯列傳〉。順帶提，汪世顯並非漢人，乃突厥系之汪古族（Önggüd）。

(2) Giuseppe Tucci, *Tibetan Painted Scrolls*, Vol. 1, pp.7-17, Rome, 1949.

(3) George N. Roerich, *The Blue Annals*, Part I, P.91, Calcutta, 1949.

(4) Tucci, *op.cit*, loc.cit.

(5) Sarat Chandra Das, "Contribution on Tibet", *Journal of the Royal Asiatic Society of Bengal*, Calcutta, 1881, pp.238-239; 1882, pp.19-20.

Paul Pelliot, "Les systèmes d' écriture en usage chez les anciens Mongols," *Asia Major*, II, 2, Leipzig, 1925, pp.284-289.

Roerich, "Kun-mkhyen Čhos-kyi hod-zer and the origin of the Mongol alphabet", *Journal of the Royal Asiatic Society of Bengal*, Vol.XI, 1945, No.1., pp.52-58.

James E. Bosson, "Sa-skya Pandita", MS. delivered at the Inner Asia Research Colloquium, University of Washington, Seattle, Dec.6, 1960.

(6) Kun-dga' Rdo-rje, *The Red Annals*, Part I, The Tibetan Text, Gangtok, 1961.

(7) Roerich, op.cit., *loc.sit.*

(8)《元史》卷二百二，〈釋老列傳〉。

(9) Pelliot, *op.cit., loc.cit*. Roerich, op.cit., loc.cit.《佛祖歷代通載》卷二十二，大德七年條。

(10) bLo bzan bsTan 'jin, *Altan Tobči, A Brief History of the Mongols*, Scripta Mongolica I, Cambridge, 1952.

(11)《元朝秘史續集》卷二，第五葉表。

(12) 岩村忍，《マルコ・ポーロの研究》上卷，一九四八年，二六二頁。

(13) N. P. Shastina, *Shara Tudzhi, Mongol'skaia letopis' XVII veka*, Moskva, 1957, p.44.

(14) Roerich, *op.cit., loc.cit.*

(15) Shastina, *op.cit.*, pp.44-45.

(16) 《元朝秘史續集》卷二，第五葉表。

(17) 岩村，前揭書，二六七頁。

(18) 《蒙古源流》，岡田英弘譯注（東京，刀水書房，二〇〇四年，一一九－一二〇頁）。

(19) 《元史》卷一，〈太祖本紀〉。

(20) 同上。

(21) 承蒙哦巴堪布・索南嘉措・仁波切（Ngor pa mkhan po Bsod nams rgya mtsho Rin po che）賜教。Cf., Roerich, *The Blue Annals*, Part II, p. 1047.

(22) 岡田，前揭書，一四一－一四三頁。

(23) 據與Robert E. Ekvall氏之談話。

(24) Bosson, *op.cit.*, p.2.

(25) 《元史》卷三，〈憲宗本紀〉。

(26) 《元史》卷一百二十六，〈廉希憲列傳〉。

(27) 《五涼考治六德集》卷三〈永昌縣志〉古蹟「斡兒朶古城：縣東南一百二十里，俗傳爲永昌王牧馬城，地名黃城兒。唐家沙溝南八十里有永昌王避暑宮，遺址尚存。」「永昌王闊端墓：縣東南二十里，俗傳元宗室永昌王葬處。其西又有二墓，俗呼娘娘墳，意其妃墓。」同書卷一〈武威縣志〉村社「永昌堡：縣北三十里。」《嘉慶永昌縣志》卷二・古蹟「至武威西北三十里之永昌府，其行宮也。」

(28) Shastina, *op.cit.*, pp.24, 47-49.

(29) Rasipungsuy, *Bolor Erike, Mongolian Charonicle*, Scripta Mongolica III, Cambridge, 1959. Part I, pp.171-

172; Part IV, pp.121-122.

(30) *Ibid.*, Part I, p.217; Part IV, p.176.

(31) *Ibid.*, Part I, pp.218-219; Part IV, pp.176-178.

(32) Bosson, *op.cit.*, Part., pp.2-3.

(33) Rasipungsuy, *op.cit.*, Part I, pp.219-220; Part IV, pp.179-180.

(34) Sumatiratna (Blo bzang rin chen), *Bod Hor-gyi Brda-yig Ming-tshig-don-grum Gsal-bar Byed-pa 'i Mun-sel Sgron-me*, Corpus Scriptiorum Mongolorum, Tomus VI, Ulaanbaatar, 1959, p.787.

(35) 東洋文庫藏本。該本自其拼字特徵推之，疑為布里雅特刻本。

第四章　元之瀋王與遼陽行省

(1) 《李朝太祖實錄》卷一「太祖康獻至仁啓運聖文神武大王，姓李氏，諱旦，字君晉，古諱成桂，號松軒，全州大姓也。」

(2) 《李朝太祖實錄》卷一，九頁下。「jušen」此一種族名，於朝鮮與宋之漢文史料寫作「女真」，遼、金、元、明之漢文史料寫作「女直」。（譯按：明人史料似二者各參混。）

(3) C. D'Ohsson, *Histoire des Mongols*, I-IV, La Haye et Amsterdam, 1834-1835, tome II, P.638.

(4) 布洛薛讀此地名作Djoundjou，擬之作大寧路之川州。然而川州在今朝陽東北，四角坂之廢城卓索喀喇城（J̌oso qara qoton），未嘗為省治，況亦難認其與高麗人有關係。E. Blochet, ed., *Histoire des Mongols, successeurs de Tchinkkiz Khaghan*, Leyden-London, 1911, p. 485, note C.

(5) 《元史》卷五十九、志十一，〈地理〉二，五葉表裏。

(6) 《元史》卷一百五十四，〈列傳〉四十一，一葉表－二葉裏。

(7) 《高麗史》卷一百三十，〈叛逆〉四，國書刊行會編（一九〇九年），卷三，六四五頁上下。

(8)《元史》卷一百五十四，〈列傳〉四十一、七葉表裏。

(9) 處理此問題之論文，唯一僅有丸亀金作〈元．高麗關係の一齣—瀋王に就いて〉，《青丘學叢》一八，一九三四年十一月。與瀋王有關之種種史料，本稿限於篇幅不得不省略之，請參見丸龜氏之論文。

(10)《高麗史》卷三十三，〈世家〉部分所述乃高麗王之統治，相當於中國正史之「本紀」。國書刊行會編，一九〇八—一九一〇年，卷一，五一五頁下。

(11) 完澤禿一時多為人錯估作高麗國世子，即便丸龜氏亦記述其作瀋王世子，此乃襲《高麗史》年表之謬誤故。果其為世子，則難釋何以完澤禿窺伺國王之位，執拗若是。

(12)《高麗史》卷九十一，國書刊行會編，卷三，四五頁下—四六頁上。

(13)《高麗史》卷九十一，國書刊行會編，卷三，四七頁上。

(14)《高麗史》卷九十一，國書刊行會編，卷三，四七頁上。

(15)《明代満蒙史料 李朝実録抄》一，東京大學文學部，一九五四年，一九〇頁。

(16) 和田清，〈満洲を三韓といふことについて〉，《東亜史研究（満洲篇）》，東洋文庫，一九五五年，二四九頁。

第五章 元惠宗與濟州島

(1) 貝瓊之傳亦見於敕修《明史》卷一百三十七，惟王鴻緒《明史稿》卷二百六十六則較詳。以下略舉其要：

貝瓊字廷琚，一名闕，字廷臣。崇德人。性坦率，篤志好學。年四十八始領鄉薦。張士誠據平江，屢徵不就。洪武初，聘修《元史》，既成，受賜歸。六年（一三七三）以儒士舉，至京師，除國子助教。……九年（一三七六）以本官改中都國子監，教勳臣子弟。瓊學行素優，雖將校武夫，皆知禮重。十一年（一三七八）致仕，歸未幾卒。子翱，字季翔，官楚府紀善，亦能詩。

(2)《明史》卷九十九，志第七十五，藝文四，集部別集類，〈貝瓊《清江文集》三十卷、《詩》十卷〉。

(3) 實則《乾隆浙江通志》卷二百四十四，經籍四，史部下〈地理〉項舉有「《耽羅志略》三卷」，注以「永嘉李至剛記，貝瓊後序」（譯按：四庫本作「永嘉李至剛見」，不通，此似岡田教授校正者），此後序似早已為人所注意。《乾隆溫州府志》卷二十七，經籍，雜著項下亦有同文。前引《溫州經籍志》更以〈貝清江文集〉題於末而載其後序之全文。筆者所以對《耽羅志略》感興趣，亦緣《乾隆浙江通志》記事之故。

(4) 楊維楨傳見《明史》卷二百八十五，列傳一百七十三〈文苑〉一。據該傳，楊維楨字廉夫，山陰（浙江省紹興縣）人。元泰定四年成進士，會兵亂，避地富春山（浙江省桐廬縣西），更徙錢塘（杭州）、松江。洪武三年（一三七〇），以明太祖懇請故，與禮樂書之纂定，敍例略定，即乞骸骨，抵家卒。維楨詩名擅一時，號鐵崖體。

(5) 「曹涇鎮，在江蘇松江縣東南七十里，介柘林鎮、金山衛之間，南濱海。舊有縣丞駐此。一作漕涇。」，《中國古今地名大辭典》。

(6) 路允迪等之舟於宣和五年（一一二三）五月十六日發明州，十九日達定海縣（舟山島上），二十四日發定海，翌日至沈家門（普陀縣），候風之順。二十八日（六月二十四日），風回雲轉，從正南來，遂乘舟放外洋，翌二十九日「入白水洋，其源出靺鞨，故作白色。」「黃水洋，即沙尾也。其水渾濁且淺。舟人云，其沙自西南而來，橫於洋中千餘里，即黃河入海之處。舟行至此，則以雞黍祀沙。蓋前後行舟，過沙多有被害者，故祭其溺死之魂云。自中國適句驪，唯明州道則經此，若自登州板橋以濟，則可以避。」「黑水洋，即北海洋也。其色黯湛淵淪，正黑如墨，猝然視之，心膽俱喪。怒濤噴薄，屹如萬山，遇夜則波間熠熠，其明如火。方其舟之升在波上也，不覺有海，惟見天日明快。及降在窪中，仰望前後水勢，其高蔽空，腸胃騰倒，喘息僅存，顛仆吐嘔，粒食不下咽。」二日後之六月二日，望夾界山，華夷以此為界。三日，過黑山。高麗之有民居、官衙，初見於此島。四日泊竹島、五日泊苦苫，六日至羣山島。入國都之港禮成港已是十二日矣。自沈家門至羣山島凡八日，自明州至禮成江則共二十六日。回程以同年七月十五日發禮成江，二十四日至羣山島，困於風阻，數度試以放洋皆未果，八月十六日（九月八日）乘東北風以發，夜泊竹島。而再遇逆風，至十九日（九月十一日）始發竹島，二十日過黑山、夾界山，二十一日過沙尾（黃水洋），二十六日泊栗港，二十七日到定海縣。自離群山島凡三十二日。

(7) 內藤雋輔，〈朝鮮支那間の航路及び其推移に就て〉（《內藤博士頌寿記念史学論叢》，弘文堂書店，一九三〇年）。

(8) 《明史》卷一百五十一，列傳三十九處可見一人名李至剛。據該處，李至剛名鋼，以字行，松江華亭人。洪武二十一年（一三八八）舉明經選，侍懿文太子，授禮部郎中，坐累謫戍邊。尋召為工部郎中，遷河南右參議，建文中，調湖廣左參議時，再坐事繫獄。成祖即位，為右通政，與修《太祖實錄》。甚見親信，以禮部尚書兼左春坊大學士，與解縉有郤，降禮部郎中。恨解縉，中傷之，縉下獄，至剛亦坐繫十餘年。仁宗即位，得釋，為左通政。為人劾其當大行皇帝晏駕時言行不謹，出為興化知府，年已七十。再歲，歿於官。此人顯然與《耽羅志略》之作者並非同一人。非但在其乃華亭人而非永嘉人，抑且仁宗即位（一四二五）時年七十，則至正二十五年（一三六七）僅十歲，絕非能出使耽羅之年齡。《明史》如是載之，如據焦竑《國朝獻徵錄》卷三十三，〈禮部一．尚書〉所收楊士奇撰之〈資善大夫禮部尚書兼左春坊大學士敬齋李公至剛墓表〉，則其歿於宣德二年（一四二七）七月四日，享年七十，至正二十五年乃僅八歲！無論何者為是，此李至剛必非《耽羅志略》之作者。再，明代又另有一李至剛。見於過庭訓《本朝分省人物考》卷一百七，四川成都府項下，此人為成都護衛人，以弘治進士任刑部員外郎，至廣東僉事。

(9) 清厲鶚《東城雜記》有雍正六年（一七二八）序，一卷本與二卷本內容皆不變。此書有題為〈蘭芳軒〉之一章，以〈貝清江瓊蘭芳軒記云〉起，引其全文，注意其「按《珊瑚網》，〈題趙子固水仙卷〉云天台李至剛」一句。察明汪砢玉編《珊瑚網名畫題跋》，其卷六有「趙孟堅水墨雙鉤水仙長卷」，附列有彝齋（畫者趙孟堅）、鮮于樞（漁陽人）、子昂（趙孟頫）、周密（濟南人）、瓚（未詳）、仇遠（錢塘人）、鄧文遠（綿州人）、張瑛（未詳）、叔野（未詳）、林鐘（未詳）、李至剛、張伯淳（崇德人）之題跋。觀其前後人名，李至剛無疑為元人。其所題者如下：

水精宮闕夜不閉　仙子出遊凌素波
何事低頭弄明月　不知零露濕衣多

天台李至剛

然此李至剛乃天台即台州人，與《耽羅志略》之作者溫州人李至剛似以判作二人為佳。厲鶚亦未斷其為同一人。又，厲氏引《明閣學記》敘華亭李至剛事，評之曰「蓋傾險之流也！其僑居錢塘，當別是一人。」

(10) 若據《元史》卷一百九十〈列傳〉七十七〈儒學〉二，李孝光字季和，溫州樂清人。隱居雁蕩山五峯下教學，丞相泰不華以師事之。至正七年（一三四七），以詔徵隱士，赴京師，見惠宗，進孝經圖說，帝大悅。明年（一三四八），自秘書監著作郎陞文林郎祕書監丞，卒于官，年五十三。《永嘉詩人祠堂叢刻》收有李孝光《五峰集》，其尾附有自《樂清縣志》錄出之〈李五峰行狀〉。此文係李孝光長女之夫陳德英所撰，如依此文，則李孝光乃於至正十年（一三五〇）冬十月既望，享年六十六以沒。《元史》之說應誤。

(11) 《明史》〈楊維楨列傳〉敘其之松江生活曰：「海內薦紳大夫與東南才俊之士，造門納履無虛日。酒酣以往，筆墨橫飛。或戴華陽巾、披羽衣，坐船屋上，吹鐵笛，作梅花弄；或呼侍兒歌白雪之辭，自倚鳳琶和之。賓客皆蹁躚起舞，以為神仙中人。」若李至剛於此中出入，亦十分可想像。

(12) 貝瓊自身於《清江貝先生文集》卷七〈鐵崖先生大全集序〉之尾署作「門人貝瓊」，《清江文集》之序亦載此事。楊氏之序則不見於《東維子文集》。

(13) 若據《元史》卷一百九十九〈列傳〉八十六〈隱逸〉，杜本字伯原，清江人。武宗時，以御史大夫忽剌朮之薦，召至京師，未幾歸隱武夷山中。文宗徵之，不起。至正三年（一三四三），惠宗召為翰林待制、奉議大夫，兼國史院編修官，行至杭州，固辭，遂不行。至正十年（一三五〇），七十五歲卒。

(14) 《三國志》卷三十《魏書》卷三十〈東夷〉。《後漢書》卷百十五〈列傳〉七十五〈東夷〉。《太平御覽》卷七百八十〈四夷部〉一〈東夷〉一，三韓條引〈魏志〉，實取自《通典》卷百八十五〈邊防〉一〈東夷〉上，馬韓條。關於州胡指濟州島住民一事，見末松保和《任那興亡史》大八洲出版，一九四九年，四八頁。

(15) 即至今日，濟州島方言於韓語中亦占有特異之地位。朝鮮中期之《新增東國輿地勝覽》卷三十八，濟州牧，風俗條中亦言「村民俚語艱澁，先高後低」。

(16) 末松，前揭書，三七－六三頁。

(17) 同右，一一五頁。《三國史記》卷二十六〈百濟本紀〉中，文周王二年（四七六）有「夏四月，躭羅國獻方物。王喜，拜使者為恩率」，東城王二十年（四九八）有「八月，王以躭羅不修貢獻，親征至武珍州。躭羅聞之，遣使乞罪。乃止（躭羅即躭牟羅）」。《日本書紀》該處一般認為乃據百濟之紀錄，當可從。

(18) 《隋書》卷八十一，列傳四十六〈東夷〉百濟「平陳之歲，有一戰船漂至海東聃牟羅國。其船得還，經于百濟。昌資送之甚厚，并遣使奉表賀平陳。高祖善之，下詔曰：『百濟王既聞平陳，遠令奉表，往復至難，若逢風浪，便致傷損。百濟王心迹淳至，朕已委知。相去雖遠，事同言面，何必數遣使來相體悉?自今以後，不須年別入貢，朕亦不遣使往，王宜知之。』使者舞蹈而去。」《北史》卷九十四，列傳八十二〈百濟〉條乃依此而稍稍簡略之。

(19) 《北史》「聃」作「躭」。

(20)《冊府元龜》卷九百七十〈外臣部〉十五，朝貢第三「龍朔元年八月，多箆國王摩如失利、多福國王難修強宜説、耽羅國王儒李都羅等，並遣使來朝，各貢方物。三國皆林邑之南，邊海小國也。」《新唐書》卷二百二十，列傳百四十五，東夷「龍朔初，有儋羅者，其王儒李都羅遣使入朝。國居新羅武州南島上。俗朴陋，衣犬豕皮，夏居草屋，多窟室。地生五穀。耕不知用牛，以鐵齒杷土。初附百濟。麟德中酋長來朝，從帝至太山，後附新羅。」

(21)《日本書紀》卷二十六，齊明天皇七年七年（六六一）五月，「丁巳，躭羅始遣王子阿波伎等貢獻（《伊吉連博德書》云，辛酉年〔六六一〕正月廿五日還到越州。四月一日從越州上路東歸。七日行到檉岸山。明以八日鷄鳴之時，順西南風，放船大海。海中迷途，漂蕩辛苦，九日八夜，僅到躭羅之嶋。便即招慰嶋人。王子阿波伎等九人同載客船，擬獻帝朝。五月廿三日奉進朝倉之朝。躭羅入朝始於此時。）」

(22)《三國史記》卷六，〈新羅本紀〉六，文武王二年（六六二）二月，「躭羅國主佐平徒冬音律（一作津）來降。躭羅自武德以來臣屬百濟，故以佐平為官號。至是降為屬國。」

(23)《舊唐書》卷八十四，列傳三十四，劉仁軌，「仁軌遇倭兵於白江之口，四戰捷，焚其舟四百艘，煙焰漲天，海水皆赤。賊眾大潰。餘豐脫身而走，獲其寶劍。偽王子扶餘忠勝、忠志等率士女及倭眾並躭羅國使一時並降。百濟諸城復歸順。」

(24) 同右，「麟德二年（六六五）封泰山。仁軌領新羅及百濟、耽羅、倭四國酋長赴會。高宗甚悅，擢拜大司憲。」

(25)《日本書紀》卷三十，以持統天皇八年十一月壬辰為最後。

(26) 若據《續日本紀》卷三十五，光仁天皇寶龜九年（七七八），遣唐第四船歸國途中漂着耽羅嶋，判官海上眞人三狩等被嶋人抑留，但録事韓國連源等率遺眾四十餘人脫歸。此事件報知朝廷，翌年（七七九）二月，以太宰少監下道朝臣長人為遣新羅使，往迎三狩等。以此耽羅事件而日本遂遣使至新羅，乃日本承認耽羅為新羅之附庸國之證據。又，若據《三國史記》卷十，據此稍遲之新羅哀莊王二年（八〇一）十月載有「耽羅國遣使朝貢」。

(27) 若據《扶桑略記》卷二十四，醍醐天皇延長七年（九二九）五月十七日條云，甄萱之人民往貪羅嶋採海藻，船隻失事而漂著至對馬國，日本之官吏將之送歸甄萱之首都全州。後百濟之民往來耽羅一事，似顯示該島已入甄萱之勢力下。惟距此四年前之高麗太祖八年（九二五）亦嘗向高麗朝貢。

(28) 《高麗史》卷一，〈世家〉一，太祖八年（九二五），「十一月己丑，耽羅貢方物。」

(29) 星主、王子之號之實際現於《高麗史》世家者，以靖宗九年（一〇四三）之「十二月庚申，乇羅國星主游擊將軍加利奏『王子豆羅近因卒，一日不可無嗣，請以號仍爲王子。』仍獻方物」為最早。徒上則更降及毅宗七年（一一五三）十一月「庚子，耽羅縣徒上仁勇、副尉中連珍直等十二人來獻方物」方有其唯一之例。順帶提，《高麗史》卷五十七，志十一〈地理〉三，全羅道耽羅縣條有引古記說耽羅之開國神話與星主、王子、徒上處，其性質上雖不可盡信，其說則甚有趣味，引之如次：

其古記云：太初無人物，三神人從地聳出（其主山北麓，有穴曰毛興，是其地也。），長曰良乙那，次曰高乙那，三曰夫乙那。三人遊獵荒僻，皮衣肉食。一日見紫泥封藏木函，浮至于東海濱，就而開之，函內又有石函，有一紅帶紫衣使者，隨來開石函，出現青衣處女三，及諸駒犢五穀種。乃曰：「我是日本國使也。吾王生此三女，云『西海中嶽，降神子三人，將欲開國，而無配匹。』於是命臣侍三女以來。爾宜作配，以成大業。」使者忽乘雲而去。三人以年次分娶之，就泉甘土肥處，射矢卜地，良乙那所居曰第一都，高乙那所居曰第二都，夫乙那所居曰第三都。始播五穀，且牧駒犢，日就富庶。

至十五代孫高厚、高青，昆弟三人造舟渡海，至于耽津。蓋新羅盛時也。于時，客星見于南方，太史奏曰：「異國人來朝之象也。」遂朝新羅。王嘉之，稱長子曰星主（以其動星象也），二子曰王子（王令淸出胯下，愛如己子，故名之），季子曰都內。邑號曰耽羅，蓋以來時初泊耽津故也。各賜寶盖、衣帶而遣之。自此子孫蕃盛，敬事國家。

以高爲星主，良爲王子，夫爲徒上。後又改良爲梁。

此故事可視為接合二相異系統之傳承。上文所分之第二段，將意義上相銜接之第一與第三段截之為二。第一、三段中高、梁、夫三人分別為星主、王子、徒上，第二段則以高氏三兄弟為星主、王子、都內，顯然矛盾。第一、三段以梁先高而立，就此推之，恐為王子梁氏系之傳承；第二段僅說高之事，其應當為星主高氏系之傳承。惟關於星主、王子之起源，仍以從〈太祖世家〉所載，視其始自高麗太祖之賜爵，較為安全。此處所載著實太具傳奇氣息。

(30) 二宮啓任，〈高麗の八関会について〉《朝鮮学報》第九輯，一九五六年。

(31) 《高麗史》卷四，〈世家〉四，顯宗二年九月，「乙酉，耽羅乞依州郡例賜朱記。許之。」

(32) 《高麗史》卷九，〈世家〉九，文宗三十三年（一〇七九）十一月，「壬申，耽羅勾當使尹應均獻大眞珠二枚，光曜如星。時人謂夜明珠。」同卷十，宣宗七年（一〇九〇）正月，「禮賓省据羅勾當使中狀奏，星主游擊將軍加良仍死，母弟陪戎副尉高福令繼之。賻贈之物宜準舊例支送。制可。」

(33) 《高麗史》卷九十八〈列傳〉十一，高兆基。高維之名亦見於世家文宗十一年（一〇五七）正月己丑條。高兆基據本傳為睿宗元年（一一〇六）進士，毅宗十一年（一一五七）卒。

(34) 《高麗史》卷五十七，志十一，〈地理〉二，全羅道耽羅縣，「肅宗十年，改耽羅為耽羅郡。」

(35) 同右，「毅宗時縣令官。」又見(29)所引毅宗世家之記事。

(36) 耽羅縣成為濟州之正確時日雖不明，而《高麗史》〈世家〉中高宗十六年（一二二九）條中濟州之名已現，故改作濟州必在此之前。

(37) 關於此處所敘及之情況，詳池內宏博士之數篇論文：〈金末の満洲〉，《満鮮史研究——中世第一冊》，吉川弘文館，一九七九年（初版：岡書院，一九三三年）、〈高麗に駐在した元の達魯花赤について〉〈高麗に於ける元の行省〉，《満鮮史研究——中世第三冊》，吉川弘文館，一九六三

年，及《元寇の新研究》，東洋文庫，一九三一年。

(38) 《高麗史》卷二十六，〈世家〉二十六，元宗七年十一月，「濟州星主來見。甲子，遣正言玄錫，以星主如蒙古。」

(39) 《元史》卷六〈本紀〉六〈世祖〉三，至元四年正月「乙巳，百濟遣其臣梁浩來朝，賜以錦繡有差。」同卷七，至元九年（一二七二）五月庚午條雖有「詔議取耽羅及濟州」，於耽羅列傳之相應處則可見中書省臣及樞密院臣之議「且耽羅國王嘗來朝覲」，即其證據。

(40) 池內宏，〈高麗の三別抄について——附三別抄の叛乱〉、〈元の世祖と耽羅島〉，《滿鮮史研究——中世第三冊》，吉川弘文館，一九六三年。

(41) 《高麗史》卷三十一，世家三十一，〈忠烈王〉四，二十年五月，「王以四事奏于帝，一請歸耽羅，二請歸被虜人民，三請冊公主，四請加爵命。帝命耽羅還隸高麗……。」《元史》卷二百八，外夷列傳九十五，耽羅「〔至元〕三十一年，高麗王上言，耽羅之地，自祖宗以來臣屬其國。林衍逆黨既平之後，尹邦寶充招討副使，以計求徑隸朝廷。乞仍舊。帝曰，此小事，可使還屬高麗。自是遂復隸高麗。」

(42) 《高麗史》卷二十八，世家二十八〈忠烈王〉一，二年「元遣塔剌赤爲耽羅達魯花赤，以馬百六十匹來牧。」同卷五十七，志十一，地理二，全羅道耽羅縣「忠烈王三年，元為牧馬場」之三年乃二年之誤。

(43) 相當於元貞元年（一二九五）之忠烈王二十一年三月庚午條亦有「元遣伯帖木兒來，取馬於耽羅。」

(44) 此問題之發端為：《高麗史》〈地理志〉或有「〔忠烈王〕二十六年，皇太后又放廄馬」此一事件。忠烈王二十六年（一三〇〇）為大德四年。忠烈王世家二十七年（一三〇一）五月庚戌條所載如下：「遣知都僉議司事閔萱如元……。又請罷耽羅摠管府，隸本國，置萬戶府。表曰：『地如隣敵，爲備要詳，天必聽卑，所須當聞，庶仗早圖之力，欲消後悔之萌。伏念，蕞爾耽羅，接于倭國，恐姦人傚來忽往，或漏事情，令戍卒嚴警肅裝，不容窺覘。於是謂在軍官而作帥，宜加宣令以播威。頃者，臣之所以擬議設立軍民都指揮使司者，不知上國曾有是命，徒以本國舊例，凡大官出鎮邊境者，令帶指揮使之名，故欲於是名加受宣命虎符，如合浦鎮邊事耳。今承中書省咨，奏准設立耽羅軍民摠管府。勢有大乖，事非本望。倘許從便而毋固，第期無失於所施，令罷耽羅摠管府，依舊隸屬本國，開置萬戶府，如合浦鎮邊事，但於頭目人員，頒降宣命虎符，使得增威鎮壓，則譬若毛之有皮，得其所附，亦如臂之使指，動罔不宜……。』中書省移咨，略曰：『征東省欲依慶尚．全羅道鎮邊萬戶府例，於耽羅設立萬戶府事，奉聖旨，可，依所請者……。』」《元史》成宗本紀大德五年（一三〇一）七月戊申條之「立耽羅軍民萬戶府」蓋錄此事件之結局。然自《高麗史》地理志之「〔忠烈王〕三十一年，還屬于我」觀之，可認為迄大德九年（一三〇五）返還猶未實現。

(45) 《高麗史》卷三十七，世家三十七，〈忠穆王〉三年（一三四七）八月，「戊寅，元太僕寺遣李家奴帖木兒．安伯顏不花來來取耽羅馬。」

(46) 關乎此，見池內宏，〈高麗恭愍王の元に対する反抗の運動〉、〈高麗辛禑朝に於ける鉄嶺問題〉、〈高麗恭愍王朝の東寧府征伐に就いての考〉、〈高麗末に於ける明及び北元との関係〉，《滿鮮史研究 —— 中世第三冊》，吉川弘文館，一九六三年。

(47) 《高麗史》卷三十九，世家三十九，〈恭愍王〉二，五年（一三五六）六月，「庚申，以前贊成事尹時遇為濟州都巡問使。」

(48) 同右，十月「丙寅，濟州加乙赤忽古托等叛，殺都巡問使尹時遇、牧使張天年、判官李陽吉。」此事件在恭愍王於洪武三年上明之耽羅計稟表中稱「乃者，奇氏兄弟謀亂伏誅，辭連耽羅達達牧子忽忽達思，差人究問，宰相尹時遇等盡爲所殺」，忽古托無疑即忽忽達思。所謂加乙赤則應為牧子之意，即合喇赤（Qarači）。《高麗史》於他處書作「哈赤」。

(49) 同右，六年（一三五七）二月，「辛亥，濟州來降，獻方物。」

(50) 古禿不花（Qutuɣ buqa）當即與後文所言之肖古禿不花為同一人。若依《新增東國輿地勝覽》卷三十八〈濟州牧〉姓氏條，石、肖為元姓，故古禿不花與石迭里必思（Derbis < Darwīsh）同應為元人。

(51) 仍據《勝覽》，文氏為濟州土姓之大者，故文阿旦不花或本亦為耽羅人。

(52) 《高麗史》卷四十三，世家四十三，〈恭愍王〉六，二十年（一三七一）三月甲申、四月己卯、壬辰、壬寅、丙午、六月戊戌、九月壬戌。

(53) 《高麗史》卷四十四，世家四十四，〈恭愍王〉七，二十三年（一三七四）四月戊申、七月乙亥、戊子、己丑、辛酉，卷一百十三，列傳二十六，崔瑩。

(54) 《高麗史》卷一百三十三，列傳四十六，〈辛禑〉一，元年（一三七五）十一月。

(55) 《高麗史》卷一百三十四，列傳四十七，〈辛禑〉二，八年（一三八二）七月。

(56) 《高麗史》卷一百三十七，列傳五十，〈辛禑〉五。

(57) 《朝鮮太宗公定大王實錄》卷十一，六年（一四〇六）四月己卯、庚辰。

第六章 惠宗悲歌的源流

(1) Hans-Peter Vietze & Gendeng Lubsang (ed), *Altan Tobči, Eine mongolische Chronnik des XVII. Jahrhunderts von Blo bzan bstan 'jin*, Text und Index. Institute for the Study of Languags and Cultures of Asia and Africa, Tokyo, 1992, p.96, 4219-4236.

(2) 同右，pp.96-97, 4236-4256.

(3) 岡田英弘譯注，《蒙古源流》（刀水書房，二〇〇四年，一七三－一七五頁）。

(4) 原文 yere yisün čaɣaɣčinud-iyan barin kürlegči 難以解釋，《白史》（*Čaɣan teüke*）第三章云應行「四季之宴」，於三月二十一日繫成吉思・汗之九十九頭牝馬而行宴，五月十五日搾九十九頭白牝馬之初乳以行暑氣之宴，無疑指此等行事。

(5) 岡田英弘譯注，《蒙古源流》，一六九－一七二頁。

(6) Byamba, *Asaraγči neretü-yin teüke*. Monumenta Historica, Tomus II, Fasc. 4, Ulaanbaatar, 1960, pp.46-48.

(7) Walther Heissig(ed.), *Altan Kürdün Mingγan Gegesütü Bičig. Eine mongolische Chronik von Siregetü Guosi Dharma* (1739). Kopenhagen, 1958.

(8) Antoino Mostaert & Francis Woodman Cleaves (ed.) *Bolor Erike, Mongolian Chronicle by Rasipungsuγ*. 5 vols, Cambridge, 1959, III, PART V, pp.291-292.

(9) Če. Damdinsürüng, *Mongγol-un uran ǰokiyal-un teüke (arban γurbaduγar-ača arban doloduγar ǰaγun-i kür-teleki üy-e)*, Köke qota, 1957, pp.234-236.

(10) Če. Damdinsürüng, *Mongγol-un uran ǰokiyal-un degeǰi ǰaγun bilig orusibai*. Ulaγanbaγatur qota, 1959, p.73.

第七章　達延．汗之年代

(1)《皇朝藩部要略》卷一。

(2)《欽定外藩蒙古回部王公表傳》卷四十五、五十三、六十一、六十九。

(3)《明史》〈日本傳〉卷三百二十二，列傳，外國三「日本故有王，其下稱關白者最尊，時以山城州渠信長為之。偶出獵，遇一人臥樹下，驚起衝突，執而詰之。自言為平秀吉，薩摩州人之奴，雄健蹻捷，有口辯。信長悅之，令牧馬，名曰木下人。後漸用事，為信長畫策，奪幷二十餘州，遂為攝津鎮守大將。有參謀阿奇支者，得罪信長，命秀吉統兵討之。俄信長為其下明智所殺，秀吉方攻滅阿奇支，聞變，與部將行長等乘勝還兵誅之，威名益振。尋廢信長三子，僭稱關白，盡有其眾，時為萬曆十四年。」

(4) 江実譯注，《蒙古源流》，東京，昭和十五年（一九四〇年），滿文原文八二頁。

(5) 岡田英弘譯注，《蒙古源流》，東京，刀水書房，二〇〇四年，二一九頁。

(6) 此事江氏已有所注意。同氏前揭書，註一五頁有「bolhū jinung既為bayan mungke本身之稱號，『bolhū jinung於二十九歲時生bayan mungke』該句滿文則極可怪」。

(7) 沈曾植，《蒙古源流箋證》卷六。

(8) 岡田，《蒙古源流》，二三七頁。

(9) 異乎萩原氏所言，《邊政考》與《萬曆武功錄》之內文，相去甚遠。《明代滿蒙史研究》一九六三年，二四三頁。

(10) 順帶提，萩原氏誤讀〈內蒙古諸部落の起源〉，遂將和田說寫作達延・汗之死為嘉靖二十三年左右，從而似應在位六十五年。實則應注意者，原文為「嘉靖二三年」，意指二年或三年，從而在位乃四十餘年。

(11) 和田清，《東亜史研究（蒙古篇）》，一九五九年，五一一頁。

(12) 此為自嘉靖二十六年（一五四七）察哈爾部東遷至天啟末年（一六二七）之形勢。

(13) Walther Heissig, *Die Familien- und Kirchengeschichtsschreibung der Mongolien, I. 16-18 Jahrhundert.* Wiesbaden, 1959. pp.17-26; Facsimilia, pp.1-25. 其後，至一九八四年民族出版社出版*Erdeni tunumal neretü sudur orosiba*（阿拉坦汗傳；譯按：其後蒙漢對照版改題「阿勒坦汗傳」），乃視其為十六世紀成書。

(14) 日語全譯，見岡田英弘譯注《蒙古源流》。本章引用所舉頁數皆依此書。

(15) Rev. Antoino Mostaert & Francis Woodman Cleaves (ed.) *Bolor Erike, Mongolian Chronicle by bLo bzan bsTan 'jin*, Cambridge, 1959, III, PART V, pp.291-292.

(16) 一六七五年，察哈爾親王布爾尼對清之康熙帝發動叛亂，受迫遭射殺。此布爾尼之亂之當事者寫於本書內，故作此推想。

(17) Heissig, op. cit., pp.50-75.

(18) Heissig, *Geschichtsschreibung*（註(13)前揭書）, pp.75-79. 刊本有下列諸版本：

（一）Galsan Gomboev, Altan Tobchi, Mongol'skaia Letopis', v podlinnom tekste i perevode, s priloshenniem kalmytskago teksta Istorii Ubashi-Khuntaidzhiia i ego voiny s oiratami. *Trudy Vostochnago Otdeleniia Imperatorskago Arkheologichekago Obshshestva* Chasti' shestaia, Sanktpeterburg, 1858.

（二）*Činggis qayan-u čadig*. Peking, 1925.

（三）*Boyda činggis qayan-u čidig*. Peking, 1927.

（四）《蒙文蒙古史記》（*Mongol Chronicle Činggis Qagan u čidig including Altan Tobči*. No dates.）

（五）小林高四郎，《アルタン・トブチ（蒙古年代記）》，外務省調査部第三課，一九三九年。

（六）藤岡勝二，《羅馬字転写　日本語対訳　喀喇沁本蒙古源流》，東京，文江堂，一九四〇年。

（七）Charles Bawden, *The Mongol Chronicle Altan Tobči*. Wiesbaden, 1955.

(19)《八旗通志初集》卷十二，旗分十二〈八旗佐領〉。據同條，羅密於兄索諾穆（Sonom）死後，管理第十三佐領，「因人不及」遭革退，其年分不明。

(20)《雍正畿輔通志》卷六十，〈布政使〉。

(21)《清世宗實錄》卷二十七，雍正二年十二月己卯。

(22) 同書卷三十五，雍正三年八月戊子。

(23) 同書卷五十九，雍正五年七月己卯。

(24) 同書卷一百二十四，雍正十年十月壬戌。

(25)《八旗通志初輯》卷一百十，〈八旗大臣年表〉四，八旗蒙古管旗大臣年表下。

(26)《清世宗實錄》卷一百五十六，雍正十三年五月癸卯。

(27)《欽定八旗通志》卷三百二十五，〈八旗大臣年表〉十六，八旗都統年表六，蒙古八旗三。

(28) Walther Heissig & Charles R. Bawden (ed.), *Mongγol Borǰigid Oboγ-un Teüke von Lomi* (1732), Wiesbaden 1957. 一九八五年內蒙古人民出版社以《蒙古家譜》為題出版有二卷本。此為乾隆四十六年（一七八一）博清額重纂本，朱風、賈敬顏譯《漢譯蒙古黃金史綱》收之作附錄。

(29) Combodzhab, Ganga-iin Uruskhal, "*Istoriia zolotogo rode vladyki Chingisa.—Sochinenie pod nazvaniem <Techenie Ganga>*". Moskva, 1960.

(30) Walther Heissig (ed.) , *Altan Kürdün Mingγan Gegesütü Bičig, Eine mongolische Chronik von Siregetü Guosi Dharma (1739)*. Kopenhagen, 1958.

(31) Rev. Antoino Mostaert & Francis Woodman Cleaves (ed.) *Bolor Erike, Mongolian Chronicle by Rasipungsuγ*. Cambridge, 1959. 5 vols.

(32) Byamba, *Asaraγči neretü-yin teüke*. Ulaanbaatar, 1960. 參照本書第五部書評第十七章。

(33) Heissig, *Geschichtsschreibung*, Facsimilia, pp.86-111.

(34) N. P. Shastina (ed.), *Shara Tudzhi, Mongol'skaia letopis' xvii veka*. Moskva-Leningrad, 1957.

(35) Hans-Peter Vietze & Gendeng Lubsang, *Altan Tobči, Eine mongolische Chronik des XVII. Jahrhunderts von Blo bzan bstan 'jin, Text und Index*. Tokyo, 1992, 4302-4718.

(36) 實則原文為「巳年」（moγai ǰil），似指一四〇一年，與前後在位年數不合。故視其作taulai（卯）之誤寫而改之。

(37) 和田，二四〇、八三七頁。

(38) 同書，二〇二頁。

(39) 同書，二〇二、二〇六－二一〇頁。

(40) 岡田，《蒙古源流》，一七六－二一八頁。

(41) 和田，前揭書，四二七頁。

(42) *Ganga-inn Uruskhal*, pp.23-25, 19-21, 16-27. 同書中有錯簡，須作如下之接續：一九頁自一一行起接至二五行後半，二六頁自一〇行起接至二一頁六行，二五頁自八行前半起接至一九頁一二行，二一頁六行起接至二六頁一一行。

(43) 和田，前揭書，三五五頁。

(44) Vietze, *op.cit.*, 5130-5132.

(45) 岡田，前揭書，二四一頁。

(42) *Ganga-inn Uruskhal*, p.31.

(47) 和田，前揭書，五三七－五三八頁。

(48) 岡田，前揭書，二一九頁。

(49) 和田，前揭書，四二七頁。岡田，前揭書，二四〇－二四二頁。

(50) Vietze, 5079-5080.

(51) *Ganga-inn Uruskhal*, p.28.

(52) *Ibid.*, p.30.

(53) Vietze, 4725-4726, 4817-4818. 本書有錯簡，須作如下之接續：4725前半接至4763後半，4806後半接至4763前半，4725前半接至4806後半方可讀。

(54) *Ganga-inn Uruskhal*, p.27-28.

(55) 岡田，前揭書，二三九頁。此處之記法，格呼森扎亦生於壬寅，實應在癸酉（一五一三年），故茲不取。

(56) Vietze, 4882-4885.

(57) 〈蒙古源流年表稿〉，《史学雜誌》第七一編第六號，六一－七〇頁，一九六二年。亦參照岡田英弘譯注《蒙古源流》。

(58) Shara Tudzhi, pp.109-118.
(59) 和田，前揭書，四六四、五三二頁。
(60) 此事將於次章〈達延・汗之先世〉論及之。
(61) 和田，前揭書，二六九頁。

第八章　達延・汗之先世

(1) 和田清，《東亜史研究（蒙古篇）》，東洋文庫論叢第四十二，一九五九年，二〇二頁。
(2) Hans-Peter Vietze & Gendeng Lubsang (ed), *Altan Tobči, Eine mongolische Chronik des XVII. Jahrhunderts von Blo bzan bstan 'jin*, Text und Index, Tokyo, 1992, 4302.
(3) 和田，前揭書，二三四頁。
(4) 和田，前揭書，三〇、三四、一八二－四頁。
(5) 和田前揭書，一八三頁。再，阿里・不哥一名在穆斯林史家寫作 ārīgh būkā，一般釋作蒙古語 ariγ böge「清潔之巫者」抑或 ariγ böke「清潔之力士」之意，惟正如波伊勒所指出者，音韻上 būkā 不應對作 böge（J. A. Boyle(tr.), *The History of the World-Conqueror by 'Ala-ad-Din 'Ata-Malik Juvaini*, Manchester, 1958. Vol.II, p.518）。然而《元史》作「阿里不哥」，「不哥」應為 büge 或 büke，通常 böke 則或作「孛可」。而經廠本《華夷譯語》（涵芬樓秘笈第四集）中〈捏怯來書〉轉寫作「阿里孛可」，顯示其名原應拼讀作 ari böke。böke 原亦可讀作 büke 或 büge 自無問題，應注意者則在 ari 語末無輔音。貢噶多吉（Kun dga' rdo rje）《紅史》（*Hu lān deb ther*）中作 a ri sbo ga（稲葉正就、佐藤長譯《フゥランテプテル》京都，一九六四年，七九頁），《黃金史》中記作 ari baγ-a 及 aribuγ-a（Vietze, *op.cit.*, 3549, 3980），皆顯示「阿里」非 ariγ 而為 ari。ari büge 絕無可能為蒙古語或突厥語，此名毋乃係梵語 ārya-bhoga「聖受用」之訛？通常視蒙古人之接觸佛教，始自薩迦之貢噶監贊於貴由・汗元年即一二四六年至涼州之時，惟以藏人之觀點，實則成吉思・汗西征途中，於東突厥斯坦或克什米爾無疑亦多有機會接觸佛教，則其孫有以梵語命名者亦不足為怪。

(6) V. Minorsky (tr.), V. V. Barthold, *Four studies on the history of Central Asia*, Volume II, Ulugh-Beg, p.137. Honda, Minobu, "On the Genealogy of the Early NorthermYüan", *Ural-Altaische Jahrbücher*, Band XXX, Heft 3-4, 1958.

(7) Minorsky, *op.cit.*, pp.50-51. 巴托爾德將太子斡黑蘭視作完者・帖木兒之嗣，誤。

(61) 和田，前揭書，二六九頁。

(9) Pétis de la Croix記Tocatmur作fils de Timur Can（譯按：Timur Can之子），元成宗鐵穆耳無後，故此處必指惠宗妥懽貼睦爾無疑。

(10) 和田，前揭書，一八三頁。

(11) Minorsky, *op.cit.*, pp.50-51.

(12) *Ibid.*

(13) 和田，前揭書，八三八頁。

(14) 和田，前揭書，八三七頁。

(15) 和田，前揭書，二〇四－二一三頁。

(16) 和田，前揭書，二六九－二七一頁。

(17)《明代滿蒙史料　李朝実録抄》第四冊，三一三－三一五頁。

(18)《金輪千幅》中載有與《蒙古源流》所載者甚相似之如次之系譜。Cf. Walther Heissig (ed.), *Altan Kürdün Mingγan Gegesütü Bičig. Eine mongolische Chronik von Siregetü Guosi Dharma (1739)*. Monumenta Linguarum Asiae Maioris, Seria Nova, I, pp.37-39.

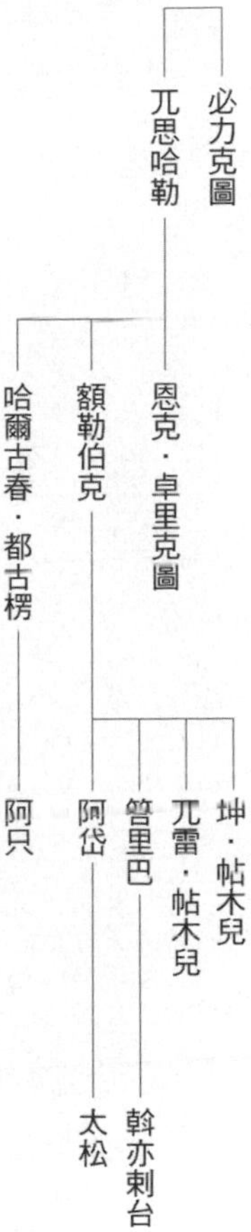

與《蒙古源流》間之顯著相異點在：既承認哈爾古楚克與阿寨（阿只）之存在，又不以太松作阿寨（阿只）之子，反以之作阿岱之子。此系譜亦同本文所述之理由，應非反映史實。又《水晶念珠》之記述亦同。Cf., Antoine Mostaert & Francis Woodman Cleaves (ed.), *Bolor Erike, Mongolian chronicle by Rasipungsuy*, Cambridge, 1959, Part III, pp.121-136; Part IV, pp.198-305.

(19) L. S. Puchkovskii (ed.), *Gombodzhah, Ganga-iin urskhal*, Moskva, 1960, p.21.

(20) 和田，前揭書，三五五頁。

(21) 岡田英弘譯注，《蒙古源流》，東京，二〇〇四年，一七八－一八三頁。

(22) Owen Lattimore, *Mongol Journeys*, New York, 1941, p.25.

(23) Vietze, 4262-4291. 岡田，三二五－三二七頁。

(24) Vietze, 4308-4346.

(25) 和田，前揭書，二三七－二三八頁。

(26) 岡田，一八三－一八九頁。

(27) 岡田，一九二頁。

(28) 和田，前揭書，二三七－二七三頁。

(29) 和田，前揭書，二七二－二七三頁。

(30) 和田，前揭書，三三三－三三九頁。

(31) 岡田，一九五—一九八頁。
(32) 和田，前揭書，三四一頁。
(33) Vietze, 4425-4467.
(34) 札荅之法，乃取牛馬內臟之結石浸之於水以祈雨之咒法，遊牧民之間自古即知之。成吉思，汗與克烈之王．汗聯軍，與仇敵札木合夥同乃蠻、蔑兒乞、斡亦剌等之聯軍相戰之闊亦田之戰，戰鬥中此巫術亦嘗施用，載於《元朝秘史》卷四，一四三節。那珂通世譯注《成吉思汗實錄》（一九〇八年）中，引用元末明初之《輟耕錄》以說明之。
(35) 和田，前揭書，三三四—三三六頁。
(36) Vietze, 4353-4377.
(37) 岡田，二〇〇—二〇三頁。
(38) 此一句話，顯示晉王化為驢馬之故事嘗為人流傳，饒有興味。
(39) Vietze, 4500-4515.
(40) 岡田，二〇三—二〇五頁。
(41) Vietze, 5253-5254中作「聖主之朮赤之子孫在托摩克。察合台之子孫為斡羅思之察罕．汗（俄羅斯之沙皇）」，二者恰好弄反。
(42) Vietze, 4515-4571.
(43) N. Elias & E. D. Ross, *A History of the Moghuls of Central Asia*, London, 1895, pp.65-67.
(44) 間野英二，〈十五世紀初頭のモグーリスターン——ヴァイス汗の時代〉，《東洋史研究》第二三卷第一號，一九六四年。收錄於間野英二，《バーブルとその時代》（松香堂，二〇〇一年）。
(45) 岡田，二〇五—二〇七頁。
(46) Vietze, 4776-4806.

(47) 和田，前揭書，三八四－三八六頁。

(48) Vietze, 4587-4588.該處亦有「即女也，梳其髮，若為男，梳其大動脈！」一句。再，同書（5116-5117）中記載科爾沁諸王征伐郭爾羅斯之經緯中，可見到肅良合（Solongγod）之哈喇黑臣大夫人之裔薩噶岱之子賽因，塔瑪噶特之積極踴躍，哈喇黑臣大夫人本來確實屬於科爾沁祖先傳說圈之人物。

第九章　達延・汗六萬戶之起源

(1) 岡田英弘譯注，《蒙古源流》，東京，二〇〇四年，二二七－二三五頁。

(2) 岡田，二三四頁。

(3) 多桑（d'Ohsson）著、佐口透譯注，《モンゴル帝国史2》，東京，一九六八年六月，五六－六一頁。

(4) 《元史》卷一百六，〈后妃表〉。

(5) 《元史》卷一百十五，〈顯宗列傳〉。

(6) 《元史》卷二十九，〈泰定帝本紀〉一。

(7) 《元史》卷一百八，〈諸王表〉。

(8) 《元史》卷一百十九，〈木華黎列傳〉。

(9) 《元史》卷一百二十六，〈安童列傳〉。

(10) 《元史》卷一百十八，〈阿剌兀思剔吉忽里記列傳〉。

(11) 《元史》卷二，〈太宗本紀〉。佐口透，〈河西におけるモンゴル封建王侯〉，《和田還暦記念東洋史論叢》，東京，一九五一年。

(12) 《元史》卷三，〈憲宗本紀〉，卷四〈世祖本紀〉一。

(13) 《元史》卷七，〈世祖本紀〉四。

(14) 《元史》卷一百八，〈諸王表〉。

(15) 《元史》卷二十二，〈武宗本紀〉一，卷二十四，〈仁宗本紀〉一，卷一百十四，〈后妃列傳〉一。
(16) 《元史》卷二十九，〈泰定帝本紀〉，卷一百八，〈諸王表〉。
(17) 《元史》卷三十六，〈文宗本紀〉五，卷二百二，〈釋老列傳〉。
(18) 多桑（d'Ohsson）著、佐口透譯注，《モンゴル帝国史1》，三〇九頁。《元朝秘史》一四四節之「失思吉思」、二三九節之「失黑失惕」即葉尼塞河源之Shishkhid gol。
(19) 岡田，〈ドルベン・オイラトの起源〉（再收錄於本書第三部第十二章）。
(20) 和田清，《東亜史研究（蒙古篇）》，東京，一九五九年，二六七－四二三頁。岡田，〈ダヤン・ハーンの年代〉、〈ダヤン・ハーンの起源〉。Okada, Hidehiro, "Life of Dayan Qaγan", *Acta Asiatica*, 11, 1966.
(21) 岡田英弘，〈北元奉祀聖母瑪利亞攷〉，《國立政治大學邊政研究所年報》一，一九七〇年。
(22) 《元史》卷三十八，〈順帝本紀〉一。
(23) 岡田，《蒙古源流》，一九五－二一八頁。Vietze, 4425-4760.
(24) 佐口，《モンゴル帝国史2》，二五頁。
(25) 和田前揭書，四五四－四五七，四七七－四七八頁。《蒙古源流》置此事於達延・汗之時，惟自其年代觀之，無疑在博迪・阿拉克・汗之時。岡田《蒙古源流》二三七－二三八頁。
(26) Owen Lattimore, *Mongol Journeys*, New York, 1941, p.31-35.
(27) 岡田，《蒙古源流》，二一五頁。Vietze, 4713-4714.
(28) Byamba, *Asarayči neretü-yin teüke*. Monumenta Historica, Tomus II, Fasc. 4, Ulaanbaatar, 1960, pp72-73. *Shara Tudzhi, Mongol'skaia letopic' XVII veka*, Moskva-Leningrad, 1957, pp.107-110.
(29) *Bolor erike, Mongolian chronicle*, Scripta Mongolica, III, Cambridge, 1959, Part III, pp.199, 231.
(30) 森川哲雄，〈ハルハ・トゥメンとその成立について〉，《東洋学報》第五五巻第二號，一九七二年。
(31) 和田，前揭書，一一三、一一九－一二〇、一二七頁。

(32)《元史》卷一百，〈兵志〉三，卷一百二十八，〈土土哈列傳〉，卷一百三十二〈拔都兒列傳〉。
(33)《元史》卷一百二十八，〈土土哈列傳〉，卷一百三十八，〈燕鐵木兒列傳〉、〈伯顏列傳〉。
(25) 和田，前揭書，四五四－四五七，四七七－四七八頁。

第十章 兀良罕．蒙古族之滅亡

(1) 岡田英弘譯注，《蒙古源流》，東京，二〇〇四年，二三七頁。
(2) 和田清，《東亜史研究（蒙古篇）》，東京，一九五九年，四五四－四五七、四七七－四七八頁。
(3)《阿拉坦汗傳》，珠榮嘎校注，北京，一九八四年，三四－三五頁。
(4) 珠榮嘎，三五－三六頁。
(5) 珠榮嘎，三七頁。
(6) 珠榮嘎，四一－四六頁。
(7) 珠榮嘎，四六－四七頁。
(8) 珠榮嘎，五一－五二頁。
(9) 岡田，二四〇頁。
(10) 岡田，二四二頁。
(11) 岡田，二〇七－二〇八頁。
(12) 珠榮嘎，二〇－三三頁。
(13) 岡田，二三九頁。
(14) 和田，四三九頁。
(15) 岡田，二四九－二五〇頁。
(16) Perlee (paringlai) (ed.), *Byamba, Asaraγči neretü-yin teüke*, Ulaanbaatar, 1960, pp.72-73, 89. N. P. Shastina,

Shara tudzhi, mongol'skaia letopis' XVII veka, Moskva-Leningrad, 1957, pp.109-110, 112-113.

(17) 宮脇淳子，〈十七世紀清朝帰属時のハルハ・モンゴル〉，《東洋学報》第六一卷第一、二號，一九七九年，一一四、一三七頁。

(18) 岡田英弘，〈ウバシ・ホンタイジ伝考釈〉，《内陸アジア史論集》第二冊，一九七九年，八七－一〇二頁（再收錄於本書第三部第十三章）。

(19) 《欽定外藩蒙古回部王公表傳》卷六十五，〈扎薩克一等台吉普爾普車凌列傳〉一葉下，卷六十七，〈扎薩克府國公通謨克列傳〉八葉上。張穆，《蒙古游牧記》卷十，一二葉下－一四葉上、一五葉上－一六葉下。

(20) 岡田，《蒙古源流》，二三四頁。參照本書〈第九章　達延・汗六萬戶之起源〉。

(21) O. L. Smirnova, *Rashid-ad-Din, Sbornik Letopisei*, Tom I, Kniga voraia, Moskva-Leningrad, pp.234-235.

(22) 《元史》卷一百二十一，列傳八〈速不台〉，一葉上。

第十一章　關於綽克圖皇太子

(1) 本書第十一章以及第十三章標題所用之「皇太子」，乃蒙語稱號「qong tayiǰi」之漢字表記。然應注意其已非原本漢語之意義。蒙古人於元朝時代採用漢字官職名，撤退於草原後雖仍持續使用，而原本意指帝位繼承者之「qong tayiǰi（皇太子）」，在蒙古草原遂用以轉指次於可汗之副王之意。甚且隨時代之變遷，自稱此號者增加，其所指亦已不必定為副王。再，時至十七世紀半，此稱號亦傳入蒙古之西鄰衛拉特，於準噶爾帝國乃化為君主之稱號。為相當受歡迎之稱號。

(2) 山口瑞鳳，〈顧実汗のチベット支配に至る経緯〉，《岩井博士古稀記念典籍論集》，東京，一九六三，七四一－七七二頁。

(3) *Mtsho sngon gyi lo rgyus sogs bkod pa'i tshangs glu gsar snyan zhes bya ba bzhugs so, Collected Works of*

Sum-pa-mkhan-po, Vol.2, (kha), 971-1007, Śata Piṭaka series, Vol.215, New Delhi, 1979.

(4) 參照本書第五部第十七章之論文。

(5) 參照本書第二部〈第七章　達延・汗之年代〉「二、各種蒙文編年史（九）」。

(6) 《皇朝藩部要略》最後所附之表。《皇朝藩部要略》雖以祁韻士之作品著稱，實則該書於祁韻士歿後，又曾由他人再編纂，為《王公表傳》之節略本。有一八三九（道光十九）年李兆洛序、一八四五（道光二十五）年祁嶲藻跋，一八八四（光緒十）年由浙江書局出版。

(7) 《欽定外藩蒙古回部王公表傳》之內容由清朝外藩之蒙古、衛拉特、西藏、回部各王公之封爵與承襲等表、各部總傳及王公列傳所構成。一七七九（乾隆四十四）年奉上諭開始纂修。纂修之中心人物為漢人科舉官僚祁韻士，一七八九（乾隆五十四）年滿文本與漢文本皆完成。在蒙古以「Iledkel Šastir（表傳）」著名之蒙文本，乃其後理藩院譯自滿文本者。以滿、蒙、漢語三體所撰各一百二十卷，凡三百六十卷，一百八十冊，由武英殿刊行，頒布外藩各部。詳見宮脇淳子，〈祁韻士纂修《欽定外藩蒙古回部王公表傳》考〉，《東方学》八一，一九九一年，一〇二—一一五頁。

(8) 參照本書第二部〈第七章　達延・汗之年代〉「一、各種蒙文編年史（十）」。

(9) 參照本書第二部〈第七章　達延・汗之年代〉「二、各種蒙文編年史（四）」。

(10) *Die Inschriften von Tsaghan Baisin*. Tibetisch-mongolischer Text mit einer Übersetzung sowie sprachlichen und historischen Erläuterungen herausgegeben von Dr. Georg Huth, Privatdocent an der Universität zu Berlin. Gedruckt auf Kosten der Deutschen Morgenlädischen Gesellschaft, Leipzig, in Commission bei F. A. Brockhaus, 1894.

(11) Če. Damdinsürüng, *Mongɣol uran ǰokiyal-un degeǰi ǰaɣun bilig orusibai*. Corpus Scriptorum Mongolorum Instituti Linguae et Litterarum Comiteti Scientiarum et Educationis Altae Reipublicae Populi Mongoli, Romus XIV. Bügüde Nayiramdaqu Mongɣol Arad Ulus-un Sinjileku Uqaɣan ba Degedü Bolbasuralun Küriyeleng-ün

Keblel. Ulaγanbaγatur qota, 1959.

第十二章 四衛拉特之起源

(1) O. L. Smirnova, *Rashid-ad-din, Sbornik Letopisei, Tom I, 2*. Moskva-Leningrad, 1952, pp.121-2, 146-152.

(2) L. A. Khetagurov, *Rashid-ad-din, Sbornik Letopisei, Tom I, 1*. Moskva-Leningrad, 1952, pp.137-138.

(3) Smirnova, *op.cit.*, pp.269.

(4) Khetagurov, *op.cit.*, pp.118-121.

(5) Yu. P. Verkhovskii, *Rashid-ad-din, Sbornik Letopisei, Tom II,* Moskva-Leningrad, 1960, pp.72-73.

(6) A. K. Arends, *Rashid-ad-din, Sbornik Letopisei, Tom III*. Moskva-Leningrad, 1946, p.18.

(7) Verkhovskii, *op.cit.*, p.201.

(8) *Ibid.*, p.127.

(9) *Ibid.*, p.201.

(10) *Ibid.*, p.200-203.

(11) *Ibid.*, p.163.

(12) *Ibid.*, pp.168-171.

(13)《元史》卷一百二十七，〈伯顏列傳〉。

(14)《元史》卷九，〈世祖本紀〉。

(15)《元史》卷一百三十二，〈杭忽思列傳〉。

(16)《元史》卷十，〈世祖本紀〉。

(17)《元史》卷一百六十五，〈孔元列傳〉。

(18)《元史》卷一百六十六，〈王昔剌列傳〉。

(19)《元史》卷一百二十七，〈伯顏列傳〉。

(20)《明代滿蒙史料 明実録抄 蒙古篇》一，京都大學文學部，一九五四年，二〇四頁。

(21) Hans-Peter Vietze & Gendeng Lubsang, *Altan Tobči, Eine mongolische Chronik des XVII. Jahrhunderts von Blo bzan bstan 'jin.* Institute for the Study of Languags and Cultures of Asia and Africa, Tokyo, 1992. 4305-4307. 下同。

(22)《明代滿蒙史料 明実録抄 蒙古篇》一，二六一頁。

(23) Honda Minobu, "On the genealogy of the early Northerm Yüan", *Ural-Altaische Jahrbücher*, xxx-314, 1958. 下同。

(24)《明代滿蒙史料 明実録抄 蒙古篇》一，二七〇－二七一、二七五頁。

(25) Verkhovskii, *op.cit.*, p.17.

(26)《明代滿蒙史料 明実録抄 蒙古篇》一，三三〇頁。

(27) 同前，四一六頁。

(28) 同前，二七八頁。

(29) 同前，三五二、三五四頁。

(30) 同前，四二六頁。

(31) 同前，五四一頁。

(32)《明代滿蒙史料 李朝実録抄》四，東京大學文學部，一九五四年，三一四－三一五頁。

(33) 岡田英弘譯注，《蒙古源流》，刀水書房，二〇〇四年，二五五、二五七、二六二－二六三頁。

(34) Emči Γabag šes rab, *Dörbön oyirodiyin töüke.* Corpus Scriptorum Mongolorum Instituti Linguae et Litterarum Academiae Scientiarum Reipublicae Populi Mongoli, Tomus V, Fasc.2-3, Ulanbator, 1967.

(35) Xošuud noyon Bātur ubaši tüimeni tuuribiqsan *Dörbön oyiradiyin tüüke.* (A. Pozdneev, *Kalmytskaia*

khrestomatiia. Petrograd, 1915, pp.24-43.)

(36) N. P. Shastina, *Shara Tudzhi, Mongol' skaia letopis' xvii veka*, Moskva, 1957.

(37) P.S. Pallas, *Sammlungen historischer Nachrichten über die mongolischen Völkerschaften*, St.-Petersburg, 1776.

(38) Khetagurov, *op.cit.*, pp.121-122.

(39) Činggis qaγan-u yeke öčig. (Če. Damdinsürüng, *Mongγol-un uran ǰokiyal-un degeǰi ǰaγun bilig orusibai.*, Corpus Scriptorum Mongolorum Instituti Linguae et Litterarum Comiteti Scientiarum et Educationis Alte Reipublicae Populi Mongoli, Tomus VIV, Ulaγanbaγatur, 1959. pp.73-87.

(40) J. A. Boyle, *'Ata-Malik Juvaini, The history of the world-conqueror*, Manchester, 1958. Vol.I, pp.55-60.

(41) Henry H. Howorth, *History of the Mongols*, London, 1880. Part II, Division II., pp.686-689.

(42) 《明代滿蒙史料 明実録抄 蒙古篇》四，六八、七〇、七六－七八、一三七頁。

(43) 同前，五一八、五二三、五七六－五七七頁。

(44) Sum pa mkhan po Ye shes dpal' byor, *Dpag bsam ljon bzang*, Śata-Piţaka, Vol.8, New Delhi, 1959. Part III., pp.153, 159-160.

(45) Vietze, *op.cit.*, 4667.

(46) 和田清，《東亜史研究（蒙古篇）》，二七四－二七六、二七八－二九五、三四四－三四五、三四六－三四八頁。

(47) 羽田明，〈再び厄魯特について〉，《史林》第五四卷第四號，一九七一年。羽田明，《中央アジア史研究》，臨川書店，一九八二年，收錄於一九〇－二一四頁。

(48) Antoine Mostaert, *Dictionnaire ordos*, Peking, 1942, Tome II., p.533.

(49) A. de Smedt, A. Mostaert, *Le dialecte monguor parlé oar les Mongols du Kansou occidental*. Pei-p'ing, 1933. IIIe partie. Diectionnaire monguor-français. P.469.

(50) 岡田，《蒙古源流》，一九〇－一九二頁。

第十三章《烏巴什皇太子傳》考釋

(1) Lama Galsan Gomboev, *Trudy Vostočnago Otdeleniia Imperatorskago Arkheologičeskago Obščestva, čast' šestaia*, 1858（東洋文庫藏）

(2) Če. Damdinsürüng, *Mongγol-un uran ǰokiyal-un degeǰi ǰaγun bilig orusibai.*, Corpus Scriptorum Mongolorum, Tomus XIV, Ulaγanbaγatur qota, 1959. pp.184-188 (Mongγol-un ubasi qong tayiǰi-yin tuγuǰi).

(3) 本章所節略者，在烏巴什皇太子鞫問七歲男童之韻文話語，衛拉特諸酋之情況。此處將之譯出，與正文合併觀之即其全譯（譯按：此處岡田教授之譯文仍緊貼原文，而漢譯則去原文稍遠，請讀者諒解。）：

男童稟知：

衛拉特此側／悉皆披銀盔／身擐紅鱗甲／坐下豹花馬／莽合之子賽因・色爾登格／二千孩兒來相隨／二千長槍森森立／二千戰馬緊緊勒／來撲群獸／來戰勍敵／礪齒吞涎坐以待／殿下對此意何如？

曰：不妨，向彼有誰在？

駐營額爾齊斯河源／依兒真與哈兒真聚於其牧場／有似旅弓之白面／卓然顯現而倜儻／輝特之額色勒貝因・賽因・恰／四千孩兒來相隨／四千長槍森森立／四千戰馬緊緊勒／其有殊死之敵／其有可依孩兒／礪齒吞唾坐以待／殿下對此意何如？

曰：不妨，向彼又有誰在？

馳犯嗤嗤群羊／形如無尾青狼／不食殘羹剩肴／乃現飢鷲兇光／準・噶爾之呼圖果伊特・哈喇・忽剌／六千人其形勢具／殿下對此意何如？

曰：不妨，向彼又有誰在？

於納鄰河源／乘細金毛騸／八千兵隨配／在烏爾圖河之匯／衛拉特之賽因・特穆納・巴特爾具其

形／殿下對此意何如？

曰：不妨，向彼又有誰在？

好殺好搶秉性存／十虎遐邇聞／五虎長兄人膽寒／和碩特之拜巴噶斯・汗／相從孩兒萬六千／格子壁、十五面／純白其帳氈／若語四衛拉特之政、教二道／四方無人似我則敢言／張我口／伸我掌／坐候大駕來賞光　云云

(4) P.S. Pallas, *Sammlungen historischer Nachrichten über die mongolischen Völkerschaften*, St.-Petersburg, 1776, Erster Theill, pp.35-36.

(5) 若松寛，〈カラクラの生涯〉，《東洋史研究》第二二卷第四號，一九六四年，一－三五頁。

(6) Če. Damdinsürüng, *Mongγol-un uran ǰokiyal-un degeǰi ǰaγun bilig orusibai.* Corpus Scriptorum Mongolorum, Tomus XIV, Ulaγanbaγatur qota, , 1959. pp.313-320.

(7) 山口瑞鳳，〈顧実汗のチベット支配に至る経緯〉，《岩井博士古稀記念典籍論集》，開明堂，一九六三年，七四一－七七三。

(8) Ratnabhadra, *Rabǰamba Cay-a bandida-yin tuγuǰi saran-u gerel kemekü ene metü Bolai*. Corpos Scriptorum Mongolorum, Tomus V, Fasc. 2, Ulanbator, 1959.

(9) 岡田英弘譯注，《蒙古源流》，二〇〇四年，二五五頁。

(10) 岡田，前揭書，二五七頁。

(11) 岡田，前揭書，二六二－二六四頁。

(12) Pallas, pp.37-38.

(13) Perlee (Paringlai) (ed.), *Byamba, Asaraγči neretü-yin teüke*. Monymenta Historica, Tomus II, Fasc.4. Ulaanbatar 1960, p.77.

(14) Sl. Natcogdorji (ed.), *Galdan, Erdeni-yin erike*, Monumenta Historica, Tomus III, Fasc.1, Ulaanbatar 1960,

p.88.Pallas, pp.37-38.

(15) John F. Baddeley, *Russia, Mongolia, China, XVIth XVIIth & early XVIIIth centuries*, New York, 1919.

(16) *Galdan, Erdeni-yin erike*, p.89.

(17) Pallas, p.36.

(18) 山口，前揭論文，七四八頁。

(19) 田山茂，《蒙古法典の研究》，東京，一九六七年，一二四－一二五頁。

(20) Xošund noyon Bātur ubaši tümeni tuuribiqsan, *Dörbön oyiradiyin tüüke*.（A. Pozdneev, *Kalmytskaia khrestomatiia*. Petrograd, 1915, pp.24-43.）

(21) Pallas, p.38.

(22) Bātur ubaši tümeni tuuribiqsan, *Dörbön oyiradiyin tüüke*, p.35.

(23) Pallas, p.38.

第十四章　清太宗繼立考實

(1)《滿洲實錄》卷八，天命十一年八月條。

(2)《八旗滿洲氏族通譜》卷二十，〈佟佳地方佟佳氏〉，塔本巴顏傳。

(3)《滿洲實錄》卷一。三田村泰助，〈清朝の開国伝説とその世系〉、〈清初の疆域〉，《清朝前史の研究》，京都，一九六五年。

(4)《滿洲實錄》卷一，癸未年九月條、甲申年四月條。

(5)《滿洲實錄》卷二，戊子年四月條。

(6)《八旗滿洲氏族通譜》卷二十五，〈沙濟地方富察氏〉，莽色傳。

(7)《愛新覺羅宗譜》己冊，威準傳、阿蘭泰柱傳、崇善傳。己冊，〈玉牒之末〉，昂阿拉傳。

(8)《愛新覺羅宗譜》丁冊，〈玉牒之末〉，莽古爾泰傳。
(9)《滿洲實錄》卷二，癸巳年九月條。
(10)滿文老檔研究會譯註，《滿文老檔Ⅰ 太祖1》，東京，一九五五年，二一四－二二二頁。
(11)《滿洲實錄》卷二，戊子年九月條，卷三，癸巳年九月條。
(12)《滿洲實錄》卷三，辛丑年十一月條。
(13)《滿洲實錄》卷八，天命十年正月條，天命十一年八月條。
(14)滿文老檔研究會譯註，《滿文老檔Ⅰ 太祖1》，東京，一九五五年，一〇－一二頁。松村潤，〈シュルガチ〉《明清史論考》，東京，二〇〇八年，一四〇－一六八頁。
(15)《愛新覺羅宗譜》丁冊，阿爾通阿傳、扎薩克圖傳。
(16)《愛新覺羅宗譜》丁冊，阿敏傳。
(17)《滿洲實錄》卷三，辛丑年正月條。
(18)國立故宮博物院編，《舊滿洲檔（一）》，臺北，一九六九年，七四頁。
(19)滿文老檔研究會譯註，《滿文老檔Ⅰ 太祖1》，東京，一九五五年，二五一－二五七頁。
(20)國立故宮博物院編，《舊滿洲檔（一）》，臺北，一九六九年，五六一－五六九頁。
(21)國立故宮博物院編，《舊滿洲檔（一）》、《舊滿洲檔（五）》所收錄。
(22)《愛新覺羅宗譜》乙冊，代善傳、薩哈璘傳、瓦克達傳、巴喇瑪傳。
(23)滿文老檔研究會譯註，《滿文老檔Ⅱ 太祖2》，東京，一九五五年，五五四－五五八頁。
(24)滿文老檔研究會譯註，《滿文老檔Ⅱ 太祖2》，東京，一九五五年，七八七－七九二頁。
(25)《大清太宗文皇帝實錄》卷一，天命十一年丙寅八月十一日庚戌條。
(26)《八旗滿洲氏族通譜》卷二十四，〈葉赫地方納喇氏〉。《滿洲實錄》卷一，葉赫國世系，卷二，戊子年九月條。

第十五章　清初滿洲文化中的蒙古元素

(1) 滿文老檔研究會譯註，《滿文老檔V　太宗2》，東京，一九六一年，六八七－六八八頁。ice ninggun de, han de fujiyang g'ao hūng jung bithe alibuha, tere bithei turgunde han hendume, bithe alibure be nakabuci ojoro weile waka, tuttu seme, alibure bithe de, urunakū nenehe weile i waka ufaraha babe arambi, bithe be tuwahai onggotui nenehe be wakalara gisun tucimbikai, te bicibe, baksi sa suwe yaya fonde mujilen bahabu, aikabade nenehe be wakalara gisun tucirahū, julge cinggis han i jui cagandai, fufungge huwesi i suhai moo be meileme šusiha arame hendume, ere sahahūn ilicaha irgen, ama cinggis han isabuha dere, ere suhai moo i šusiha be bi mutebuhe sehe manggi,

ocir sure hendume, ere šusiha araha huwesi han ama i ilibuha faksi tūrakū bici, si hitahūn i fatambiheo, weihe i kajambiheo seme jabuha sere, ere utala doro, gurun irgen ai jaka gemu han ama i emhun beye fukjin ilibuhangge, tere be te geli waka arame, musei beyebe mergen sain arame gisureci, tumen jalan de wakalaburengge kai, suwe saikan eje, ishunde mujilen bahabuki seme henduhe;

(2) 國立故宮博物院編，《舊滿洲檔（八）》，臺北，一九六九年，三七〇一－三七〇二頁。ice ninggun de: han de fujan geo hong jüng bithe alibuha: tere bithei türgunde han hendume: bithe alibure be nakabuci ojoro üile waka: tuttu seme,alibure bithe de urunako nenehe üile-i waka ufaraha ba be arambi: bithebe tuwahai onggotoi nenehe be wakalara gisun tücimbikai: te bicibe baqsisa süwe yay-a fonde müjilen bahabu: aika bade nenehe be wakalara gisun tüciraho: jülge cinggis han-i jui cagadai fufungga huwesi-i suhai moo de meileme siusiha arame hendume: ere sahahon ilicaha irgen: ama han isabuha dere: ere suhai mooi siusiha be bi mütebuhe sehe manggi: ocir sure hendume: ere siusiha araha huwesi han amai ilibuha faqsi durako bici si hitahon-i fatambiheo: uweihei kajambiheo seme jabuha sere: ere uttala doro: gürun irgen ai jaka gemu han amai emhun beye fukjin ilibuhangge: terebe te geli waka arame müsei beye be mergen sain arame gisureci:

tümen jalan de wakalaburengge kai: süwe saikan eje ishunde müjilen bahabuki seme henduhe:

(3)《大清太宗文皇帝實錄》卷十一，天聰六年二月「甲戌，副將高鴻中上疏條奏。上曰：『上書陳言，所以廣朕耳目，指陳時政得失也。朕方事求言，何可禁止。然疏中所奏，多援引古人過失。彼不讀書，不悉其行事，遂多以前人為刺謬矣。今巴克什等，日侍左右，當時以此等事啟我。毋妄議前人所行為非也。昔元成吉思皇帝之子察罕代，以鋸刀削檉柳為鞭。遂曰：「我國固父皇所定，此檉柳為鞭，乃我所手刱也。」其臣俄齊爾塞臣曰：「非先帝鳩工以製此刀，則此檉柳，豈能以指削、以齒齧耶？」凡此大業，國土人民，一切諸務，皆先帝所崛起而創立者。乃不以為意，而自作聰明，是遺譏於萬世也。似此繩愆糾繆，方見忠誠。爾等宜詳念之。』」

(4) *Činggis qaγan-u čadig*, Peking, 1925, p.153: čaγadai aq-a qabsalang-ača negüǰü ǰusulang γarqui-dur gerün saγutala abasu. kirügetü kituγ-a-bar suqai modun-i oγtalǰu tasiγur esilen büküi-dür. dergede inu včir sečin qaγan-a bayiγsan aǰu. ai včir sečin ile qaralaǰu borolaǰu ulus-i činggis qaγan ečige miny ǰögebei ǰ-a. ene edür-ün kirügetü kituγ-a-bar qoyar modun-i tasiγur esilegsen mnodun-i bi ǰögemü. kemebesü včir sečin uruγsi negü geǰü ügülerün. ende ile qaralaǰu borolaǰu bayiqu ulus-i činggis qaγan ǰögegsen bügesü. suqai modun-i sidüber qaǰaqu bülüge. kimusun-iyar kisuqu bileü kemen ügeülegsen-dür.

(5)《大清太宗文皇帝實錄》卷二十五，天聰九年十月「庚寅。論曰，『我國原有滿洲、哈達、烏喇、輝發等名。向者無知之人，往往稱為諸申。夫諸申之號，乃席北超墨爾根之裔。實與我國無涉。我國建號滿洲，統緒綿遠，相傳奕世。自今以後，一切人等，止稱我滿洲原名。不得仍前妄稱。』」

(6) 和田清，《東亜史研究（蒙古篇）》，東京，一九五五年，五六六－五八一，〈滿洲諸部の位置について〉。

(7) Če. Damdinsürüng, *Mongγol-un uran ǰokiyal-un degeǰi ǰaγun bilig orusibai.*, Corpus Scriptorum Mongolorum, Tomus XIV, Ulaγanbaγatur, 1959. pp.78-79.

onggi-yin γool-un
oi (qai) qabčaγai-yi qayin yabuqui-du
mongγol-un eǰen
morin deger-e γarču
ǰüglen yabuqui-dur činu
ǰegülün dutaγaǰu
ǰöbsiyereǰü qarin ergiǰü
γurban γorbi-yi daban yabutal-a
γuban qara tuγ-tu dayisun-i ǰolγaǰu
tayičiγud biyu geǰü
tanin yadaǰu
mongγol biyu geǰü
bolγ-a yadaǰü
oyirad biyu geǰü
olun yadaǰu
tanglan taniǰu
bolγan mordaǰu üǰebesü
qosiγuči anu
čisun ǰegerde qalǰan mori-tu
öbči ulaγan quyaγtu
bitegüü qara saqal-tu

kümün-ü saγalduryan-u door-a
quruγu čičim čilüge ǰiγan ögü
ǰiγaγsan ǰarliγ-iyar
ǰayilaγulun tataǰu
surγaγsan ǰarliγ-iyar
suγulan tataǰu
sumun unatal-a qarbuγsan
ǰürčidei čuu mergen noyan činu tere aǰiyamu:

(8) Hans-Peter Vietze & Gendeng Lubsang (ed), *Altan Tobči, Eine mongolische Chronnik des XVII. Jahrhunderts von Blo bzan bstan 'jin*, *Text und Index*, Tokyo, 1992, pp.33-36, lines 1421-1574.

(9) *Činggis qaγan-u čadig*, Peking, 1925, pp.126-138; *Boγda činggis qaγan-u čidig*, Peking, 1927, 63r-68r.

(10) Altan tobči,
čuu mergen-i maγtaba:
ǰarliγ-iyar minu ǰaγaγsan:
ǰai čilüge-yi aldal ügei:
gegen kümün-i
kömökei-ber:
sayin kümün-i
saγaldurγ-a-bar
sandatala qarbuǰu
ǰegerde morin-i elgüǰü abču iregsen:

ǰöričegči dayisun-i
čöges bolγaγsan:
qadqulduγsan dayisun-i
qaγas bolγaγsan:
ǰürčid-ün čuu mergen minu geǰü maγtaba:

(11) 《元史》卷一百四十六。關於視超・墨爾根與耶律楚材為同一人，見《成吉思汗小辭典》（*Chinggis khaany tukhai tovch tailbar tol'* ,Ulaanbaatar, 1992, p.39）〈三百泰赤兀之故事〉Gurvan zuun Taichuudyn domog項。

(12) 同屬成吉思・汗敘事詩之另一作品〈九將頌〉（Yisün örlüg-ün maγtaγal）又名〈鞍歌〉（Emegel-ün daγun）中，此超・墨爾根之性格亦相同。《黃金史》（*Vietze*, p.61, lines 2657-2661）所收之文本中，成吉思・汗讚超・墨爾根作如是歌：

ǰüg-iyer yabutala čiqulun dutaγaγči ünege minu:
ǰakirču irebesü ösin siryuγči γunan bars minu:
ǰiγaǰu ögügsen-i minu aldal ügei qarbuγči čuu mergen minu:

「倘任其如平日，恐將逸去者，我之狐也！
若指揮而來，遂爬入有如怨仇者，我之三歲虎也！
奉我諭旨，射之無所失誤者，我之超・墨爾根也！」

(13) 和田清，《東亜史研究（蒙古篇）》，東京，一九五五年，〈清の太祖の顧問龔正路〉，六三七－六三八。

(14) 《八旗通志初集》卷二百三十六，儒林傳上。

(15) 《八旗通志初集》卷一百四十七，名臣列傳七，正黃旗滿洲世職大臣二。

第十六章　征服王朝與被征服文化：八旗、北京官話、子弟書

(1) 波多野太郎，《子弟書研究 景印子弟書滿漢兼螃蟹段兒 坿解題識語校釈》。（出版社、出版年不詳）

第十七章　善巴撰（丕凌列編）《阿薩喇克齊史》

(1) Damdinsürüng, *Mongγol-un uran ǰokiyal-un teüke*, Mukden, 1957, pp.85-86.

(2) N. P. Shastina, *Shara Tudzhi, Mongol'skaia letopis' xvii veka*, Moskva, 1957, p.89.

(3) Hans-Peter Vietze & Gendeng Lubsang (ed), *Altan Tobči, Eine mongolische Chronnik des XVII. Jahrhunderts von Blo bzan bstan 'jin*, Text und Index. Institute for the Atudy of Languages and Cultures of Asia and Africa, Tokyo, 1992, 5236-5238.

(4) W. Heissig, *Die Pekinger lamaistischen Blockdrucke in mongolischer Sprache*, Wiesbaden, 1954, pp.12-15; ibid., *Die Familien- und Kirchengeschichitsschreibung der Mongolien,* I, Wiesbaden, 1959, pp.50-57.

(5) W. Heissig, *Die Familien- und Kirchengeschichitsschreibung der Mongolien,* I. Facsimilia, pp.85-111.

各章出處一覽

第一章　概說：從蒙古帝國到大清帝國

〈モンゴルの統一〉、〈モンゴルの分裂〉，《世界各国史12　北アジア史（新版）》第四、五章（護雅夫、神田信夫編，山川出版社），一三五－一八二頁、一八三－二二八頁，一九八一年八月二十日（全文）

《紫禁城の栄光　明・清全史》（岡田英弘、神田信夫、松村潤合著），講談社学術文庫，二〇〇六年十月（の岡田の担当部分から一部補足）

第一部　蒙古帝國時代的蒙古

第二章　《元朝秘史》之撰成

〈元朝秘史の成立〉，《東洋学報》第六六巻第一、二、三、四號，一五七－一七七頁，一九八五年三月二五日

第三章　蒙古史料中的早期蒙藏關係

〈蒙古史料に見える初期の蒙蔵関系〉，《東方学》第二三輯，九五－一一八頁，一九六二年三月三一日

第四章　元之瀋王與遼陽行省

《モンゴル帝国の興亡》，筑摩書房新書，二〇〇一年一〇月（有關高麗部分）

〈元の瀋王と遼陽行省〉，《朝鮮学報》第一四輯，五三三－五四四頁，一九五九年十月

第五章　元惠宗與濟州島

〈元の順帝と済州島〉，《国際基督教大学アジア文化研究論叢》一，四七－六〇頁，一九五八年十月

第六章　惠宗悲歌的源流

〈順帝悲歌の源流〉，《アジア・アフリカ言語文化研究》一，東京外国語大学アジア・アフリカ語言文化研究所，四七－五五頁，一九六八年二月二〇日

第二部　《蒙古編年史》所記載的元朝滅亡後的蒙古

第七章　達延・汗之年代

〈ダヤン・ハガンの年代（上、下）〉，《東洋学報》第四八巻第三號，一－二六頁，一九六五年十二月，《東洋学報》第四八巻第四號，四〇－六一頁，一九六六年三月

第八章　達延・汗之先世

〈ダヤン・ハガンの先世〉，《史学雑誌》第七五編第八號，一－三八頁，一九六六年八月二〇日

第九章　達延・汗六萬戶之起源

〈ダヤン・ハーンの六万戸の起源〉，《榎博士還暦記念東洋史論叢》，山川出版社，一二七－一三七頁，一九七五年十一月九日

第十章　兀良罕・蒙古族之滅亡

〈ウリヤンハン・モンゴル族の滅亡〉，《榎博士頌寿記念東洋史論叢》，汲古書院，四三－五八頁，一九八八年十一月十一日

第十一章　關於綽克圖皇太子

〈Čoγtu Qong Tayiǰi について〉，《アジア・アフリカ言語文化研究》一，一一一－一二五頁，一九六八年二月二〇日

第三部　蒙古之敵手——西蒙古衛拉特

第十二章　四衛拉特之起源

〈ドルベン・オイラトの起源〉，《史学雜誌》第八三編第六號，一－四三頁，一九七四年六月二〇日

第十三章《烏巴什皇太子傳》考釋

〈ウバシ・オンタイジ伝考釈〉，《遊牧社会史探究》三二，內陸アジア史学会，一－一六頁，一九六八年三月

第四部　繼承蒙古文化的滿洲

第十四章　清太宗繼立考實

〈清太宗嗣立の事情〉，《山本博士還暦記念東洋史論叢》，山川出版社，八一－九二頁，一九七二年十月二十日

第十五章　清初滿洲文化中的蒙古元素

〈清初の満洲文化におけるモンゴル的要素〉，《松村潤先生古稀記念清代史論叢》，汲古書院，一九－三二頁，一九九四年三月一日

第十六章　征服王朝與被征服文化：八旗、北京官話、子弟書

〈征服王朝と被征服文化——八旗・北京官話・子弟書〉，《月刊シルクロード》第六巻第二號，一六－二〇頁，一九八〇年二月一日

第五部　書評

第十七章　善巴撰（丕凌列編）《阿薩喇克齊史》

〈シャンバ撰（バリンライ編），《アサラクチ・ネレト・テウケ》〉，《東洋学報》第四八巻第二號，一一四－一一九頁，一九六五年九月三〇日

第十八章　瓦爾特・海西希著《佛典蒙古譯史之研究》

〈ワルター・ハイシヒ著《仏典蒙訳史の研究》〉，《史学雑誌》第七一編第九號，一〇二－一〇六頁，一九六二年九月二〇日

解說　岡田英弘的學問

宮脇淳子

岡田英弘是我所敬愛的老師，如今也是我的丈夫。記得初次與他相遇，是在一九七五年十一月三日的東洋史研究會大會上，當時的我還是京都大學文學部的四年級生。東洋史研究會在京都大學文學研究科的東洋史研究室設有事務局，每年發行學術雜誌《東洋史研究》四期，我從三年級升上東洋史學科時，幾乎是自動地進入該學會了。

東洋史研究會的會員雖然主要是京都大學東洋史學科的同窗生，但因為專門研究東洋史的研究會在全日本也不多，東京大學或其他大學的東洋史學者們當時也有不少人為了購讀《東洋史研究》而成為會員。每年十一月三日舉行大會，從早到晚聆聽十餘名同好的研究發表後，參加聯歡會也是常態，而京都帝國大學東洋史學科的創設者之一，內藤湖南，他的弟子宮崎市定就是當時的會長。

畢業自東京大學，當時任職於東京外國語大學亞非語言文化研究所的岡田英弘教授，與研究《滿文老檔》的夥伴，日本大學的教授松村潤，共同現身於會場，對東大東洋史學科與他同級的柳田節子發表的論文提出尖銳的質詢。「東京的學者是這麼樣地率直而嚴厲嗎！」這讓我覺得受到了衝擊。

一九七七年，我與岡田又在東洋史研究大會上重逢，岡田當時雖非東洋史研究會的會員，卻仍以發表者的身分受到邀請，發表的報告即與本書所收錄的〈達延・汗六萬戶之起源〉相關。那時的我自京都大學畢業而升學至大阪大學研究所文學研究科，對僅僅二十五分鐘的該場發表，我是拚了命地仔細聆聽，不想錯漏任何一個字。對於聯歡會席上提過幾個問題也都記憶猶新。為什麼呢？就因為我在一九七六年一月向京都大學文學部提出的畢業論文〈十七世紀喀爾喀・蒙古史序說〉當中，參照了岡田的論文“Outer Mongolia in the sixteenth and seventeenth centuries”（《亞非語言文化研究》（アジア・アフリカ言語文化研究）5, 1972），其中有著 myriarchy 這個在英文字典裡找不到的單字！

因本書為日語論文集而未收錄岡田該篇以〈十六、十七世紀之外蒙古〉為名的英語論文，該文發表於一九七一年在臺北市召開的第四回東亞阿爾泰學會，將所知的一切蒙語史料悉數英譯，乃是當時概說蒙古草原之歷史的重要文獻。「為何日本學者的論文卻非得以英語來閱讀不可？」我一邊這麼嘀咕著，卻又因為該文有著其他同類書籍所欠乏的內容，而全力以赴地翻譯該文全文。而英文字典中找不到的myriarchy一詞，意思就是蒙古史術語的「萬戶」（譯按：日文原文「万人隊」，該字由古希臘語myria-(μυρια)+-archy (αρχω)所構成，用以對譯「萬戶」，顯示出岡田教授深厚的語學素養）。

岡田所發表的與蒙古史相關的學術論文，其實以英語撰寫者占絕對多數。其理由在於：第一、岡田的蒙古學，受到二戰後自蘇聯流亡美國的二十世紀最重要的蒙古學者尼古拉斯・鮑培（Nicholas Poppe, 1897-1991）的薰陶，負有在歐美學界發表其成果的責任，又受到他們的期待；第二、日本的東洋史學界對於岡田的蒙古學幾乎未曾表示感興趣。

本書僅收錄岡田所撰與蒙古史及滿洲史相關的日語論文，包括兩篇書評，其中八篇首次發表的年分都在一九六〇年代，這是因為當時方才自美歸國的岡田，隨即就積極致力於將其成果以日語發表。其他收錄論文當中，論述蒙古人在中國所建的元王朝與朝鮮半島關係的〈元之瀋王與遼陽行省〉、〈元惠宗與濟州島〉兩篇，發表於留學美國之前的一九五〇年代；至於一九八五年以後參加與東洋史相關的紀念論集所發表的〈《元朝秘史》之撰成〉、〈兀良罕・蒙古族之滅亡〉、〈清初滿洲文化中的蒙古元素〉三篇，則是先有英語論文，而後才有日語譯文。

自美歸國後沒多久的一九六〇年代所發表的代表性論文，有本書第二部的〈達延・汗之年代〉與〈達延・汗之先世〉，該二篇乃震撼日本東洋史學界的「達延・汗爭論」中足以稱雄一方的論文。

關於「達延・汗爭論」的經緯，在本書〈達延・汗之年代〉開頭已做過簡單的敘述。岡田在東京大學的恩師和田清（一八九〇—一九六三）於一九五九年出版其集畢生蒙古學研究大成的《東亞史研究（蒙古篇）》，而此事之始，則因一九六三年京都大學的萩原淳平針對該書發表批判論文。同年和田清亡故，翌年一九六四年，與岡田同為和田弟子的松村潤，對萩原的論文以書評形式論及之。一九六五年，京都大學的佐藤長發表有意調停兩方的論文，而岡田對萩原與佐藤提出反駁，此即一九六五、六六年於《東洋學報》分上下兩篇刊載之〈達延·汗之年代〉（「達延·汗爭論」的詳情，請參照宮脇淳子〈學界展望——在我國之十五至十七世紀北亞史研究〉《東洋史研究》第三九卷第二號，一九八〇）。和田、松村、岡田為東京學派，而京都大學教授田村實造之女婿萩原則與佐藤為京都學派。兩派爭論之焦點，說來即在對蒙語史料與漢文史料之可信度與解釋的差異。京都學派的態度是認為漢語、漢文是傳統東洋史學的主流，蒙語史料不足信；相對於此，岡田的蒙古學則對於日本學界向來從根本否定蒙語史料的態度嚴加批判。

這場爭論本身，結果是證明了代表性蒙古編年史《蒙古源流》（*Erdeni-yin tobči*）所載達延·汗生歿年原來不但不可信，而且京都學派所依據的漢譯《蒙古源流》，繼受該書自蒙語譯為滿語之際已有之誤譯，遂使他人極難看懂。然而岡田經由該爭論，介紹迄當時日本幾無人知的種種蒙古編年史，展示其內容之獨特性與其作為歷史文獻之使用法，遂在日本開創了嶄新的學術分野。使日本學界深深領會到在蒙古史研究上現地語史料乃不可欠缺者，可謂替日本之蒙古史研究畫出一新時代。

而也正如前述，我在京都大學所提出的畢業論文中參考了岡田的英語論文，畢業論文的主審，是東洋史學科的主任教授、西藏學者佐藤長。佐藤老師雖說對我有著令學長姊們嫉妒的疼愛，在審查席上卻問了我怎麼發現岡田的論文，而表現得略顯怪異。後來我才知道，岡田與佐藤是在這場分作東西兩方的大爭論上的論敵，學長姊們根本就視岡田之名如同禁忌。

關於岡田何以研究蒙古史一事，他雖於本書〈前言〉中也講述過了，我在這裡也以我所知的部分再來談談。

岡田英弘本來因其父身為藥理學者而也打算成為自然科學學者，在舊制高校中就讀理科乙類，原本應進醫學部的，卻在入學東京大學之時改變志向到文學部東洋史學科。此時因不知該踏入語言學抑或東洋史，而經由父親的介紹，諮詢於研究朝鮮語、中國語之名語言學者河野六郎（一九一二—一九九八），因為「請別進東大的語言學科」這句話而選了東洋史。河野六郎是長期擔任財團法人東洋文庫長之榎一雄（一九一三－一九八九）的妹夫，其長兄則為岩波書店之顧問，以擅長外語而知名的河野與一（一八九六－一九八四）。岡田英弘之父早在神戶一中時代即與與一相識而甚尊敬之，其後二人仍交情匪淺，故而有此介紹。

岡田語言能力之高真乃超乎想像，無怪乎當年他會想要選語言學。很可惜如今只能說是過去式了：一九九九年四月發生腦梗塞以至一時完全成為失語症（喚詞障礙，word-finding difficulty，或作詞彙搜索困難），托熱心復健之福，日常生活雖無困難，但已無法如過去那般，依著他的錄音稿便可就此出版文章般地口若懸河地說話了。第一外語英語，也因為使用同一語言中樞之故，而受到相同程度的障礙。過去岡田的英語發音往往讓人誤以為他是英語母語人士，而英語論文也是能援筆立就的！

對一般日本人而言常因相同發音而易搞混的英語拼字，岡田在平常卻連一字一句都能無誤地背起來。「到底怎麼去記憶的？」我這麼問他。結果他的回答是「在腦袋裡就會有英語拼法飄過眼前」。當然不只是英語，滿洲語、蒙古語等，到今天也絕不曾有過拼錯的情況。

岡田在世上以能掌握十四國語言而為人稱道，經過我所確認，可列舉的有日語、英語、漢語漢文、滿語、韓語韓文（한글）、蒙語、藏語、梵語、德語、法語、俄語、馬來語、拉丁語、希臘語，確實是十四國語。這十四國語當然並非全都能自在地既說又寫，但至少是能了解其文法而只要有字典便能閱讀原文的。

就中國語而言，岡田自己說他會漢語漢文，但在當代漢語他也能以非常地道的北京口音來發音，因此在經常訪問的臺灣反而立即暴露出其外國人的身分了。那時候在臺灣，能將「普通話」以正確的北京口音說出的，要嘛是播音員、要嘛就只有外國人。關於漢語漢文，在入學東大東洋史之時，已經幾乎能以原文讀完四書五經、《史記》、《漢書》、《資治通鑑》、《太平廣記》等具代表性的漢籍了。如〈前言〉所載之與東洋史相關的研究書也大抵都讀過了。

岡田在東大的恩師，包括前述自一九七二年就任助教授以來持續支撐著東京帝國大學東洋史學科的和田清，以及學習院大學教授、在東大兼任朝鮮史課程的末松保和（一九〇四－一九九二）二人。岡田的學問，無論是其自朝鮮史出發，在論述蒙古統治時代之朝鮮半島與滿洲之關係中，開始對古代日本列島抱持興趣，而想要藉與大陸間之關係來考察日本文明之誕生；無論是自東大畢業後之學習滿語及蒙語，欲知漢籍所不載之中國，皆受到兩師甚大的影響。

一九五一年，對在東大屆齡退休的和田而言，岡田乃其在東大之關門弟子。和田對岡田十分疼愛，於退休後擔任國際基督教大學教授時，就採用了才剛從東大畢業的岡田。

和田清自從其〈清初之蒙古經略〉該篇畢業論文以來，便專攻滿洲史與蒙古史，在終戰前乃《滿鮮地理歷史研究報告》一書的執筆者之一。該報告書的前身，為一九〇八年東京帝國大學教授白鳥庫吉為滿鐵總裁後藤新平所謀畫，於滿鐵東京支社內所設之學術調查部出版之《滿洲歷史地理》、《朝鮮歷史地理》，其後該事業遂委託於東京帝國大學。和田於集其一身滿洲學之大成之《東亞史研究（滿洲篇）》（東洋文庫，一九五五年）末尾所收的〈附錄 學究生活之回顧（学究生活の想出）〉（內容非常有趣，務必推薦一讀）中有這麼一句述懷：「欲治滿蒙史，滿洲語或蒙古語自是必要不可欠，可是我卻連這都幾乎不曾學過！」但和田比誰都更認識到此等語言的重要性，於是便熱心於使弟子們不只學習漢語更要讓他們學習現地語。

一九五七年，包含岡田在內，共五名學者因《滿文老檔》的日譯而受日本學士院賞，建議翻譯該書的也是和田。《滿文老檔》是份很貴重的史料。該書乃是以滿語書寫關於十七世紀清朝建國時史事之編年史，內藤湖南於日俄戰爭後隨即於奉天的宮殿發現該檔，於就任京都帝國大學教授時，與該大學講師（其後之總長）羽田亨共同親自拍攝約四千三百枚底片，攜歸京都，是一份非常貴重的史料。戰後，和田在取得京大的同意下，遂於東大東洋史研究室開辦《滿文老檔》講讀會。

《滿文老檔》全七卷之日語譯注終了後，岡田而今為學習蒙古語而渡美，和田非常高興。和田的蒙古學集大成《東亞史研究（蒙古篇）》（東洋文庫，一九五九年）之編輯作業，由岡田與松村共同幫忙，其中大量出現的蒙語拼字，當時乃以滿洲語類推而得。

一九五九－六一年，岡田以傅爾布萊特交換留學生的身分留學西雅圖的華盛頓大學遠東研究所。那時他已是滿洲學的權威學者，又通漢籍，遂受到自德裔俄羅斯人鮑培等全研究所人員的尊敬。與中國人學者亦以英語交流而有所往來，對中國及中國人都有深度理解。至於說到英語，在渡美約過三個月左右，忽然間便能完全流利順暢了。

鮑培在講授蒙古編年史時，同時聽講的同學有其後成為柏克萊加州大學教授的詹姆斯．波遜（James Bosson）；以及向波遜學習滿洲語後留學東京外國語大學而成為岡田弟子，如今哈佛大學教授歐立德（Mark C. Elliott）。歐立德認為波遜之滿語乃學自鮑培，實則教波遜滿語者乃是岡田。

如岡田已寫於〈前言〉的，旅居西雅圖時也學了藏學。歸國後於一九六二年發表收錄於本書的〈蒙古史料中的早期蒙藏關係〉，繼則發表同樣收錄於本書的，對德國蒙古學者瓦爾特．海西希（Walther Heissig, 1913-2005）所著《佛典蒙古譯史研究》之書評。恰巧以海西希訪日隨之而行任通譯之機緣，自一九六三年迄六五年，便以德意志研究協會之獎學金至當時的西德留學，師事波昂大學中亞研究所的海西希，以及科隆大學滿洲學者福華德（Walther Fuchs, 1902-1979）。

岡田自德國歸國後待業半年，而於一九六六年四月任東京外國語大學亞非語言文化研究所助教授。這個簡稱ＡＡ研的亞非語言文化研究所，乃是於岡田就職之二年前於日本新設，最初是一所人文科學、社會科學系之共同利用研究據點，由歷史學、語言學、文化人類學三大支柱所組成。一九七三年岡田升任教授。

在ＡＡ研，我也在一九七九至九六年間，以共同研究員的頭銜受岡田照顧，故自其經驗言之，所員雖分有教授、助教授、助手，而所有人員皆有其個人研究室，上下關係並不嚴格。無論是歷史學者、語言學者、文化學者，在亞非某一地域有所專攻，該所員幾乎必能通現地語而有海外留學經驗。雖說近四十名研究員中，有約三分之一經常因現地調查或留學、國際學會等因素而出至海外不在所上，但每年皆招聘享盛名之外國人學者數名，借予研究室使其旅居此地。

每位研究員均不受任何人強迫，而可各自自由地從事學問研究，於外部研究者也參加的研究會上進行學際間討論，相互間以對等關係率直地往來。亦即，該研究所乃迄當時日本所未有之新型態實驗性的研究所。

似乎是很適合岡田的環境，與同樣具留學經驗的優秀語言學者或文化學者做同僚，岡田的學問又復增廣其幅度。當時東京外國語大學無碩博士之研究所，因無教學義務，研究時間遂有餘，雖為眾友人所稱羨，但岡田也因此鮮有指導日本將來的東洋史研究者的機會。

雖在屬同一陣營的東京外國語大學蒙古語科授課數年，岡田一次也未嘗獲邀至母校東大兼課。即使是《滿文老檔》出版後，在東洋文庫清代史研究室中相同成員持續進行滿洲語講讀會，卻仍然一次也不曾成為東洋文庫所出版的《東洋學報》的編輯委員，僅僅受託審查投稿論文而已。他也不曾受邀於東洋學講座演講。

我只能認為是，日本的東洋史學界忌避岡田能有弟子。

岡田指導研究所學生的博士論文，是在一九六八－七一年，恩師鮑培退休後，就任其在華盛頓大學蒙古學講座之後任，於ＡＡ研以外派教授身分處理之三年間的事。

在大阪大學研究所做我指導教授的山田信夫老師，是岡田在東大東洋史的學長，將想深化蒙古史研究的我介紹給岡田。研究所博士班課程的兩年間，獲採用為ＡＡ研公募共同研究員，我在暑假為學習蒙古編年史而往東京。對於當時僅知有舊帝大講座制研究室的我而言，岡田研究室洋溢著美式氣氛。原因在於，對岡田而言，指導學生也只有美國經驗。

如同本書所收錄之諸論文所顯示者，十七、十八世紀的蒙語史料非常難解，字典所不見的單詞或修辭法隨處可見。岡田研究室為了我特地準備了一張桌子，在那裡我成天就以蒙語專用的特別打字機將縱書蒙文轉寫成羅馬字，最後接受所謂的核對指導，而中間又有中國史課程如同自眼睛掉下鱗般（譯按：《使徒行傳》九：一八）連續著令我開眼界。雖說我當初在京大東洋史學科進學以來所抱持的疑問皆渙如冰釋，但一下子灌輸了這麼多的知識，半夜裡驚醒，心情也不好受。簡直像是嬰兒出牙發燒般。就我所知，我覺得岡田就是日本東洋史學者中的第一人了，回到大阪卻聽到山田老師說「岡田君不知分寸」，東京的學長姊們也說「宮脇你只推崇岡田老師的話，長幼秩序就被破壞了」。

或許是如同本書所提及〈達延．汗爭論〉般，岡田未曾考慮過學界的上下關係吧。確實岡田在關係到追求真理時絕不妥協，也絕不容許一邊偷懶一邊拍馬屁這種事。但只要肯問，他會很樂意給予年輕研究者建議，不問出身為何，想與海外研究機關交流，他便出手相助。也經常幫助同僚作論文的英譯。關於東洋文庫，岡田也默默地暗中做了許多工作，實際上大家在岡田面前都不敢失敬。

我開始接受指導的時刻，岡田幾乎被日本東洋史學界所放棄，既然出版界找他出書，遂調轉舵向，對其學術成果不以論文而改以一般書的形態問世。難以置信地，本書竟是岡田的首部學術書！在此，我打算將與本書主題相異的作品囊括在內，對岡田的學問作一全體概觀。

最早問世的，是將日本文明之誕生放在與大陸間關係的脈絡下來考察的《倭國的時代》（文藝春秋，一九七六年），繼而出版的《倭國》（中公新書，一九七七年），反覆增刷，現在還是日本古代史的經典。自東京外國語大學屆齡退休後之翌年一九九四年所出版的《日本史的誕生》（弓立社），於二〇〇八年成為筑摩文庫之一，《倭國的時代》亦於二〇〇九年收入筑摩文庫。關於古代日本史，岡田可特記的論旨在於：解明《魏志倭人傳》成立的內情乃在闡明邪馬臺國之方位與人口皆非史實之理由；立證日本天皇與日本國之誕生，乃六六三年因白江村海戰大敗於唐軍所受衝擊之故，而成立於六六八年等事。

次之，與本書稍有關係之《世界史的誕生》（筑摩書房，一九九二年，譯按：中文版有廣場出版社二〇一三年版及八旗出版社二〇一六年版）。戰後日本的世界史教育，乃戰前西洋史與東洋史合體之產物，卻因為以地中海文明為基礎的希羅多德所著之《歷史》與以中國文明為基礎的司馬遷所著之《史記》二者世界觀全然相異之故，導致對世界史難有全盤性的理解。該書遂提倡：直接連結地中海世界與中國世界之十三世紀蒙古帝國，自其之始方為真正意義的世界史。歐洲的大航海時代乃直接受到蒙古帝國影響而始者。

此後深入該論，直接定義歷史的《所謂歷史者何？》（文春新書，二〇〇一年），如今納入大學入學考題的題庫中，也列入高中教科書中。

岡田在日本或許是以研究中國歷史著名。自一九八三年出版《漢民族與中國社會》（山川出版社，民族之社會史5，合著）以來，也有許多不單敘述王朝交替史的中國史，而是考察中國文明本質的著作問世。《這個難纏的國家——中國（この厄介な国、中国）》（WAC出版，一九九七年《妻亦為敵》之文庫版）已廣為人知，《中國文明的歷史》（講談社現代新書，二〇〇四年），與《誰創造了中國》（PHP新書，二〇〇五年）等則為專為大學生而寫的啟蒙書。簡單說明岡田的學說的話，可以說所謂「中國」一語雖誕生自十九世紀末，惟若自漢字、都市、皇帝三項中國文明之本質來定義，則「中國」之起源乃在紀元前二二一年秦始皇帝之統一。然而，所謂二千二百年間「中國」僅有王朝交替而本質全無變化，僅為取自司馬遷著《史記》所描繪之世界觀輪廓，實則中國依各時代，無論國家領域、所說的語言、甚至中國人之本質皆有所替換。

岡田的學問如斯之廣幅，在依專攻領域分割後作出上下關係的日本學界看來，遂不視其作任一領域的專家了。即便無論在日本古代史抑或在東洋史皆受到岡田的影響，而參考文獻竟皆不列舉岡田英弘的成果！

關於蒙古學，比起日本，來自世界的評價似乎還高些。岡田本身為其師海西希於一九五八年所創設之常設國際阿爾泰學會（Permanent International Altaistic Conference, PIAC）之主要成員，無論在於在日本、韓國、臺灣召開共計六回之東亞阿爾泰學會，抑或在於二〇一〇年迎向第四十七回之日本阿爾泰學會（別名：野尻湖忽里勒台）之設立，皆有所貢獻。中間稍有間疏，於一九八四年以降迄二〇〇六年則幾乎每年皆參加常設國際阿爾泰學會而發表研究成果，持續將獲於彼處之世界學術動向介紹到日本。岡田利用蒙語史料再構築十四世紀以降之蒙古史的功績，受到世界性的高評價，於一九九九年，自美國之印第安納大學獲授針對終身貢獻於學問之阿爾泰學獎（通稱ＰＩＡＣ獎盃）。

迄一九九二年之蒙古人民共和國，如今之蒙古國，亦自社會主義時代之一九七〇年代起，於科學院歷史研究所，依那楚克道爾吉所長之指示而將岡田的日本語論文譯作蒙古語。從事翻譯之現任蒙古國立大學日本學系教授孟荷齊齊格女史，於蒙古民主化後以〈日本之蒙古史研究〉取得博士學位，於二〇〇〇年、二〇〇六年分作上下卷刊行，其中對岡田的蒙古學亦予以高度評價，景仰岡田作一生的老師。二〇〇八年，因其畢生對蒙古學之貢獻，蒙古國政府遂授予岡田以北極星勳章。

現在，世界上的研究者所從事之十四－十八世紀之蒙古史研究，說是無論哪一主題皆始自岡田亦不為過。關於我本身取得學位之論文〈最後的遊牧帝國準噶爾〉，亦以本書第三部〈四衛拉特之起源〉為基礎。岡田所奠定基礎者不僅在蒙古編年史研究。將元朝視作蒙古帝國之一部分，自遼、金所謂遊牧國家之連續性或與高麗間之關係而闡明之；論述滿洲人所建之清朝乃繼承蒙古帝國者之岡田史學，而今不只在日本，即在世界上亦廣泛為後進研究者所接受。

在滿洲學上，當然岡田亦名揚世界。最有名者乃《康熙帝之信箚》（中公新書，一九七九年）。康熙帝為征討準噶爾之噶爾丹而親征蒙古，在行陣中寫信給留守北京的皇太子的滿語信，在該書中將之譯出。因藤原書店打算將此書再收錄於計畫出版之《清朝史叢書》第一卷中（該書已於二〇一六年出版為《大清帝國隆盛時期的實像——第四代康熙帝的信箚，一六六一－一七二二》），故本書僅收錄該書以外與滿洲學相關的論文三篇。

本書絕非易讀之讀物，而是像岡田英弘這般罕見的歷史家，以他思想形成之起始所構成的學術論文集。我確信即使視本書為用以了解岡田歷史觀之地基，其出版亦有重大意義。

實則，關於蒙古編年史研究之出版，過去已計畫過兩次。坦白說這次已是第三次了。過去兩次皆與出版《蒙古源流》日本語譯注（二〇〇四年）之刀水書房作好出版約定，幫忙完成科學研究費補助金（研究成果公開促進費），惟一九九九年第一次、二〇〇九年第二次，兩次皆未被採用。第二次否決的回覆理由是「斷定欠缺出版之緊急性」。如同本篇解說所縷縷述說者，岡田之學問在日本之不受看重，竟至如斯！

說到底，岡田本人對日本學界對他如何評價一向不關心，他認為他已經報答了和田老師與鮑培老師的學恩，也向祖國日本盡了其責任義務。岡田曾經與過去引導他走向東洋史的河野六郎老師在東洋文庫附近偶然相逢。當時正是河野老師自內兄榎老師歿後，承擔了東洋文庫的所有雜事，為之鞠躬盡瘁的時刻。河野老師對岡田說：「你的一生，做的都是自己想做的事呢！」

二〇一一年一月二十四日，岡田迎向其滿八十歲之生日。自己親自將舊論文輸入電腦，親自校正，生涯首度的學術論文集，在八十歲生日時作紀念而出版，真有岡田的風格，由衷歡喜。

宮脇淳子　一九五二年生於和歌山。京都大學文學部東洋史學科畢業。大阪大學博士班課程修了。學術博士。現任東京大學教養學部兼任講師。研究範圍以蒙古史為中心，及於遊牧民族之歷史、自草原與農耕地帶綜合性視點下之中國史。著有《蒙古之歷史》（刀水書房）、《最後的遊牧帝國》（講談社）、《世界史中的滿洲帝國與日本》（WAC出版）、《朝青龍何以強？》（WAC出版）等。

世界史

從蒙古到大清——遊牧帝國的崛起與承續

モンゴル帝国から大清帝国へ

作者	岡田英弘
譯者	陳心慧、羅盛吉
發行人	王春申
編輯指導	林明昌
副總經理兼任副總編輯	高珊
責任編輯	官子程、許景理、徐平
封面設計	吳郁婷
地圖繪製	吳郁嫻
印務	陳基榮
出版發行	臺灣商務印書館股份有限公司
地址	23150 新北市新店區復興路43號8樓
電話	(02) 8667-3712 傳真：(02) 8667-3709
讀者服務專線	0800056196
郵撥	0000165-1
E-mail	ecptw@cptw.com.tw
網路書店網址	www.cptw.com.tw
網路書店臉書	facebook.com.tw/ecptwdoing
臉書	facebook.com.tw/ecptw
部落格	blog.yam.com/ecptw

局版北市業字第 993 號
初版一刷：2016 年 8 月
初版三刷：2017 年 6 月
定價：新台幣 600 元

ISBN 978-957-05-3053-7

從蒙古到大清：遊牧帝國的崛起與承續 / 岡田英弘著
；陳心慧, 羅盛吉譯. -- 初版. -- 新北市：臺灣商務,
2016.08
面； 公分. --（歷史 中國史）
譯自：モンゴル帝国から大清帝国へ
ISBN 978-957-05-3053-7（平裝）
1. 蒙古史 2. 清史
625.7 105011129